洪泽湖

渔业史

张胜宇 / 主编

中国农业出版社

北京

图书在版编目（CIP）数据

洪泽湖渔业史 / 张胜宇主编. －－ 北京 ：中国农业
出版社，2024．12．－－ ISBN 978-7-109-32661-3

Ⅰ．F326.49

中国国家版本馆CIP数据核字第202453TY77号

洪泽湖渔业史
HONGZEHU YUYESHI

中国农业出版社出版

地址：北京市朝阳区麦子店街18号楼

邮编：100125

策划编辑：闫保荣

责任编辑：王秀田

版式设计：小荷博睿　　责任校对：吴丽婷

印刷：北京中科印刷有限公司

版次：2024年12月第1版

印次：2024年12月北京第1次印刷

发行：新华书店北京发行所

开本：787mm×1092mm　1/16

印张：24.25　　插页：14

字数：600千字

定价：158.00元

《洪泽湖渔业史》编委会

主　编　张胜宇

副主编　刘廷武　赵维勇　孙大伟　陈爱林　邓毅军

参　编（按姓氏笔画排序）

卞京厦　李亚成　张玉斌　陈　辰　陈　林

徐申申　穆　欢

人文荟萃洪泽湖　岁月当歌渔业史

　　欲知大道，必先为史。著名历史学家翦伯赞先生曾高度评价淮河流域洪泽湖地区的历史文化底蕴，称"这里浓缩了中华民族半部文化史"。由江苏省洪泽湖渔业管理委员会办公室（以下简称"省洪泽湖渔管办"）张胜宇同志组织编纂的《洪泽湖渔业史》一书，进一步证实了翦伯赞先生所言极是。

　　洪泽湖，是中国第四大淡水湖，是淮河流域最大的湖泊型水库，堪称镶嵌在江苏苏北平原上的一颗璀璨明珠。历史上的洪泽湖风云激荡、人杰地灵、英雄辈出。在古代，这里既有洪武、康熙、乾隆等封建王朝最高统治者的咏叹，又有韩愈、柳宗元、苏东坡、杨万里等诗词大家的讴歌；既有岳飞、梁红玉、关天培等爱国将领保家卫国的丰碑，又有陈登、潘季驯、林则徐等治世能臣战天斗地的事迹。革命战争年代，刘少奇、陈毅、彭雪枫等新四军将领在此策马扬鞭，指挥军民为民族独立和人民解放而浴血奋战，创建了彪炳史册、气吞山河的不朽功勋。新中国成立后，毛泽东主席发出"一定要把淮河修好"的伟大号召，其题字碑依然屹立于洪泽湖畔；周恩来总理亲自主持制定治淮方略；习近平总书记等中央领导曾亲临视察。可以说，无论是居庙堂之高，还是处江湖之远，他们都对洪泽湖的美丽清纯倾注一往情深，都为洪泽湖的安澜利民洒下一腔热血。这些或以典籍或以石刻或以实物或以传说等形式传承了下来，构成了独具特色、博大精深、底蕴深厚的洪泽湖文化。

　　经济基础决定上层建筑。洪泽湖地区之所以能够形成如此灿烂的文化，与洪泽湖"日出斗金"的无私奉献是分不开的，而渔业正是洪泽湖"日出斗金"最直接、最生动的注脚。在灾难深重的旧社会，洪泽湖以宽广胸怀接纳了来自苏、鲁、皖等全国13个省份的灾民，并用肥美的鱼、虾、蟹、贝等渔业资源，帮助他们度过了那段不堪回首、艰苦难熬的岁月。在抵御外辱的抗日战争时期，洪泽湖的鱼、虾、莲子、芡实等渔业产品通过敌占区辗转国外，并从敌占区换购枪支弹药、布匹、医药用品等大量军需物资和民用生活品，为增强抗日力量和打破敌人的封锁发挥了巨大作用。在激情燃

1

烧的解放战争时期，渔业的发展为各项工作的开展提供了源源不断的物质资源，为革命的最终胜利作出了突出贡献。百废待兴的新中国成立后，老一辈洪泽湖水产人筚路蓝缕、披荆斩棘、上下求索、锐意改革，捕捞技术更加精进，围网养殖、网箱养殖、高密度流水养鱼等养殖技术先后获得成功，渔业资源与生态养护得到高度重视，与生产发展相配套的"捕、养、推、加、产、学、研、用"一条龙产业体系逐步形成，洪泽湖渔业实现了由单一捕捞的传统渔业向以养为主、养捕结合、综合经营的新型渔业转变，为洪泽湖区经济快速发展、社会和谐稳定、人民安居乐业作出了重大的历史贡献。

进入21世纪，江苏省委、省政府决定成立省洪泽湖渔业管理委员会，下设办公室，对洪泽湖渔业实行省统一管理，洪泽湖渔业发展从此掀开了崭新一页。20多年来，省洪泽湖渔管办牢固树立生态优先、绿色发展理念，以"水清、鱼多、民富"为目标，率先提出《湖泊渔业发展宣言》，一体推进"生态美""资源丰""法治强""产业兴"建设，构建形成"人防＋技防＋群防＋联防"渔政管理体系。不断加大水生生物资源养护增殖和生态修复力度，着力提升以"洪泽湖大闸蟹""洪泽湖青虾""洪泽湖河蚬"地理标志产品为主的品牌影响力，先后举办了"中国洪泽湖3.18放鱼节""鱼水情——洪泽湖水环境保护行动""'进百村、入万户'渔业法治宣传"等系列活动，推动举办"中国洪泽湖大闸蟹节""盱眙龙虾节""蒋坝螺蛳节"等重大节庆，逐步形成了"美水兴渔"与"以渔美水"的良性循环，先后获得了"全国渔业执法工作先进集体""全国水生生物资源养护工作先进单位""江苏省文明单位"等荣誉称号，在"大美洪泽湖"建设中彰显了"渔业智慧"、体现了"渔业作为"、贡献了"渔业力量"。

2020年10月，随着长江"十年禁渔"政策的全面实施，传统的捕捞渔业从此退出了洪泽湖。在这样的背景下，洪泽湖传统渔业文化将面临传承截断的风险，加强洪泽湖渔文化的保护与传承显得格外迫切。省洪泽湖渔管办从为历史负责、为子孙负责的高度，立即对洪泽湖渔文化开展普查、梳理、抢救，联合沿湖各级地方政府和部门，运用馆藏、摄录、重现、立传等方式，对其进行"活态"保护，使"无言的过去"变成"立体的现实"。而重新编纂中断了34年之久的《洪泽湖渔业史》，进一步固化曾经的峥嵘岁月，正是对洪泽湖渔文化进行有力保护的举措之一。

习近平总书记强调，中国文化源远流长，中华文明博大精深。只有全面深入了解中华文明的历史，才能更有效地推动中华优秀传统文化创造性转化、创新性发展，更有力地推进中国特色社会主义文化建设，建设中华民族现代文明。这部由省洪泽湖渔管办张胜宇同志组织推动、由多名洪泽湖渔业管理人员在广泛调研、实地走访和查阅资料的基础上编撰而成的"史记"，从洪泽湖历史变迁、机构沿革以及捕捞、养殖、加工、资源、文化等业态的变化出发，以科学的态度、严谨的论述、翔实的数据、生动的笔触以及精美的图片，立体、全面地展示了洪泽湖渔业发展的历史进程及其深邃的文化内涵。可以说，《洪泽湖渔业史》一书，是我们深入认识洪泽湖的向导指南，是洪泽湖渔业历史记忆的珍贵典藏，更是洪泽湖渔业人矢志奋斗的交响史诗。

保护是为了更好地传承。我相信，《洪泽湖渔业史》一书的出版，将会吸引更多的人关爱洪泽湖、关心洪泽湖渔业，让大家在看得了美景、尝得了美味、忘不了渔俗、记得住乡愁的过程中，留得住对故土的依恋、对渔业的感知和对生态的关怀。我更相信，随着洪泽湖渔业的历史底蕴、文化内涵得到更加深度的挖掘，洪泽湖的文化名片也将更加靓丽，洪泽湖渔业的文化软实力将不断提升，洪泽湖渔业事业绿色高质量发展也将因此而活力满满、热气腾腾。

最后，谨向所有为《洪泽湖渔业史》编辑出版工作竭诚尽智、不辞辛劳的各界人士及相关单位表示衷心的感谢！

江苏省农业农村厅副厅长　王玉华

2024 年 4 月 1 日

前言

　　《洪泽湖渔业史》经过近三年的收集、整理、校核，在江苏省农业农村厅、沿湖地方政府和有关部门的关心帮助下，在淮阴师范学院的大力支持下，在江苏省洪泽湖渔业管理委员会办公室（以下简称"省洪泽湖渔管办"）有关同志的艰辛努力下，终于付印成书。

　　近年来，随着"退养还湖"力度的持续加大，洪泽湖蓄水范围内的围网养殖和圈圩养殖将大面积退出，按规划要求只会象征性保留不高于全湖水域面积的1.25%。2020年10月，长江"十年禁渔"政策的全面实施，传统的捕捞渔业从此退出了洪泽湖。在此背景下，洪泽湖传统渔业文化将面临传承截断的风险。1990年，作为《江苏渔业史》丛书的重要组成部分，洪泽县编写出版的《洪泽湖渔业史》，是自洪泽湖形成以来第一部较为完整的湖泊渔业史，距今已经有34年之久。岁月流逝、沧桑巨变，1990年之后的这段历史如不加以抢救性发掘钩沉，洪泽湖渔业发展的历史进程以及洪泽湖渔业资源和渔业环境变化规律，或许在不久的将来，就会永远地消失在历史的长河中。重新编纂《洪泽湖渔业史》既是对前人、对历史负责，也是对后人、对子孙负责。

　　《洪泽湖渔业史》共分14个部分，其中：陈林牵头负责统稿工作并撰写了综述部分；"洪泽湖概况""养殖渔业""渔业科技与教育"篇章由李亚成撰写；"渔业资源""渔业环境""增殖放流与保护区建设"篇章由穆欢撰写；"捕捞渔业"和"渔政管理"篇章中的捕捞管理与养殖管理由卞京厦撰写；"渔政管理"中其余部分由徐申申撰写；"加工渔业""品牌与经营""渔业文化""渔业社会组织"篇章由张玉斌撰写；"省管以来的洪泽湖渔业大事记"由陈辰整理。张胜宇负责本书的编辑策划、章节设置、文稿审定、统筹协调和编印出版等工作。

　　《洪泽湖渔业史》编纂过程中，先后参考了1990年版的《洪泽湖渔业史》（江苏科学技术出版社，《洪泽湖渔业史》编写组主编）、1995年版的《淮阴市志》（上海社会科学院出版社，淮阴市地方志编纂委员会主编）、2003年版的《洪泽湖志》（方志出版社，荀德麟主编）、2011年版的《千秋诗文洪泽湖》（中国文史出版社，夏宝国、裴安年主编）、2022年版的《中国有个洪泽湖》（河海大学出版社，郭明珠主编）等各类

1

典籍和史料 20 余（部）件。这些典籍和史料为我们编写好《洪泽湖渔业史》提供了"巨人的肩膀"。同时，何玉明、张天虎、李国祥、周明、李勇等洪泽湖渔业知情人，也为本书的编纂提供了宝贵的历史资料并提出了意见和建议。在此，对为此书编辑出版作出贡献的单位和个人，表示衷心感谢！

编纂《洪泽湖渔业史》是为了传承。通过这本书的出版，我们期望大家能全面深入了解洪泽湖渔业历史，更有效地推动洪泽湖渔文化创造性转化、创新性发展，并以此作为新质生产力的重要组成，进而更有力地推进洪泽湖渔业事业高质量发展。本书在编纂过程中，按照"远略近详"的原则，对已出版成书的那段洪泽湖渔业史进行了简要介绍，而对洪泽湖渔管办成立以来的渔业发展过程则作了较为详尽的记录，努力做到既坚持科学性，力求论述严谨、数据翔实，成为能够借鉴的"工具书"；又坚持生动性，力求通俗易懂、融会贯通，成为读者爱看想看的"故事会"。

由于我们的水平、能力有限，加之我们对洪泽湖渔业历史的解读还不够全面深入，特别是部分时段历史资料的缺失，导致书中的错漏在所难免，不妥之处恳请批评指正。

编者

2024 年 4 月 1 日

目录

1

03
第三篇
渔业环境

04
第四篇
捕捞渔业

05

第五篇
养殖渔业

06

第六篇
渔政管理

07

第七篇
增殖放流与保护区建设

08

第八篇
加工渔业

09

第九篇
品牌与经营

10

第十篇
渔业科技与教育

11

第十一篇
渔业文化

洪泽湖渔业史综述

一、洪泽湖演变简史

洪泽湖，位于江苏省西部淮河下游，苏北平原中部西侧，淮安、宿迁两市境内，地理位置在北纬 33°06′～33°40′、东经 118°10′～118°52′，是中国第四大淡水湖，是淮河流域最大的湖泊型水库，也是南水北调东线工程最大的调蓄湖库。洪泽湖西纳淮河、东泄黄海、南注长江、北连沂沭，为淮河中下游接合部，堪称镶嵌在苏北平原上的一颗璀璨明珠，是淮安宿迁两市经济社会发展的重要支撑，也是水韵江苏的重要组成。鸟瞰洪泽湖，其水域宛若一只振翅翱翔的天鹅，镶嵌于江淮大地上，故又被人们雅称为"天鹅湖"。

洪泽湖水位线 12.5 米时，水域面积 2 069 平方千米，湖岸线长 354 千米，拥有国家级泗洪湿地自然保护区、省级东部湿地自然保护区 2 大湿地，6 个国家级水产种质资源保护区，是生态调控、防洪抗旱、水利灌溉、交通航运、水产养殖和文化旅游等综合利用的大型平原湖泊。

远古时代，洪泽湖区曾是海水浸没的海湾。由于东流入海的淮河、黄河、长江，夹带大量泥沙，在各自入海口堆积，形成若干沙咀、沙洲。年复一年，各沙咀、沙洲终于连接起来，成为三角洲，并逐渐形成向海洋推进的冲积平原。由于陆地长期向海洋推移，海湾渐渐被泥沙封闭，成为潟湖。这是洪泽湖的前身。

洪泽湖区，古代曾是淮河入海口，变为内陆后，经过淡化，分解成若干沼泽地，大面积的沼泽地后来变成湖。1194 年，在黄河夺淮以前，淮河经盱眙穿过湖区由淮阴至云梯关入海。湖区的湖泊，大多分布在淮河右侧，其中较大的有破釜塘（又名破釜涧）、白水塘、富陵湖、泥墩湖、万家湖等。隋大业年间（605—616 年），隋炀帝游江都，途经破釜塘时，适逢大雨，塘水漫溢，遂称之为"洪泽浦"。唐朝于湖区置屯曰"洪泽"，这是湖名的由来。

东汉时期，黄河水溢入淮河，致使淮河流域经常洪水泛滥，导致洪泽湖区淮河河床外一些间歇性湖沼成为常年性湖泊，破釜、富陵、泥墩、万家诸湖汇成一泽，亦名富陵湖。东汉后期，在湖区东北部筑堰 30 里*（即高家堰），以防御淮水东浸。宋光宗绍熙五年（1194 年）黄河再次在河南（阳武）决口，改道南行，由泗水夺淮入海，大量泥沙在淮河下游淤积，致使入海水道不畅，至明代后期，淮河古道的洪泽湖出口处清口淤塞，洪水不断泛滥成灾，并影响到南北大运河水的调节。明、清统治者为了保证南方粮食和财赋北运国都的漕运主航道大运河的畅通，采取了加高加固洪泽湖古堤（即高家堰），提高洪泽湖

---

* 1 里＝500 米。

水位，"蓄清刷黄""引淮济运"等政策，以冲开洪泽湖以下入海河道，并调剂运河水量来保证水流畅通，但无济于事。淮河下游故道终于堵塞，洪泽湖的主要出水河，改由三河注入长江。由于洪泽湖东岸的人工大坝不断加筑，湖水水位抬高，淮、湖连为一体，并一直扩展到溧河洼、安河洼等淮河左侧地区，村镇淹没、田园俱废，汇成大湖。洪泽湖区渔村重镇——洪泽镇（富陵县地）和唐朝以来振兴几百年的泗洲城，以及明代第一陵——明祖陵（泗洲城北 6.5 千米）均沉入湖底。

中华人民共和国成立后，在 20 世纪 50 年代的伟大治淮工程中，疏浚了三河入江水道，建筑了湖水入江节制工程——三河闸，开挖了湖水入海通道——苏北灌溉总渠，渠首建造了高良涧进水闸，还开挖了调剂淮水和沂、沐、泗诸水系的跨流域调度性水利工程——淮沭新河，建筑了二河闸，同时，加固了湖东岸的古堤——洪泽湖大堤（高家堰）。洪泽湖的治理，使几百年来威胁苏北里下河地区数百万人民生命财产安全的淮水吞吐湖，成为调、蓄、泄、灌、渔业、航运、发电等综合利用的湖泊型大水库，让洪泽湖真正成为造福于人民、名副其实的"日出斗金"的宝湖。

二、洪泽湖渔业发展脉络简史

洪泽湖渔业发展具有悠久的历史，渔业活动最早可以追溯至距今 1 200 万～1 400 万年，相当于地质年代上的新生代晚第三纪中新世。从 1952 年至 1982 年，陆续在泗洪县松林庄、双沟、戚嘴、下草湾等地发现鱼类化石 2 科 6 种，其中鲤科有鲹、草鱼、鲤、鳙、鲴，鮠科有黄颡鱼。1954 年发现的距今四五万年前的泗洪县下草湾人，就"靠打猎、采集、捕鱼来维持生活"，这也是目前为止洪泽湖区所见最早的原始人类捕鱼活动；1951—1958 年发掘的青莲岗遗址（在今淮安市淮安区宋集），距今约 6 000 年，该遗址发现有骨镖、陶网坠等捕鱼工具，为复原当时青莲岗人的原始捕鱼活动提供了最为直接的实物依据。种种迹象表明，洪泽湖区人类在新石器时代已经开始使用骨镖、渔网等工具进行捕鱼了。这些工具无疑极大地提高了捕获量，应该说是洪泽湖区渔业发展史上的巨大进步。此外，在 1977 年秋，下草湾地区还发现不少瓣鳃类化石。这些情况表明，洪泽湖区在当时气候温湿、植物繁茂、动物麇集、鱼类成群。

随着人类历史的演进、社会经济的发展，捕鱼技能更加成熟，捕鱼工具也愈加先进，洪泽湖区渔业活动越来越频繁。

春秋战国至先秦时期，洪泽湖地区出产鱼虾，居民在此地区垦殖渔猎，渔业成为重要的生活来源。两汉时期，汉人普遍嗜鱼，养鱼业大面积开展，捕鱼技术迅速提高，渔业成为社会经济的重要生产门类。魏晋南北朝时期，洪泽湖地区出产鳢、鲅等名贵鱼种，人们对鱼的体格形态、生活习性、产地、肉质、加工、食用方式等均有比较全面、成熟的认知。唐宋时期，洪泽湖地区的重要鱼种有淮白鱼和朱衣鲋，其中淮白鱼已成为著名的贡品。此时期，洪泽湖地区鱼市较多，贸易较为兴盛，鱼已经成为最为普遍和重要的商品种类之一。洪泽湖区的鱼产品加工技术也已非常考究，主要方法有干、糟、鲊等。明清时期，洪泽湖水面不断扩大并最终完全形成，为渔业生产的发展提供了得天独厚的自然环境条件，渔业的发展也有了新的突破，周边地区的百姓几乎世代以捕鱼为生。渔业贸易亦颇为兴盛，不仅有就地交换，供当地人消费；还通过长距离运输贸易，远销他方，涉及地域范围十分广泛，贸易额亦非常大，史称"水生菱蒲芡实，洪湖巨浸，芦苇实繁，而尤以鱼利为大"。明初，洪泽湖地区设立了 8 个专为征收渔课的河泊所，占到了南直隶河泊所总数的 12.7％，并建立和完善了一套严密的渔政制度。

民国时期，由于战乱纷争，水利设施欠缺失修，洪泽湖较多受到严重的水涝干旱灾害，给渔民的水上生活带来诸多困扰，加之各种封建势力以及滩主、帮主、行主的层层盘剥，渔民的生产生活均受到重大影响，洪泽湖渔业呈持续下降趋势。此时的洪泽湖区是重要的革命老根据地之一，南岸的黄花塘曾经是中国共产党中央华中局和新四军军部所在地。张云逸、邓子恢、彭雪枫、黄克诚、罗炳辉、张爱萍、韦国清等许多老一辈革命家创建了淮北、淮南抗日民主根据地，刘少奇、陈毅等老一辈革命家在洪泽湖地区留下光辉的业绩。当时的渔业虽然萎缩，但捕捞方式和技术有所进步，渔具和捕捞方法已发展较为全面，基本形成了八类数十种渔具。渔业的发展为革命的胜利提供了源源不断的物质基础，为革命的胜利作出了突出贡献。20 世纪 40 年代，滨湖一带零星出现利用沟塘从事养鱼的情况。

新中国成立后，渔业生产不断发展。党的十一届三中全会以前，陆续兴建了一批水产养殖场、水产品加工厂，大大扩展了开发规模。改革开放以后，渔业生产所有制变革迅速推进，极大地调动了广大渔民发展渔业的积极性和创造性。他们不断加大投入，实行科技兴渔，大力发展围栏、围网、网箱养殖和流水养殖，大力发展蟹、虾、鳖等特种水产品养殖，成功开发"人工海水河蟹育苗"，引进国内外多种良种鱼类，水产品产量、产值、利润率等大幅度上升。1987 年，洪泽湖区就实现了水产品人工养殖量超过大湖捕捞量。1989 年，沿湖的洪泽、泗洪、盱眙、泗阳 4 县均成为水产万吨县，跨入全国淡水渔业重点县行列。其中，泗洪县年总产突破 2 万吨。20 世纪 90 年代后，通过积极招商引资，洪泽湖水产资源开发规模迅速扩大，水平快速提高，现代化的水产养殖业正在洪泽湖区迅速兴起。值得一提的是，20 世纪 80 年代，联合国世界粮食计划署援助的开发洪泽湖渔业资源项目（即"2633"项目工程）以及列入江苏省第七个五年计划重点项目的洪泽湖综合开发工程，对洪泽湖的综合开发利用起到了重要的激励推动作用。从第九个五年计划开始，沿湖部分县、区不断加大对渔业与旅游融合的开发力度，大力发展渔旅经济。沿湖周边的泗洪、盱眙、洪泽等县相继成功举办了"泗洪螃蟹节""中国盱眙龙虾节""中国洪泽湖大闸蟹节"等系列旅游节庆活动，并推出了"洪泽朱坝活鱼锅贴""盱眙十三香龙虾""湖八鲜"等旅游特色产品，大大提高了沿湖周边县区的知名度和美誉度。

2000 年 11 月 21 日，江苏省洪泽湖渔业管理委员会办公室成立，对洪泽湖渔业实行统一管理，结束了淮安、宿迁两市分而治之的局面。从此，洪泽湖渔业发展掀开了崭新一页。二十多年来，该办牢固树立生态优先、绿色发展理念，以"水清、鱼多、民富"为目标，率先提出《湖泊渔业发展宣言》，一体推进"生态美""资源丰""法治强""产业兴"建设，构建形成"人防＋技防＋群防＋联防"渔政管理体系，不断加大水生生物资源养护增殖和生态修复力度，着力提升以"洪泽湖大闸蟹""洪泽湖青虾""洪泽湖河蚬"等地理标志产品为主的品牌影响力，先后联合地方举办了"3.18放鱼节""中国洪泽湖大闸蟹节""盱眙龙虾节""蒋坝螺蛳节"等重大节庆活动，逐步形成了"美水养渔"与"以渔美水"的良性循环，先后获得"全国渔业执法工作先进集体""全国水生生物资源养护工作先进单位""江苏省文明单位"等荣誉称号，"洪泽湖禁捕退捕""洪泽湖配额捕捞""渔政管理信息化""'三品一标'品牌建设"等多项工作经验做法被农业农村部及有关部门向全国推广，在"大美洪泽湖"建设中彰显了"渔业智慧"、体现了"渔业作为"、贡献了"渔业力量"。

三、洪泽湖渔业管理机构沿革简史

清道光年间，朝廷于老子山设立洪湖营，管理洪泽湖水面。1912年，为了湖上防匪和渔区安全，配备了水巡营。后来，湖上为国民党地方武装管辖。1941年，在中国共产党领导下，湖区成立了洪泽湖管理局（县级），归淮北行署直接领导。

新中国成立后，洪泽县撤并到泗洪、盱眙等县，湖上仍设洪泽湖管理局，后改为洪泽区属泗洪县。1956年，经国务院批准，以湖设县，恢复洪泽县建制。至1985年，一直是洪泽县管辖整个洪泽湖区。1956年洪泽县成立洪泽湖生产管理委员会，各乡（镇）港设立分会。1973年江苏省编制委员会正式批准成立洪泽湖渔业生产管理委员会，属于洪泽县，地址设在高良涧。1976年经淮阴地委批准，成立中国共产党洪泽县洪泽湖工作委员会，地址设在湖区成河公社所在地，至1984年撤销。

1979年经江苏省革命委员会批准设立淮阴地区渔政渔船管理机构。1980年6月11日正式成立"江苏省淮阴地区渔政渔船管理站"，与淮阴地区行政公署多种经营管理局水产科合署办公，性质编制不变。

1981年8月28日，经淮阴地区行政公署批准成立淮阴地区行政公署水产局，同年11月1日正式办公。1982年4月30日"江苏省淮阴地区渔政渔船管理站"分设为"江苏省淮阴地区渔政站"和"江苏省淮阴地区渔船渔港监督站"，两块牌子、一套班子。1983年4月，实行市管县体制，改称淮阴市渔政站和淮阴市渔船渔港监督站并分开办公。1986年7月8日成立淮阴市洪泽湖渔政管理总站，临湖的洪泽、泗洪、泗阳、盱眙、淮阴5县设渔政分站。淮阴市渔政站和洪泽湖渔政管理总站，两块牌子、一套班子。同年，为加强洪泽湖治安管理，经江苏省公安厅和淮阴市委、市政府等有关部门批准，成立淮阴市公安局洪泽湖分局，并在临湖洪泽、泗阳、泗洪、盱眙 4 县建立水上公安派出所。1996 年，宿迁市成立，至 1998 年，宿迁市及所辖的泗洪、泗阳两县，皆成立了渔船检验和渔港监督管理机构。

2000 年 11 月 21 日，江苏省政府决定将洪泽湖改为省统一管理，成立江苏省洪泽湖渔业管理委员会，下设办公室，同时挂牌江苏省洪泽湖渔政监督支队，对洪泽湖渔业实行统一管理，沿湖市县不再行使对湖区渔业管理的职责。

四、洪泽湖捕捞渔业简史

洪泽湖水生生物资源丰富，其中：高等水生植物有 255 种、浮游植物 181 种、浮游动物 100 种、鱼类 101 种、虾 5 种、蟹 2 种、底栖动物 76 种、鸟类 220 种，水草覆盖率达 30％以上，是名副其实的天然"基因库"，也是渔业、特产品、禽畜产品的生产基地，自古就有"日出斗金"的美誉。

优越的自然条件为捕捞渔业的发展提供了坚实的基础。洪泽湖捕捞渔业的历史较为悠久。早在汉代，淮河纵贯湖区，淮河右岸均为沼泽地，大小湖泊星罗棋布。丰水期，淮水横溢，水草、鱼虾繁衍。隋唐以来，受黄河夺淮的影响，水域扩大，逐渐孕育成湖，渔业随之兴起。《清河县志》和《淮安府志》均有洪泽湖渔业的记载，其中关于明代的富陵湖（即洪泽湖前身）有这样的叙述："旧有沟通淮，今在治南，隆庆以来，淮水贯其中，渔船大小百余只，每岁纳科以备鱼油翎膘之税，科税甚微，而湖利十倍。知府（淮安）薛斌复改科于里甲办纳，招徕流亡，听民采获……"清代以来，渔业逐步发展，大批渔民涌进洪泽湖。清咸丰以后，黄河改道北徙，不再祸及淮河，洪泽湖水位相对稳定，水浅滩多，鱼虾等水产品更加丰富，引来更多的渔民。

新中国成立前，湖区渔业生产为单纯捕捞，渔民按渔具结帮，从事生产，饱受帮主、滩主、渔霸的剥削压迫和湖匪的敲诈勒索，常年过着凄苦的生活。民国初期，洪泽湖的渔船达 3 000 多条，但洪泽湖捕捞渔业由于多种因素的制约，生产力水平低下。抗日战争时期，民主政权大力清剿湖匪，组织渔民同渔霸、滩主作斗争，发放渔业贷款，帮助渔民修理船只，添置网具，发展生产，在根据地的大生产运动中，湖区的捕捞船只已发展到 4 000 余条，渔具由清代的十几种发展到 20 多种。到解放初期，虽然有几千条渔船，但多数是小船、破船，5 吨以下的占渔船总数的 98％，平均吨位只有 1.2 吨。大多数渔船只能在 1 米深的水域里作业，不能在大湖面捕捞，大、中型网具更带不动，渔民长期处于生产落后，生活贫困的状态。1946—1947 年，洪泽湖区进行渔业民主改革，提高渔民的政治地位和生活水平。

新中国成立后，人民政府引导渔民走渔业互助合作道路，调动广大渔民生产积极性，洪泽湖渔获物产量逐年提高。1956 年，环洪泽湖建立洪泽县，当年渔业捕捞量 21 650 吨，收购量 15 276 吨，为 1990 年之前的最高水平。但捕捞量过大的危害亦显现出来，1957 年捕捞产量便降至 15 380 吨。1958 年，洪泽湖区先后刮起"浮夸风"和"生产瞎指挥风"，渔业生产秩序被打乱，渔民生产积极性受到挫伤，渔业资源遭到破坏，仅船具就损失 100 余万元，当年渔业捕捞量仅为 5 805 吨。20 世纪 60 年代后，洪泽湖水域实行禁捕区和禁捕期制度，每年的捕捞产量或高或低。20 世纪 70 年代，开始大量使用水泥渔船和尼龙网具，同时加强渔业资源增殖保护，渔业生产得以恢复和发展，但由于加大捕捞强度，鱼群趋向小型化、低龄化。1979 年，全面贯彻国民经济调整、改革、整顿、提高的方针，渔业生产由捕捞为主向"以养为主，养捕结合"的方向发展。20 世纪 80 年代起，洪泽湖的水产资源得到有效的增殖保护，每年的捕捞产量一直稳定在万吨以上。20 世纪 90 年代后，洪泽湖水产业结构逐步调整，1990 年捕捞产量再次突破 2 万吨，1993 年达到 25 581 吨，1994 年后捕捞产量有所下降，2000 年为 23 207 吨。

2000 年以后，洪泽湖实行省统管，洪泽湖渔管办加强了对捕捞渔业规范化管理，先后实施了捕捞强度"零增长"和"负增长"制度，洪泽湖捕捞证件逐年压减，封湖禁渔期先后由 3 个月延长至 5 个月，捕捞强度逐年下降。同时，河蚬、河蚌、螺蛳、银鱼等产品全面实行限额捕捞制度，并建立健全渔业资源限额捕捞、依法治理、社会增殖、品牌建设一体绿色发展新机制，创新"八限"管理模式，建立"五必查"工作要求，实行违法违规"黑名单"制度，有效保障了特许捕捞始终在法治轨道上运行，探索了一条"生态美、资源足、产业兴、渔民富"的绿色发展之路。有关经验做法被农业农村部向全国推广。但洪泽湖捕捞渔船基数庞大，最高峰达到 5 100 艘左右。截至 2020 年 10 月退捕前，洪泽湖还有捕捞渔船 4 158 艘，总动力达 12.55 万千瓦，捕捞产量为 2.7 万吨左右，总体上依然超过了渔业资源可持续发展的能力。2020 年 10 月底，随着长江禁捕退捕政策的全面实施，洪泽湖持捕捞证的 6 840 艘渔船（含溧河洼水域）、13 610 名渔民（含溧河洼水域）全部退出，传统的捕捞渔业从此退出了洪泽湖。

五、洪泽湖养殖渔业简史

洪泽湖渔民长期以捕鱼为生，习惯单一的捕捞经济，不重视养殖生产，养殖渔业起步较晚。在 20 世纪 40 年代，滨湖一带的农民曾用沟塘养鱼，多为养而不管。20 世纪 50 年代后期，湖区的半农半渔的人们把废沟塘稍加整理，放些鱼苗，不定期地投喂饵料，仍然是粗放粗养，产量不高。1962 年 10 月淮河鱼种场建成投产。1977 年，国家决定在洪泽湖地区建设商品鱼基地，以便充分利用洪泽湖广大水面为主体、湖周陆地为依托的湖区资源优势，为国家提供更多的商品鱼，满足市场需求。

20 世纪 80 年代始，特别是在第七个五年计划实施期间，在"要致富，走水路"的号召下，淮阴市政府坚持以"以养为主、养捕结合"的方针，不断引导渔民在湖区采取多种途径发展养殖生产，以圈圩开塘、低坝高圩、围网围栏等为主要形式的水产养殖蓬勃兴起。1983 年，世界粮食计划署在投资援助洪泽县渔业资源开发项目中拨出专款开挖鱼池，并对原有鱼池进行整修配套，进一步改善了养鱼生产条件。此外，湖区还开展网箱养鱼，以及在湖周围有水位落差的地方开展流水养鱼等。到 1988 年底，共有围栏养鱼水面 2.73 万亩*，网箱养鱼 4 万平方米，围栏养蟹 360 亩，均取得了较好的经济效益。1987 年的养殖产量达到 15 859 吨，占洪泽湖渔业总产量的 50.9%，首次超过了湖区的捕捞产量。养殖渔业的发展，减轻了捕捞对于天然渔业资源利用的压力，促进了天然渔业资源的增殖保护。养殖渔业又进一步促进了饲料加工、渔具加工和渔产品加工等加工业的发展，拓宽了生产领域，也提高了渔民的生活水平。

截至 2000 年 11 月，洪泽湖渔管办成立时，洪泽湖养殖面积高达 61 万亩。围网面积由于过于集中，一定程度上对水体产生了污染，洪泽湖渔管办按照生态优先、减量增收、提质增效的原则，立足洪泽湖资源状况和自然承载力，实施了养殖面积"负增长"制度，并联合淮安、宿迁两市地方政府和相关部门出台了《洪泽湖退围还湖工作指导意见》，先后压减网围养殖面积 30 余万亩。目前，洪泽湖省管水域尚有养殖面积 22.91 万亩。同时，该办高度重视底栖贝类和滤食性鱼类对资源衰退的恢复作用、对湖区水质的净化作用、对渔业增效的促进作用，持续实施"抑藻控草"净水项目、河蚬人工生态净水增养殖试验项目以及鱼蚬、鱼螺、鱼蚌立体套养生态养殖项目。经过监测，项目实施水域的主要水质指标明显好于其他水域，实现了生态效益、经济效益、社会效益的"多赢"。

六、洪泽湖加工渔业简史

洪泽湖规模化水产加工始于 20 世纪 50 年代，在手工作坊中以干制品、咸制品为主，设备简陋，操作原始。20 世纪 50 年代末期，国营洪泽县三鲜酱油厂创办，虾米酱油面市，虾米机被发明出来并荣获国家发明奖。虽然该时期洪泽县水产公司兴建了 9 座土冰库，国家水产局在洪泽县投资建设了 3 000 吨水产冷库，总储存量 250 吨以上，但保鲜率仅占 8% 左右，大量水产品仍靠腌制、干制加工。20 世纪 60—70 年代，水产品加工业小有发展，洪泽县水产公司成立冷藏制冰厂，开始制作冷冻品、熟制品和小包装加工品。20 世纪 80 年代后，水产品冷冻业迅速发展，传统"一把刀、一把盐"加工方式被冷冻取代。1985 年，洪泽湖区冰库容量达 3 120 吨，加工产品有虾仁、鱼片、盐水虾、冻青虾等。

---

　　* 1 亩=1/15 公顷。

1988 年又开发了虾仁圆、鱼圆、鱼饼和生龙虾仁等加工产品。20 世纪 90 年代，国资与民资开始合营冷库，新型龙头企业逐渐增多，加工产品不断丰富，加工的田螺肉、黄颡鱼（昂刺鱼）、熟龙虾仁等品种也成为出口产品。1997 年，洪泽湖水产品集团公司组建，建有 1 200 吨冷库 1 座，成为新型龙头企业。当年，洪泽湖冷冻加工量约占水产品总量的 50%，其中龙虾系列产品达 394.8 吨，出口熟龙虾仁有 377.5 吨。

2000 年后，国有水产公司的业务逐步下滑，私营企业、个体户冷库如雨后春笋般遍地发芽，洪泽县、泗洪县、盱眙县等地，大闸蟹、河蚬、龙虾加工企业先后成立，全湖有水产品加工企业 8 家，共有加工车间 12 021 平方米，水产品加工总量 1.15 万吨。2017 年开始，液氮速冻技术在洪泽湖水产品冷冻领域大规模使用，冷冻螃蟹、蟹黄酱、蚬肉、蚬精、调味蚬肉等产品受到日本、韩国、澳大利亚等国喜爱。2021 年 11 月，洪泽湖冷藏中心在洪泽县洪泽湖水产批发大市场正式开建，存储量超万吨，为洪泽湖大闸蟹等水产品、洪泽湖大米等农产品提供仓储保障。

近年来，随着预制菜的兴起，沿湖企业通过预加工与冷冻技术结合，开发鲜香鳜鱼、速冻花鲢头、麻辣螺蛳、酸菜鱼片、酸汤鱼圆、即食虾尾等新式预制菜品，抢占水产品市场。到 2022 年底，洪泽湖加工水产品 7 050 万吨，产值 3.1 亿元，冷冻加工量约占水产品总量的 65%。

七、洪泽湖渔业资源增殖与保护简史

洪泽湖的自然条件变化，也引起了水产资源的变化。1953 年以前，洪泽湖芦苇、蒲草、潜草、莲藕、芡实、菱角等水生植物仍有 180 万亩左右，占当时湖面积的一半左右，鱼虾、野禽产量也很高。有关资料统计，鱼虾年产量约 15 000 吨，野味产量也在 50 吨左右。20 世纪 50 年代以后，水产品产量大幅度下降，大型经济鱼类明显减少，鳗产量下降，野禽稀少，螃蟹濒临绝迹。鱼类种群结构也相应变化，银鱼、毛刀、虾等"三小"水产品产量逐渐上升。导致洪泽湖渔业资源变化的主要原因有过度捕捞、水利工程建设（蚌埠闸、三河闸、二河闸等）、围湖造田、水质污染等。

针对渔业资源的变化，从 20 世纪 40 年代起，地方政府和部门都非常重视渔业资源增殖和保护工作。1941 年成立洪泽湖管理局（县级），归淮北行署直接领导。1948 年 8 月该局颁发布告指出"湖产是湖内渔、草民生命依托，严禁破坏，不准糟蹋，将来统一采割""组织保护，人人有权"。新中国成立后，对洪泽湖水产资源的增殖和保护更为重视。1956 年洪泽湖管理委员会成立，1973 年洪泽湖渔业管理委员会成立。此后至 2000 年之前，各地渔管会和县人民政府都采取了建立禁渔区和禁渔期制度、规定起捕规格、改革渔具渔法、保护和栽植水生植物、设立常年繁殖保护区、开展人工增殖放流等一系列措施对渔业资源进行增殖和保护。

2000 年以后，洪泽湖实行省统管，省洪泽湖渔管办进一步加强了对渔业资源的增殖与保护：在执法监管上，每年开展"中国渔政亮剑"系列行动，连续 12 年牵头淮安、宿迁两市环保、水利、检察等部门开展"鱼水情——洪泽湖渔业水环境保护联合检查行动"，并全力加强执法能力建设，持续深化执法联动、两法衔接等机制，不断推进"智慧渔业"建设，严厉打击各类破坏渔业资源与环境的行为。在资源增殖上，2011 年设立了"中国·洪泽湖放鱼节"，促进增殖放流活动节日化、制度化、常态化，该节日被农业部评为"国家级示范性渔业文化节庆"。该办每年开展增殖放流 12 次以上，投入资金近千万元。在资源保护上，建成 3 个省级、6 个国家级保护区，面积达 20 余万亩，涵盖青虾、河蚬、银鱼、秀丽白虾、虾类、鳜、黄颡鱼等 7 个品种，是全省保护范围最广、个数最多、品种最全的湖泊，并成立了"洪泽湖水产种质资源保护区管护中心"加以统一管理；率先开展"以鱼控藻""以鱼抑草"等"以鱼净水"工程，通过科学开展增殖放流、加强渔业资源养护、修复渔业生态环境等有力措施，持续推进美丽洪泽湖建设。在资源监测上，每年发布洪泽湖渔业资源与环境、养殖水域生态环境、国家级水产种质资源保护区资源与环境等三份监测评价报告。在科学研究上，联合科研院所共建大学生实习基地、资源观测点、环境研究室，大力实施资源环保项目，牵头江苏省区域现代农业与环境保护协同创新中心"洪泽湖渔业资源与健康养殖协同攻关组"开展科研项目研究，有力推动了洪泽湖资源增殖与保护事业的科学发展。

八、洪泽湖渔业产业发展简史

洪泽湖的鱼虾水产品市场交易自古有之。生产愈发展，市场愈兴旺。《泗洪合志》对洪泽湖鱼市有这样的记述："鳞之属，鲤、鲢、鳊、鲫、银鱼、虾、蟹、鳝，其类不下数百，与他处多同，而泗称富庶。秋冬之间，五方商贾以之牟利。"由于鱼鲜市场的需求，洪泽湖成了商品鱼输出的主要基地。商贾多聚于湖畔，沿湖出现了买卖交易的鱼行。这种渔业市场形式，从清前期到 20 世纪 50 年代，延续了 200 多年。由于所有制形式的变革和商品经济的发展，鱼行被社会主义的国营水产公司所代替。20 世纪 80 年代，经济体制改革，国营、集体、个体、联营并存，价格放开，在宏观控制、微观搞活的方针下，水产品市场更加繁荣，也推动了湖区渔业生产的发展。20 世纪 90 年代，以营销大户为主的农民经纪人队伍，遍布大江南北，成为水产品流通领域的主力军。

历史上，围绕促进洪泽湖水产供销工作，洪泽湖地区先后成立了国营的皖北水产公司洪泽湖分公司（后又相继改名为洪淮水产分公司、洪淮水产办事处）、江苏省水产公司三河水产办事处、中国水产供销公司江苏省洪泽湖支公司（后改名为江苏省水产供销公司洪泽县公司、洪泽县水产供销公司）等。沿湖的盱眙、泗洪、泗阳等县，都沿湖设有水产收购点以及收购船只。进入20世纪90年代以后，湖区水产品市场开放，国营水产公司跻身于市场竞争，经营情况不佳。有的虽不亏本，也仅是稍有盈余。有的水产公司和水产站，因为资金短缺，无力经营，专门为客商或用户收购，仅仅从中赚取手续费。

洪泽湖水产品购销情况变化可分为五个阶段：第一阶段，鱼行和自由购销同时并存；第二阶段，1958—1965年国家对部分水产品实行派购政策；第三阶段，1966—1976年，"文化大革命"期间，渔业社队捕捞的鱼虾，除渔民自食外全部交售给国家，由县水产公司统一收购、统一调拨；第四阶段，党的十一届三中全会以后，国家对水产品实行派购和议购相结合的政策；第五阶段，1985年3月中共中央、国务院发出关于放宽政策、加速发展水产业的指示后，水产品全部放开，洪泽湖区鱼市场空前活跃。1984年12月，淮阴市编印了《洪泽湖综合开发规划》。该规划在江苏省原副省长凌启鸿、李寿章的牵头下，经过专家的充分认证，于1986年被国家计委正式批准，对推进当时渔业产业的发展发挥了积极作用。

洪泽湖水产品还承担着国家调拨任务。这些供应任务，都由国家下达指标到省水产公司，然后再下达给洪泽县水产供销部门，也有的经过地区或市具体分配给水产公司。北京人民大会堂曾多次直接到洪泽调拨水产品，主要是招待外宾宴会用的鱼、虾、蟹。一般常年性的调拨去向主要是大城市，自20世纪50年代起每年都有任务。1956—1985年的30年间，洪泽湖水产品调拨总量69 049.87吨，最多的年份是1956年，达9 529.5吨，最少的年份是1985年，仅193.45吨。

洪泽湖水产品出口也有较悠久的历史。抗日战争时期，洪泽湖的鱼、虾、莲子、芡实等，通过敌占区沪宁线各大中城市，再转国外。通过这些土特产的出口从敌占区换购枪支弹药、布匹、医药用品等大量军需物资和民用生活品，对增强抗日力量和打破敌人的封锁发挥了巨大作用。新中国成立后，由于商品经济的发展，外交关系的改善，洪泽湖的水产品逐步打入国际市场。出口的产品20世纪50年代主要为卤鱼、干鱼、虾米等，出口至东南亚地区；20世纪60年代主要为虾仁、银鱼等鲜货，主要销往中国香港和日本及东南亚地区；1968年起又向中国香港和日本、美国等出口螃蟹；20世纪70—90年代，螃蟹出口量不断增大；2000年以后，出口的水产品主要是螃蟹、河蚬等，主要出口到日本、韩国、东南亚等国家及中国台湾、香港等地区，出口量连续多年位居全省湖泊第一。

洪泽湖的水产品除了调拨和出口部分之外，主要是在当地销售和供应城市。湖区以及县外设有销售点，根据产品的收购、调拨情况，水产站和洪泽水产公司销售门市部常年有水产品供应，有的购销点也经常供应鲜货。20世纪90年代，洪泽湖区以农民为主的水产品营销队伍，从小到大，逐步发展，足迹遍布大江南北。到1995年，洪泽湖区的水产品有一半以上是由以农民为主的营销大户销售出去的，以营销大户为主的营销队伍已成为水产品流通领域的主要力量。

2000年以后，洪泽湖渔管办在渔业产业发展工作上瞄准市场需求，坚持生态化方向、战略化推动、标准化生产、品牌化销售，先后促成"江苏省洪泽湖渔业协会""中国·洪泽湖产业发展联盟"成立，建立了由洪泽湖渔管办，有关县区政府，淮安、宿迁两市国检局，淮安、宿迁两市农委参加的"四方联席会议制度"，进一步完善了"产、销、加、研、烹、文、旅"等产业联结机制，最大限度整合沿湖地方政府、部门、企业、专家、媒体、渔民等各种资源，全力打造一批区域品牌、企业品牌和产品品牌，形成了地方政府出策、部门出人、企业出资、专家出智、媒体出声、渔民出力的强大合力。2015 年始，洪泽湖大闸蟹、河蚬、青虾先后被农业部登记为"国家级农产品地理标志"产品，洪泽湖大闸蟹被授予"国家级农产品地理标志产品示范样板工程"，其品牌价值达 180.26 亿元，位居中国区域农业品牌（水产类）影响力排行榜第三；"洪泽湖河蚬"占据日韩市场份额的80％，年直接收益 2 亿元；"洪泽湖青虾"畅销上海、苏州、无锡、常州等大中型城市，年创产值 3 亿元，洪泽湖渔业产业发展进入新阶段。

九、洪泽湖渔文化简史

洪泽湖渔文化，在漫长的历史长河中和特定的区域范围内，经过纵向的发展与延续、横向的流传与交融，在兼容并包湖情、水情、渔情、社情和人情的过程中，逐渐形成了具有地域性、民族性、传统性和现代性特征的语言、文字、生产和生活方式。

数不胜数的物质遗存，为洪泽湖渔文化构建了传承载体。洪泽湖大堤举世闻名。洪泽湖大堤又称"高家堰"，是洪泽湖最为典型的标志物，被人们形象地比喻为"水上长城"，至今仍然处于健康的"活体"状态，向世人展示着"历经岁月沧桑依然屹立不倒"的工匠精神和独特魅力。古建筑遗存星罗棋布。目前，洪泽湖被列为文物保护的遗存达 217 处，其中：龟山遗址、越城遗址、孙庄西周遗址、头坝遗址、施庄遗址、塘埂遗址、彭城遗址等遗址让世人依稀领略到曾经的人间烟火与盛世繁华，神秘的泗州城遗址更是被考古学家称为中国的"庞贝古城"；石窟寺及三河闸历代石刻遗存、老子山犹龙书院碑等石刻清晰地记录着当年的传奇故事；分金亭、挂剑台、韩信故里、甘罗城等更为世人所熟知；清康熙四十年监造官王国用生铁铸造的镇水铁牛依然镇守于三河闸上。寺庙祠堂鳞次栉比。古时，寺庙祠堂林立但大多毁于水灾和战火，或在"文化大革命"时期惨遭破坏。据史料记载，仅洪泽区境内就有大小寺庙 30 余座，1912 年以前，还有"三步两座桥、一步两个庵"美称。如今，大吉祥寺、安淮禅寺等众多寺庙依然香客纷至，晨钟悠扬。水利工程随处可见。周桥大塘是先人在治水抗灾中留下的典型工程，它生动叙述了以林则徐为杰出代表的一大批治水大家的勤劳智慧、廉洁自律和责任担当。同时，在不同历史时期，洪泽湖也建造了许许多多具有代表性的"闸"和"坝"，"闸"有高良涧进水闸、三河闸、二河闸等，"坝"有著名的仁、义、礼、智、信五座滚水坝，洪泽湖因此也被水利界称为"闸坝博物馆"。红色教育资源丰富。洪泽湖是新四军抗击日本侵略者和推翻国民党统治的重要阵地，彭雪枫、江上青等老一辈革命家长眠于此，陈毅、张爱萍等军事家在这里留下革命足迹，建有李绍武烈士陵园、二十六烈士墓、岔河镇烈士陵园等一大批烈士陵园，以及洪泽湖水上斗争纪念馆、大王庄党性教育基地等多处红色教育基地。新中国成立后习近平总书记等党和国家领导人曾先后考察过洪泽湖，留下了一系列珍贵史料。

多元融合的文化资源，为洪泽湖渔文化标注了美丽音符。洪泽湖地区的居民，古称淮夷，系古东夷族的一个分支，后来淮夷文化逐渐融合于周围的楚文化中，形成了风格独特、客土兼容的淮楚文化。洪泽湖丰富的渔业资源，汇集了13个省份68个县的众多人来此捕鱼为生。饥馑之年，湖上流民多达20余万人。他们将当地具有淮河流域特征的生活方式和习俗，与淮楚文化融会在一起，形成多元特质的洪泽湖地区文化。著名历史学家翦伯赞曾赞叹"洪泽湖地区堪称'浓缩着中华民族半部文化史'"。这使得洪泽湖的渔文化和生活习俗也就与我国其他淡水湖有着许多不同的特征，崇尚传统、吸收创新，天南海北、包容并蓄，是洪泽湖渔文化的显著特质。洪泽湖地区自古以来宜农宜渔，人们为更好地利用洪泽湖出产的水产品和绿植，不断改进渔具渔法和农耕器具，由此也提高了传统的手工技艺，如：洪泽湖船舶吃水浅的特点，就是与洪泽湖水浅和开花浪的自然条件相适应，因此与其他湖泊船舶在外形和部件设置特点上有着很大的差异；洪泽湖曾有渔具16类61种之多，随船携带的捕鱼工具又必须与船只相适应，因此需要特别的捕鱼工具制造技艺，这些特征也是五大淡水湖中唯一的，在我国非物质文化遗产中具有典型性和代表性。同时，为更好利用湖区盛产的芦、柳、竹、蒲等绿植，柳编、竹编、芦编、蒲草编织等传统工艺应运而生。相互融合形成了独特的口音和服饰。洪泽湖地区本民多以淮夷为主，但洪泽湖渔民大多来自山东、安徽、河南等地。大家汇聚洪泽湖区后，通过对淮夷方言的逐步演变，形成了偏向北方话"侉"音的方言。在服饰上，由于受到山东、安徽、河南等地服饰习惯的影响，洪泽湖渔民的服饰多为上衣对襟下身免裆裤，颜色均以黑、蓝、白三色为主色调，俗称"奋子棉袄两面蓝""渔耄子穿衣一身黑"，具有典型的山东、河南的服饰特点。兼收并蓄发展了奇特的渔歌渔鼓。来自不同地区的渔民将具有淮河流域特征的文艺形式带到洪泽湖地区，在淮河和里下河地区民歌小调和传统戏剧的基础上，形成了别具特色的洪泽湖地区文艺形式。尤其是民歌格外丰富，既有南腔北调，又有正宗的黄梅戏、河南梆子、山东吕剧、江苏淮剧、杨柳青等传统的民间传统戏剧唱法，其中洪泽湖渔鼓舞、岔河高跷、高渡花船等更是流传至今、久演不衰的洪泽湖渔民表演节目。"湖水煮湖鱼"成就了诱人的珍馐美味。洪泽湖湖鲜为名闻天下的淮扬菜提供了丰富的食材原料，奠定了淮安入选世界美食之都的雄厚基础。洪泽湖大闸蟹、蒋坝酸汤鱼圆、朱坝"活鱼锅贴"、盱眙的十三香龙虾、洪泽湖河蚬以及与太湖"三白"同宗同源的白鱼、白虾和银鱼等一大批美味珍馐早已名扬四海，引来八方食客。信仰习俗丰富了传统的礼俗文化。洪泽湖渔民的人生礼俗浸透着淮楚和齐鲁文化的元素，形成了从生到死特有的礼仪风俗。历史上，洪泽湖地区频繁遭受洪涝灾害，民间信仰大多反映敬水畏水的心态，拜谒河神就表达了祈求河神安澜洪水的愿望。岁时节令继承传统并彰显洪泽湖区域特色，如从年初一到十五，每天都有自己的传统习俗并传承至今。洪泽湖民俗风情剪纸更能彰显湖区人民生活生产文化在艺术上的升华。洪泽湖渔文化非物质文化遗产还包括民间文学、诗词歌赋、民间音乐、民间舞蹈、传统手工技艺、民俗、杂技与竞技、传统医药、曲艺等多个方面，现有代表性传承人近千人。美丽传说增添了神秘的传奇色彩。洪泽湖地区的历史，就是一部与洪涝灾害作斗争的历史。在这过程中，人们期盼有一种神圣的力量，使他们摆脱洪涝灾害。当这种愿望难以实现时，他们便在思想上寄托于神灵。久而久之，民间就演绎出许多与洪泽湖有关、带有传奇色彩的神话故事，九牛二虎一只鸡传说、九龙湾传说、龟山传说、巫支祁传说、水漫泗州城传说、天鹅湖传说等都是其中的典型代表。此外，洪泽湖区还流传着大禹抗洪驻扎龟山岛三过家门而不入，老子在老子山炼丹普度众生播撒道家文化，姜太公垂钓淮水运筹济世良策，岳飞、梁红玉、穆桂英驻扎洪泽湖英勇战斗等一大批生动故事。这些传说和故事极大地丰富了洪泽湖渔文化。

特色鲜明的现代元素，为洪泽湖渔文化植入了新的内涵。近年来，沿湖地方政府坚持生态优先、绿色发展理念，围绕洪泽湖，突出渔特色，做足水文章，将自然风貌、人文景观、大湖风韵与亲水观湖、文化休闲融为一体，不断为洪泽湖渔文化植入新的元素，力求让文物"说话"、古迹"说话"、历史"说话"，使陈列在沿湖周边的文化遗产"活"起来。如：洪泽区建成集主题公园、酒店餐饮、休闲娱乐于一体的综合性休闲旅游度假区，沿洪泽湖大堤引进建设华强方特复兴之路文化创意基地，在专业渔业村建设以渔文化为特色的西顺河渔家风情园，着力打造洪泽湖大堤沿湖风光带和全程马拉松赛道，2005年建成全国首家以湖为主题的博物馆——洪泽湖博物馆；泗洪县建成运营5A级景区国家级湿地公园和3A级柳山湖风景区，建成可容纳2 000人以上垂钓者同时开杆的泗洪大圆塘及配套服务设施，打造国家非物质文化遗产"渔鼓舞"的发源地和传承基地穆敦岛景区，建设改造完成中国螃蟹之乡——临淮水产一条街；泗阳县依托洪泽湖成子湖片区珍贵的原生态湿地景观资源，建成江苏泗阳成子湖旅游度假区，建成集水利、生态、风光及佛、道于一体的多元文化旅游景点妈祖文化园；盱眙县以小龙虾为特色，建成全国首家盱眙龙虾博物馆，形成独具特色的小龙虾产业园；蒋坝、穆敦岛、临淮、老子山、中扬、新滩等专业渔业乡村，通过修复改造民居民宿，弘扬传统民俗礼仪，表演"渔鼓舞"，再现渔家婚嫁场景，营造了传承洪泽湖传统渔文化的浓厚氛围。由淮安、宿迁两市政府，省级渔业主管部门共同主办，洪泽湖渔管办承办的"3.18中国·洪泽湖放鱼节"，自2009年始至2023年已连续举办十三届，吸引了近万人参加，2017年被农业部授予"国家级示范性渔业文化节庆"。洪泽湖生态渔业及相关产业的蓬勃兴起，不仅赋予了传统渔文化新的时代内涵，也为其保护、传承和发展作出了积极贡献。

第一篇　洪泽湖概况

第一章

洪泽湖的基本特征

第一节 洪泽湖形成

一、洪泽湖的形成过程

远古时代，洪泽湖地区曾经是海湾，更是淮河、黄河、长江东流入海的入海口。伴随河（江）水下泄，大量泥沙逐步堆积成一片沙洲。日积月累，不断推进，原先的海湾被泥沙填埋，导致海水不断向东推移，最终拓展形成了平原，于是这片海湾就变成了内陆。由于泥沙堆积是一个自然过程，加上受到不同气候因素的影响，这片冲积而成的平原自然形成了若干沼泽地，久而久之，就造就了大小不一的坑坑洼洼，面积较大的就成了今天所谓的湖，其中较大的有破釜塘、白水塘、富陵湖、泥墩湖和万家湖等。

洪泽湖地区自然条件优越，水源充沛、土地肥沃，宜农宜渔，有着悠久的治理和开发历史。据记载，春秋战国时期就有先民在此垦殖渔猎的记录。三国时期的治理与开发，对洪泽湖后期的形成有很大影响。

东汉时期，黄河水漫入淮河，导致淮河流域经常洪水泛滥，破釜塘、白水塘、富陵湖、泥墩湖和万家湖等若干个小湖被连成一片，统称"富陵湖"。东汉后期，湖区东北部筑堰30里，以防淮水东侵，即为高家堰雏形。

三国时，魏将邓艾（自正始二年即公元241年起）曾在淮河南北进行大规模军事屯田，后人相传白水塘、破釜塘、石鳖屯等都是在他那个时期修建的。

隋朝大业年间（605—616年），隋炀帝游江都，途经破釜塘时，适逢大雨，塘水漫溢，其大喜，曰："洪福齐天、泽被天下"，破釜塘遂被称为"洪泽浦"。

唐朝时，洪泽湖地区屯田事业很发达，开置白水塘、羡塘屯田，羡塘在白水塘北，两者相连，后又开了青州泾、徐州泾、大府（扬州）泾、竹子泾、棠梨泾等几条干渠，它们分布在今洪泽湖东部。

北宋年间，黄河再次在河南决口，改道南行，由泗水夺淮入海，大量泥沙在淮河下游淤积，致使入海水道不畅。为避淮河风浪之险，自末口（今淮安区境内）至汴口（今盱眙县境内），北宋先后在淮河南岸，开凿了沙河、洪泽新河和龟山运河作为漕运河道。当时，淮河南岸分布着众多的小湖泊，主要有万家湖、泥墩湖、富陵湖、破釜塘以及白水塘等，这些小湖泊为洪泽湖的前身。

元朝建都大都（今北京），为保证京都粮食高效供应，先后开凿通惠河和会通河，洪泽湖区屯田因漕运改道而再度兴起，而汴河（通济渠）由于泥沙淤积且无疏浚，逐渐淤塞、湮废。

明万历年间（1573—1619 年），为维护漕运的需要，以潘季驯为代表的水利官员在长期治理黄河的实践中，总结并提出了"筑堤束水，以水攻沙"的治黄方略和"蓄清（淮河）刷黄（黄河）"以保漕运的治河方略。他把修筑高家堰作为首要任务，于是修建了从武家墩至越城的长达 60 里的堤防，并将原有土堤改建成石工墙，切断淮河汊流，抬高水位，迫使淮河出清口，冲刷淤积的泥沙。

清代延续明朝的治河策略，在清朝最初的 40 年中，黄河年年决口，而南堤决口居多，特别是北部的归仁堤和泗洪、宿迁境内的其他黄河堤段决口增多，造成黄河水频频漫流入洪泽湖，迅速淤高湖底。康熙十五年（1676 年），高家堰又发生大溃决，"前此诸工皆废"。康熙十六年（1677 年），靳辅被任命为河道总督，他协同其主要助手、治水专家陈潢，对黄淮河运形势进行调查分析后，制定了综合治理的措施，对洪泽湖堤防进行了进一步完善，到洪泽湖大堤"仁、义、礼、智、信"五坝（俗称"上五坝"）建成，洪泽湖基本形成并稳定下来。

洪泽湖的形成经历了一个漫长的历史过程。现今洪泽湖的状貌和规模，主体规模形成于公元 16 世纪末至 17 世纪，是黄河夺泗夺淮和"蓄清刷黄"治河治运方略共同造就的。如果明清两朝河臣不坚持实行"蓄清刷黄"的治河治运方略，也不会有当今的洪泽湖。其北侧的黄河故道和东侧的京杭运河里运河段，对洪泽湖的形成也曾发挥过决定性的作用。

新中国成立后的 1950 年，中央人民政府政务院就发布了关于治理淮河的决定，并专门成立了治淮委员会，全面拉开声势浩大的淮河治理工程序幕。1951 年 5 月，毛泽东主席为治淮工程题词——"一定要把淮河修好"。淮河治理工程先后疏浚了三河入江水道，建成了湖水入江节制闸——三河闸，向东开辟了湖水入海通道——苏北灌溉总渠，向北开挖了淮沭新河，建筑了二河闸，加固了湖东岸的洪泽湖大堤，1999—2003 年建成了入海水道一期工程，使洪泽湖防洪标准从 50 年一遇提高到 100 年一遇，结束了淮河 800 多年无独立排水入海通道的历史。目前，淮河入海水道二期工程已经开工建设，项目建成后可以真正实现历代人孜孜以求的淮水安澜。总之，洪泽湖为苏北地区特别是淮安、宿迁两市社会经济发展提供了坚实的生态屏障，并发挥了调、蓄、泄、灌、渔业、航运、发电、旅游等综合作用，是名副其实的"生命湖""经济湖"。

二、洪泽湖形成的原因

洪泽湖的形成过程既是自然演变的过程，也是人民群众顺应自然、改造自然的过程，主要包括三个方面：一是地质构造是洪泽湖形成的自然条件。洪泽湖所在区域是我国第二大平原黄淮海平原的一部分。从地质构造上看，黄淮海平原的基础是一个受燕山运动影响，于白垩纪前后形成的断陷盆地，其下伏的隐形断裂活动，对河流流向、河道偏移、河流决口和湖泊形成等都会产生深远的影响。由于黄淮海平原是一个大的冲积平原，整个平原以现黄河干道为分水脊。历史上，黄河多次南北决口改道，从而形成一系列的古河道、岗地、沙丘和洼地相间分布的地貌形态，造成黄淮海平原复杂多样的地貌形态和多级的地貌分布格局。二是漕运的需求是洪泽湖形成的政治条件。历史变迁、朝代更迭，随着政治中心的逐步南移，自西晋末年开始，至唐朝中晚期，再到南宋，中国南方的经济文化发展水平逐步超过北方，从而成为中国新的经济重心。明代迁都北京后，北方对南方大量的物资需求，促进了南北往来运输的发展，作为主要交通方式的水运自然成为历代统治者们高度重视的重要领域，漕运的需求急剧上升，通惠河和会通河因此先后被开凿。至1412年（明永乐十年），会通河通航、漕运改道、运河全面通畅。三是黄河南侵对洪泽湖形成影响巨大。从先秦到新中国成立前约3000年间，黄河下游决口泛滥达1 593次，平均三年两次决口，较大的改道有二三十次，其中重要的改道有6次（不含1938年花园口改道）。相关史料记载，自汉代起，黄河就曾数次侵夺淮河流域，但为时较短，对淮河流域改变不大。自1194年第四次大改道起，淮河流域的豫东、皖北、苏北和鲁西南地区，成了黄河洪水经常泛滥的地区。黄河长达661年的侵淮，使得淮河流域的水系发生了重大变化。四是洪泽湖大堤是洪泽湖形成的人为因素。在所有人为因素之中，被称为"水上长城"的洪泽湖大堤是影响洪泽湖形成最直接也是最大的一个因素。从东汉开始，洪泽湖地区就多有驻兵屯田开发利用，陈登所筑的30里捍淮堰是今天洪泽湖大堤的起源。其后，唐代修筑唐堰，之后的宋元明清均有修筑。洪泽湖大堤从最初的30里捍淮堰逐渐接长、加高、培厚，最终形成现在北起淮阴区马头镇、南迄盱眙县张大庄，逶迤67.26千米的洪泽湖大堤，为洪泽湖的形成奠定了堤防基础。

2006年5月25日，洪泽湖大堤被列为第六批全国重点文物保护单位。

2014年6月，在第38届世界遗产大会上，中国大运河入选世界文化遗产名录。洪泽湖大堤作为大运河58处遗产点之一，正式成为世界文化遗产。同时，与洪泽湖直接相连的张福河作为运河文化遗产的河道之一，也一同被纳入世界文化遗产名录。

第二节　自然地理

一、基本情况

洪泽湖是中国第四大淡水湖，位于淮河中下游接合部、江苏省西北部，是淮河流域最大的湖泊，是淮河河床的一部分。其地理位置在东经118°10′～118°52′、北纬33°06′～33°40′，行政区划分属江苏省淮安市和宿迁市。

洪泽湖南望低山丘陵，北枕废黄河，东临京杭大运河（里运河），西接岗坡状平原。它西纳淮河、南注长江、东通黄海、北连沂沭。洪泽湖地区是暖温带黄海平原区与北亚热带长江中下游区的过渡带。洪泽湖水位与降水量季节变化之间的关系极为密切。洪泽湖湖面辽阔，资源丰富，素有"日出斗金"的美誉。洪泽湖基本概况见表1-1-1。

表 1－1－1　洪泽湖基本概况

基本特征	地理位置：东经 118°10′～118°52′，北纬 33°06′～33°40′
	水域面积：2 069 平方千米
	环湖周长：356 千米
	行政区划：淮安市（淮阴区、洪泽区、盱眙县）、宿迁市（宿城区、泗洪县、泗阳县）
	集水面积：15.8 万平方千米
	最大长度：60 千米，最大宽度 58 千米
	环湖主要河流：33 条，其中入湖 26 条，出湖 7 条
	洪泽湖大堤：大堤全长 67.26 千米，关键防洪节点堤顶高程 18.5～19.0 米，常规主堤段 17.0～18.5 米
	一般真高 10～11 米，最凹处的部分 8.5 米，最高的水下淤滩 12 米，西部一般在 11 米以上，东部一般 9～10 米
水文特征	死水位 11.3 米，汛限水位 12.5 米，正常蓄水位 13.0 米
	1953—2021 年蒋坝平均水位 12.55 米，平均水深 1.9 米，最大水深 4.5 米
	1953—2021 年平均入湖水量 342 亿立方米、出湖水量 313 亿立方米
	2021 年平均水位（蒋坝）13.21 米
主要控制工程	入湖控制工程：蚌埠闸（淮干）、女山湖闸（池河）、何巷闸（怀洪新河）、团结闸（新汴河）、老汴河闸、濉河闸、安东河闸、民便河闸等
	出湖控制工程：三河闸、二河闸、高良涧进水闸
	取水灌溉工程：洪金洞、周桥洞、堆头涵洞
	通航工程：三河船闸、高良涧船闸（一线、二线、三线）、张福河船闸、成子河船闸、徐洪河船闸、大柳巷船闸

二、地形地貌

从卫星图上看，洪泽湖宛若一只振翅翱翔的天鹅，镶嵌于江淮大地，故又被人们称为"天鹅湖"。其湖岸浅滩翠柳依依、芦苇摇曳、岸清水秀，国家级水利风景区、湿地风景区等景观集中连片。湖东面为洪泽湖大堤，其余三面的天然湖岸线上有丘陵岗地、港洼湖湾、河口断崖、沙洲台地，弯弯曲曲湖汊众多。

从地质形态上看，洪泽湖属于苏北凹陷区中的洪泽湖凹陷分区，其边缘在今淮河入湖口及其北一线。洪泽湖西南面的老子山镇为不连片的低丘陵地，中部为洪泽湖区，东部和北部的平原地势平坦低下。洪泽湖大堤高程 18.5 米，与东部平原落差达 10 米以上；湖底浅平，高程一般在 10～11 米，最低处约 8.5 米，最高处为 12 米，高出洪泽湖大堤以东地区 3～5 米，故又被称为"悬湖"。

三、气候特征

洪泽湖位于北半球中纬度，地处中国南北气候主要分界线"秦岭-淮河"一带，属北亚热带和暖温带过渡性地带，四季分明，冬季寒冷干燥，春季冷暖多变，夏季湿热多雨，秋季温和晴朗。气候温和，年平均气温 14.9℃。1 月份最冷，平均气温 1.5℃；7 月份最暖，平均气温 27.2℃。无霜期长，年平均 242 天。雨量充沛，年均降水量 913.3 毫米，年蒸发量 880 毫米。日照充足，年均日照 2 300 小时，日照率 52%。湖上风速大，有明显的湖陆风，年平均风速 3.7 米/秒，最大风速达 24 米/秒，风向偏东风最多。洪泽湖年年都有岸冰，冰厚 2～10 厘米，最大厚度达 25 厘米，1954—1984 年资料显示，全湖封冻多达 16 年，冰封期一般 10～20 天。

第三节　水系水位水质

一、水系

上游入湖河流主要在湖西侧，有淮河、怀洪新河、池河、新汴河、老汴河、新（老）濉河、徐洪河、安东河、民便河、朱成洼河和团结河等，在湖北侧和南侧主要有古山河、五河、肖河、马化河、高松河、黄码河、淮泗河、赵公河、张福河、维桥河、高桥河等，汇水面积为 15.8 万平方千米，其中淮河干流流入量占流入总量的 70% 以上。

淮河发源于河南省桐柏山，向东流经鄂、豫、皖、苏四省，主流在三江营入长江，全长 1 000 千米，总落差 200 米。淮河干流洪河口以上为上游，长 360 千米，地面落差 178 米，流域面积 3.06 万平方千米。洪河口至中渡（洪泽湖出口）为中游，长 490 千米，落差 16 米，中渡以上流域面积 15.82 万平方千米，其中洪河口至中渡区间集水面积 12.76 万平方千米。

下游出湖主要河流有淮河入江水道、淮河入海水道、苏北灌溉总渠、分淮入沂、废黄河等 5 条，其中淮河入江水道为洪泽湖的主要泄洪通道，约 70% 的洪水由三河闸下泄，经入江水道流入长江；其余洪水二河闸下泄后，经入海水道流入黄海，或经淮沭新河向北转入新沂河入黄海，由高良涧闸下泄，经苏北灌溉总渠流入黄海，废黄河（杨庄以下）从淮阴区杨庄闸至响水县套子口入海。

二、水位

洪泽湖水位除受湖泊水量平衡各要素的变化和湖面气象条件影响外，还受周围泄水建筑物启闭的影响。自建成淮河中游的蚌埠闸及湖东岸大堤上的三河闸、二河闸和高良涧闸以及洪金洞、周桥洞、堆头洞等主要引水建筑物后，洪泽湖的水情变化在很大限度上取决于上述涵闸的启闭运行。

（一）特征水位

洪泽湖特征水位如表 1－1－2 所示。

20

表 1-1-2 洪泽湖特征水位（废黄河基面）

单位：米

特征水位	水位
洪泽湖死水位	11.30
生态水位	11.50
旱限水位	11.80
汛限水位	12.50
正常蓄水位	13.50
设计洪水位	16.00
校核洪水位	17.00
历史最低水位	8.87
历史最高洪水位	16.25

（二）历史时期的洪泽湖水位

1736—1801 年：淮阴以下的淮河入海水道虽受黄河南泛影响而阻塞，但所蓄存的洪泽湖水有刷黄之功效，当时湖水位升降明显，多年平均最高水位换算为 12.99 米。

1802—1850 年：淮阴以下入海水道淤淀日甚，黄河水倒灌，为保持漕运和对淮河下游河床冲刷，须抬高湖水位，这时期水位的年际变化幅度小，多年平均最高水位换算为 15.01 米。

1851—1913 年：1851 年以后，黄河改道北徙，于山东利津入海，淮河受黄河的威胁减小。洪泽湖主要承纳淮河来水，淮河入江水道通畅，绝大部分淮河水由三河经高宝湖下泄入江，洪泽湖的多年平均最高水位换算为 12.56 米。

上述相同阶段的最低水位变化趋势与最高水位变化相似，其变幅均不超过 2 米。

（三）近代时期的洪泽湖水位

建闸前（1914—1953 年）：平均水位为 10.52 米。1931 年 8 月 8 日出现最高湖水位是 16.25 米，1951 年 2 月 20 日出现最低水位仅为 8.87 米。多年平均最高水位 12.04 米，多年平均最低水位 9.59 米。

建闸后（1954—2023 年）：这时期的湖水位变化与建闸前显著不同。根据生产和生活用水的需要，通过涵闸将水位控制在理想范围，能使湖水量得到合理调度、湖水资源充分发挥效益。建闸后 1954—1988 年洪泽湖多年平均水位为 12.59 米，多年平均最高水位为 13.58 米，1954 年 8 月 16 日出现极端最高水位 15.23 米，1966 年 11 月 11 日出现极端最低水位 9.68 米。多年平均水位和极端最低水位均超过建闸前的相应湖水位，建闸后的历年水位超过 13.00 米的年份占 88.6%。1991 年与 2003 年淮河流域发大水，洪泽湖最高水位分别达 14.06 米和 14.38 米。

2001 年以后，随着水利工程措施的不断改善加强，洪泽湖非汛期的蓄水位总体上呈抬高趋势。汛期限制水位，在主汛期为 12.5 米，汛期后视来水情况按 12.5～13.0 米控制，现在洪泽湖在非汛期蓄水位已抬高到 13.5 米。

（四）水位变化特征

洪泽湖水位，受多种因素的影响，处于不断变化之中，尤其是瞬时水位，风、气压和局部地区的暴雨，都能引起它的变化。1951年设计洪泽湖正常灌溉水位为12.5米，死水位为11米，洪水位为16米。每年6月以后，淮河流域进入雨季，入湖地表径流量增大，湖水位明显上升。7—9月为洪泽湖的汛期，汛后至翌年4月，流域来水量虽少，但闭闸蓄水，洪泽湖水位仍保持在11.5～12米的蓄水高程。以1952年为界将之后和之前相比，洪泽湖常维持较高的水位。每年5—6月，由于湖区及下游灌溉用水增多，水量入不敷出，水位明显下降，为湖泊的最低水位时期。6月以后，入湖水量明显大于泄水量，湖泊水位上升。8月以后，泄水量大于入湖水量，水位又缓缓下降。1912年以来的观测资料表明，洪泽湖蒋坝水位站水位的年内变化幅度在1.24～4.14米。

现在洪泽湖各出口均建有控制闸。自建闸以来，水位变幅相对减小。建闸前，除1931年外，大多数年份的平均水位变化在10～11米。建闸蓄水后，年平均水位变化在12～12.5米。建闸前后年平均水位相差1～2.5米。建闸前湖泊水位与来水量的多寡有着对应的关系。控制闸的调节，使有限水量经过合理的调度发挥出更大的效益。泄水量大于来水量，水位明显下降；1967年，来水量又大于泄水量，洪泽湖水位又逐渐上升，1921—2020年洪泽湖典型干旱与洪涝年的水位变化见表1-1-3。

《江苏省防洪条例》规定：淮河流域的防汛期为6月1日—9月30日。

表1-1-3　1921—2020年洪泽湖典型干旱与洪涝年的水位

单位：米

年份		蒋坝水位			
		最高水位	发生日期	最低水位	发生日期
干旱年	1951	10.98	8月3日	8.87	2月20日
	1966	13.03	3月18日	9.68	11月11日
	1978	13.16	1月15日	10.27	6月29日
	1994	13.57	1月26日	10.63	8月24日
	2001	13.98	1月28日	10.47	7月25日
	2019	13.57	2月7日	11.17	7月28日
洪涝年	1921	16.00	9月7日	10.27	12月30日
	1931	16.25	8月8日	9.58	1月3日
	1954	15.23	8月16日	11.09	7月6日
	1991	14.06	7月17日	12.09	8月17日
	2003	14.38	7月14日	11.84	10月27日
	2007	13.90	7月15日	11.69	7月1日
	2020	13.55	12月29日	11.46	6月17日

（五）降水特点

由于受到季风气候影响，洪泽湖区降水充沛，夏季受副热带高压和西伯利亚冷高压系统活动的影响，降水量较大，多暴雨；冬季受湖泊水域的影响，洪泽湖区的降水量比苏北其他地区要多一些。

洪泽湖多年平均降水量为 936.7 毫米，从北向南、由西向东逐渐增多，且呈年内分布不均的特点，一般集中在汛期，各月份降水量相差较大。汛期 6—9 月降水量为 612.9 毫米，占全年降水量的 65.4%。1—5 月降水量为 229.7 毫米，占全年降水量的 24.5%，10—12 月的降水量为 94.1 毫米，占全年降水量的 10.0%（表 1-1-4）。

表 1-1-4　洪泽湖多年平均降水量年内分配表

月份	1	2	3	4	5	6	7	8	9	10	11	12	合计
降水量（毫米）	23.4	30.2	48.4	60.1	67.6	123.0	242.5	149.4	98.0	35.7	36.6	21.8	936.7

洪泽湖区降水量年际变化较大，洪泽湖最大降雨量为 1965 年的 1 240.9 毫米，最小降雨量为 1987 年的 532.9 毫米，连续最长降水日共有 11 日，发生在 1970 年 9 月，全年最长无降水日为 66 日，出现在 1973 年的 11 月 9 日至 1974 年 1 月 13 日。

三、水质

洪泽湖的水质指标多年均值显示，溶解氧浓度均值为 8.95 毫克/升，高锰酸盐指数浓度均值为 4.33 毫克/升，氨氮浓度均值为 0.25 毫克/升，总氮浓度均值为 1.72 毫克/升，总磷浓度均值为 0.08 毫克/升，叶绿素 a 浓度均值为 0.008 毫克/升。按照《地表水环境质量标准》（GB 3838—2002），溶解氧处于Ⅰ类水水平，高锰酸盐指数处于Ⅲ类水水平，氨氮处于Ⅱ类水水平，总氮处于Ⅴ类水水平，总磷处于Ⅳ类水水平。2008—2021 年洪泽湖水体营养状态指数中，2010 年营养状态指数最高，2017 年营养状态指数最低，由中度富营养降至轻度富营养状态。

第四节　自然资源

洪泽湖蕴藏着丰富的自然资源，主要包括水资源、岸线资源、生物资源、矿产资源、滩地资源、旅游资源等。

一、水资源

洪泽湖是我国第四大淡水湖，湖区的水资源由入湖地表径流、当地径流和少量的地下淡水资源组成，年总量约有 307 亿立方米。其径流特点：一是汛期径流十分集中，多年平均年入湖径流量约 328 亿立方米，而汛期（6—9 月）占全年入湖径流量的 66%；二是径流随季节变化，径流分配以夏季最多，占全年的 50%以上，冬季最少，春秋两季居中；三是年际变化剧烈，湖区最大年径流总量为 800 亿立方米（1954 年），最小年径流总量为 28 亿立方米（1978 年），年际的丰枯极值比高达 28.6。

相关资料显示，洪泽湖 1970 年水位 12.5 米时，面积为 2 068.9 平方千米。之后受到垦殖、圈圩养殖和泥沙淤积等因素的影响，洪泽湖的水域面积明显减少（表 1-1-5）。卫星遥感影像显示，1989 年在同样水位下，湖区面积仅有 1 597 平方千米（表 1-1-6）；1995 年有所上升，为 1 850 平方千米，而 2005 年仅为 1 497 平方千米，缩小了近 1/3，洪泽湖已从导淮和治淮初期"四岗三洼"相间的"天鹅"形收缩成"老鹰"形。随着退圩还湖、退圩还湿工程的全面实施，湖面面积恢复至 1 780 平方千米的目标有望实现。

表 1-1-5　1970 年洪泽湖水位-面积、水位-容积关系

水位（米）	面积（平方千米）	容积（亿立方米）
11.0	1 160.3	6.40
11.5	1 484.2	13.15
12.0	1 809.4	21.52
12.5	2 068.9	31.27
13.0	2 151.9	41.92
13.5	2 231.9	41.92
14.0	2 296.9	64.27
14.5	2 339.1	75.85
15.0	2 359.9	87.58
15.5	2 377.9	99.45

注：摘自《江苏水文手册》，1976 年。

表 1-1-6　1989 年洪泽湖形态度量指标

水位（米）	面积（平方千米）	容积（亿立方米）	最大水深（米）	平均水深（米）	长度（千米）	最大宽度（千米）	平均宽度（千米）	岸线周长（千米）
11.0（死水位）	1 120	8.6	3.0	0.77	45	24.9	20	273
12.5（汛期控制水位）	1 597	30.4	4.5	1.90	63	55	24.6	387
13.0（最高限制水位）	1 613	38.5	5.0	2.40	65.5	55.5	24.6	391

注：摘自《中国湖泊系列研究之三——洪泽湖水资源和水生生物资源》，1993 年。

二、岸线资源

洪泽湖蓄水范围内湖岸线长 521.3 千米，其中淮安市境内 267.1 千米（洪泽区 61 千米、淮阴区 13.7 千米、盱眙县 192.4 千米），宿迁市境内 254.2 千米（泗阳县 64.5 千米、宿城区 9.5 千米、泗洪县 180.2 千米）。洪泽湖蓄水范围线内各县区面积及蓄水范围线统计数据详见表 1-1-7。

表1-1-7　洪泽湖蓄水范围线内各县区面积及蓄水范围线统计

序号	行政区划		蓄水面积（平方千米）	蓄水范围线长度（千米）
1	淮安市	洪泽区	551.6	61
2		淮阴区	57.0	13.7
3		盱眙县	293.4	192.4
4	宿迁市	宿城区	56.3	9.5
5		泗洪县	612.7	180.2
6		泗阳县	209.0	64.5
	总计		1 780.0	521.3

三、生物资源

据水产研究部门调查，洪泽湖水生植物255种，其中分布面积最广的是马来眼子菜、聚草和金鱼藻；浮游植物181种，藻类数量以蓝藻最多，其次为绿藻和隐藻；浮游动物91种，隶属35科63属，种类和数量最多的均为原生动物和轮虫。这些生物为鱼、虾、蟹、贝的肥育、产卵和栖息提供着丰富的饵料、产卵基质及栖息场所。洪泽湖鱼类分布无明显区域性。洪泽湖鸟类资源丰富，湖区洲滩上还有大天鹅、小天鹅、黑鹳、白鹳、白琵鹭等珍稀鸟类。

四、地下资源

洪泽湖的矿产资源主要分为非金属矿和金属矿，以非金属矿为主，目前已开采利用的有岩盐、芒硝、天然碱、石膏、石灰岩和玄武岩等。

盱眙玄武岩地区蕴藏着丰富的优质地下水，且水量较稳定。因为与火山岩有关，此处的地下水常含有某些特殊盐类、气体、少量活性离子和微量元素，属优质天然矿泉水，也是酿酒、配制饮料的优质水源。

五、滩地资源

洪泽湖滩地是在成湖过程中由黄河、淮河带来的泥沙堆积而成的，呈环带状，主要分布于湖西部的临淮头、王岗洼、侯嘴洼、杨老洼以及成子湖湾一带。有的滩地生长着茂盛的芦苇、芡实、菱、藕，如顺河滩就有"十里荷滩"之称。一些地势较高的滩地上栽种着杞柳、紫穗槐等经济灌木。

洪泽湖滩地属于季节性淹水区，水位涨落有着明显的季节变化。汛期，湖水位上涨，滩地淹没于水下，其淹没水深一般在1～2米，淹没时间每年4～6个月；枯水期，湖水退落，滩地显露或积水甚浅。

六、旅游资源

洪泽湖主要旅游景观有：三河闸国家水利风景区，二河闸水利风景区，洪泽区洪泽湖古堰 4A 级景区、老子山龟山景区、盱眙县第一山国家森林公园、明祖陵景区、黄花塘新四军军部旧址、淮阴区古清口遗址、泗洪县洪泽湖国家级湿地、大王庄新四军军部、泗阳县成子湖旅游度假区等。沿湖古镇主要有洪泽区蒋坝镇、淮阴区马头镇、泗洪县半城镇和临淮镇等。

第五节　湖泊湿地

江苏泗洪洪泽湖湿地和洪泽湖东部湿地是整个洪泽湖湿地生态系统中保存最为完整的区域。洪泽湖湿地生态系统结构完整、类型多样，生物多样性丰富，在净化水体、调节气候、蓄洪抗旱、维护生物多样性和保护区域生态平衡等方面发挥着其他系统无法替代的作用。

一、泗洪洪泽湖湿地

泗洪洪泽湖湿地位于淮河下游，溧河洼、安河洼及其下游湖区，湿地内分布有河口、湖滨、岗洼、岛屿及湖滨带和浅水区，滩面起伏，水位涨落，植被交替，湿地多样。泗洪洪泽湖湿地属于典型湖泊湿地，但是，经过长期的演化，尤其是受淮河等较大型入湖河流的影响，在入湖河口形成了独特的河口湿地；此外，由于历史上的围垦围塘养殖，溧河洼中间的高地将溧河洼分为两条平行的河流，因此，溧河洼实际上已经演变为河流湿地。依据湿地分类方法，泗洪洪泽湖湿地可划分为入湖河口滩地型（河口湿地）、河漫滩地型（河流湿地）、开阔湖区水面型（湖泊湿地）、岗洼型湿地以及人工湿地等。

自 20 世纪 80 年代开始，洪泽湖地区先后建立了 3 个县级自然保护区（城头林场鸟类自然保护区、杨毛嘴湿地自然保护区、下草湾标准地层剖面自然保护区）。2001 年 11 月经江苏省人民政府批准，以 3 个县级自然保护区为基础，江苏泗洪洪泽湖湿地省级自然保护区建立，2006 年 2 月 11 日经国务院批准晋升为国家级自然保护区。

江苏泗洪洪泽湖湿地国家级自然保护区（以下简称"保护区"）位于淮河中游、洪泽湖西北角，江苏省泗洪县境内，东经 118°13′9″～118°28′42″、北纬 33°10′40″～33°20′27″之间，保护区北接泗洪县东南部，东靠洪泽湖，南临盱眙，紧邻泗洪县城头乡、临淮镇，西与双沟镇相邻。保护区总面积 50 223.13 公顷（2018 年勘界），其中核心区 16 911.42 公顷，占保护区总面积的 33.67%，缓冲区 17 455.95 公顷，占 34.76%，实验区 15 855.76 公顷，占 31.57%。生境类型主要有湖泊湿地、河滩湿地、河流湿地、林地、农田、村镇、道路以及其他用地。以湖泊和河滩湿地为主，占据保护区总面积的 92.26%。主要保护对象为内陆淡水湿地生态系统、国家重点保护鸟类和其他野生动植物、鱼类产卵场和下草湾标准地层剖面等。

保护区生态旅游的核心区在保护区西片区的生态水景苑，该区面积为 7.8 平方千米，是集生态游览、科普教育、会议休闲于一体的旅游度假景区。目前，景区分为湿地生态植物园、湿地迷宫体验区、湿地生态休闲区、湿地文化体验区、湿地水上运动区、荷苑等 6

大板块，已建成水上运动区、湿地芦苑区、精品荷花区、水上网球场、沙滩排球场等 10 多个旅游景点，成为一个集餐饮、住宿、娱乐于一体的金水山庄度假村。该景区 2008 年入选"中国十大生态休闲基地"。

二、洪泽湖东部湿地

2006 年 6 月 25 日，江苏省人民政府批准建立江苏淮安洪泽湖东部湿地省级自然保护区。江苏淮安洪泽湖东部湿地省级自然保护区位于江苏省淮安市境内，地跨盱眙县、洪泽区、淮阴区 3 县区，总面积 540 平方千米，其中核心区面积 164 平方千米，缓冲区面积 141 平方千米，实验区面积 235 平方千米。该保护区属于自然生态系统类别中的内陆湿地和水域生态系统类型自然保护区，是大量鸟类及各种湿地野生动物的栖息繁衍地，是我国重要湿地之一。保护区内水域宽阔、水质良好，生境复杂多样，拥有丰富的生物资源和较高的生物多样性，为鱼类、两栖爬行类、哺乳类等各类动物提供了繁衍栖息的场所，野生动物种类繁多，更是各种鸟类迁徙、栖息、觅食的天堂。

洪泽湖东部湿地是我国重要湿地之一，1989 年该湿地被收入世界自然保护联盟（IUCN）、国际鸟类保护委员会（ICBP）以及国际湿地和水禽研究署（IWRB）编著的《亚洲湿地名录》中。2000 年，国家林业局等 17 个部委（局）发布的《中国湿地保护行动计划》将洪泽湖东部湿地列入中国重要湿地。

第六节　湖滩湖汊

洪泽湖湖滩有两种类型：一种是沿湖岸边的滩地；一种是湖中滩地，即洲滩，渔民叫沙丘或沙滩。洪泽湖滩地都是在成湖过程中形成的。洪泽湖滩地属于季节性淹水区，水位涨落有着明显的季节变化。汛期，湖水位上涨，滩地淹没于水下，其淹没水深一般在 1～2 米，淹没时间每年 4～6 个月；枯水期，湖水退落，滩地显露或积水甚浅。至 2022 年，露出湖面的洲滩有 60 多个，面积 5 000 多公顷（表 1-1-8）。洲滩对渔业生产和航运有一定的影响。有的洲滩生长着茂盛的芦苇、芡实、菱、藕。不少洲滩为渔民渔业生产时泊船和临时居住之地。

表 1-1-8　洪泽湖较大洲滩面积统计

单位：公顷

序号	滩名	面积	序号	滩名	面积
1	棋新滩	800.0	7	小卵滩	167.0
2	四十顷	266.7	8	大坝里	166.7
3	腰滩	260.0	9	文艺滩	166.7
4	大洲滩	233.3	10	顺河滩	126.7
5	新成滩	200.0	11	跃进滩	123.1
6	一撮毛后背	184.0	12	淮仁滩	113.3

（续）

序号	滩名	面积	序号	滩名	面积
13	二十四顷后背	106.7	39	南小尖	33.3
14	丁滩	106.7	40	下滑皮滩	33.3
15	大兴滩	100.0	41	小东滩	33.3
16	上滑皮滩	100.0	42	红卫滩	33.3
17	建设滩	95.2	43	癞猴滩	32.3
18	淮龙滩	88.9	44	旗杆滩	30.0
19	淮流滩	86.7	45	城根滩	26.7
20	中附淮滩	84.1	46	贾滩	26.7
21	下三毛前背	83.0	47	二段滩	26.7
22	下尖滩	80.0	48	上附淮滩	26.0
23	下附淮滩	77.6	49	溜子滩	23.3
24	南旗杆滩	66.7	50	小横滩	23.3
25	上三毛滩	66.7	51	荷叶滩	20.0
26	剪草沟	60.0	52	小左滩	16.7
27	下五顷	60.0	53	小团滩	13.3
28	二十四顷前背	53.3	54	下四顷	13.3
29	红旗滩	53.3	55	赵沙滩	13.3
30	小洲滩	43.3	56	顺河滩下	12.1
31	北旗杆	41.3	57	小一撮毛	10.0
32	胜利滩	40.7	58	牌坊滩	10.0
33	六联滩	40.0	59	小杆滩	10.0
34	棋盘滩	38.6	60	剪南滩	10.0
35	狗头滩	38.0	61	小夹滩	5.7
36	照面滩	37.3	62	炮台滩	4.7
37	一撮毛	36.7	63	王沙滩	4.2
38	下三毛后背	33.3	合计		5017.1

根据省洪泽湖渔管办 2014 年调查资料，洪泽湖的自然湖汊共有 108 个，其中淮阴区湖汊 7 个、洪泽区湖汊 41 个、盱眙县湖汊 15 个、泗洪县湖汊 26 个、泗阳县湖汊 15 个、宿城区湖汊 4 个（表 1-1-9）。

表 1-1-9　洪泽湖湖汊情况统计

序号	所属县区	湖汊名称	序号	所属县区	湖汊名称
1		韩桥河	4		大马嘴
2	淮阴区	翻身河	5	淮阴区	杨场沟
3		淮泗河	6		马家沟

（续）

序号	所属县区	湖汊名称	序号	所属县区	湖汊名称
7	淮阴区	老场沟	42		顺河滩沟
8		周桥	43		代王庙沟
9		钱码养殖公司	44		酒厂沟
10		洪泽船塘	45	洪泽区	丁滩沟
11		海事船塘	46		淮柳滩洼沟
12		二河闸	47		头坝
13		蒋坝新船塘	48		张福河
14		蒋坝老船塘	49		圣山湖沟
15		四坝	50		沙头沟
16		小堆头沟	51		转马滩沟
17		下尾巴沟	52		小东滩
18		新滩大沟	53		侍涧沟
19		新滩下尾巴分沟	54		红光厂沟
20		新滩学校沟	55		瑶沟路
21		小潮口	56	盱眙县	明祖陵沟
22		红旗台沟	57		沿淮沟子
23		八道沟	58		周仁大沟
24	洪泽区	七道沟	59		沙头沟子
25		六道沟	60		内六子河
26		小新滩台子沟	61		外六子河
27		剪草沟	62		大滩洼
28		一撮毛沟	63		老河口沟
29		张咀三道沟	64		祖楼沟
30		洪明三道沟	65		穆墩岛沟
31		刘咀大沟	66		新开河
32		八段沟	67		双台沟
33		贾滩沟	68		四河
34		淮仁大沟	69		胜利沟
35		轮船滩沟	70	泗洪县	洪胜沟
36		张咀外围沟	71		桃昌黄沟
37		长山沟	72		临淮大沟
38		顺河滩下沟	73		冷咀
39		淮河前沟	74		窑厂沟
40		龟山沟	75		高房咀龙集洼
41		小窑沟	76		张咀

（续）

序号	所属县区	湖汊名称	序号	所属县区	湖汊名称
77		应山	93		王集湾
78		勒东洼	94		许庄沟
79		成河北塘门	95		新王嘴
80		成河南塘门	96		老园沟
81		孙庄沟	97		一号桥沟
82		杨老洼	98	泗阳县	薛大沟
83	泗洪县	南殿	99		三号桥西沟
84		顾勒河	100		翟嘴河
85		安东河	101		长河
86		高集船塘	102		黄码河
87		叴沟	103		官沟河
88		娥眉嘴	104		大沟头
89		颜圩嘴	105		古山河
90		吴勒引河	106	宿城区	五河
91	泗阳县	颜勒沟	107		肖河
92		赵小沟	108		马化河

第二章

洪泽湖的功能

　　洪泽湖是淮河流域防洪的重要调蓄水库，也是国家南水北调东线工程重要的水源地，具有调蓄江淮之水和湖内输水功能，截至 2023 年，以洪泽湖为水源的饮用水源地有 4 个。

　　洪泽湖具有地区生态平衡功能，也具有调节区域气候、记录区域环境变化、维持区域生态系统平衡和繁衍生物多样性的特殊功能。此外，洪泽湖还有渔业生产、水上航运以及发展旅游等其他功能。

第一节　防洪功能

　　洪泽湖是淮河下游最大的拦洪调洪蓄水的湖泊型水库，承载着调节淮河上下游水位的功能，因此，防洪是洪泽湖的第一要务。千百年来，洪泽湖的历史就是一部沿湖周边人民群众与洪涝灾害斗争的历史，一系列的水利设施无不围绕着驯服洪水、调节水位、以水利民而兴建。洪泽湖的防洪功能主要由洪泽湖大堤、三河闸、二河闸、高良涧进水闸、高良涧船闸、三河船闸等沿堤控制工程组成，主要泄洪通道有入江水道、入海水道、苏北灌溉总渠以及分淮入沂。

　　洪泽湖防洪原则是：汛期限制蒋坝水位 12.5 米，当蒋坝水位超过 14.5 米时，滨湖圩区要破圩蓄洪，苏北灌溉总渠及废黄河泄洪 1 000 立方米/秒，三河闸全开，同时视情况分淮入沂，分洪 1 000～3 000 立方米/秒；当蒋坝水位超过 15.0 米时，三河闸控泄 12 000 立方米/秒。如三河闸以下区间水大，高邮湖水位达 9.5 米或遇到台风影响时，三河闸要控制下泄。

第二节　供水功能

　　洪泽湖是江苏北部黄淮平原地区的主要水源，为沿湖周边及淮河中下游地区人民群众供应生产生活用水是其重要功能之一，主要向淮安、宿迁、徐州、连云港和扬州等市提供农业和城镇用水；安徽省淮北部分地区和沿淮河两岸的农田、城镇用水也通过抽水站抽取洪泽湖水。

　　枯水之年，利用江都水利枢纽工程将长江水送入 150 千米外的洪泽湖，既使农田灌溉水源得到了保证，又使京杭运河有了一定的通航水深，将淮河、运河及长江的航运有机地结合了起来。

一、饮用水水源地

洪泽湖是淮安、宿迁两市县级以上集中式饮用水源地的补给水源。以洪泽湖为补给水源的有 4 处，分别为洪泽区洪泽湖周桥干渠水源地、盱眙县洪泽湖桥口引河水源地、泗阳县成子湖卢集水源地和泗洪县成子湖龙集水源地。总计供水规模 47.0 万吨/天。服务人口 183.0 万人（表 1-2-1）。

二、农业灌溉

在非汛期，洪泽湖水位达 13.0 米时，由于湖面高于东部平原 4～10 米，许多农田具备得天独厚的自流灌溉条件，灌溉面积达 12 000 平方千米，其中 22% 是自流灌溉。

中华人民共和国成立后，国家对洪泽湖蓄水灌溉进行了全面规划，截止到 1987 年，洪泽湖灌区范围内有 5 万亩以上大中型灌区 19 处，控制土地面积 6 939.34 平方千米，设计灌溉面积 579.39 万亩，有效灌溉面积 442.31 万亩。其中 30 万亩以上大型灌区 10 处、10 万～30 万亩中型灌区 7 处。由于水情变化，有 7 个中型灌区改为提水灌区，其设计灌溉面积 120.2 万亩，有效灌溉面积 77.2 万亩。截至 2022 年，洪泽湖总灌溉面积为 1 608 万亩。

在湖东岸的洪泽湖大堤上，还有洪金洞、周桥洞及堆头洞等涵闸，通过涵闸与洪泽区、金湖县的各级灌溉渠网衔接，可利用湖水灌溉 40.5 万亩农田。

三、南水北调

南水北调东线工程即国家战略东线工程，简称东线工程，是指从江苏扬州江都水利枢纽提水，途经江苏、山东、河北三省，向华北地区输送生产生活用水的国家级跨省界区域工程。东线工程通过江苏省扬州市江都水利枢纽从长江下游干流提水，沿京杭大运河逐级翻水北送，向黄淮海平原东部、胶东地区和京津冀地区提供生产生活用水。东线工程从江苏省扬州附近的长江干流引水，利用京杭大运河以及与其平行的河道输水，连通洪泽湖、骆马湖、南四湖、东平湖，并作为调蓄水库，经泵站逐级提水进入东平湖后，分水两路。一路向北穿黄河后自流到天津，从长江到天津北大港水库输水主干线长约 1 156 千米；另一路向东经新辟的胶东地区输水干线接引黄济青渠道，向胶东地区供水。

2013 年 12 月 8 日，南水北调东线工程正式通水，江苏是南水北调东线工程的起点。东线工程输水干线，供水范围涉及江苏、山东、河北三省的 71 个县（市、区），直接受益人口约 1 亿人，总投资 500 多亿元。其中江苏境内输水干线 404 千米，建设 9 个梯级泵站，江都站与新建成的宝应站组成第一梯级，抽引长江水能力 500 立方米/秒，最高年份达 157 亿立方米，相当于 5 个洪泽湖的正常蓄水量。江苏境内输水干线水质全部达标，日常运行管理工作平稳有序。

随着南水北调东线一期工程的建设完成，洪泽湖作为输水干线上的主要调蓄湖泊之一，充分发挥了其在南水北调水资源优化配置中的巨大作用。

表1-2-1 洪泽湖饮用水水源地基本情况

名称	级别	类型	供水规模（万立方米/天）	服务人口（万人）	保护区批复文号	一级保护区水域	一级保护区陆域	二级保护区水域	二级保护区陆域	准保护区水域	准保护区陆域
洪泽区洪泽湖周桥干渠水源地	市级	河道	10	33	苏政复[2019]8号	周桥湿地取水口上游1 000米的水域，以及以洪泽湖周桥（洞）入口为中心，半径为500米的洪泽湖水域范围	周桥湿地一级保护区水域外，西至隔堤，东至湿地进水闸，周桥干渠两岸湿地及洪泽湖大堤背水坡脚以外100米之间的陆域范围	周桥湿地、周桥干渠二级保护区水域外上溯2 800米至湿地进水闸，以周桥干渠两岸水坡脚外100米之间的水域范围。以及洪泽湖周桥（洞）入口为中心，半径540米周桥（洞）之间的水域范围。以一级保护区水域外延1 000米的洪泽湖水域范围	周桥湿地、周桥干渠二级保护区水域与相对应的两岸背水坡脚外100米的陆域范围。以及洪泽湖水域与相对应的洪泽湖大堤背水坡脚外100米之间的陆域范围	以周桥洞为中心、二级保护区水域外延1 000米的洪泽湖水域范围	准保护区与对应水域与对应的洪泽湖水坡背水坡脚外100米之间的陆域范围
泗阳县成子湖卢集水源地	县级	湖泊	9	40	苏政复[2017]118号	以取水口为圆心，半径为500米的水域和陆域范围		一级保护区外，外延2 000米的水域和陆域范围		二级保护区外，外延500米的水域和陆域范围	
泗洪县成子湖龙集水源地	县级	湖泊	25	90	苏政复[2017]118号	以取水口为圆心，半径为500米的水域范围		一级保护区外延1 000米的水域范围		二级保护区外延1 000米的水域和陆域范围	
盱眙县洪泽湖桥口引河水源地	乡镇	河道	3	20	苏政复[2019]8号	取水口上游1 040米至洪泽湖引水河口，以及取水口下游500米的水域范围	一级保护区水域与对应的两岸背水坡脚外100米之间的陆域范围	上游以引河口为中心、半径1 000米的水域。以及以桥口河二级保护区水域与相对应的两岸背水坡脚外延1 100米水域范围	二级保护区水域及相对应的湖岸水坡堤脚外100米之间的陆域范围。以桥口河二级保护区外相对应的湖岸背水坡脚外100米之间的陆域范围	二级保护区外延1 000米的水域范围	准保护区与对应洪泽湖相对应的洪泽岸水坡堤脚背外100米之间的陆域范围

第三节　生态功能

洪泽湖作为全国五大淡水湖之一，具有独特的生态功能和生态价值，其生态功能主要包括调蓄洪水、地下水供给、水质净化、土壤保持、调节气候、维持生物多样性等。

一、调蓄洪水

洪泽湖作为天然的水库，具有强大的蓄洪排涝能力和透水性，能调节径流、削减洪峰，调蓄功能非常显著。洪泽湖最大防洪库容为104亿立方米。在雨季，洪泽湖能够吸收大量雨水，减轻周边地区的洪涝灾害。洪泽湖的水位是淮河抗洪的"晴雨表"，水位过高会对淮河上中游行洪形成"顶托"之势，加大防洪压力。因此，洪泽湖下泄通道的流量大小，直接关系着淮河上中游的防洪情势。在旱季，洪泽湖又能为周边地区提供灌溉水源，保障农业生产灌溉用水。

二、地下水供给

湖泊生态系统与地下水交流也是陆地水循环系统中的关键环节之一。当水由湖泊渗入或流到地下蓄水系统时，蓄水层得到补充，湖泊则成为补给地下水蓄水层的水源。从湖泊流入蓄水层的水随后可成为浅水层地下水系统的一部分，因而得以保持。浅水层地下水可为周围群众生产生活供水，维持水位，或最终流入深层地下水系统成为长期的水源。

三、水质净化

洪泽湖具有强大的水质净化功能，通过水生植物、微生物等自然作用，对进入湖体的污染物进行吸收、分解和转化，从而减少环境污染，保持水质的清洁。许多植物如挺水、浮水和沉水植物，富集重金属的浓度比周围水体高出10万倍以上。洪泽湖中的芦苇对水体中污染物质的吸收、代谢、分解、积累和减轻水体富营养化等具有重要作用，尤其对大肠杆菌、酚、氯化物、有机氯、重金属盐类悬浮物等的净化作用尤为明显。此外，洪泽湖的水体循环和流动也有助于防止水体富营养化，保持水质的稳定。这些功能对于维护洪泽湖区域水环境安全、保障居民饮用水安全都有重要意义。

四、土壤保持

湖泊是地表径流泥沙的主要接纳场所，水土保持涵养功能主要体现在对降水资源的拦截和存蓄。湖泊的蒸腾作用可保持当地的湿地和降水量，湖体产生的晨雾可以减少周围土壤水分的丧失。上游对土壤的固结作用，大大降低了土壤侵蚀模数和输沙量，减少了下游河库湖泊泥沙的淤积，增强了下游河库湖泊的行洪和缓洪能力。

五、调节气候

洪泽湖通过水分循环和大气组分的改变，调节局部地区的温度、湿度和降水状况，调节区域内的风、温度、湿度等气候要素，从而减轻干旱、风沙、冻灾、土壤沙化过程，防止土壤养分流失，改善土壤状况。

六、维持生物多样性

洪泽湖面积大，湖岸曲折，湖底底质各异，各湖区水深不一，有利于保持生物多样性。洪泽湖不仅是野生动物栖息、繁衍、迁徙和越冬的基地，而且拥有丰富的水生生物资源，包括鱼类、贝类、水生植物等。这些生物资源不仅具有经济价值，更是生态系统的重要组成部分。洪泽湖通过提供适宜的栖息环境和食物链关系，维护了生物多样性的稳定。同时，洪泽湖还是众多候鸟的迁徙停歇地，对于保护全球鸟类多样性具有重要意义。

第四节　其他功能

一、水上航运

作为沟通淮河和京杭运河的重要航道，洪泽湖航运历史悠久，是贯通淮河流域上、中、下游的纽带，是连接长江和淮河的重要枢纽，也是连接南北、东西的重要水道。在古代，洪泽湖就是重要的水上交通要道。那时候，人们依靠船只和帆船，在湖上穿梭，运输货物和人员。随着时代的变迁，洪泽湖航运也逐渐发展壮大。目前洪泽湖内共有航道 7段，航运里程 42 千米，主要包括：自洪泽湖上溯过蚌埠闸，连接广大的皖北平原和中原腹地；向东通过高良涧船闸进入苏北灌溉总渠与湖泊东部水网区相连；向北通过京杭运河至鲁南、京、津地区；向南经入江水道或京杭运河南下直通长江、太湖等地。入海水道二期建成后，洪泽湖航运将直达黄海。

现在，洪泽湖航运已经实现了现代化和智能化。航道宽敞、水深适宜，各种船舶可以自由通行。而且，随着无人机巡航等先进技术的应用，洪泽湖航运的安全性和效率也得到了极大的提升。未来，洪泽湖航运一定会继续发挥重要作用，为我国的交通运输事业作出更大的贡献。

二、水力发电

洪泽湖水力发电是利用洪泽湖的水能资源进行发电的一种方式，为当地及周边地区提供清洁、高效的电力。目前，洪泽湖水力发电总装机容量近 6 000 千瓦。

三、渔业生产

洪泽湖广阔的水域、适宜的水深、丰富的资源、流动的水体，为发展洪泽湖渔业提供了得天独厚的条件，历史上曾有"日出斗金"的美誉。洪泽湖素有"百里芦荡，万顷草滩"之称，大面积的水生植物为鱼类和其他水生动物提供了栖息和繁衍的优良场所。洪泽湖渔业产量多年维持在5万吨左右，产值30亿元以上，拥有涉渔人口10.3万人，其中专业渔民约有3万人。2000年以后，随着退圩（围）还湖工程的大力推进，洪泽湖水域水产养殖面积不断减少，到2023年年底，养殖面积已经由20世纪末的61万亩减少至26.28万亩。2020年10月，传统的捕捞生产随着国家长江"十年禁渔"政策的实施也退出了历史舞台。

四、旅游功能

洪泽湖是中国最大"悬湖"，地处中国南北分界线，四季分明、气候宜人，一年四季都适合旅游；洪泽湖水域辽阔，景色秀美；洪泽湖物产资源丰富，以"鱼"为特色的餐饮驰名中外；洪泽湖历史悠久，物质遗存众多，具有多元融合的文化资源；洪泽湖沿岸漫长，滩地较多，湖汊密布，形成了特征迥异的地域特色；洪泽湖红色资源丰富，在这里先后发生过多场艰苦卓绝的战斗，留下了一系列珍贵史料；洪泽湖历史上和大运河联系紧密，是大运河文化带建设的核心范围。周边名胜众多，古镇历史悠久，旅游资源丰富。

近年来，沿湖两市六县区依托沿洪泽湖地区湖荡纵横、河网交织、沃野平畴、林田共生等优越资源以及生物多样性，大力发展旅游产业，充分展示江淮水乡风貌与生态品质，为洪泽湖渔文化植入了新的内涵，先后建设完成洪泽湖古堰4A级景区、泗洪洪泽湖国家级湿地及湿地公园4A级景区，以及泗阳成子湖旅游度假区等，多次举办"龙虾节""洪泽湖大闸蟹节""螺蛳节"等节庆活动，不断扩大洪泽湖的旅游影响力。

2021年，江苏省文化和旅游厅发布的《江苏省"十四五"文化和旅游发展规划》，将空间布局摆在显著位置，突出"水＋文化"融合特质，首次提出构建"两廊两带两区"文旅空间体系，即培育打造世界级运河文化遗产旅游廊道、世界级滨海生态旅游廊道、扬子江世界级城市休闲旅游带、陆桥东部世界级丝路旅游带、沿太湖世界级生态文化旅游区、沿洪泽湖世界级生态文化旅游区。

2022年，淮安大运河"百里画廊"项目开工建设，宿迁提出在洪泽湖沿线打造"醉美湖湾"，为增强洪泽湖的旅游功能提供了更广阔的文旅空间。

2023年，江苏省文化和旅游厅、江苏省发展改革委联合制定印发《关于推进沿洪泽湖世界级生态文化旅游区建设实施方案》，提出充分发挥江淮生态经济区展现全省生态价值、生态优势和生态竞争力的功能，建设富有水韵风情、现代气象的国际生态旅游目的地和世界级湖泊休闲度假目的地。

第三章

社会经济

第一节　行政区划与社会经济

　　洪泽湖涉及江苏省淮安和宿迁两市三县三区（淮安市的盱眙县、洪泽区、淮阴区，宿迁市的泗洪县、泗阳县、宿城区）。

一、淮安市

　　淮安市地处江苏省北部中心地域，淮河下游。位于东经 118°12′00″～119°36′30″、北纬 32°43′～34°06′之间。北接连云港市，东毗盐城市，南连扬州市和安徽省滁州市，西邻宿迁市。东西最大直线距离 132 千米，南北最大直线距离 150 千米，面积 10 030 平方千米。

　　2022 年年末，淮安市下辖清江浦、淮阴、淮安、洪泽 4 个区和涟水、盱眙、金湖 3 个县。全市有 57 个镇、38 个街道、1 382 个行政村、202 个居委会。全市户籍人口 555.25 万人，常住人口 456.22 万人。

　　2022 年，淮安市地区生产总值 4 742.42 亿元。

二、宿迁市

　　宿迁市成立于 1996 年，总面积 8 524 平方千米。

　　2022 年年末，宿迁市辖沭阳、泗阳、泗洪 3 县和宿豫区、宿城区，有 67 个乡（镇）和 28 个街道办事处。全市常住人口 499.90 万人，户籍人口 590.86 万人。

　　2022 年，宿迁市地区生产总值 4 111.98 亿元。

三、淮安、宿迁市涉洪泽湖县区社会经济发展情况

　　淮安、宿迁市涉洪泽湖县区社会经济发展情况见表 1-3-1。

表 1-3-1 淮安、宿迁市涉洪泽湖行政区划和社会经济情况明细（2022 年年末）

市别	县（区）别	地理位置	面积（平方千米）	总人口（万人）	辖乡镇（街道）	地区总产值（亿元）
淮安市	淮阴区	南濒洪泽湖，东隔盐河与涟水相邻，北隔六塘河与沭阳县相望，西隔大运河与泗阳县毗邻	1 264.10	88.21	第 4 个街道、9 个镇，其中高家镇沿洪泽湖	658.33
	洪泽区	位于洪泽湖东畔，西濒洪泽湖与洪泽县、泗阳县隔湖相望，东挽白马湖、金湖县水陆相依，南濒淮河入江水道，与淮安县相望，北临淮北灌溉总渠，清江浦区接壤	1 394	35.219	第 3 个街道和 6 个镇，沿洪泽湖的有高良涧街道、西顺河镇、东双沟镇、三河镇、蒋坝镇、老子山镇	412.11
	盱眙县	位于淮安西南部，淮河下游，洪泽湖南岸，东与金湖县、滁州市天长市相邻，南分别与滁州市来安县和明光市交界，北至东北分别与泗洪县、洪泽区接壤	2 497.3	78.59	第 10 个街道 3 个镇 2 个场，其中沿洪泽湖的有马坝镇、管仲镇、鲍集镇、淮河街道、盱城街道、三河农场	525.08
宿迁市	宿城区	宿城区北以中运河为界与湖滨新区相望，东与宿豫区以中运河为界隔河相望，与泗阳县接壤，南与泗洪县毗邻，西与睢宁县相连	854	82	第 7 个街道、8 个乡镇，其中场镇沿洪泽湖	525.09
	泗洪县	东临洪泽湖，西接安徽省泗县、五河县，明光市，北邻宿城区，南与安徽省盱眙县接壤	2 731	110	第 3 个街道、16 个镇、1 个农场，其中沿洪泽湖的有界集镇、龙集镇、半城镇、临淮镇、双沟镇、石集乡	596.31
	泗阳县	东临淮安市淮阴区，北邻沭阳县，西与宿豫区毗邻，南濒洪泽湖、洪泽区隔湖相望	1 418	106.30	第 3 个街道、10 个乡镇，其中沿洪泽湖的有户集镇、裴圩镇，1 个省级经济开发区	676.39

第二节　环洪泽湖乡、镇、场、街道
社会经济基本情况

2022 年，环洪泽湖共有乡、镇、街道、场 23 个，沿湖社区与行政村 137 个。淮安市沿洪泽湖有镇、街道、场 14 个、沿湖社区与行政村 56 个。宿迁市沿洪泽湖有乡镇 9 个、沿湖社区与行政村 81 个。

2022 年洪泽湖沿湖镇、村、社区情况统计见表 1-3-2。

表 1-3-2　2022 年洪泽湖沿湖镇村社区情况

序号	市	县区	乡镇街道场	沿湖社区与行政村数量	沿湖社区、行政村名称
1		淮阴区	高家堰镇	7	洪湖村、汪场村、分洪村、老场村、韩桥村、沿湖村、河头村
2			西顺河镇	2	张福河村、洪祥村
3			高良涧街道	3	湖滨社区、杨码社区、洪渠社区
4			东双沟镇	2	庆祥村、张庄村
5		洪泽区	三河镇	1	五里牌村
6			蒋坝镇	3	蒋坝居委会、头河村、彭城村
7	淮安市		老子山镇	11	书院社区、茶庵社区、新淮村、张咀村、安淮村、长山村、龟山村、洪明村、刘咀村、新滩村、兴隆村
8			马坝镇	2	三官村、马庄社区
9			三河农场	3	潘庄生产区、洪湖生产区、双桥生产区
10			盱城街道	2	城北社区、新华社区
11		盱眙县	官滩镇	8	古河社区、甘泉村、侍涧村、霍山村、王桥村、戚洼村、洪湖村、许嘴村
12			淮河镇	5	明祖陵村、伏湖村、沿淮村、仁和社区、贵庄村
13			管仲镇	4	双月村、王嘴村、芮圩村、宗岗村
14			鲍集镇	3	邵墩村、鲍集社区、谢庄村
15	淮安市小计			56	
16			裴圩镇	4	黄圩社区、西沙村、东沙村、东南村
17	宿迁市	泗阳县	卢集镇	17	卢集社区、成子湖社区、南王集社区、薛嘴村、镇东村、范家湖村、新庄村、桂嘴村、潘集村、高集村、周岗嘴村、镇北村、颜勒村、南大滩村、高渡村、吴勒村、曹嘴村

（续）

序号	市	县区	乡镇街道场	沿湖社区与行政村数量	沿湖社区、行政村名称
18		宿城区	中扬镇	5	中扬社区、南张圩社区、范集社区、唐莫村、岭桥村
19			界集镇	12	曹庙社区、太平社区、太河社区、太兴社区、高集社区、香城社区、曹圩社区、山头村、颜圩村、周嘴村、裴南村、娥眉村
20			龙集镇	14	龙集社区、东嘴社区、滨湖社区、尚嘴社区、应山社区、杨邵社区、姚兴社区、河口社区、龙南社区、孙庄村、金圩村、侯嘴村、勒东村、田集村
21	宿迁市	泗洪县	半城镇	11	半城社区、雪北社区、雪南社区、唐庄社区、王岗村、大王庄村、安河口村、洪安村、穆墩岛村、郁嘴村、渔沟养殖场
22			临淮镇	11	临淮社区、小街社区、徐圩社区、洪胜社区、戚台社区、邱台社区、徐莫村、二河村、溧河村、骈台村、胜利村
23			双沟镇	6	汤南社区、罗岗社区、李庄社区、周冲社区、草湾村、双淮村
24			石集乡	1	柳山社区
25		宿迁市小计		81	
26		全湖小计		137	

高家堰镇 高家堰镇，隶属于淮安市淮阴区，地处淮阴区最南端，东南与洪泽区西顺河镇接壤，东与清江浦区和平镇隔河相望，南靠洪泽湖，西与泗阳县裴圩镇相邻。

高家堰得名于世界文化遗产中国大运河高家堰工程。2018 年 7 月，原赵集镇与韩桥乡合并，设高家堰镇，镇域总面积 91 平方千米，耕地面积 8.8 万亩，水域面积 13 万亩。有户籍人口 7.44 万，常住人口 7.18 万。镇政府驻赵集社区赵集街阳光路 13 号。

2022 年，高家堰镇辖 20 个行政村，其中沿洪泽湖有洪湖村、汪场村、分洪村、老场村、韩桥村、沿湖村、河头村等 7 个村。2020 年前，洪湖村、汪场村、分洪村、老场村、沿湖村、河头村等 6 个村，捕捞户与养殖户较多。

西顺河镇 西顺河镇，隶属于淮安市洪泽区，地处洪泽区北部，东与淮安市清江浦区和平镇以二河交界，南、西濒洪泽湖，北与淮阴区赵集镇接壤。

镇区有条河流叫张福河，纵贯全境，上通洪泽湖，下连京杭大运河，水路四通八达，曾是商贾云集之地。因镇区顺着张福河而建，故名顺河。后因与东侧淮安县顺河人民公社同名，故改名西顺河。1941 年，先后为淮泗、淮宝县顺河民主政府驻地。1950 年，复归淮阴县，称顺河乡。1956 年，划归洪泽县。1958 年，属高良涧人民公社。1960 年，析出，成立顺河公社。1963 年，并入高良涧镇。1965 年，析出，仍为顺河公社。1981 年，因与淮安县顺河人民公社同名，改名西顺河人民公社。1983 年，改置西顺河乡。1986 年，撤乡，设立西顺河镇，后一直沿用至今。区域总面积 19 平方千米。2019 年年末，西顺河镇辖区户籍人口 8 946 人。镇政府驻街西社区顺达路。

2022 年，西顺河镇辖 1 个社区和 4 个行政村，其中沿洪泽湖的有张福河村、洪祥村 2 个渔业村。

高良涧街道　高良涧街道是淮安市洪泽区下辖街道，位于洪泽湖畔，境内盛产鱼、蟹、虾、鳖、蚌、蚬、莲、菱、藕等水产品，素有"鱼米之乡"的美称。

一说相传三国时期邓艾屯田时，曾经在这里设立收粮点，称为"交粮站"，后来人们将"交粮站"称为"高良涧"。另一说高良涧为水名，始称于隋、唐，后逐渐变为聚落名。明、清时期属山阳县。民国时期属淮安县。1949 年属淮宝县。1950 年淮宝县撤销改属淮阴县高涧区。1956 年由淮阴县划归洪泽县，为县治。1958 年改为高涧人民公社。1962 年，析置高涧镇。1983 年，改为高良涧镇。2000 年 2 月，高涧乡并入。2009 年 3 月，黄集镇 7 个村划入、朱坝镇并入。2014 年区划调整，析出朱坝镇，撤销高良涧镇，改设高良涧街道。现街道面积 112.5 平方千米，拥有水面 30 多万亩，4.4 万人。街道办事处驻东十一道 156 号。

2022 年辖 15 个社区和 4 个行政村，沿洪泽湖的有湖滨社区、杨码社区、洪渠社区等 3 个社区。

东双沟镇　东双沟镇隶属淮安市洪泽区，地处洪泽区中部偏西，东与仁和镇、金湖县陈桥镇接壤，南连三河、共和两镇，西濒洪泽湖，北与高良涧街道毗邻。

兴起于明代，因老街东西两侧有勺驼河、草泽河而得名双沟；与泗洪县双沟镇重名，且在其东边，故名东双沟。清代属于山阳县。民国初属淮安县。1941 年，属淮安县双沟区。1950 年，属淮阴县双沟区。1956 年，划归洪泽县。1958 年，成立双沟人民公社。1981 年，因与泗洪县双沟同名，更名为东双沟人民公社。1983 年实行乡建制，改为东双沟乡。2000 年 6 月、撤乡、改置东双沟镇。2014 年 10 月，与万集镇合并，设立新的东双沟镇。区域总面积 126.68 平方千米。截至 2019 年年末，东双沟镇辖区户籍人口 62 759 人。镇政府驻青云社区府前路。

2022 年，东双沟镇辖 5 个社区和 15 个行政村，沿洪泽湖的有庆祥村、张庄村。

三河镇　三河镇隶属淮安市洪泽区，地处洪泽区南部，东、南分别与金湖县陈桥镇、戴楼镇交界，西与盱眙县观音寺镇隔河相望，西南与蒋坝镇交界，西濒洪泽湖，北与东双沟镇接壤。

因境域处三河岸边，故名三河镇。清代至民国初期，分属盱眙、宝应、淮安 3 县。1941 年，属淮宝县。1950 年 3 月，改属淮阴县双沟区。1956 年，划归洪泽县。1958 年，成立三河人民公社，驻蒋坝。1966 年，蒋坝析出。1983 年，改置三河乡。1993 年 8 月，撤乡、改置三河镇。2014 年 10 月，与共和镇合并为新的三河镇，后一直沿用至今。区域总面积 98.85 平方千米。截至 2019 年年末，三河镇辖区户籍人口 58 122 人。镇人民政府驻共和社区大治路 40 号。

2022 年，辖 4 个社区和 15 个行政村，沿洪泽湖的有五里牌村。

蒋坝镇 蒋坝镇隶属淮安市洪泽区，地处洪泽区南部，东、北与三河镇接壤，南与盱眙县马坝镇交界，西濒洪泽湖。

始建于明万历年间，高家堰上建起 6 座泄洪滚水石坝，镇区就有"仁""义""礼"三坝，蒋家坝就是其中"礼"字坝所在地，所以古镇以水、以坝得名。清末民初，蒋家影响日甚一日，又改名为蒋家坝，简称蒋坝。清属盱眙县彭城乡。民国初属盱眙县第五区，湖边草滩地属淮阴县。1941 年属淮宝县。1950 年，划属淮阴县；1952 年，设立淮阴县蒋坝区。1956 年，设置蒋坝镇，划归洪泽县。1958 年，成立三河人民公社。1963 年，析置蒋坝镇。1968 年，更名为红卫镇。1971 年，复名蒋坝镇，后一直沿用至今。区域总面积 12.1 平方千米。截至 2019 年年末，蒋坝镇辖区户籍人口 9 456 人。镇人民政府驻西堤社区。

2022 年，蒋坝镇辖蒋坝居委会、头河村、彭城村等 1 个社区和 2 个行政村，均沿洪泽湖。2020 年前，捕捞户较多。

老子山镇 老子山镇，隶属淮安市洪泽区，地处洪泽区西南，东、北濒洪泽湖，南与盱眙县官滩镇接壤，西与盱眙县淮河镇毗邻。

相传 2500 年前，道家始祖李耳入秦前，看到此山风景险胜，遂拓洞炼丹（洞曰仙人洞，墩曰凤凰墩），普救众生。后人不忘其德行，取其尊称"老子"命名此山。清代属清河县。民国初为老子山乡，属淮阴县。抗日战争时期，属盱眙办事处。1950 年，属盱眙县老子山镇。1956 年 5 月划归洪泽县。1958 年，成立老子山人民公社。1983 年复置老子山乡。1985 年，撤乡、复置老子山镇，后一直沿用至今。面积 300 平方千米。辖区户籍人口 17 159 人。镇人民政府驻书院社区迎湖路 12 号。

2022 年，老子山镇辖书院社区、茶庵社区、新淮村、张咀村、安淮村、长山村、龟山村、洪明村、刘咀村、新滩村、兴隆村等 2 个社区和 9 个行政村，均沿洪泽湖，也是传统的渔业村。

马坝镇 马坝镇隶属淮安市盱眙县，位于县域东北部，县城东部，地处苏皖两省、洪泽、盱眙、天长、金湖 4 县（市、区）交界处。

因镇东边的马家坝而得名马坝。1958 年成立马坝公社、东阳公社、高桥公社，1983 年改马坝乡、东阳乡、高桥乡。1985 年马坝撤乡建镇。2000 年东阳乡、高桥乡并入，同年黄桥村、楼庄村、永丰村、瓦地村划归金湖县戴楼乡。2018 年，观音寺镇并入马坝镇。面积 298.37 平方千米，总人口为 10.24 万人。镇政府驻楚东社区镇南路 99 号。

2022 年，马坝镇辖 7 个社区 15 个行政村，沿洪泽湖的有三官村、马庄社区。

三河农场 三河农场隶属淮安市盱眙县，与洪泽湖接壤。全场土地面积 6.68 万亩，其中耕地 4.2 万亩。总人口 8 621 人，有 2 385 户家庭、6 470 人到小城镇集中居住。农场下辖 4 个农业管理区、5 个控参股企业、1 所医院和 1 所幼儿园。同时还有各类非公有制企业 40 多个。

沿洪泽湖的有潘庄生产区、洪湖生产区、双桥生产区。

盱城街道　盱城街道隶属淮安市盱眙县，位于县域中部偏西北，东和穆店镇毗连，南与古桑街道相连，西临淮河与淮河镇相望，北与官滩镇接壤，是盱眙县的主城区、交通、政治、文化的中心。

1962年，称盱城镇。1968年，称盱城革命委员会。1980年，复为盱城镇。2000年，撤十里营乡、盱城镇，将十里营乡、盱城镇和古桑乡的2个行政村、盱眙县果园场、盱眙县林柴场进行合并，设立新的盱城镇。2015年，撤盱城镇，分设盱城街道、太和街道。盱城街道因是盱眙县的主城区，故名。盱城街道辖域面积74.58平方千米，常住人口为16.68万。街道办事处驻城中社区。

2022年，盱城街道辖13个社区，沿洪泽湖的有城北社区、新华社区。

官滩镇　官滩镇隶属淮安市盱眙县，位于县域北部，东、西濒临洪泽湖，镇域东西临洪泽湖，分别与洪泽区蒋坝镇、盱眙县淮河镇隔湖相望，南接壤盱城街道，北毗连洪泽区老子山镇，东邻三河农场。

官滩原称"渔沟"，1981年，为避重名，更为"官滩"，古时是一片荒滩，民众随意放牧，故称"官滩"，后兴集，称"官滩集"，镇亦因此命名。1958年为渔沟公社。1981年改官滩公社。1986年建镇。辖域面积133.45平方千米，总人口为2.86万人，镇人民政府驻古河社区。

2022年，官滩镇辖1个社区和8个行政村，沿洪泽湖的有古河社区、甘泉村、侍涧村、霍山村、王桥村、戚洼村、洪湖村、许嘴村。2020年前，金圩村、洪湖村、都管村捕捞与养殖户较多。

淮河镇　淮河镇隶属淮安市盱眙县，位于县域西北部，东临淮河、洪泽湖与盱眙县城、官滩镇、洪泽区相望，西接管仲镇，北以洪泽湖为界与泗洪县相望，南以淮河为界与河桥镇、古桑街道为邻，距县城6千米。

因镇区地处淮河之滨，得名"淮河"。淮河镇为古临淮县和泗州的所在地，历唐、宋、元、明、清，建制基本未变。历史上建置多变，先后属泗县、洪泽湖管理局、泗洪县等。1958年，建公社。1983年，置乡。2001年，建镇。2018年，明祖陵镇并入。辖域面积185.98平方千米。2021年年末，总人口为4.05万人。镇人民政府驻城根村。

2022年，淮河镇辖2个社区、12个行政村，沿洪泽湖的有明祖陵村、伏湖村、沿淮村、仁和社区、费庄村。2020年前，沿湖的5个村捕捞与养殖户较多。

管仲镇　管仲镇隶属淮安市盱眙县，位于县域西北部。

相传春秋时期，颍上人管仲和鲍叔牙在此经商，设有店铺。后管仲官至齐国上卿，后人为纪念这位名相而将此地命名管仲。2018年，撤管仲镇、兴隆乡，合并设立管仲镇。辖域面积154.32平方千米。2020年年末，管仲镇总人口为4.23万人，镇人民政府驻管仲社区。

2022年，管仲镇辖3个社区和15个行政村，沿洪泽湖的有双月村、王嘴村、芮圩村、宗岗村。

鲍集镇　鲍集镇隶属淮安市盱眙县，位于县域西北部，苏皖交界处，西临安徽省、北界宿迁市泗洪县，辖域面积207.16平方千米。

相传春秋时期管仲和鲍叔牙在此经商，故得名。1949 年之前，属泗南县。1949 年后，属泗洪县。1985 年，属盱眙县。2000 年建镇。2018 年撤铁佛镇、鲍集镇，合并设立新的鲍集镇。2020 年，总人口为 7.49 万人。镇人民政府驻鲍集社区。

2022 年，鲍集镇辖 3 个社区和 15 行政村，沿洪泽湖有鲍集社区、邵墩村、谢庄村。

裴圩镇 裴圩镇隶属宿迁市泗阳县，地处泗阳县城东南、洪泽湖北岸，东与淮安市接壤，西和北分别与卢集镇、新袁镇相连。

裴圩原名刘圩，因清光绪元年（1875 年）刘瑞堂在此筑圩而得名。清光绪七年（1881 年），刘姓人家将土地房产卖给裴峻峰而更名为裴圩，故而得名并沿用至今。清代属吴城乡。抗日战争时期属淮泗县，是淮泗县政府所在地。1949 年属泗阳县。1957 年，置裴圩乡。1958 年，改为裴圩人民公社。1983 年，复置裴圩乡。1999 年裴圩乡改镇。2000 年 5 月，黄圩乡、良种场并入。镇域面积 76.86 平方千米，耕地面积 3 965 公顷，2020 年年末户籍人口 6.18 万人。裴圩镇政府驻裴圩社区。

2022 年，裴圩镇辖 6 个社区和 11 个行政村，沿洪泽湖的有黄圩社区、西沙村、东沙村、东南村。

卢集镇 卢集镇隶属宿迁市泗阳县，位于泗阳县城南、成子湖东岸，距离城区 10 千米、徐淮盐高速入口 4 千米，330 省道、成子河旅游公路、成子河航道穿境而过，水陆交通便利。

清代康熙年间，称岗陵集。清咸丰元年（1851 年）卢日畅在此兴集，称为卢集，镇以集名，故而得名并沿用至今。清代属吴城乡。1937 年属淮泗县。1957 年设卢集乡。1958 年改为卢集人民公社。1983 年复置卢集乡。2000 年卢集乡改镇。2020 年 7 月，根据《省政府关于同意变更泗阳县部分行政区划的批复》（苏政复〔2020〕65 号）文件规定，原卢集镇、高渡镇被撤销，设立新的卢集镇，以原卢集镇、高渡镇的行政区域为卢集镇行政区域。镇域面积 317 平方千米，其中陆地面积 145 平方千米，水域面积 172 平方千米，湖岸线长 63.3 千米，现有耕地 13.4 万亩。年末在籍户数 19 883 户，户籍人口 80 317 人。卢集镇政府驻卢集社区。

2022 年，卢集镇辖 3 个社区和 16 个行政村，沿洪泽湖的有卢集社区、成子湖社区、南王集社区、薛嘴村、镇东村、范家湖村、新庄村、桂嘴村、潘集村、高集村、周岗嘴村、镇北村、颜勒村、南大滩村、高渡村、吴勒村、曹嘴村，其中成子湖社区与高渡村是历史上的渔业村。

中扬镇 中扬镇隶属宿迁市宿城区，南濒洪泽湖，北连徐淮公路，东与泗阳县众兴镇、临河两镇毗邻，西与泗洪县曹庙乡接壤。

清嘉庆年间，为陈姓地主的一个中间客庄，故名中央庄。清光绪十四年（1888 年）兴集时，取"央"字的谐音"扬"字更名为中扬庄，后简称中扬。1940 年，为中陈区。1943 年，改为中扬区。1948 年，属淮泗县。1949 年，划归泗阳县。1958 年，称中扬人民公社。1963 年，撤社建区，中扬划归临河区。1970 年，恢复中扬人民公社。1983 年，恢复乡建制，称中扬乡。1996 年，随县划入宿迁市管辖。2000 年 7 月，撤乡建镇，称中扬镇，并将林柴场划归管辖范围。2004 年，中扬镇从泗阳县析出，划归宿迁市宿城区管辖。全镇总面积 107 平方千米，户籍人口 5.7 万。镇政府驻中扬社区。

2022 年，中扬镇下辖 3 个社区和 10 个行政村，沿洪泽湖的有中扬社区、南张圩社区、范集社区、唐莫村、岭桥村，其中中扬社区是历史上的渔业村。

界集镇　界集镇隶属宿迁市泗洪县，地处泗洪县东北片中心区域，距离泗洪县城 19 千米，东临成子湖，南畔徐洪河，343 国道、330 省道、268 省道、楼尚线、屠界线穿境而过，水陆交通便捷，是全国重点镇、国家卫生镇、省重点中心镇、省生态文明示范镇、省法治建设示范乡镇。

地处古泗州与桃源县（今泗阳）交界。100 多年前，名为沙砬口，是苏皖交界，后兴为附近较大集市，故名界集。1942 年置界集乡，隶属泗阳县界集区。1949 年 4 月设立泗洪县时划属泗洪县界集区，1957 年重置界集乡。1958 年撤销界集乡设立界集人民公社。1983 年复置界集乡。1989 年撤乡设立界集镇。2020 年 7 月，撤销界集镇、曹庙乡、太平镇，设立新的界集镇。行政区域面积 255 平方千米，水域面积 33.6 平方千米，总人口 12.26 万。界集镇政府驻界集社区。

2022 年，界集镇下辖 15 个社区和 23 个行政村，沿洪泽湖的有曹庙社区、太平社区、太河社区、太兴社区、高集社区、香城社区、曹圩社区、山头村、颜圩村、周嘴村、裴南村、娥眉村。

龙集镇　龙集镇隶属江苏省宿迁市泗洪县，位于泗洪县东南 50 千米的洪泽湖与成子湖交汇处。三面环湖、一面临河，地形呈半岛状，全镇 90% 的陆地面积被两湖环绕，素有"一肩挑两湖"之称。龙集水陆交通便利，楼尚路、环湖路、330 省道贯穿全境。

其地南北狭长，两侧低洼，中间岗岭延伸湖边，形如卧龙，后兴为集市，因此得名。1942 年置龙集乡，隶属泗阳县龙集区。1949 年隶属泗洪县龙集区。1957 年重置龙集乡。1958 年撤乡设龙集人民公社，1983 年复置龙集乡，2000 年，经江苏省人民政府同意、省民政厅（苏民行〔1999〕165 号）通知，撤销龙集乡，设立龙集镇。全镇陆地面积 87.4 平方千米，滩涂水面 204 平方千米，水产养殖面积 4.23 万亩。总人口 4.6 万人。龙集镇政府驻龙集社区。

2022 年，龙集镇下辖 9 个社区和 5 个行政村、1 个养殖场、1 个航运公司。沿洪泽湖的有龙集社区、东嘴社区、滨湖社区、尚嘴社区、应山社区、杨邵社区、姚兴社区、河口社区、龙南社区、孙庄村、金圩村、侯嘴村、勒东村、田集村，其中尚嘴社区、东嘴社区是历史上的渔业村。

半城镇　半城镇隶属江苏省宿迁市泗洪县，地处泗洪县东南、洪泽湖西岸，省道 330、青临线贯穿而过，交通便利、地域辽阔。

春秋时为古徐国都城所在地。《泗虹合志》记载："……南北朝时置，或曰徐城地，土基犹少半，故名。"即在南朝梁天监八年（509 年），因徐国城低洼处全部被水淹，只剩下一半，徐城始称为半城。1944 年 10 月半城镇改名为雪枫镇，隶属泗南县雪枫区。1949 年隶属泗洪县雪枫区。1956 年划属洪泽县。1957 年改设雪枫乡。1958 年撤乡设立雪枫人民公社。1966 年更名为半城人民公社。1983 年改置半城乡。1985 年，经江苏省人民政府批准，撤销半城乡，设立半城镇，同年 12 月由洪泽县划归泗洪县。2020 年 7 月，撤销半城镇、陈圩乡，设立新的半城镇。行政区域面积 199 平方千米，其中水域面积 96 平方千米，耕地面积 66 平方千米。全镇总户数 1.56 万户，户籍人口 6.08 万人。镇政府驻半城社区。

2022 年，半城镇下辖 8 个社区和 13 个行政村，另有 2 个养殖场和 2 个林场。沿洪泽湖的有半城社区、雪北社区、雪南社区、唐庄社区、王岗村、大王庄村、安河口村、洪安村、穆墩岛村、郁嘴村、渔沟养殖场，其中安河口村、洪安村、穆墩岛村是历史上的渔业村。

临淮镇　临淮镇隶属江苏省宿迁市泗洪县，位于泗洪县东南 20 千米，东至通湖大道，西临双沟镇，南靠洪泽湖，北接石集乡，环抱洪泽湖湿地公园，古汴河穿境而过。

汉武帝元狩元年（公元前 122 年），置临淮郡，此为临淮地名之始，即因面临淮河而得名。1949 年置临淮乡，隶属泗洪县洪泽湖管理局。1958 年撤乡设临淮人民公社。1983 年复置临淮乡。1993 年，经江苏省人民政府同意，省民政厅（苏民行〔1993〕35 号）通知，撤销临淮乡，设立临淮镇。2020 年 7 月，撤销临淮镇、城头乡，设立新的临淮镇。临淮镇陆地面积 112 平方千米，水域面积 275 平方千米，养殖水面 6.8 万亩，耕地面积 6.78 万亩，林地 1.7 万亩。2021 年末辖区总人口 4.26 万人。临淮镇政府驻城头社区。

2022 年，临淮镇下辖 10 个社区和 5 个行政村，沿洪泽湖的有临淮社区、小街社区、徐圩社区、洪胜社区、戚台社区、邱台社区、徐莫村、二河村、溧河村、骈台村、胜利村，其中临淮社区、小街社区、徐圩社区、洪胜社区、二河村、溧河村、骈台村、胜利村是历史上的渔业村。

双沟镇　双沟镇隶属江苏省宿迁市泗洪县，地处苏皖两省和泗洪、盱眙、明光、五河 4 县交汇处，位于淮河生态经济带"干流绿色发展带"上，是宿迁的南部门户。新扬高速横穿境内，235 国道、330 省道、双五线与 49 省道新扬高速形成覆盖镇域的交通网络，交通优势明显。

唐朝时称为双溪，宋初逐渐形成集市，因面临淮河，名顺河集。据《泗州志》记载，清康熙二十七年（1688 年）称双沟镇，以地东西两侧各有淮河汊流而得名。1940 年置双沟镇，隶属泗南县双沟区。1949 年隶属泗洪县双沟区。1965 年置双沟镇（县直属镇）。1989 年双沟镇与双沟乡合并设立双沟镇。2020 年 7 月，撤销双沟镇、四河乡、峰山乡，设立新的双沟镇。双沟镇行政区域面积 193.51 平方千米，人口 11.19 万人，是全国重点镇、国家级生态示范镇、国家卫生镇、省重点中心镇、省经济发达镇。镇政府驻双沟社区双沟工业园区便民路 1 号。

2022 年，双沟镇下辖 16 个社区、21 个行政村和 2 个养殖场，沿洪泽湖的有汤南社区、罗岗社区、李庄社区、周冲社区、草湾村、双淮村。

石集乡　石集乡隶属江苏省宿迁市泗洪县，位于洪泽湖西岸，县城南 10 千米处，腰缠汴、溧二河，肩顶毛、柳两山，青城线贯穿全乡南北，水陆交通便利，这里水草丰盛，沟河纵横，是个物产丰富的"鱼米之乡"。石姓居此，因兴集，清代得名石家集，清代属青阳乡。民国时简称石集。民国时期先后属泗县第四区、泗南县石集区。1949年置石集乡,隶属泗洪县车门区。1958年属青阳人民公社。1962年析出置石集人民公社。1983年复置石集乡。区域面积89平方千米,居民5 753户,总人口2.54万人。乡政府驻石集社区。

2022年辖7个社区,沿洪泽湖的有柳山社区。

第三节 涉湖涉渔人口

据2014年涉渔人口调查,淮安、宿迁两市涉湖涉渔人口10万人左右,捕捞渔民数量2.9万人左右,养殖渔民3.4万人左右,其他3.9万人左右。具体人口情况见表1-3-3。

表1-3-3 2014年洪泽湖涉渔人口情况表

序号	乡镇	沿湖涉渔村(居委会)		涉湖涉渔人口(人)	其中		
		农业村	渔业村		捕捞(人)	养殖(人)	其他(人)
1	赵集镇		洪湖村	3 520	0	300	3 220
			汪场村	3 340	5	50	3 285
			老场村	2 660	26	100	2 534
2	韩桥乡		河头村	3 720	20	80	3 620
			韩桥村	5 805	120	200	5 485
			沿湖村	4 720	260	1 150	3 310
3	西顺河镇		张福河村	551	108	392	51
			洪祥村	1 680	1 100	160	420
4	蒋坝镇	西堤居委会		101	92	9	
		中街居委会		2 980	123	3	2 854
5	高良涧镇		钱码村	639	120	469	50
6	三河镇		五里牌村	3 100	800	620	1 680
7	老子山镇		书院居委会	2 458	158	375	1 925
			长山村	1 820	228	640	952
			安淮村	1 326	316	606	404
			新滩村	926	240	545	141
			新淮村	2 016	510	680	796
			张嘴村	1 328	360	400	568
			龟山村	628	20	440	168
			茶庵居委会	3 274	106	184	2 984
			刘咀村	652	50	466	136
			兴隆村	633	52	367	214
			洪明村	983	261	508	214

（续）

序号	乡镇	沿湖涉渔村（居委会）		涉湖涉渔人口（人）	其中		
		农业村	渔业村		捕捞（人）	养殖（人）	其他（人）
8	官滩镇	洪湖村		20		20	
		戚洼村		26		26	
		金圩村		36		36	
		古河村		26		26	
		侍涧村		168		168	
		都管村		52		52	
9	明祖陵镇	费庄村		44		44	
		仁集居委会		9		9	
		延淮村		30	30		
10	管仲镇	耿赵村		6		6	
		双黄村		6		6	
		芮圩村		10		10	
		王嘴村		12		12	
		北周村		14		14	
		管仲居委会		12		12	
		分金居委会		38		38	
11	鲍集镇	邵墩村		14		14	
		洪新村		8		8	
		谢庄村		4		4	
		鲍集村		8		8	
		梁集村		12		12	
12	城头乡			2 910	580	2 330	
13	陈圩乡			912	195	717	
14	临淮镇			15 526	7 593	7 933	
15	半城镇			10 010	5 900	4 110	
16	龙集镇			14 700	3 930	6 360	4 410
17	界集镇	山头村		720	650	70	
		颜圩村		336	300	36	
		曹圩村		127	110	17	
18	太平镇	香城村		700	300	400	
		娥眉村		260	140	120	
		高集村		540	500	40	
		塘怀村		204	4	200	
		周明村		540	440	100	
		太平居		830	730	100	
		太和居		210	160	50	
		裴南村		170	100	70	

（续）

序号	乡镇	沿湖涉渔村（居委会）		涉湖涉渔人口（人）	其中		
		农业村	渔业村		捕捞（人）	养殖（人）	其他（人）
19	中扬镇	二里村		67	17	50	
		岭桥村		169	29	140	
		范集居		256	16	240	
		南张圩居		304	4	300	
		唐莫村		74	4	70	
		中扬居		1 690	1 240	450	
20	卢集镇		谷嘴村	430	240	190	
		薛嘴村		74	2	72	
		桂嘴村		136	76	60	
		新庄村		56	20	36	
		成河村		2		2	
21	裴圩镇	东南		4	4		
		东高		3	3		
		黄圩		218	56	162	
		东沙		172	30	142	
		西沙		132		132	
		三和		10	4	6	
		裴圩		101	65	36	
		单庄		4	4		
22	高渡镇	高渡		604	510	84	10
		南王集		51	17	26	8
		颜勒		64	6	58	
		吴勒		172	18	152	2
		曹嘴		51	5	46	
		周岗嘴		24	7	17	
		高集		20	16	4	
合计				102 998	29 068	34 388	39 441

洪泽湖综合开发

　　党的十一届三中全会以后，洪泽湖地区掀起了充分利用湖区资源，大力促进经济发展的热潮。1980年，洪泽县人民政府制定了洪泽湖渔业资源开发工程计划。该计划于1981年1月向世界粮食计划署申请援助，1982年4月30日获得批准，被称为"2633"项目工程。工程计有17个项目，即放流蟹苗、栽水草、增殖保护区、维修育苗塘、修建成鱼塘、圩堤加固、建泵站、建工副业点、建加工中心、修公路、修桥、建渔港、修渔港、通电线路、建校舍、建住房、建医院等。经过4年努力，湖区养殖业发展成效显著，养殖面积与产量成倍增长；许多渔民从原先的单一捕捞转移到养殖业和其他多种经营项目上来。湖区渔民陆上定居点迅猛发展，渔民子女从船头、滩头小学进入陆地学校就读，儿童入学率提高了20％；医疗和文化娱乐设施的建设不但给渔民的生活带来了便利，而且丰富了渔民的生活。道路建设给湖区交通运输业的发展和对外开放提供了保障。

第一节　联合国援助项目工程

一、项目来源及概况

　　1980年9月，联合国世界粮食计划署在考察洪泽湖后，决定就开发洪泽湖渔业资源项目向洪泽湖提供援助，内容包括改善沿湖周边5个公社8 000户渔民的社会和经济条件，为他们提供住房、学校和医疗设施。该项目被称为联合国世界粮食计划署援建洪泽湖综合开发项目，简称洪泽湖"2633"项目。该项目是20世纪80年代开始实施的一个重要工程，是"七五"计划时期国家的重点建设项目。

　　实施"2633"项目，主要目的是对洪泽湖进行综合治理和开发，以改善湖区生态平衡、完善农业基础设施，并推动湖区经济的可持续发展。项目涵盖了多方面的内容，包括水资源管理、生态环境保护、农业产业升级等。通过实施这个项目，洪泽湖的水质得到了显著改善，生态环境得到了有效保护。同时，农业生产水平也得到了极大的提升，洪泽湖地区成了全国重要的商品粮基地。

二、项目实施及成果

　　1982年11月13日，洪泽县成立洪泽湖渔业资源开发援建工程指挥部。1982年11月5日，中国政府代表和世界粮食计划署代表在北京正式签订协议，联合国世界粮食计划署以粮油等食物援助洪泽湖渔业资源开发工程，整个工程计划到 1986 年年底结束，总投资为 3 507 万元（包括劳务投资）。项目包括增殖资源、发展养殖、加工保鲜和改善生产生活设施等 4 个方面 17 项工程。为加强对"2633"项目工程的领导，江苏省人民政府成立领导小组并设立了项目办公室。

1983 年 1 月到 1986 年 12 月，计划署提供小麦 36 213.27 吨，占计划援助 36 671 吨的 98.75％；植物油 606.048 吨，占计划援助 611 吨的 99.19％。计划署还援助了葡萄干、椰枣、猪肉罐头、面条等小商品，援助的粮油等食品折合 997 万美元。中国政府拨付配套资金 660 万元，并提供钢材 918 吨、水泥 7 943 吨、木材 2 385 立方米、煤炭 1 408 吨、柴油 543 吨。4 年间共栽种水草 6 600 公顷，增殖保护区 6 000 公顷，修建育苗塘 200 公顷，圩堤加固 30 千米，建泵站 8 座，建工副业点 20 个，建加工中心 2 个，修公路 10 千米，修桥 1 座，建渔港 2 处，修渔港 2 处，通电线路 14 千米，建校舍 3 000 平方米，投放蟹苗 797 千克。1986 年年底，联合国世界粮食计划署援助洪泽湖开发项目工程全面结束。1987 年 4 月，该工程 17 个项目均通过联合国验收，并受到世界粮食计划署罗马总部的赞赏。

项目取得的成果包括：一是促进了生态平衡。水草区域得到扩大。栽种水草 6 600 公顷，加上渔民自栽的 860 公顷，植物面积增加到了 21 000 多公顷。减少了资源流失，洪泽湖的鱼、虾、蟹流失量大大减小。二河闸管理处的资料显示，1986 年在闸口年捕获鱼 21 吨，与 1983 年的捕获量 79 吨相比减少了 73％。促进了水产资源增殖。鲤、鲫、鳊等草上产卵鱼类和野禽明显增加。1983—1986 年 4 年间共投放蟹苗 797 千克，1984—1987 年共捕成蟹 770 吨，增加收入 193 万元。1983—1985 年增殖鱼类 1 500 多吨。1985 年 7 月在大兴滩一块 16 公顷的菰草地发现野禽窝 88 处，有尚未孵出的獐鸡、野鸭等禽蛋 616 只。提供了青绿饲料。新栽水草还为养殖业提供了大量青饲料。1983—1986 年 8 月共割水草 16 万多吨，供池鱼食用。建立了增殖保护区。保护区内水生生物得到了繁衍、生息。1983—1986 年共投放幼鱼苗 5 472 万尾。湖中鱼苗放养率，从 1982 年的每公顷 21.3 尾增加到 1985 年的每公顷 105 尾，比项目目标每公顷 100 尾增加了 5 尾。投放幼鱼的回捕率比工程前提高了 1.3 倍。据测定，保护区内鱼、虾、蟹资源量每公顷达 107.6 千克，是工程前的 3.07 倍。渔民从资源增殖中所增加的收入，1983 年为人均 42 元，1984 年为人均 71 元，1985 年为人均 86.4 元，1986 年为人均 102.6 元。二是促进了养殖业发展。整个湖区养殖面积由工程前的 89.3 公顷增加到 240 公顷，是工程前的 2.7 倍。养殖产量逐年增加，1983 年为 4 256 吨，1984 年为 5 300 吨，1985 年为 5 676 吨，1986 年增加到 9 011 吨。从事养殖的职工年人均收入达 900 元。三是促进了产业结构调整。到 1986 年，有 4 000 多名原来从事捕捞生产的渔民分别转移到养殖业、种植业、运输业和乡村工业上来。1986 年，20 个工副业生产点全部投产，其中经营饲料加工的有 16 个，经营家禽养殖的有 3 个，豆制品作坊的 1 个。到 1986 年年底，共加工鱼、畜、禽饲料 4 600 多吨。临淮、半城等乡的副业点还孵化苗禽 14 万多只，进行鱼禽结合饲养，提高了渔场的综合效益。原来在湖上漂泊的 1 451 户渔民搬入新居。到 1986 年，渔民有 2 600 人从事养殖业，987 人从事乡村企业和个体手工业。定居后，渔民子女有 2 245 人就近入学，受到良好的教育。四是改善了基础设施。1986 年春，半城、临淮小冷库投产后，共冷冻鱼、虾 56 吨，加工虾片、鱼片 9.5 吨，产值 33.6 万元，创利润 4.3 万元。成河等 4 处渔港的修复和建成，使渔船和运输船有了停港避风的场所。通电工程为成河乡带来了生机。1986 年全乡工业产值 77 万元，比通电前增长了 12 倍。同时电视、电影等丰富了渔区的文化生活。校舍建成后，2 860 名渔民子女有了良好的学习环境。学龄儿童的入学率由建校前的 76% 提高到 1986 年的 95%，促进了湖区教育的发展。老子山乡兴建 1 422 平方米的影剧院、744 平方米敬老院、231 平方米幼儿园。临淮、老子山、半城等乡自筹资金扩建了教学楼，并为渔民安装了自来水，修建了码头、公路等公共设施。临淮乡医院 1 100 平方米医疗楼竣工交付使用后，添置了万用手术床、9 头无影灯、高压消毒器等医疗器械设备，同时还增加了两间手术室，改善了医疗条件，促进了卫生保健事业的发展。其他工程如泵站、沥青公路、圩堤加固等也都发挥了良好的经济效益和社会效益。

第二节　洪泽湖综合开发

1984 年，江苏省委省政府、淮阴市委市政府组织有关部门的领导、专家、学者制定和论证了《洪泽湖综合开发规划》，并列入省、市第七个五年计划重点项目，国家计划委员会也将其作为"七五"时期重点补助项目。

1986—1993 年，国家又立项实施洪泽湖综合开发工程，洪泽湖综合开发总投资 10 220 万元，其中国家和省投资 2 770 万元，市、县自筹 7 450 万元。该项目以水产为支柱产业，带动工、商、建、运、农、林、牧、副、渔全面发展。工程项目近期规划到 1990 年，远期规划到 2000 年，1993 年因开发资金短缺而停止实施，前后历时 7 年，取得明显效益。洪泽湖区通过综合开发工程，建成了一批综合商品生产基地，优化了产业结构，促进了自然资源的回升，提升了生产力水平，进一步改善了渔民农民的生产生活条件，使社会经济面貌发生了显著变化。"七五"计划期间，该工程共投资 8 125 万元，其中国家投资 1 120 万元。1993 年以后，因开发资金短缺，洪泽湖综合开发计划停止实施。

1986—1993 年，洪泽湖共开展精养鱼池"三网"养殖、圩区开发、小湖汊开发和水产品加工等五大类 38 个项目，其中水产投资 9 408 万元、加工业投资 635 万元、科研教育投资 135 万元、畜牧业投资 20 万元、交通投资 28 万元。较大的资金投入，产生了良好的经济效益、社会效益和生态效益，湖区经济面貌发生了历史性的巨大变化。

一、开发规划主要指标

洪泽湖综合开发规划本着着眼远期，着手近期，以近期为主，尽快实现湖区经济腾飞的指导思想，明确规划近期到 1990 年，远期到 2000 年，确定了开发范围包括洪泽县老子山镇、西顺河乡、三河乡、高良涧镇、蒋坝镇、高涧乡、东双沟乡；泗洪县临淮镇、半城乡、成河乡、陈圩乡、龙集乡、太平乡、界集乡、县林柴场、城头林柴场；盱眙县淮河乡、兴隆乡、铁佛乡、鲍集乡、管镇、官滩镇、县蚕桑场；泗阳县的卢集乡、高渡乡、中扬乡、黄圩乡、县林柴场；淮阴县赵集乡、韩桥乡等 30 个乡、镇、场。该规划以水域为主体，以周边陆地为依托，在保证防洪和供水的前提下，充分发挥资源优势，重点发展水产生产，同时发展农、林、牧、副、工、商、运、建、服务业，努力提高经济效益、社会效益和生态效益。

规划要求到1990年，洪泽湖区工农业总产值达到8亿元，比1984年翻一番；大水面渔获物和水生经济作物产值平均每亩20.49元，比1984年的6.37元增加了2.2倍，鱼类总产量2.725万吨，比1984年增长了1.7倍，折合每公顷水面132千克，其中大水面产量平均每公顷70.5千克，比1984年增加了22.5千克。"八五"期间开发计划主要指标：到1995年，湖区工农业总产值12亿元，人均收入1 000元，分别比1990年增长20％、47％，水产品总产量6.5万吨、大水面渔获量1.86万吨、平均每公顷产量90千克，分别比1990年增长30％、3.6％和3.4％。科学技术在渔业增产中的作用从"七五"期间的35％提高到"八五"期间的45％～50％。

二、主要开发措施

（一）强化行政管理措施

一是进行规划调整。1985年年底，经江苏省政府批准，将洪泽县的淮河乡、淮河鱼种场及泗洪县的鲍集、管镇、铁佛、兴隆乡划归盱眙县管辖；将洪泽县的临淮、半城、成河乡划归泗洪县管辖；将淮阴县高堰乡营门口村划归洪泽县西顺河乡管辖；将盱眙县官滩乡的霍山等9个村划归洪泽县老子山镇管辖；由洪泽县划出的乡、镇，其零星散布在沿湖周边的村、组（老子山镇的龟山除外），划给就近县的乡、镇管辖。上述区划调整后，洪泽湖区的水域也随之分由沿湖五县分管。1986年，经淮阴市人民政府批准，成立淮阴市洪泽湖综合开发管理局，制定湖泊管理办法，协调解决各县矛盾，监督、检查各县贯彻执行情况；沿湖各县也成立洪泽湖综合开发管理局，管理本县区域内的洪泽湖水面；沿湖乡、镇也配备了专职湖管助理，各村、组设立湖管村长、组长。为加强湖区的管理，市里成立了洪泽湖渔政总站和水上公安分局，在沿湖设立渔政分站和水上派出所，初步形成了市、县、乡、村湖泊管理网络。二是加强行政管理。原属洪泽县的淮河、临淮、成河、半城等乡镇分别划归盱眙、泗洪县管辖后，由于离本行政区中心较近，党和国家的方针政策能及时得到贯彻落实，便于工作的开展。同时，水上公安队伍的扩大，加强了湖区的警力，有力地打击了湖区各类违法犯罪活动，维护了湖区的安定团结。三是加强渔政管理。湖区行政区划调整以后，各县积极参与湖区的渔政管理，改变了开发前用湖过度、管湖不力、养湖不足的局面，水产资源得到了保护和增殖。淮阴市还根据《中华人民共和国渔业法》精神，先后制定了13项地方性管理办法和实施细则等，做到了治湖规范化、科学化、条理化。封湖禁渔期由过去的1个月延长到3个月，鱼类繁殖保护区由4 700公顷扩大到16 700公顷。

（二）强化经营管理措施

一是成立了洪泽湖开发公司。1986年，淮阴市人民政府批准成立洪泽湖开发总公司，沿湖各县成立洪泽湖开发公司。开发公司是由跨部门的多层次、多行业、多种经济成分组成的农、工、商一体化的公司。公司的主要业务是：外引内联，即对外引进资金、技术、

对内集资联营；搞活流通，即开拓市场，疏通购销渠道，根据市场需求引导生产；经营为生产服务的产业，如饵料、生产资料供应等。二是建立承包责任制。对明确有待开发的低洼圩区和浅水滩地，进行定权发证，把经营使用权落实到乡镇，由县政府统一颁发使用证书，直至签订开发承包合同，承包后不得霸荒、抛荒。根据"国家、集体、个人一起上"的原则，把适宜个人经营的滩涂、水面、圩田承包给个人；对个人难以经营的大水面采取承包到组或个人牵头合伙承包；在国有、集体养殖、种植单位内部采取联产承包。三是争取规模效益，狠抓集约经营。开发过程始终坚持注重效益、提高质量、协调发展、稳定增长的方针。几年间，开发利用水面12 400公顷，其中6公顷以上的连片基地渔场123个，面积2 800公顷。洪泽县岔河镇有两个镇办渔场，共有水面133.3公顷，仅占该镇养殖水面的20％，由于采取集约经营、专业经营、适度规模经营，1987年，两个场创产值420万元，获利润80万元。渔业生产的迅速发展，增加了农民的收入。1992年湖区农民人均收入654元。1993年，渔业发展较快的临淮、半城、老子山、成河、淮河等乡镇人均收入1 000多元，其中临淮镇水产品产量超万吨，人均收入2 000多元。

（三）强化经济技术措施

一是发展池塘精养。利用滨湖滩地，高标准开挖新鱼池，整修改造低产鱼池，改善鱼池配套设施、排灌能力和交通条件，以提高养殖水平，发展优质高产高效渔业。1993年，湖区7 700公顷池塘平均单产4 200千克，其中每公顷产7 500千克以上的有1 467公顷。二是发展网围、网栏、网箱养殖（简称"三网养殖"）。"三网养殖"是将池塘精养技术移植到湖泊的养殖模式，而"三网"可以视为大水面的"小池塘"。该模式可以就近捞取湖里天然饵料资源（如水草、螺、蚬等）进行投喂，加上湖水水质好、流动性强，适合高密度饲养，因而具有投资少、周期短、效益高等优点。"三网养殖"让一部分渔民由单一捕捞转移到养捕结合和多种经营生产上，降低了湖泊捕捞强度，保护了渔业资源，提高了湖泊水产总产量。"三网养殖"从1988年开始试验，到1993年发展到2 600公顷，平均每公顷产量3 750千克。三是实施繁殖保护措施。为充分利用水生资源，根据鱼类的种群和繁衍规律，在水草及浮游生物丰富的水域，设立鱼类繁殖保护区，区内终年禁捕，为鱼类提供一个长期固定的自然繁殖场所。开发期间，保护区面积由开发前4 600公顷发展到16 700公顷。在鱼类产卵期实行封湖禁渔，让鱼类有充足的休养生息时间，封湖禁渔期逐步从1986年的45天延长到100天。同时，渔政部门先后禁止了麻滩网、拦河清网、撇布簖、打围箔、电捕鱼等危害水产资源的渔具渔法，并执行渔业许可证制度，控制渔船、渔具数量，进行网具改革，规定鱼类起捕规格，有力地保护了幼鱼资源。四是进行人工增殖放流。人工增殖放流，通过充分利用洪泽湖的丰富天然饵料，可以优化鱼类的种群结构，提高鱼类的种群规模。蟹苗放流增殖效果十分显著，每放1千克蟹苗可以捕成蟹400千克。鱼种放流根据湖泊的浮游生物量、水草量及底栖生物量进行合理放流，放流的比例是鳙鲢占60％，草鱼、鳊占25％，青鱼、鲤占15％。五是栽种水草。在沿湖和湖心滩地大面积栽种水草，不仅为鱼类提供一个栖息繁衍的场所，而且可以为鱼类提供一定的饵料来源，起到减少鱼类流失、保护增殖资源、改善生态环境的作用。六是培育苗种。鱼种的数量、规格以及品种的合理搭配是获得成鱼高产的关键。开发期间，通过加强鱼种场建设，实现了鱼苗自繁、自育、自足，并采用鱼池套养等形式培育大规格鱼种。七是发展配合饲料。饲料是影响养殖产量的一个重要因素，开发期间，共建饲料加工厂152个，年生产能力6万吨。八是依靠科技兴渔。开发期间，投资135万元用于科研教育，改善了科研条件，充实了技术推广机构，科技队伍逐步扩大，初步建成了科技网络。通过开展技术咨询、邀请科研机构和大专院校专家学者讲课，举办各种形式的技术培训，提高从业者的养殖技术。按照"以防为主、防治结合"的原则，与科研单位、养殖技术先进单位挂钩，采取技术咨询、技术承包、联合经营等形式，引进新技术，建立科技示范样板，推广已取得成功的新技术、新成果，切实加强鱼病的防治。

三、项目实施效果

（一）建成一批生产基地

到1993年，湖区共开发各类养殖水面12 900公顷，其中精养鱼池3 700公顷、"三网养殖"2 600公顷、湖汊4 000公顷，圩区养殖2 700公顷。新建、扩建、改造123个渔场，总面积2 800公顷，其中新建渔场75个，面积1 600公顷。新建渔场面积均在6.6公顷以上，其中66公顷以上渔场15个、200公顷以上渔场5个。新建三个养禽场，禽存栏量10万只。

随着综合商品生产基地的建成投产，湖区水产品产量大幅度上升。1985年水产品总量1.8万多吨，1986年2.2万多吨，1988年3.7万多吨，1990年5.1万多吨。1993年7.3万多吨，其中养殖产量4.7万多吨，分别是1985年的4倍和8.5倍。1995年湖区水产品产量9.2万吨，其中养殖产量7.0万吨，分别是1985年的5.1倍和12.3倍。1986—1995年的10年间，洪泽湖区共向社会提供鲜活及冻制加工等各种水产品53.8万吨，产品不仅销往北京、天津、青海、内蒙古、黑龙江等20多个省、自治区、直辖市，而且远销世界近10个国家和地区。

生产基地的建成和投产，使洪泽湖区形成了有区域特色的商品优势和产业优势，洪泽湖成为我国大型淡水商品鱼生产基地。

（二）优化产业结构

综合开发使水产业成为洪泽湖区经济的支柱产业。到1993年，水产养殖面积达到21 900公顷，沿湖62个乡、镇（场）平均养殖水面353.3公顷，泗洪县临淮镇1993年养殖水面达1 500公顷。养殖产量占总产量的比例由1985年的18％上升到1993年的63％，与养殖生产相配套的网具加工、饲料加工、渔机加工、水产品加工及储运等应运而生。到1993年，共建网具、渔机加工厂10个，饲料加工厂15个，年生产能力6万吨，水产品加工厂12个，年加工储藏能力5 000吨。洪泽湖初步形成了养捕结合、以养为主，渔、工、商相配套的发展格局。渔业总产值在工农业总产值中比重明显上升，1985年渔业总产值3 000万元，仅占工农业总产值5.2亿元的5.7％，1993年渔业总产值达到5亿元，占工农业总产值的比例为18.9％。综合开发加快了富余劳动力的转移，1993年有10万多劳动力从事水产捕捞、养殖、水产品加工、渔用饲料生产和运输业，比1985年增加了近8万人。

（三）促进资源回升

到 1993 年，洪泽湖增加放流规格鱼种 20 万千克、夏花 100 多万尾、蟹苗 600 多千克、幼蟹 5 000 多千克，鱼产量明显上升。1989 年，洪泽湖捕捞产量达 17 973 吨，比 1985 年的 12 674 吨增加了 5 299 吨，其中：鱼类产量 11 977 吨，比 1985 年增加了 2 000 吨；大水面渔获物由 1985 年的每亩 3.65 千克，增加到 1989 年的每亩 5.8 千克，接近捕捞产量最好的 20 世纪 50 年代水平。1993 年，捕捞产量 25 581 吨，比 1985 年增加了 1 倍多，大水面渔获物每亩达到 7.2 千克，超过历史上产量最好的年份。

（四）提高生产力水平

1993 年水产养殖产量达到 47 523 吨，每公顷平均产量 4 200 千克，比开发前的 1985 年分别增长了 8.3 倍和 1.8 倍。新开鱼池平均每公顷产量达到 3 750 千克，高产鱼池每公顷产量超 15 000 千克，"三网"养鱼、流水养鱼每公顷产量突破 22 500 千克。种草养鱼、综合养殖技术和颗粒饲料的推广使用，提高了产量和经济效益。池塘养鱼、围栏养鱼亩平均利润为 350 元。

（五）改善渔农民生产生活条件

洪泽湖开发使湖区捕捞船只实现了木质渔船机帆化，作业的机动性较强。湖区群众大多住上了砖瓦房，少数建起了楼房。渔民和农民经济收入稳步增长，1989 年湖区人均收入 630 元，与 1985 年的 300 元相比增长了 1.1 倍。1993 年湖区的工农业总产值 30 亿元，比 1985 年增加了 4 倍。泗洪县临淮镇充分利用沿湖水面资源丰富的优势，大力发展水产业，1992 年全镇水产品产量达 8 200 多吨，渔民和农民人均纯收入 1 300 多元。

四、存在问题

洪泽湖综合开发建立完善了许多较为成熟的体制机制，形成了一系列可借鉴可复制的生产举措和管理经验，取得了显著成效，但还存在一些问题。主要是：一是开发的总体水平较低。综合开发的总体水平与小水体养殖单产、效益相比还比较低。开发的项目安排上未能充分考虑到一二三产的综合发展，大多局限于水产养殖上，而加工、流通等发展相对滞后，从而影响了整体开发效果。在水产养殖业上，特种水产品发展缓慢，养殖面积不到总面积的 10%。二是人工增殖放流显著不足。洪泽湖天然饵料丰富，理论鱼产量每公顷 269.25 千克，但 1993 年捕捞产量只有每公顷 108 千克，丰富的饵料资源没有得到充分利用。其原因在于，湖泊生态环境不佳、捕捞能力过大等导致了水产资源自然增殖能力有限，但也跟洪泽湖划归各县后，地方各自为政，过多追求收益而不愿意投入更多资金用于放流有关。三是渔业管理力度明显薄弱。洪泽湖行政区划调整后，解决了水陆分离的矛盾，又出现了管理不协调的新问题，以至一些有利于水产发展的措施难以付诸实施，而一些有害水产资源增殖保护的渔具渔法仍在使用，一些跨界水域因权属、界限不清常闹纠纷，造成了"共管＝不管"的"公地悲剧"，严重影响了资源的养护和科学开发利用。

02

第二篇　渔业资源

渔业资源是天然水域中具有开发利用价值的各种生物资源的总称，包括鱼类、虾蟹类、贝类、藻类和水生植物，是渔业生产的自然源泉和基础，又称水产资源。

洪泽湖水生生物资源调查开始较早，早期比较有影响力的调查活动包括以下几个。

1960 年 3—5 月，长江水产研究所、江苏省水产科学研究所、南京大学、中国科学院地理科学与资源研究所、华东水利学院、江苏省水利厅、江苏省气象局、南京师范学院、上海水产学院共 9 个单位 177 位科技工作者及工作人员，组成洪泽湖水产资源综合调查队，对洪泽湖水产资源进行综合调查。

1973 年，中国科学院地理科学与资源研究所对洪泽湖资源进行调查，采集到鱼类标本 81 种，分析了经济鱼类变动原因，提出了增殖渔业资源的建议，这项调查一直持续到次年结束。

1981 年长江水产研究所、中国科学院南京地理与湖泊研究所和洪泽县水产科学研究所等相关单位对洪泽湖的水产资源作了全面调查，为保护和增殖水产资源，合理综合开发洪泽湖提供了科学依据。

1985 年 6 月，全国 41 个单位的专家、学者和有关人员，在对洪泽湖进行实地考察和对各种资料进行分析研究的基础上，为洪泽湖综合开发利用作出了科学规划。以此为契机，洪泽县成立了《洪泽湖渔业史》编写组，于 1990 年出版了《洪泽湖渔业史》。该书系统整理了洪泽湖水生生物资源资料，较为完整地记录了洪泽湖所有水生生物类群组成名录，主要依据的数据资料是 1981 年洪泽县水产科学研究所的调查结果。

1990 年出版的《洪泽湖渔业史》记录洪泽湖藻类 7 门 36 科 98 属、浮游动物 4 门 32 科 69 属、底栖动物 3 大类 39 种、水生植物 2 门 18 科、鱼类 16 科 84 种。中国科学院南京地理与湖泊研究所于 1993 年出版《洪泽湖——水资源与水生生物资源》，书中较详细地论述了洪泽湖形成过程及其水文气候、水资源和水生生物状况；其中记录藻类 141 属 165 种、浮游动物 35 科 63 属 91 种、底栖动物 3 大类 76 种、水生植物 36 科 61 属 81 种、鱼类 9 目 16 科 50 属 67 种。

洪泽湖水生生物资源研究以鱼类调查较有代表性。洪泽湖鱼类较为全面的调查共有 9 次，分别为：

1960 年中国水产科学院长江水产研究所调查记录鱼类 15 科 55 种。

1973 年中国科学院南京地理与湖泊研究所记录鱼类 15 科 81 种。

1981 年洪泽县水产科学研究所记录鱼类 16 科 84 种。

1990 年中国科学院南京地理与湖泊研究所记录鱼类 16 科 67 种。

2004 年江苏省淡水水产研究所记录鱼类 18 科 83 种。

2008—2018 年，江苏省海洋与渔业局设立专项"江苏省内陆省管渔业水域渔业资源监测项目"，江苏省淡水水产研究所每年在洪泽湖开展鱼类调查采集的种类基本是 50～60 种。

2011—2013 年中国科学院水生生物研究所调查记录鱼类 17 科 63 种，统计排除同种异名和鉴定错误的种类，共记录有效种类 88 种。

2016—2020 年，江苏省海洋与渔业局（2018 年机构改革后，"江苏省海洋与渔业局"撤销，实施主体为"江苏省农业农村厅"）组织江苏省淡水水产研究所、中国水产科学研究院淡水渔业研究中心等 6 家科研单位，开展了"江苏省水生生物资源重大专项暨首次水生野生动物资源普查"，按照项目任务分工，江苏省淡水水产研究所对洪泽湖水生生物资源开展了四个频次的调查，采集 14 科 37 属 48 种。

2020—2022 年，中国科学院水生生物研究所连续 3 年开展洪泽湖渔业资源调查，采集鱼类 14 科 59 种。

结合上述历史记录，分析研究历次调查结果，去除重复出现的鱼类品种，确定洪泽湖迄今为止累计记录鱼类 20 科 101 种。

第一章

浮游生物

浮游生物包括浮游植物和浮游动物，是鱼、虾、蟹、贝等水生动物利用的主要饵料，是水域生产力的重要指标之一。洪泽湖水域辽阔，浮游生物种类繁多，资源丰富。

第一节　浮游植物

一、种类组成

浮游植物是水生态系统中重要的初级生产者，是鱼类及其他动物直接或间接利用的饵料，对维持水生态系统的物质循环和能量流动起着十分重要的作用。浮游植物的多样性和密度是评价湖泊、海洋等水体生态环境状况的重要指标之一。

针对洪泽湖浮游植物的研究始于 1960 年，关于洪泽湖浮游植物研究的诸多报道都涉及藻类的多样性。湖区浮游藻类组成多样，但历次调查的结果差异较大，可能是由于采样频次、采样地点与时间等因素不同而引起。1987—1990 年洪泽湖共记录藻类 141 属 165 种，以绿藻门、蓝藻门和硅藻门的种类最多；其中蓝藻门有 22 属 38 种，微胞藻、色球藻、蓝纤维藻、项圈藻、颤藻等属中一些种类为常见种，而微胞藻、色球藻、颤藻以及尖头藻等属中的一些种类为某一季节或几个季节里的优势种，尤其是微胞藻属等种类在夏、秋季节生长繁殖特别旺盛，在洪泽湖局部区域形成水华（朱松泉和窦鸿身，1993）。王兆群（2012）周年逐月采样调查检出 7 门 217 种，优势种为蓝藻门、硅藻门、绿藻门、隐藻门；田昌（2015）在 2011—2013 年连续两周年逐月采样调查出 8 门 101 属 201 种，优势种为绿藻门、硅藻门、蓝藻。浮游植物群落结构季节变化明显，演替模式为：绿藻-硅藻-隐藻（春季）-绿藻-蓝藻-硅藻（夏季）-绿藻-隐藻-蓝藻（秋季）-绿藻-硅藻-隐藻（冬季）。

中国科学院水生生物研究所 2020—2023 年调查共采集鉴定浮游植物 8 门 181 种；其中绿藻门种类 98 种（属），占总物种数的 54.14%；蓝藻门 32 种（属），占总物种数的 17.70%；硅藻门 25 种（属），占总物种数的 13.81%；裸藻门 13 种（属），占总物种数的 7.18%；甲藻门 4 种（属，含变种），占总物种数的 2.21%；隐藻门、金藻门和黄藻门各 3 种（属），分别占总物种数的 1.667%。调查期间洪泽湖浮游植物群落结构基本保持稳定，以绿藻、蓝藻和硅藻为主。洪泽湖区域浮游植物名录见表 2-1-1。

60

表 2-1-1　洪泽湖区域浮游植物名录

门类	种	拉丁名
硅藻门	小环藻属一种	*Cyclotella* sp.
硅藻门	颗粒直链藻	*Melosira granulata*
硅藻门	颗粒直链藻极狭变种	*Melosira granulata* var. *angustissima f. spiralis*
硅藻门	颗粒直链藻极狭变种螺旋变型	*Melosira granulata* var. *angustissima f. spiralis*
硅藻门	变异直链藻	*Melosira varians*
硅藻门	模糊直链藻	*Melosira Ambigua*
硅藻门	脆杆藻属一种	*Fragilaria* sp.
硅藻门	针杆藻属一种	*Synedra* sp.
硅藻门	尖针杆藻	*Synedra acus*
硅藻门	窗纹藻属一种	*Epithemia* sp.
硅藻门	菱形藻属一种	*Nitzschia* sp.
硅藻门	长菱形藻	*Nitzschia longissima*
硅藻门	桥弯藻属一种	*Cymbella* sp.
硅藻门	异极藻	*Gomphonema*
硅藻门	尖布纹藻	*Gyrosigma acuminatum*
硅藻门	舟形藻属一种	*Navicula* sp.
硅藻门	羽纹藻属一种	*Pinnularia* sp.
硅藻门	辐节藻属一种	*Stauroneis* sp.
硅藻门	曲壳藻属一种	*Achnanthes* sp.
硅藻门	扁圆卵形藻	*Cocconeis placentula*
绿藻门	毛枝藻属一种	*Stigeoclonium* sp.
绿藻门	弓形藻属一种	*Schroederia* sp.
绿藻门	纤维藻属一种	*Ankistrodesmus* sp.
绿藻门	纤毛顶棘藻	*Chodatella ciliata*
绿藻门	四刺顶棘藻	*Chodatella quadriseta*
绿藻门	蹄形藻	*Kirchneriella lunaris*
绿藻门	月牙藻	*Selenastrum bibraianum*
绿藻门	四角藻属一种	*Tetraedron* sp.
绿藻门	二叉四角藻	*Tetraëdron bifurcatum*
绿藻门	整齐四角藻	*Tetraëdron regulare*
绿藻门	三角四角藻	*Tetraëdron trigonum*
绿藻门	被刺藻属一种	*Franceia* sp.
绿藻门	网球藻属一种	*Dictyosphaerium* sp.
绿藻门	肾形藻属一种	*Nephrocytium* sp.

（续）

门类	种	拉丁名
绿藻门	卵囊藻属一种	*Oocystis* sp.
绿藻门	并联藻属一种	*Quadrigula* sp.
绿藻门	（双射）盘星藻	*Pediastrum biradiatum*
绿藻门	短棘盘星藻	*Pediastrum boryanum*
绿藻门	二角盘星藻	*Pediastrum duplex*
绿藻门	单角盘星藻	*Pediastrum simplex*
绿藻门	斯氏盘星藻	*Pediastrum sturmii*
绿藻门	四角盘星藻	*Pediastrum tetras*
绿藻门	空星藻属一种	*Coelastrum* sp.
绿藻门	小空星藻	*Coelastrum microporum*
绿藻门	十字藻属一种	*Crucigenia* sp.
绿藻门	顶锥十字藻	*Crucigenia apiculata*
绿藻门	四角十字藻	*Crucigenia quadrata*
绿藻门	直角十字藻	*Crucigenia rectangularis*
绿藻门	四足十字藻	*Crucigenia tetrapedi*
绿藻门	栅藻属一种	*Scenedesmus* sp.
绿藻门	尖细栅藻	*Scenedesmus acuminatus*
绿藻门	弯曲栅藻	*Scenedesmus arcuatus*
绿藻门	双尾栅藻	*Scenedesmus bicaudatus*
绿藻门	齿牙栅藻	*Scenedesmus denticulatus*
绿藻门	二形栅藻	*Scenedesmus dimorphus*
绿藻门	颗粒栅藻	*Scenedesmus granulatus*
绿藻门	爪哇栅藻	*Scenedesmus javaensis*
绿藻门	扁盘栅藻	*Scenedesmus platydiscus*
绿藻门	四尾栅藻	*Scenedesmus quadricauda*
绿藻门	四星藻属一种	*Tetrastrum* sp.
绿藻门	华丽四星藻	*Tetrastrum elegans*
绿藻门	异刺四星藻	*Tetrastrum heterocanthum*
绿藻门	短刺四星藻	*Tetrastrum staurogeniaeforme*
绿藻门	丛球韦斯藻	*Westella botryoides*
绿藻门	绿柄球藻	*Stylosphaeridium stipitatum*
绿藻门	丝状绿藻	*Ulothrix* sp.
绿藻门	衣藻属一种	*Chlamydomonas* sp.
绿藻门	空球藻	*Eudorina*

（续）

门类	种	拉丁名
绿藻门	实球藻	*Pandorina morum*
绿藻门	新月藻属一种	*Closterium* sp.
绿藻门	鼓藻属一种	*Cosmarium* sp.
绿藻门	棒形鼓藻	*Gonatozygon monotaenium*
绿藻门	顶接鼓藻属一种	*spondylosium* sp.
绿藻门	转板藻属一种	*Mougeotia* sp.
金藻门	锥囊藻属一种	*Dinobryon* sp.
金藻门	长锥形锥囊藻	*Dinobryon bavaricum*
隐藻门	尖尾蓝隐藻	*Chroomonas acuta*
隐藻门	啮蚀隐藻	*Cryptomonas erosa*
隐藻门	隐藻属的一种	*Cryptomonas* sp.
隐藻门	卵形隐藻	*Cryptomonas ovata*
蓝藻门	色球藻属一种	*Chroococcus* sp.
蓝藻门	湖沼色球藻	*Chroococcus limneticus*
蓝藻门	细小平裂藻	*Merismopedia minima*
蓝藻门	点形平裂藻	*Merismopedia punctata*
蓝藻门	微囊藻属一种	*Microcystis* sp.
蓝藻门	鱼腥藻属一种	*Anabaena* sp.
蓝藻门	卷曲鱼腥藻	*Anabeana circinalis*
蓝藻门	束丝藻属一种	*Aphanizomenon* sp.
蓝藻门	鞘丝藻属一种	*Lyngbya* sp.
蓝藻门	细鞘丝藻属一种	*Leptolyngbya* sp.
蓝藻门	颤藻属一种	*Oscillatoria* sp.
蓝藻门	螺旋藻属一种	*spirulina* sp.
蓝藻门	钝顶螺旋藻	*spirulina platensis*
蓝藻门	伪鱼腥藻	*Pseudoanabaena* sp.
甲藻门	裸甲藻属一种	*Gymnodinium* sp.
甲藻门	薄甲藻属一种	*Glendinium* sp.
裸藻门	裸藻属一种	*Euglena* sp.
裸藻门	鳞孔藻属一种	*Lepocinclis* sp.
裸藻门	扁裸藻属一种	*Phacus* sp.
裸藻门	陀螺藻属一种	*Strombomonas* sp.
裸藻门	剑尾陀螺藻	*Strombomonas ensifera*
裸藻门	囊裸藻属一种	*Trachelomonas* sp.

（续）

门类	种	拉丁名
裸藻门	扁裸藻属一种	*Phacus* sp.
裸藻门	陀螺藻属一种	*Strombomonas* sp.
黄藻门	头状黄管藻	*Ophiocytium capitaum*

二、密度及生物量

1989 年 9 月的调查资料显示，调查时正值秋初，水温较高，适合蓝、绿藻尤其是蓝藻的生长繁殖，故藻类数量以蓝藻最高，其次为绿藻和隐藻，平均数量分别为 279.2×10^5 个/升、141.68×10^5 个/升和 62.62×10^5 个/升，各占藻类平均数的 51.52%、26.15% 和 11.56%，硅藻为 46.34×10^5 个/升，占 8.55%，裸藻、甲藻的数量很少，分别只占平均数的 2.10% 和 0.12%。洪泽湖面积大，湖区环境条件复杂，采样点之间的各门藻类数量变化幅度较大。春季是绿藻大量繁殖的季节。因为入春后日光逐渐增强，水温亦逐步上升，适宜绿藻的生长繁殖；夏季日光强烈，水温达年内最高值，绿藻衰退而适宜高温的蓝藻大量出现；秋季日光逐渐减弱，水温渐降，蓝藻的生长繁殖受到影响而大减，绿藻虽稍盛，但其数量远不及春季；冬季日照较短，日光较弱，绿藻锐减，蓝藻罕见，连适应低温的金藻数量亦减少，几乎所有主要藻类数量都降到最低值。硅藻在一年中数量变化不大；裸藻、金藻和甲藻的数量都很少，对洪泽湖藻类数量的变化影响均不大。

2020 年全湖的浮游植物密度为 3.56×10^7 个/升。在浮游植物细胞密度中，绿藻所占比例最高，为 67.49%；蓝藻所占比例次之，为 29.73%；硅藻、隐藻、裸藻、甲藻所占比例分别为 2.12%、0.63%、0.03% 和 0.01%。2021 年调查的浮游植物细胞密度为 1.07×10^7 个/升，蓝藻和绿藻的密度水平相近，分别为 4.71×10^6 个/升和 4.17×10^6 个/升，所占比例分别为 44.14% 和 39.08%，硅藻、隐藻、裸藻、甲藻、金藻所占比例分别为 0.07%、3.89%、12.75%、0.03% 和 0.10%，构成蓝-绿藻型水体。2022 年调查的浮游植物细胞密度为 8.69×10^7 个/升，蓝藻和绿藻的密度水平相近，分别为 3.22×10^7 个/升和 2.63×10^7 个/升，所占比例分别为 37.05% 和 30.26%，硅藻、裸藻、甲藻、黄藻、金藻、隐藻所占比例分别为 19.68%、1.50%、2.53%、4.03%、4.26% 和 0.69%。2023 年调查的浮游植物细胞密度为 1.71×10^7 个/升，蓝藻和绿藻的密度水平相近，分别为 7.54×10^6 个/升和 9.16×10^6 个/升，所占比例分别为 54% 和 44%，硅藻所占比例为 2%，裸藻、甲藻、金藻、隐藻所占比例均低于 1%。从浮游植物密度组成来看，2020—2023 年洪泽湖构成蓝-绿藻型水体。

三、分布

洪泽湖浮游藻类物种组成和细胞密度在空间上差异显著。全湖尺度上，成子湖区藻类密度最大，其次为溧河洼区域，而入湖口、二河闸和三河闸区域则较小。一方面，藻类的分布与湖泊水动力学条件分布具有一致性。洪泽湖南部湖区，流速及其梯度变化最大，受湖泊吞吐流影响最大。在吞吐作用初期，以河口扩散流形式向湖区敞水面波及，在出入湖河口扩散流连成一体，湖流流态表现为吞吐流形式后，洪泽湖南部近岸湖区可形成淮河口绕老子山至三河口一线的高流速带。该区换水周期短、更新快，不利于藻类的生长繁殖。成子湖地区远离淮河和濉河等主要出入湖河流的河口，受洪泽湖吞吐流影响最小、水体流缓慢、水体滞留时间长，为藻类的生长繁殖提供了良好的场所，适宜营养条件下数量显著增长。另一方面，水体营养盐浓度也是影响藻类细胞密度空间分布的重要因素。例如，在成子湖等藻类细胞密度较高的区域，氨氮浓度相对较高（0.42 毫克/升），而在细胞密度相对较低的成河、高良涧、蒋坝、老子山等水域中氨氮浓度较低（0.22 毫克/升）。

四、资源利用

藻类的利用日益广泛，在工业、农业、渔业、环境保护、水质评价、医疗卫生和地质找矿等方面均有应用。藻类与水生高等植物是湖泊中的初级生产者，也是湖泊中生物的食料与湖泊生物生产量的重要来源，特别是在大型水生植物很少或缺乏的水体中，藻类成为湖泊中主要的或唯一的初级生产者，成为湖泊中动物和微生物最主要的食物来源。

湖泊中的藻类，特别是其中的蓝藻、硅藻、金藻、隐藻和甲藻门中的许多种类是滤食性鱼类、虾、螺、蚬等的重要饵料，又是不少水生经济动物的食料，枝角类、桡足类、轮虫等浮游动物和水蚯蚓、摇蚊幼虫等底栖动物中一些种类的主要食物。蓝藻含有丰富的营养物质，其中含蛋白质 23%～87%，类脂化合物 3%～7%，碳水化合物 4%～62%，还含有多种氨基酸、微量元素和丰富的维生素，它们在鱼类食料中发挥了重要的作用。

第二节　浮游动物

洪泽湖浮游动物的研究相对滞后。1960 年长江水产研究所组织了 9 个单位对洪泽湖进行了综合性的普查工作。1981 年 9 月至 1982 年 9 月洪泽县水产研究所开展了"洪泽湖渔业自然资源调查和区划"工作。中国科学院南京地理与湖泊研究所分别于 1973 年、1988 年和 1989 年对洪泽湖进行调查，并对洪泽湖浮游动物开展研究。

一、种类组成

浮游动物是湖泊水生态系统食物链中将初级生产者的物质和能量传递到大型无脊椎动物及鱼类的重要类群，浮游动物种群结构对富营养化和鱼类养殖等环境胁迫有直接响应，因此，浮游动物群落结构组成、多样性、密度等可以反映湖泊水生态系统受到胁迫的响应特征。洪泽湖浮游动物多样性相对较高。1989 年记录洪泽湖浮游动物 35 科 63 属 91 种，其中原生动物 15 科 18 属 21 种；轮虫 9 科 24 属 37 种；枝角类 6 科 10 属 19 种；桡足类 5 科 11 属 14 种。原生动物占浮游动物出现总数的 23.1%、轮虫占 40.7%、枝角类占 20.9%、桡足类占 15.4%。出现种类最多的科是臂尾轮虫属，多达 6 种。江苏省淡水水产研究所 2008—2010 年对洪泽湖浮游动物的调查共监测调查浮游动物 53 种，其中轮虫为优势种类，共记录轮虫 17 属 34 种。轮虫种类的空间分布格局呈现较大差异，种类数在北部成子湖最高（27 种），西南部湖区次之（26 种），东部沿岸带最低（19 种）。中国科学院水生生物研究所 2020—2023 年共监测到浮游动物 3 大类 100 种；其中轮虫采集 48 种，是最优势类群，占全部种类数的 48%；桡足类采集 29 种，枝角类采集 23 种，各占全部种类数的 29% 和 23%。洪泽湖区域浮游动物名录见表 2-1-2。

表 2-1-2　洪泽湖区域浮游动物名录

门类	种	拉丁名
枝角类	长额象鼻溞	*Bosmina longirostris*
枝角类	象鼻溞属	*Bosmina* spp.
枝角类	颈沟基合溞	*Bosminopsis deitersi*
枝角类	角突网纹溞	*Ceriodaphnia cornuta*
枝角类	方形网纹溞	*Ceriodaphnia quadrangula*
枝角类	溞属	*Daphnia* spp.
枝角类	盔形溞	*Daphnia（Daphnia）galeata*
枝角类	短尾秀体溞	*Diaphanosoma brachyurum*
枝角类	兴凯裸腹溞	*Moina chankensis*
枝角类	微型裸腹溞	*Moina micrura*
桡足类	汤匙华哲水蚤	*Sinocalanus dorrii*
桡足类	球状许水蚤	*Schmackeria forbesi*
桡足类	广布中剑水蚤	*Mesocyclops leuckarti*
桡足类	指状许水蚤	*Schmackeria inopinus*
桡足类	台湾温剑水蚤	*Thermocyclops taihokuensis*
桡足类	中华窄腹剑水蚤	*Limnoithona sinensis*
桡足类	哲水蚤幼体	*Calanoida larva*
桡足类	剑水蚤幼体	*Cyclopoida larva*
桡足类	猛水蚤幼体	*Harpacticoida larva*
桡足类	无节幼体	*nauplius*
轮虫	叉角拟聚花轮虫	*Conochiloides dossuarius*
轮虫	奇异六腕轮虫	*Hexarthra mira*
轮虫	沟痕泡轮虫	*Pompholyx sulcata*
轮虫	独角聚花轮虫	*Conochilus unicornis*
轮虫	迈氏三肢轮虫	*Filinia maior*
轮虫	晶囊轮属	Asplanchna spp.
轮虫	裂痕龟纹轮虫	*Anuraeopsis fissa*
轮虫	角突臂尾轮虫	*Brachionus angularis*

（续）

门类	种	拉丁名
轮虫	蒲达臂尾轮虫	*Brachionus budapestiensis*
轮虫	尾突臂尾轮虫	*Brachionus caudatus*
轮虫	裂足臂尾轮虫	*Brachionus（Schizocerca）diversicornis*
轮虫	壶状臂尾轮虫	*Brachionus urceus*
轮虫	萼花臂尾轮虫	*Brachionus calyciflorus*
轮虫	无棘螺形龟甲轮虫	*Keratella cochlearis*
轮虫	有棘螺形龟甲轮虫	*Keratella cochlearis*
轮虫	曲腿龟甲轮虫	*Keratella valga*
轮虫	矩形龟甲轮虫	*Keratella quadrata*
轮虫	真翅多肢轮虫	*Polyarthra euryptera*
轮虫	针簇多肢轮虫	*Polyarthra trigla*
轮虫	盘状鞍甲轮虫	*Lepadella patella*
轮虫	腔轮属	*Lecane* spp.
轮虫	单趾轮属	*Monostyla* spp.
轮虫	疣毛轮属	*Synchaeta* spp.
轮虫	刺盖异尾轮虫	*Trichocerca capucina*
轮虫	等刺异尾轮虫	*Trichocerca similis*
轮虫	胶鞘轮属	*Collotheca* spp.
轮虫	暗小异尾轮虫	*Trichocerca pusilla*
原生动物门	瓶砂壳虫	*Difflugia urceolata*
原生动物门	栉毛虫属	*Didinium* spp.
原生动物门	钟虫属	*Vorticella* spp.
原生动物门	累枝虫属	*Epistylis* spp.
原生动物门	侠盗虫属	*Strobilidium* spp.
原生动物门	旋回侠盗虫	*Strobilidium gyrans*
原生动物门	淡水筒壳虫	*Tintinnidium fluviatile*
原生动物门	王氏似铃壳虫	*Tintinnopsis wangi Nie*
原生动物门	江苏似铃壳虫	*Tintinopsis kiangsuensis*
原生动物门	长吻虫属	*Lacrymaria* spp.

二、密度及生物量

根据 1989 年 9 月洪泽湖 22 个采样点的水样分析，全湖浮游动物的平均数量为 1 458.8 个/升。其中原生动物 1 239.2 个/升，占 84.9%；轮虫为 166.4 个/升，占 11.4%；枝角类为 16.6 个/升，占 1.2%；桡足类为 36.6 个/升，占 2.5%。各类群数量变化范围：原生动物 433～3 200 个/升，轮虫 0～930 个/升，枝角类 1.6～75.6 个/升，桡足类 8～153.6 个/升。变化幅度最大的是原生动物，其绝对差异达 2 767 个/升，最小的枝角类为 74 个/升，各类动物占浮游动物总数的变化范围是：原生动物 65%～96.4%，轮虫 0～32.3%，枝角类 0.2%～5.8%，桡足类 0.5%～9.0%。变化幅度最大的是轮虫，达 32.3%，最小的枝角类为 5.6%。全湖原生动物平均数量为 1 239.2 个/升，在 22 个采样点中大于平均数的有 8 个，占总采样点的 36.4%。原生动物数量占浮游动物总数量的 84.9%，是导致不同样点浮游动物数量差异的主要因素。洪泽湖浮游动物生物量全湖平均为 1.244 5 毫克/升。其中原生动物平均为 0.062 毫克/升，占浮游动物生物量平均数的 5%；轮虫为 0.199 4 毫克/升，占 16%；枝角类为 0.401 5 毫克/升，占 32.3%；桡足类为 0.581 4 毫克/升，占 46.7%。

中国科学院水生生物研究所 2020 年监测调查，洪泽湖浮游动物密度均值为 675.75 个/升。其中，轮虫所占比例最高，为 64.98%；枝角类所占比例次之，为 30.39%；桡足类所占比例最低，为 4.63%。2021 年调查的浮游动物密度平均数为 1 339 个/升，其中，轮虫类平均密度为 1 030.21 个/升，占总密度的 76.94%，枝角类平均密度为 176.55 个/升，占总密度的 13.19%，桡足类平均密度为 132.23 个/升，占总密度的 9.88%。2022 年调查的浮游动物密度平均数为 1 454.68 个/升，其中，轮虫类平均密度为 1 031 个/升，占总密度的 70.87%；枝角类平均密度为 279.18 个/升，占总密度的 19.19%；桡足类平均密度为 144.50 个/升，占总密度的 9.93%。2023 年度共监测到浮游动物 4 大类 28 种；其中原生生物采集 4 种（属），占全部种类数的 14%；轮虫采集 7 种（属），占全部种类数的 25%；枝角类 9 种（属），是最优势类群，占全部种类数的 32%；桡足类采集 8 种（属），占全部种类数的 29%。2023 年调查的浮游动物密度平均数为 102.03 个/升，较 2022 年呈现明显降低趋势，其中，原生生物平均密度为 48.38 个/升，占总密度的 48%；轮虫类平均密度为 36 个/升，占总密度的 35%；枝角类平均密度为 2.99 个/升，占总密度的 3%；桡足类平均密度为 14.66 个/升，占总密度的 14%。

三、分布

洪泽湖浮游动物分布存在明显的时空格局。首先，浮游动物主要摄食浮游植物，其个体密度的时空格局在很大限度上应该受浮游植物细胞密度时空格局的影响。浮游动物个体密度的时间格局与浮游植物细胞密度的时间格局基本一致，表现为夏季和秋季密度较高，冬季和春季密度较低。然而，空间格局上，两者并没有表现出完全的一致性。例如，浮游植物细胞密度在成子湖和溧河洼区域密度较高，而入湖口、二河闸和三河闸区域则密度较小。而浮游动物个体密度表现为成子湖区浮游动物个体密度较高，而溧河洼湖区、老子山至三河口一线的高流速带个体密度均很低。此外，与浮游植物细胞密度一样，浮游动物个体密度同样也受到水动力、水温、水位和营养盐等特征的影响。

四、资源利用

浮游动物指原生动物、轮虫、枝角类和桡足类四大类，个体较小，但数量极多，代谢活动旺盛，以浮游植物、细菌、碎屑等为食。浮游动物是水生态系统的重要组成部分，在生态系统中起调控作用，是有机物由初级生产向更高营养阶层转移的关键环节，并且对初级生产起着调节作用；此外，浮游动物还可通过排泄和分泌作用，参与水生态系统中有机质的分解和循环。

许多浮游动物是鱼、贝类的重要饵料来源，如轮虫、枝角类和桡足类都是鱼类等水生动物早期生活史阶段的关键饵料。洪泽湖轮虫是优势种，超过 30 种，许多经济鱼类和名贵动物在培育中均以轮虫作为幼体的开口饵料，此阶段轮虫供应数量的多少直接决定着幼苗生长的快慢和成活率的高低。枝角类的适应性广、繁殖力强、生长迅速且营养价值高，干重的粗蛋白含量达 55% 左右，是常规养殖鱼类（如鲢鳙等四大家鱼）鱼苗培育阶段和特种水产养殖动物幼体阶段的适口饵料。营自由生活的桡足类既能被鳙等浮游动物滤食性鱼类直接利用，也是所有鱼类晚期仔鱼和幼鱼能够摄食的优质饵料。

第二章

水生植物

第一节　种类组成

历史上记载洪泽湖水生植物种类繁茂，分布面积占湖区总面积的 90%。但随着 1953 年三河闸的修建，湖区水位升高，湖区水生植被分布面积逐年缩小。1965—1980 年，由于围湖垦殖，水生植被分布面积约占 34.44%。1993—2008 年，湖区水生植被面积减少 375.16 平方千米，减少了 71.54%。目前水生植物主要分布于成子湖沿岸带，以及湖西保护区内。

同时，水生植物群落组成和特征也发生了变化。1989—1991 年洪泽湖的水生高等植物有 81 种，隶属 36 科、61 属，其中：单子叶植物最多，有 43 种，占总数的 53.09%；双子叶植物次之，有 34 种，占 41.97%；蕨类植物最少，仅 4 种，占 4.94%。按生态类型分，有沉水植物 13 种、浮叶植物 7 种、漂浮植物 10 种、挺水植物和湿生植物 51 种。洪泽湖水生高等植物的优势种是芦苇、蒲草、菰、莲、李氏禾、水蓼、喜旱莲子草、荇菜、菱、马来眼子菜、金鱼藻、聚草、菹草、黑藻、苦草、水鳖、满江红和槐叶苹等。泗洪县环保局 2007—2008 年调查共记录了 15 科、25 种。其中马来眼子菜、芦苇、荇菜为优势种。据中国科学院水生生物研究所 2010—2011 年调查，洪泽湖共发现大型水生植物 8 科 12 种，其中沉水植物 9 种、挺水植物 1 种、浮叶植物 2 种；马来眼子菜、微齿眼子菜、篦齿眼子菜和菹草为全年优势度较高的水生植物；秋季的水草生物量最高，其次为夏季和冬季，春季最低；洪泽湖现阶段大型水生植物分布区域主要集中在湖区北部水质较好、透明度较高且相对封闭的成子湖区。2019 年 7 月，省洪泽湖渔管办委托曲阜师范大学对洪泽湖水生植物开展了全面调查，经过历时 3 年的努力，调查结果显示，洪泽湖水生植物 255 种，隶属 151 属、60 科，其中蕨类植物 4 科 5 属 6 种、裸子植物 1 科 2 属 3 种、被子植物 55 科 144 属 246 种。据此，《洪泽湖水生生物图鉴》编辑出版。2022 年，中国科学院南京地理与湖泊研究所监测调查，共发现 6 纲、26 目、33 科、65 种水生植物，其中沉水植物 9 种、浮叶植物 12 种、漂浮植物 6 种、挺水植物 14 种和湿地植物 25 种，被列入《国家二级重点保护野生植物名录》的有野菱、野大豆、水蕨 3 种，外来物种有空心莲子草、凤眼莲、水盾草和大漂 4 种。洪泽湖区域水生植物科、属、种统计见表 2-2-1。

表 2－2－1　洪泽湖区域水生植物科属种统计情况

科名	属数	种数	科名	属数	种数
木贼科	1	2	桑科	1	1
水蕨科	1	1	胡桃科	1	1
苹科	1	1	葫芦科	1	1
槐叶苹科	1	2	酢浆草科	1	1
杉科	2	3	杨柳科	1	2
睡莲科	3	6	牻牛儿苗科	1	1
三白草科	1	1	千屈菜科	3	4
菖蒲科	1	1	柳叶菜科	2	3
天南星科	2	2	锦葵科	1	1
泽泻科	2	3	十字花科	2	6
花蔺科	1	1	柽柳科	1	1
水鳖科	4	4	蓼科	3	18
茨藻科	1	2	石竹科	3	3
眼子菜科	1	3	苋科	5	12
鸢尾科	1	1	茜草科	2	3
鸭跖草科	1	3	夹竹桃科	3	4
雨久花科	1	1	紫草科	2	2
美人蕉科	1	1	旋花科	2	2
竹芋科	1	1	茄科	4	5
香蒲科	1	2	车前科	2	10
灯芯草科	1	2	母草科	1	1
莎草科	7	27	爵床科	1	1
禾本科	24	31	狸藻科	1	1
金鱼藻科	1	1	唇形科	7	7
毛茛科	1	3	通泉草科	1	1
莲科	1	1	桔梗科	1	1
扯根菜科	1	1	睡菜科	1	2
小二仙草科	1	1	菊科	16	27
豆科	9	14	五加科	1	2
蔷薇科	2	4	伞形科	4	5

第二节　分　　布

　　1989—1991 年记录的 81 种水生植物中，分布面积最广的是马来眼子菜、聚草和金鱼藻，植被区的大部分水域都有分布，以溧河洼、杨老洼、成子湖沿岸等地较多。苦草和黑藻属沉水植物，主要分布于溧河洼口、候咀洼及各航道中。菹草属沉水植物，成片分布于安河洼、大滩洼和王岗洼，尤其各航道两边的水域生长最多。据2022年洪泽湖水生植物调查，湖区原生水生植物面积较少，种类单一，缺乏沉水植物，但湖岸滩涂区域有大面积莲、芦苇、香蒲和菰（茭白）分布。而在有人工维护、水质较好的景观水体（如泗洪洪泽湖国家级湿地自然保护区）内，植物种类搭配合理，原生水生植物有大面积分布，种类较多，形成较复杂的水生植物群落。

洪泽湖水生植被在空间上的分布特征为：浮叶/挺水植被一般分布在湖滨带及滩地上，沉水植被分布在浅水湖区内；水生植被在湖西区的泗洪湿地保护区和北部的成子湖出现频率最高，是水生植被的主要分布地区。在年际尺度上，大型水生植被覆盖度在过去50年间有着较大范围的波动。洪泽湖湖西区在1952年以前水生植被覆盖面积超过70%，部分河道和湖边由于芦苇等水生植被过于繁茂，船只都无法通行；到20世纪70年代末，水生植被覆盖面积只有15%；1989年，全湖大型水生植被覆盖度有所上升，为34.44%；1993年，扣除芦苇群丛的面积，水生植被覆盖面积26%；2008年，水生植被覆盖面积仅占全湖面积的7.65%；至2017年，水生植被覆盖面积有所回升，占全湖面积的17.9%。

与20世纪50年代相比，多年调查均显示，洪泽湖水生植被覆盖率已经大幅下降。主要原因包括：一是水位变化对水生植被分布的影响。水位对水生植被分布和种群繁衍具有重要的影响，即使很小的水位波动也能对某些水生植被的分布与生物量造成影响。水位的变化，抑制了水生植被的光合作用，进而对植物的生长和繁衍形成胁迫。频繁水位波动不仅直接影响植物的光合作用，而且由于水位的汛期与一些依靠种子繁殖的植物花期吻合，从而对植物种群的扩散造成一定的影响。二是围网养殖对水生植被的影响。20世纪80年代后期以来，"养蟹热"造成大量的天然湿地被用来围栏养殖，使原本水质较好、水生植被种类丰富、生物量较高水域的水生植被迅速消失。

洪泽湖的水生植被，由高位滩地向低位滩地，随着水位和其他环境的不同，形成如下不同植物带。

一、挺水植物带

主要分布在12～13米高程的滩地上，该带的植物根着生于水底淤泥中，而植物体的上部大部分挺出水面。这类植物是水生植物和陆生植物的过渡类型，既具有水生生物又具有陆生生物某些生物学和生态学特性，其中很多是沼泽植被类型的组成部分，主要种类有芦苇、荻、蒲草、菰、水葱、莲、荆三棱、野荸荠、水蓼、慈姑等。在该植物带的植株之间还间有大量的漂浮植物，如水鳖、槐叶萍、满江红等，因随风飘动，未能形成大的固定植物带。但在该带边缘的迎风面常可见到条状和片状的小型漂浮植物。挺水植物带除间生有漂浮植物外，还有部分沉水植物，如金鱼藻、黑藻和狸藻等。包括的群丛有：芦苇群丛、蒲草＋芦苇-槐叶苹群丛、芦苇＋菰-李氏禾群丛、芦苇莲群丛、菰-莲群丛、菰-莲-喜旱莲子草群丛、莲群丛、水蓼-李氏禾＋荇菜群丛及李氏禾＋水鳖-金鱼藻群丛。

二、浮叶植物带

主要分布在 11.5~12 米高程的滩地上，面积约 83.5 平方千米（12.53 万亩），占全湖总面积的 5.23%。该带的植物根着生于湖底淤泥中，叶漂浮于水面。这类植物的形态特征通常具有适应浮水的特殊组织，如有的叶柄中部膨大形成气囊，有的有异叶现象，即有浮水和沉水两种叶以利于漂浮。主要种类有菱、金银莲花和荇菜等。在该植物带内，通常混生有大量的漂浮植物和沉水植物，如水鳖、槐叶苹、马来眼子菜、苦草、聚草、黑藻和金鱼藻等。包括的群丛有：菱＋荇菜＋水鳖-金鱼藻群丛、菱-马来眼子菜＋聚草-金鱼藻群丛。

三、沉水植物带

主要分布在 11.0~11.5 米高程的低位滩地上，面积约 256.2 平方千米（38.43 万亩），占全湖总面积的 16.04%，是洪泽湖最大的植物带。该带植物的茎和根均沉没于水中，多数根着生于底泥中，也有悬浮于水中的。沉水植物的器官构造都具有典型的沉水特点。如叶片的构造无栅状组织和海绵组织、细胞间隙大、无气孔、茎细弱，全部细胞都能进行光合作用，叶片的形状大多呈条带状、丝状或线状，这些特征都有利于植物在水中栖息，主要种类有马来眼子菜、黑藻、苦草、菹草、聚草、金鱼藻和狸藻等，包括的群丛有：聚草＋篦齿眼子菜-金鱼藻＋黑藻群丛、聚草-菹草＋黑藻＋金鱼藻群丛。马来眼子菜＋聚草群丛及苦草群丛。

据《水生植被资源在洪泽湖综合开发利用中的作用及其生态学任务》（唐述虞，1985年油印本）记载，洪泽湖水生高等植物的年总生产量约 211 万吨，折合能量为 4.64×10^{15} 焦耳，其中挺水植物的年生产量约 87.77 万吨、沉水植物约 78.17 万吨、浮水植物约 45.21 万吨。

洪泽湖历史上水生高等植物分布面积曾占全湖面积的 90%。三河闸建成后，洪泽湖的常年水位提高到 12.5 米，滩地缩小。同时，在 1965—1980 年，围湖垦殖占去湖滨滩地332 平方千米（49.8 万亩），水生植物数量减少，分布面积急剧减小。1985 年，水生高等植物分布面积为 306 平方千米。

进入 21 世纪，退养还湖和禁捕退捕工作迅速展开，洪泽湖的自然水面恢复拓展，为水生生物的生长繁殖提供了广阔空间。自此，水生植物逐步恢复，截至 2023 年其覆盖面积已达 30% 左右。

第三节　资源利用

洪泽湖湖水清澈，水草茂盛，芡实、菱角、莲藕、艾草、芦苇等主要水生经济植物在历史上素享盛名，曾有"鸡头、菱角半年粮"的说法。据 1982 年调查，洪泽湖区水生植物有80 多种，分属 2 门 18 科 24 属，其中芦苇分布面积约 40 平方千米，最高年产芦苇 5 万~8万吨，收购莲子 1 250 吨、芡实 1 500 吨。但到 1985 年，芦苇产量仅有 5 000~8 000 吨，莲子、芡实产量也只有 50～100 吨，其他水生植物的总生物量约有 150 万吨。现实中，水生植物是洪泽湖及周边生态、生产和生活中必不可少的重要组成部分，发挥着极其重要的作用。

一、维护生态功能

水生植物具有非常强的净化水质的能力，不仅能够通过自身的生命活动从水质中吸收各种有机质、营养元素和重金属、污染物等，还能通过光合作用向水质中释放一定数量的氧气，增强活性生物的自营功能，促进水质中的微生物新陈代谢，达到生态环境的自身治理。且大多数水生植物如芦苇、荻等的根系都很发达，可以通过其广布的根系形成的过滤层有效吸附水质中的悬浮物质。某些特殊的水生植物根系还能分泌出一些克制水质中藻类生长的物质，有效地抑制藻类疯狂生长，实现净化水质的作用。此外，水生植物还能提供生态系统服务，如为栖息地提供生物多样性保护，维持水体生态平衡。

二、饲料肥料功能

水生植物中富含各种营养物质，主要以氨基酸及有机质为主，比如：浮萍等可以直接作为饵料用来喂鱼；水生植物中的轮叶黑藻、苦草、眼子菜、菹草、金鱼藻等都是养殖大闸蟹的必备水草，水生植物带是鱼类和水禽的良好栖息场所，是它们生长、发育和繁殖不可缺少的环境条件。此外，这些水草还可以经过发酵处理作为畜禽饲料等。水生植物可以制成农家肥。水生植物中含有丰富的磷、氮、钾、钠等诸多矿物质元素，其水分含量较高、有机质较多，可以作为高产的绿肥，所以水生植物可以直接施放在田野中，或者被加工、打磨成汁液制作成液体肥料；还可以被制成有机肥以及无机肥、复合肥等。这些都可以作为农业中改善土壤的改良剂，促进资源再利用。

三、食用药用功能

水生植物中常见的水生蔬菜有水芹、慈姑、蒲菜、空心菜等。有的水生植物可以直接作为蔬菜用来加工食用，如莲子、菱角、芡实等。有的水生植物不仅具有非常丰富的营养价值供人们食用，而且还具有药用滋补功能。随着人们对绿色产品的热爱不断增强，藕茎、菱角藤、芡实梗等都已成了人们餐桌上的珍馐美味；荷叶也可以加工成茶饮，具有清热解毒明目利尿等多重功能。

此外，水生植物中有些品种，如蒲草等，是编织和人造纤维、造纸等的原料；有些水生植物可用于营造河道景观、湖泊湿地景观等。

为了恢复和发展洪泽湖的水生植物资源，建立良性的生态系统，在确保行洪调蓄和农田灌溉的前提下，应根据不同水生高等植物的生物学和生态学特性，结合洪泽湖现有条件，建立多层次结构的人工水生高等植物群落，保护、恢复现有水草资源，提高其水面占有率；应加强经营管理合理利用，对莲和蒲草等要及时采收，对芦苇等高等植物要及时刈割，要对成子湖区水草进行必要的调整改造，最大限度避免因管理不善等导致水生植物腐烂，从而给水体造成次生污染。

第三章

水生动物

第一节　鱼　　类

　　鱼类区系的形成是受到水系变迁、鱼类自身演化以及人工干预等综合作用的结果。历史上黄河夺淮，最终南注长江，导致洪泽湖除了具备淮河鱼类区系的特征外，还有黄河鱼类区系的渗入，以及汇入了长江水系的鱼类。依李思忠（1981）的淡水鱼类分布区划，洪泽湖鱼类区系属华东区的江淮亚区。在组成上，洪泽湖鱼类以鲤科鱼类为主体，约占全部种类的一半以上。从生态类型方面可分为：①洪泽湖定居型的鱼类，如鲤、鲫、鲂、银鲴、鲌、花骨鱼、银鱼、刀鲚、乌鳢、鳜和黄颡鱼等，它们终生生活在湖泊中，种群数量大，是鱼产量的主要组成成分。②江湖产卵、索饵洄游型鱼类，如青鱼、草鱼、鲢、鳙、赤眼鳟、鳊等，它们在长江和淮河有产卵场，繁殖季节由湖向江、河洄游，繁殖结束，亲鱼和仔、稚鱼入湖肥育。③海、河洄游鱼类，如鳗、河鲀等，它们为了产卵或肥育的目的，定时从海洋洄游向淡水，或由淡水洄游向海洋。河道型鱼类，如条副沙鳅、紫薄鳅、马口鱼等在闸门外的河流中较多。

　　三河闸的建成，标志着洪泽湖从一个平原地区的浅水湖泊变成一座由人工控制的大型综合利用水库，鱼类赖以生存的水环境因此发生了很大变化。相应地，原有的鱼类种群结构特别是在数量上也发生了变化：河、海洄游鱼类（如鳗）数量减少；四大家鱼的青鱼、草鱼、鲢、鳙等淡水中生殖、索饵洄游的鱼类数量相应减少；鲤、鲫、鲌、乌鳢、黄颡鱼、鳜等湖泊定居型鱼类明显增加；以刀鲚、银鱼等敞水性鱼类增加最为突出。

一、种类组成

　　针对洪泽湖鱼类开展过多次较为全面的调查，分别为：1960 年，中国水产科学院长江水产研究所调查记录鱼类 15 科 55 种；1973 年，中国科学院南京地理与湖泊研究所调查记录鱼类 15 科 81 种；1981 年，洪泽县水产科学研究所调查记录鱼类 16 科 84 种；1990 年，中国科学院南京地理与湖泊研究所调查记录鱼类 16 科 67 种；2004 年，江苏省淡水水产科学研究所记录鱼类 18 科 83 种。自 2000 年以后，洪泽湖鱼类调查采集的种类基本是 50～60 种。2010—2011 年，中国科学院水生生物研究所调查记录鱼类

17科63种，排除同种异名和鉴定错误的种类，共确定有效种类88种。省洪泽湖渔管办参与主编的《洪泽湖水生经济生物图鉴》（2016，中国农业出版社），记录了2015年在洪泽湖水域发现的浙江原鳘口鳅、小口白甲鱼和稀有白甲鱼。这3种鱼类是较典型的激流性或溪流性鱼类，在湖泊水体建立、维持种群的可能性较小，应该是养殖逃逸、放生活动等导致偶然进入湖区被发现的。中国科学院南京地理与湖泊研究所2017—2018年在洪泽湖鱼类资源调查中，又发现了历史未记录种类黄尾鲴、匙吻鲟。2020—2023年，中国科学院水生生物研究所连续4年开展洪泽湖调查，采集鱼类14科59种。对比鱼类组成的历史记录，2020—2023年调查共有42种洪泽湖记录鱼类未被采集到，其中流水型鱼类有16种、海、河洄游型鱼类6种、湖泊定居型鱼类19种和江、河洄游型鱼类1种（鳡）；发现湖泊定居型鱼类由53种下降至49种，但所占比重由59.6%上升至83.1%；江、湖洄游型鱼类由11种下降至9种，但所占比重由13%上升至15.3%；仅见1种河、海洄游型鱼类（鳗鲡），其比例由7%下降到1.7%。

结合历史纪录，洪泽湖迄今为止累计记录鱼类20科101种，包括外来鱼类（如匙吻鲟、双带缟虾虎鱼、黄尾鲴）、偶见种（如鲴、须鳗虾虎鱼、长吻鮠）和仅历史纪录种类（如花鳗鲡、圆口铜鱼、暗纹东方鲀）。

二、优势类群

洪泽湖迄今累计记录鱼类101种，其中鲤科鱼类53种，占总种数的54.08%；其次为鳘科种类12种，占12.24%；再次是鳅科种类7种，占总种数的7.14%；虾虎鱼科5种，占比5.10%；银鱼科种类4种，占4.08%；其他科种类数均小于3种。

江苏省淡水水产研究所2008年在洪泽湖共监测出鱼类33种、虾类2种。监测期间，洪泽湖鱼类优势种的重量百分比以鲫为高，占43.41%，最小为鳘，占1.08%；尾数百分比以鲫为高，占27.84%，最小为子陵吻虾虎鱼，占0.38%。洪泽湖主要经济鱼类除大银鱼外，刀鲚、鲤、鲫、鳊名列优势种名单；虾类中，青虾占监测渔获物重量的3.04%，白虾占3.50%，是重要的渔业资源。鱼类资源中，性成熟年龄低的小型定居型及敞水型鱼类占优势，优势种多数为体重50克以下的小型鱼类。可以看出，当时洪泽湖鱼类资源小型化、低龄化态势十分严峻。2015年共监测鱼类38种、虾类3种、蟹类1种，相对优势种指标（IRI值）最高的种类为鲫，前十位的种类中，鲫、鲤、鲢、草鱼、鳙等为传统经济鱼类。鱼类群落生物多样性指数处于正常的波动范围内，鱼类群落处于相对稳定的状态。但鱼类资源的小型化特征仍较明显，鲫、鲤、鲢、鳙等重要经济品种的尾均重仍然偏小。2019年共监测到渔获物53种，其中鱼类49种、虾类3种、蟹类1种。相对优势种指标（IRI值）最高的种类为刀鲚，前十位的种类中，鲫、鲢、鲤、鳙、黄颡鱼等为传统经济鱼类。2022年共监测到渔获物48种，其中鱼类41种、虾类2种、蟹类1种、螺类2种、蚌1种、鳖类1种。相对优势种指标（IRI值）最高的种类为刀鲚，前十位的种类中鲢、鳙、鲫等为传统经济鱼类。在种群层次上，2022

年与 2021 年相比：从单个刺网渔获物重量来看，鱼类资源丰度同比增长 204.55％，鱼类的平均体长和平均体重同比分别增加了 3.23％和 183.83％；在群落层次上，种类组成仍以鲤科鱼类为主，共采集鉴定鱼类 41 种，同比减少了 6.81％；优势种刀鲚、鲫、鲢和鳙等保持相对稳定；多样性指数降低 37.93％；食鱼性鱼类占比增加 12.50％。2023 年洪泽湖资源调查共采集到鱼类 41 种，分属 6 目 10 科，鱼类种类总数与 2022 年相同，其中鲤形目最多，含 30 种；其余依次为鲈形目 4 种、鲇形目 3 种、鲱形目 2 种，鲱形目、颌针鱼目各 1 种。

中国科学院水生生物研究所 2019—2023 年洪泽湖调查结果发现，渔获物构成主要是鲤形目和鲱形目。个体数量上，鲤形目占比最高，为 64.38％；其次是鲱形目，为 23.60％；虾类数量百分比为 10.72％；颌针鱼目、鲇形目和鲈形目数量百分比均小于 1.00％；蟹类占比为 0.02％。重量上，鲱形目占比最高，为 44.72％；其次是鲤形目，为 3.04％；虾类重量百分比为 14.29％；颌针鱼目、鲇形目和鲈形目重量百分比均小于 1.00％；蟹类数量占比为 0.03％。鱼类调查结果中，鱼类优势种群发生了明显变化。以相对重要性指数（IRI，综合尾数和重量）衡量鱼类优势种，结果发现当前鳙相对重要性明显增大，与短颌鲚基本相当；鲢的相对重要性也明显增加，基本与鲫的重要性相差无几；鲢、鳙的相对重要性远高于大鳍鳎等，原本占绝对优势的短颌鲚、鲫、似鳊等相对重要性明显下降。

洪泽湖鱼类食性组成以浮游生物食性鱼类为主，其次为杂食性鱼类、肉食性鱼类，草食性鱼非常少，未采集到无脊椎动物食性鱼类（青鱼）；从全湖来看，草食性、浮游生物食性、无脊椎动物食性、肉食性、杂食性鱼类各占鱼类全部采集数量的 0.36％、48.79％、0、16.57％和 34.29％。在浮游生物食性鱼类中，以浮游动物为食的种类有短颌鲚、鳙、太湖新银鱼等，其数量占比高于以浮游植物为食的鲢的占比。依照食物链向下一营养级传递的 10∶1 效率，洪泽湖水域凶猛肉食性鱼类在食物链中的占比相对较小。这说明，洪泽湖仍有较大空间支撑凶猛肉食性鱼类的生长和繁殖。

栖息于中上层鱼类占比最高，其次为中下层鱼类，上层鱼类和底层鱼类占比最低；但各栖息水层鱼类的差距相对食性类群间差异较小，各自的数量占比分别是 33.50％、32.29％、19.79％和 14.43％。在中上层鱼类中，鲢、鳙、鲌类等种类数较多，重量占比更高，但因为个体规格较大，数量占比相对减少。上层鱼类以银鱼、鱼类为主，种类相对较少，但个体小，数量占比较大。底层鱼类总体数量、重量占比均较小（表 2-3-1）。

洪泽湖 2019—2022 年渔获物组成百分比见表 2-3-2。

表 2-3-1　洪泽湖鱼类种类组成

	目	科	亚科	属	种	1982年以前	1989—1990年	2010—2011年	2016年	2018年	2020—2022年
1	鲟形目 Acipenseriformes	匙吻鲟科 Polyodontidae		匙吻鲟属 Polyodon	匙吻鲟 *Polyodon spathula*					*	
2	鲱形目 Clupeiformes	鳀科 Engraulidae		鲚属 Coilia	刀鲚 *Coilia nasus*	*	*	+++	*	*	
3					短颌鲚 *Coilia brachygnathus*				*		###
4		银鱼科 Salangidae		大银鱼属 Protosalanx	大银鱼 *Protosalanx hyalocranius*	*	*	+++	*	*	##
5				新银鱼属 Neosalanx	乔氏新银鱼 *Neosalanx jordani*	*	*	++	*		
6					太湖新银鱼 *Neosalanx taihuensis*	*	*	+++		*	#
7				间银鱼属 Hemisalanx	短吻间银鱼 *Hemisalanx brachyrostralis*	*	*	++	*		
8	鳗鲡目 Anguilliformes	鳗鲡科 Anguillidae		鳗鲡属 Anguilla	鳗鲡 *Anguilla japonica*	*	*		*	*	#
9					花鳗鲡 *Anguilla marmorata*	*					
10	鲤形目 Cypriniformes	鲤科 Cyprinidae	鱼丹亚科 Danioninae	马口鱼属 Opsariichthys	马口鱼 *Opsariichthys bidens*		*		*	*	
11			雅罗鱼亚科 Leuciscinae	鱤属 Elopichthys	鱤 *Elopichthys bambusa*	*	*	+	*	*	#

（续）

序号	目	科	亚科	属	种	1982年以前	1989—1990年	2010—2011年	2016年	2018年	2020—2022年
12				鳡属 Ochetobius	鳡 Ochetobius elongatus	*					
13				赤眼鳟属 Squaliobarbus	赤眼鳟 Squaliobarbus curriculus	*	*	+	*	*	##
14				青鱼属 Mylopharyngodon	青鱼 Mylopharyngodon piceus	*	*	++	*	*	#
15				草鱼属 Ctenopharyngodon	草鱼 Ctenopharyngodon idellus	*	*	+++	*	*	#
16			鲌亚科 Culterinae	飘鱼属 Pseudolaubuca	飘鱼 Pseudolaubuca sinensis	*	*	+	*		
17					寡鳞飘鱼 Pseudolaubuca engraulis	*	*	*	*		
18				似鱎属 Toxabramis	似鱎 Toxabramis swinhonis	*	*	+++	*	*	#
19				鳘属 Hemiculter	鳘 Hemiculter leucisculus	*	*	+++	*	*	###
20					贝氏鳘 Hemiculter bleekeri	*	*	++	*	*	#
21				原鲌属 Culterichthys	红鳍原鲌 Culterichthys erythropterus	*	*	+++	*	*	##
22				鲌属 Culter	翘嘴鲌 Culter alburnus	*	*	++	*	*	#
23					蒙古鲌 Culter mongolicus	*	*	+	*	*	#
24					达氏鲌 Culter dabry	*	*	+	*	*	#

（续）

目	科	亚科	属	种	1982年以前	1989—1990年	2010—2011年	2016年	2018年	2020—2022年
25				拟尖头鲌 *Culter oxycephaloides*						#
26			鳊属 *Parabramis*	鳊 *Parabramis pekinensis*	*	*	+++	*	*	##
27			鲂属 *Megalobrama*	鲂 *Megalobrama skolkovii*	*	*	+			
28				团头鲂 *Megalobrama amblycephala*	*	*	+++	*	*	#
29				三角鲂 *Megalobrama terminalis*	*	*	++		*	#
30		鲴亚科 Xenocyprinae	鲴属 *Xenocypris*	银鲴 *Xenocypris argentea*	*	*	++		*	
31				细鳞斜颌鲴 *Xenocypris microlepis*	*	*	+++	*	*	#
32				黄尾鲴 *Xenocypris davidi*	*	*	+++	*	*	#
33			似鳊属 *Pseudobrama*	似鳊 *Pseudobrama simoni*	*	*	+	*	*	#
34		鲢亚科 Hypophthalmichthyinae	鲢属 *Hypophthalmichthys*	鲢 *Hypophthalmichthys molitrix*	*	*	+++	*	*	##
35			鳙属 *Aristichthys*	鳙 *Aristichthys*	*	*	+++	*	*	#
36		鮈亚科 Gobioninae	鮈属 *Hemibarbus*	花鮈 *Hemibarbus maculatus*	*	*	++	*	*	#
37			似刺鳊鮈属 *Paracanthobrama*	似刺鳊鮈 *Paracanthobrama guichenoti*	*	*	+++	*	*	##
38			麦穗鱼属 *Pseudorasbora*	麦穗鱼 *Pseudorasbora parva*	*	*	+++	*	*	##

（续）

序号	目	科	亚科	属	种	种	1982 年以前	1989—1990 年	2010—2011 年	2016 年	2018 年	2020—2022 年
39				鳈属 Sarcocheilichthys	黑鳍鳈	Sarcocheilichthys nigripinnis	*	*	+++	*	*	#
40					华鳈	Sarcocheilichthys sinensis	*	*	++	*	*	#
41				银鮈属 Squalidus	银鮈	Squalidus argentatus	*	*	+			
42					亮银鮈	Squalidus nitens	*	*	+			
43					点纹银鮈	Squalidus wolterstorffi	*		+			
44				铜鱼属 Coreius	铜鱼	Coreius heterodon	*			*		
45					圆口铜鱼	Coreius guichenoti	*			*		
46				吻鮈属 Rhinogobio	吻鮈	Rhinogobio typus	*	*				
47					圆筒吻鮈	Rhinogobio cylindricus	*					
48				棒花鱼属 Abbottina	棒花鱼	Abbottina rivularis	*	*	+++	*	*	#
49				蛇鮈属 Saurogobio	长蛇鮈	Saurogobio dumerili	*	*				

（续）

序号	目	科	亚科	属	种		1982年以前	1989—1990年	2010—2011年	2016年	2018年	2020—2022年
50					蛇鮈	Saurogobio dabryi	*	*	+++	*	*	##
51			鱊亚科 Acheilognathinae	鱊属 Acheilognathus	大鳍鱊	Acheilognathus macropterus	*	*	+++	*	*	###
52					兴凯鱊	Acheilognathus chankaensis	*	*	++	*	*	###
53					越南鱊	Acheilognathus tonkinensis	*	*	++			
54					短须鱊	Acheilognathus barbatulus	*	*	+			
55					无须鱊	Acheilognathus gracilis		*			*	#
56				副鱊属 Panacheilognathus	彩副鱊	Panacheilognathus imberbis		+				
57				鱊鲏属 Rhodeus	彩石鳑鲏	Rhodeus lighti	*	*	+	*	*	#
58					中华鳑鲏	Rhodeus sinensis				*		
59					高体鳑鲏	Rhodeus ocellatus	*	*	+++		*	
60					方氏鳑鲏	Rhodeus fangi			++			
61			鲴亚科 Rhodeinae	白甲鱼属 Onychostoma	小口白甲鱼	Onychostoma lini	*	*		*		
62					稀有白甲鱼	Onychostoma rarus				*		
63			鲤亚科 Cyprininae	鲤属 Cyprinus	鲤	Cyprinus carpio	*	*	+++	*	*	##
64				鲫属 Carassius	鲫	Carassius auratus	*	*	+++	*	*	###
65		平鳍鳅科 Balitoridae	腹吸鳅亚科	原缨口鳅属 Vanmanenia	浙江原缨口鳅	Vanmanenia stenosoma				*		

（续）

序号	目	科	亚科	属	种	1982年以前	1989—1990年	2010—2011年	2016年	2018年	2020—2022年
66		鳅科 Cobitidae	沙鳅亚科 Botiinae	薄鳅属 Leptobotia	长薄鳅 Leptobotia elongate	*					
67					紫薄鳅 Leptobotia taeniops		*				
68				副沙鳅属 Parabotia	花斑副沙鳅 Parabotia fasciata	*	*				
69					武昌副沙鳅 Parabotia banarescui	*					
70			花鳅亚科 Cobitinae	花鳅属 Cobitis	中华花鳅 Cobitis sinensis	*	*				
71				副泥鳅属 Paramisgurnus	大鳞副泥鳅 Paramisgurnus dabryanus	*	*	++	*		
72				泥鳅属 Misgurnus	泥鳅 Misgurnus anguillicaudatus	*	*	+++	*	*	##
73	鲇形目 Siluriformes	鲇科 Siluridae		鲇属 Silurus	鲇 Silurus asotus	*	*	++	*	*	#
74					大口鲇 Silurus meridionalis	*					#
75		鲿科 Bagridae		黄颡鱼属 Pelteobagrus	黄颡鱼 Pelteobagrus fulvidraco	*	*	+++	*	*	##
76					瓦氏黄颡鱼 Pelteobagrus vachelli	*	*	+++	*		#
77					光泽黄颡鱼 Pelteobagrus nitidus	*	*		*	*	#
78					长须黄颡鱼 Pelteobagrus eupogon	*	*				
79				鮠属 Leiocassis	长吻鮠 Leiocassis longirostris	*			*		##
80					粗唇鮠 Leiocassis crassilabris	*					#

（续）

目	科	亚科	属	种	1982年以前	1989—1990年	2010—2011年	2016年	2018年	2020—2022年
81				纵带鮠 *Leiocassis argentivittatus*						#
82			拟鲿 *Pseudobagrus*	乌苏拟鲿 *Pseudobagrus ussuriensis*	*			*		#
83				圆尾拟鲿 *Pseudobagrus tenuis*	*					#
84			鳠 *Mystus*	大鳍鳠 *Mystus macropterus*	*					
85	鲻形目 Mugiliformes	鲻科 Mugilidae		鲻属 *Mugil*	鲻 *Mugil cephalus*			+			
86	鳉形目 Cyprinodontiformes	青鳉科 Cyprinodontidae		青鳉属 *Oryzias*	中华青鳉 *Oryzias latipes*	*	*				
87	颌针鱼目 Beloniformes	鱵科 Hemiramphidae		鱵属 *Hyporhamphus*	间下鱵 *Hyporhamphus intermedius*	*	*	+	*	*	#
88	合鳃鱼目 Synbranchiformes	合鳃鱼科 Symbranchidae		黄鳝属 *Monopterus*	黄鳝 *Monopterus albus*	*	*	+++	*	*	#
89	鲈形目 Perciformes	鮨科 Serranidae	鳜亚科 Sinipercinae	鳜属 *Siniperca*	鳜 *Siniperca chuatsi*	*	*	++	*	*	#
90					大眼鳜 *Siniperca kneri*			+	*		#
91		塘鳢科 Eleotridae		黄黝属 *micropercops*	黄黝 *micropercops swinhonis*	*	*	+++	*	*	#
92				沙塘鳢属 *Odontobutis*	河川沙塘鳢 *Odontobutis potamophila*	*	*	++	*	*	
93		虾虎鱼科 Gobiidae	虾虎鱼亚科 Gobiodontinae	吻虾虎鱼属 *Rhinogobius*	波氏吻虾虎鱼 *Rhinogobius cliffordpopei*	*	*	+	*		

（续）

	目	科	亚科	属	种		1982年以前	1989—1990年	2010—2011年	2016年	2018年	2020—2022年
94					子陵吻虾虎鱼	*Rhinogobius giurinus*	*	*	+++	*	*	##
95			鳗虾虎鱼亚科 Taenioidinae	狼牙虾虎鱼属 *Odontamblyopus*	拉氏狼牙虾虎鱼	*Odontamblyopus lacepedii*	*	*	++	*	*	##
96				鳗虾虎鱼属 *Taenioides*	须鳗虾虎鱼	*Taenioides cirratus*	*					##
97			缟虾虎鱼亚科 Tridentigerinae	缟虾虎鱼属 *Tridentiger*	双带缟虾虎鱼	*Tridentiger bifasciatus*						##
98		鳢科 Channidae		鳢属 *Channa*	乌鳢	*Channa argus*	*	*	++	*	*	#
99		斗鱼科 Belontiidae		斗鱼属 *Macropodus*	圆尾斗鱼	*Macropodus chinensis*	*	*	+	*	*	
100		刺鳅科 Mastacembelidae		刺鳅属 *Mastacembelus*	中华刺鳅	*Mastacembelus sinensis*	*	*	++	*	*	#
101	鲀形目 Tetraodontiformes	鲀科 Tetraodontidae		东方鲀属 *Takifugu*	暗纹东方鲀	*Takifugu fasciatus*	*					
					总数	Total	78	65	63	60	51	59

注：＊：记录种类；1982年前数据来自《洪泽湖的渔业》（内部资料）（洪泽湖渔业史）（孙坚等，1990）和《洪泽湖生物学报》（林明利等，2013）。＋：偶见种类，＋＋：常见种类，＋＋＋：丰富种类；2010—2011年数据来自《水生生物学报》（林明利等，2013）；1989—1990年数据来自《洪泽湖——水资源和水生生物资源》（朱松泉等）（中国农业出版社，1993）；2016年数据来自中国科学院水生生物研究所调查数据；2018年数据来自《湖泊科学》（毛志刚等，2019）；2020—2022年数据来自《洪泽湖水生经济生物图鉴》（中国农业出版社，2016）。＃：偶见种类，＃＃：常见种类，＃＃＃：丰富种类。

表 2-3-2　洪泽湖 2019—2022 年渔获物组成百分比

单位：%

分类	2019		2020		2021		2022	
	数量	重量	数量	重量	数量	重量	数量	重量
鲤形目	54.27	66.83	25.62	38.98	26.34	57.57	43.27	62.31
鲱形目	25.52	19.18	43.68	40.23	36.39	32.61	31.19	18.22
鲈形目	1.78	4.60	3.64	6.08	0.62	0.07	0.71	2.11
鲇形目	2.09	2.83	2.55	5.32	0.71	1.83	0.94	4.87
合鳃鱼目	0	0	0	0.01	0	0	0	0
颌针鱼目	0	0	0	0	1.71	0.17	1.05	2.13
虾类	16.34	6.58	23.59	8.41	34.24	7.70	22.83	10.29
蟹类	0	0	0.92	0.96	0.01	0.14	0	0.07

三、资源变化

洪泽湖是我国第四大淡水湖，与其他淡水湖相比，其形成经历了较为漫长的过程，最终成湖是在康熙中期以后，距今仅 300 余年，最为年轻，一直是淮河过流性湖泊。历史上，洪泽湖渔业资源阜盛，《民国续纂清河县志》云："洪湖巨浸，芦苇实繁，而尤以鱼利为大。"曾有"百里芦荡，万顷草滩"之称。

明清时期洪泽湖地区水产资源十分丰富，鱼类品种众多，《乾隆淮安府志》记载洪泽湖有鱼类 50 种。新中国成立后，最早在 1960 年就有过渔业资源调查，其后 1980 年左右又进行了鱼类区系的演化以及渔业资源组成特征等方面的研究。

自 1950 年以来，洪泽湖天然渔业发展大致经历了四个阶段：第一阶段是相对稳定期，1949—1963 年，多年平均捕捞产量 6 452.3 吨，多年平均年增长量为 502.0 吨/年；第二阶段为缓慢增长期，1964—1985 年，多年平均捕捞产量为 9 783.5 吨，多年平均年增长量为 1 383.3 吨/年；第三阶段为快速增长期，1986—2020 年，多年平均捕捞产量为 19 960.8 吨，多年平均年增长量为 3 691.2 吨/年；第四阶段为长江十年禁渔期，洪泽湖全域于 2020 年 10 月 10 日实施全面禁捕退捕，传统捕捞渔民"洗脚"上岸，禁捕后的资源增长是可以预期的，尤其是大中型鱼类的个体规格增加导致的资源量恢复明显，而鱼类区系组成和多样性短时间内将保持相对稳定。

调查结果显示，洪泽湖渔获物产量主要由四大家鱼、鲤、鲫、刀鲚等组成，鲤、鲫产量占比虽在不同年份间波动较大，但相对稳定，约占总渔获物的 28%；四大家鱼、鳊、鲂产量由于增殖放流等原因，在 2000—2004 年及 2016—2020 年占比相对较高；鲌类占比明显下降；刀鲚、银鱼的比例总体上升明显，特别是刀鲚，由 1980 年前的 12.1% 上升到 21 世纪 10 年代的 39.1%；银鱼产量占比在 1980 年前为 2.22%，在 2001—2013 年达到最高，为 5.8%，2014—2020 年为 2.5%。不同渔获物在总捕捞量中的占比见表 2-3-3。

表 2-3-3 不同渔获物在总捕捞量中占比

单位:%

年份	鲤鲫	青草鲢鳙鳊鲂	鲌类	刀鲚	银鱼	其他
1949	40	15	9	1	0.5	27.5
1958	25	9	6	—	—	33.5
1959	25	9	7.1	—	—	52.2
1960	23	7.8	10.5	—	—	44.5
1961	40	6	8	—	—	35
1967	—	—	—	14.4	5.8	67.5
1968	6	8.4	0.5	7.6	0.5	56
1969	—	—	—	3.4	1.1	79.4
1970	—	—	—	7.72	1.2	80
1971	—	—	—	21.2	2.7	64.7
1972	—	—	—	7.58	2.6	78.6
1979	18	4.9	4	25.4	2.9	7.2
1982	19	3.6	1.1	20.3	2.7	18.1
2000	17.1	34.2	—	36.8	0.7	11.1
2001	18.4	30.2	—	22.4	9.0	20.0
2002	22.0	28.0	—	22.0	4.2	23.9
2003	16.9	34.4	—	26.3	3.3	19.3
2004	29.3	26.1	—	21.8	3.9	18.9
2005	32.1	8.6	—	38.4	8.0	13.1
2006	29.0	9.7	0.9	40.7	6.7	13.0
2007	28.1	9.4	0.8	37.2	6.2	18.3
2008	26.9	14.1	0.8	37.4	6.3	14.6
2009	33.1	6.2	0.8	29.5	4.7	25.7
2010	32.4	9.3	0.8	31.5	6.5	19.4
2011	28.6	6.1	0.9	36.0	7.9	20.6
2012	30.0	7.2	0.9	32.9	7.9	21.1
2013	30.0	5.3	1.0	27.0	6.0	30.7
2014	22.4	5.5	1.1	37.0	3.8	30.2
2015	22.4	3.9	—	45.0	1.1	27.7
2016	21.0	15.5		30.4	3.3	29.8
2017	35.4	11.9	—	44.1	3.6	5.1
2018	16.5	21.9	—	52.9	1.8	6.9
2019	25.4	19.9	—	46.0	2.1	6.6
2020	23.5	20.2	—	46.9	2.2	7.2

注:2020 年 10 月洪泽湖全面禁捕退捕。

四、资源保护措施

洪泽湖渔业资源的保护与恢复历来受到各级政府主管部门的重视，早在1967年已经开始采取措施增殖放流，恢复和增加四大家鱼、螃蟹等经济动物的资源量。现今，由于土著鱼类人工繁殖和苗种培育技术的突破，洪泽湖每年放流花鱲、赤眼鳟、鳜、长吻鮠、沙塘鳢、黄颡鱼、翘嘴鲌、细鳞斜颌鲷和银鱼等近20种，年均放流1亿~3亿尾（只）。2007年始至今，青虾河蚬、秀丽白虾、银鱼、虾类、鳜和黄颡鱼等6个国家级水产种质资源保护区又相继建成。综合多年监测结果，保护区主要保护对象呈现出个体规格、生长指标、资源密度等恢复趋势，鱼类种质资源得到充分保护。此外，洪泽湖是南水北调东线重要的调蓄湖泊。为了评估调水对鱼类的影响，包含76种鱼类、具有较高完整性的南水北调东线鱼类环境DNA参考数据库于2021年在洪泽湖建成，基于鱼类eDNA宏条形码技术对鱼类多样性实现了日常监测，并进一步开展了外来种对渔业生态系统影响的专项监测等。洪泽湖一系列的渔业资源保护与恢复措施，为提升渔业资源状况和多样性保护奠定了坚实基础。

第二节　虾　蟹　类

虾蟹类经济价值高，是洪泽湖主要捕捞对象。洪泽湖有秀丽白虾（又称白虾）、日本沼虾（又称青虾）、中华小长臂虾和锯齿新米虾（又称糠虾）、克氏原螯虾（又称小龙虾）等5种；蟹类有中华绒螯蟹（又称大闸蟹）和锯齿溪蟹2种。

白虾生活于湖泊的敞水区，与银鱼和毛刀鱼并称"三小"，又与翘嘴鲌和银鱼并称"三白"。2020年全面退捕前，每年封湖禁渔期结束后开捕白虾，其产量与银鱼和毛刀鱼存在消长关系。青虾多生活于沿岸带水草茂密处，其产量不如白虾。鲜活的青虾和白虾在国内市场价格较高，制成虾仁获利较大，洪泽湖地区有专门加工虾仁的加工厂，产品远销国内外。剥制虾仁剩下的下脚料是鱼、禽、畜饲料的添加剂。销售不了的鲜虾通常还被制成虾干，便于存放。糠虾个体较小，生活于沿岸带多水草处，经济价值不高，常被制成虾干，也可作为水产养殖（特别是大闸蟹）的饲料。

20世纪70年代起，洪泽湖虾的年产量一般在1 500~2 000吨，占总渔产量的15%左右，最高的是1980年，产量达到3 006吨，占该年总渔产量的27%。洪泽湖区虾的比例是：青虾（日本沼虾）占38%，白虾（秀丽白虾）占60%，其余的虾数量极少。建闸蓄水以后，以敞水性的白虾增长幅度最大。2000年洪泽湖渔业省管以来，虾的年均产量达2 130吨，占总渔业捕捞产量的15.2%，其中2009年捕捞产量最高，达4 388吨。

克氏原螯虾俗称小龙虾、淡水龙虾、淡水小龙虾（以下简称小龙虾），原产于北美洲、美国中南部和墨西哥北部。我国的小龙虾于20世纪30年代从日本传入，最早出现在江苏地区。小龙虾适应性、繁殖力强，在江河、湖泊、池塘、水田、沟渠均能生活，甚至在一些鱼类难以生存的水体中也能生活。经过长时间的扩张，其种群和数量得到很大限度的增加。小龙虾以前在洪泽湖只有少量分布，主要分布在明祖陵和老子山附近的滩地及水草茂盛的水域，1985 年前后产量才逐渐稳定。据记载，有一户渔民在 1988 年曾捕到 10 吨多小龙虾。洪泽湖小龙虾最高年产量达 1 000 吨以上，带动了龙虾加工业的迅猛发展。2010 年以后，因捕捞量过大和环境发生改变，导致天然水体中龙虾产量逐渐减少。

锯齿溪蟹终生在淡水中生活，无产卵洄游习性，在洪泽湖中数量少、个体小、经济价值不大。

中华绒螯蟹一直是洪泽湖的重要水产品，经济价值高。中华绒螯蟹是洄游性动物，在海水中繁殖，淡水中生长。每年 5—7 月，大眼幼体（蟹苗）从浅海溯河上游，到内陆江河湖荡中生活、生长。翌年寒露以后，其个体已长大，性腺逐渐成熟，便顺流而下，再回到江河入海口咸淡水交汇的浅海中繁衍后代。中华绒螯蟹常匿居于湖湾、河流的岸边，或隐蔽在砾石及水草丛中，喜掘穴而居。洪泽湖湖底浅平，岸坡低缓，底质多为淤泥底，部分泥沙底和硬泥底，适宜其穴居。蟹穴通常分布在芦苇丛生的滩岸地带。大闸蟹在湖内活动，有一定的时间规律。渔谚云"七上八下，九归海"指的是农历七月，大闸蟹在近岸饵料丰富的浅滩地带活动，农历八月，开始向湖心移动，农历九月则向沿海方向洄游。中秋节的螃蟹，性腺趋于成熟，此时大闸蟹膘肥体大，卵满膏腴。寒露前后，即成群结队，自湖西部向湖东部迁移，欲往长江口区海域，交配产卵，进行生殖洄游。大闸蟹为杂食性动物，在食物缺乏饥饿时，会同类相残，甚至抱卵蟹也会自食其卵。在一般情况下，因植物性饵料丰富又得来较易，所以蟹胃中植物性食物常占比较高。

洪泽湖三河闸建闸以前，长江口孵化的蟹苗能上溯到洪泽湖。那时洪泽湖螃蟹多，因国家不收购，只有少数渔民进行零星捕捞，一户渔民一天能捕 100～150 千克。1953 年三河闸建成后切断了大闸蟹的洄游通道，洪泽湖的大闸蟹几乎绝迹。自 20 世纪 60 年代长江水产研究所和江苏淡水水产研究所开始向洪泽湖放流蟹苗、蟹种后，大闸蟹资源量得到部分恢复。2008 年以来，省洪泽湖渔管办连续增殖放流大眼幼体、豆蟹、扣蟹，特别是从 2012 年开始，将中华绒螯蟹放流的规格调整为大眼幼体，年均放流大眼幼体数量 1 000 余千克、约 1.4 亿只，中华绒螯蟹资源迅速得以恢复。洪泽湖野生大闸蟹规格大，质量好，市场上野生洪泽湖大闸蟹价格相当于同等规格的阳澄湖大闸蟹，深受消费者喜爱。野生洪泽湖大闸蟹连续多年捕捞产量在 150 吨以上。

第三节　底栖动物

一、种类组成

根据 1987—1990 年历史资料记载，洪泽湖螺蚌类有 2 纲 11 科 25 属 43 种；洪泽湖 2020—2022 年共采集到大型底栖动物三大类 31 种，其中螺蚌类软体动物 13 种；常见螺蚌类包括有河蚬、铜锈环棱螺、方形环棱螺、长角涵螺和大沼螺等。2023 年调查期间共采集到大型底栖动物 35 种，其中节肢动物种类数量有 12 种，占物种总数的 34%；环节动物有 14 种，占物种总数的 40%；软体动物的种类有 8 种，占总数的 23%；线虫动物有 1 种，占物种总数的 3%（表 2-3-4）。

表 2-3-4　洪泽湖底栖动物名录

门类	种	拉丁名
环节动物门	霍甫水丝蚓	*Limnodrilus hoffmeisteri*
环节动物门	克拉泊水丝蚓	*Limnodrilus claparedeianus*
环节动物门	巨毛水丝蚓	*Limnodrilus grandisetosus*
环节动物门	苏氏尾鳃蚓	*Branchiura sowerbyi*
环节动物门	齿吻沙蚕属一种	*Nephtys* sp.
环节动物门	溪沙蚕	*Lycastis abiuma*
环节动物门	医蛭属一种	*Hirudo* sp.
软体动物门	淡水壳菜	*Limnoperna fortunei*
软体动物门	中国淡水蛏	*Novaculina chinensis*
软体动物门	背瘤丽蚌	*Lamprotula leai*
软体动物门	河蚬	*Corbicula fluminea*
软体动物门	纹沼螺	*Parafossarulus eximius*
软体动物门	方形环棱螺	*Bellamya quadrata*
软体动物门	铜锈环棱螺	*Bellamya aeruginosa*
软体动物门	梨形环棱螺	*Bellamya purificata*
软体动物门	大沼螺	*Parafossarulus eximius*
软体动物门	长角涵螺	*Alocinma longicornis*
节肢动物门	拟背尾水虱属一种	*Paranthura* sp.
节肢动物门	日本旋卷蜾蠃蜚	*Corophium volutator* Hirayma
节肢动物门	日本大鳌蜚	*Crandidierella japonica* Stephensen
节肢动物门	裸腹摇蚊	*Chironomus nudiventris* Ryser，Scholl
节肢动物门	隐摇蚊属一种	*Cryptochironomus* sp.

二、分布

环节动物中以寡毛纲占优势，而寡毛纲中优势种为苏氏尾鳃蚓，几乎全湖都有分布，尤以新河口至临淮以及成子湖较多，其他种类只能在部分区域偶然见到，其数量也有限。洪泽湖蛭类（蚂蟥）的种类和数量不多，常见的是金线蛭，多分布于湖泊沿岸带，敞水区难见其踪迹。多毛类一般分布于海洋，少数种类可生活在盐度较低的河口或淡水水域。洪泽湖近几年的调查中经常可采到一种溪沙蚕，它进入洪泽湖很可能是"南水北调"的结果。

软体动物中，河蚬是优势种，全湖性分布，几乎各采样点均有，其生物量占湖区底栖动物现存总生物量的90%以上。此外，环棱螺、淡水壳菜也比较多，淡水壳菜以足丝附着在螺、蚌、蚬上，营固着生活，全湖可见其踪迹。螺类主要分布在湖西区，特别是穆敦、临淮、新河头、姚沟路一带水生植物丰富的地方，淮河入湖河段和成子湖数量也较多，其他湖区数量较少。在特殊情况下，如湖水落，螺类被迫向湖水退落方向移动，会造成高密度分布。蚌类在洪泽湖种类之多、数量之大，在我国五大淡水湖中首屈一指。它们在湖区分布有一定的局限性，主要分布在周桥至蒋坝、老山至盱眙一带的水域，此外，在临淮、半城、尚咀及成子湖内也有一定的数量。蚌类的优势种是圆顶珠蚌、背角无齿蚌、三角帆蚌、褶纹冠蚌、高顶鳞皮蚌和背瘤丽蚌等。

节肢动物在湖泊中是一个很大的类群，种类组成也很复杂，它包括甲壳纲（Crustacea）、蛛形纲（Arachnida）和昆虫纲（Insecta），其中甲壳纲占绝对优势。甲壳纲仅尾肢目中一部分种类生活在淡水中。这一类动物身体很小，靠近水底生活，在水中游泳迅速，杂食性，是鱼类良好的天然食料。在洪泽湖仅见成子湖区有分布。软甲亚纲中的淡水种类不多，其中等足目中营自由生活的水虱、端足目中的钩虾等，在洪泽湖相当普遍，数量也多，尤其是在湖的南部相对较多。蛛形纲分布在湖泊中的种类不多，在洪泽湖的优势种是双翅目中的摇蚊科幼虫，分布很广，从沿岸地带可一直分布到敞水带的湖底，其密度和生物量在洪泽湖底栖动物中占有相当比例。摇蚊幼虫是鱼类的优质饲料，常被用作评价湖泊营养类型的标志之一。

三、资源利用

洪泽湖的腹足类种类多，数量也较大，1984 年，仅贝类三角帆蚌和褶纹冠蚌等生物量就达 34 万吨之多。经济价值较高的种类有园田螺和环棱螺等，过去湖区群众用螺类（也包括蚬类）沤制农田肥料，还用来喂鱼和鸭等，直接食用的较少。近年来，由于湖区养鱼面积增加，大量捕获螺类作鱼用饲料。园田螺因个体大，肉味美，螺肉可供出口。洪泽湖最高年产量曾达 5 万千克，外贸部门每年都收购一定的数量。园田螺生长期较长，所以资源利用应与资源保护和适当人工养殖相结合，才能提高单位面积产量。

瓣鳃类也有很高的利用价值。河蚬在底栖动物中资源量最大。其他小型种类，如淡水壳类和中国淡水蛏等经济价值不高。大型瓣鳃类用途较广，除肉可食用外，壳可制纽扣、珠核和贝雕工艺品，壳内面的珍珠层可供药用。此外三角帆蚌、褶纹冠蚌、高顶鳞皮蚌、丽蚌等是培育淡水珍珠的母蚌，一直是洪泽湖的主要捕捞对象，致使蚌类资源锐减。如 1974 年洪泽湖蚌类的密度尚有 0.22 个/平方米，生物量约 28 克/平方米，现在则很难采到。针对这一情况，2009 年，省洪泽湖渔管办已将蚌类列入全年禁捕对象之一。

洪泽湖因为底质、水质、水流等适宜河蚬生长，河蚬资源蕴藏丰富，为国内较早开发的河蚬资源水体之一。洪泽湖河蚬资源量曾达 10 万吨以上，分布遍及全湖除水草资源特别丰富的水域。2010 年河蚬年捕捞量约 2 万吨，创造经济价值约 5 000 万元，是国内最大的河蚬出口产地。同时，河蚬摄食水体和底质中的有机物，是湖泊水质净化的重要功能群体。2010 年以来，由于栖息地改变和过度开发，洪泽湖河蚬资源量已呈现下降趋势；高密度分布区域范围显著缩小，从湖心区缩小至以成河口、安和注、淮河入湖口为中心的零散区域。2012 年，洪泽湖河蚬资源调查资源量为 49 980 吨，比 2011 年的 69 200 吨下降了 28.8%，比 2010 年的 78 356 吨下降了 36.2%，分布区域明显缩小。2012 年，壳长大于 1.2 厘米规格的可捕河蚬资源量约 39 725 吨，与 2011 年的 41 590 吨相比下降了

4.5％，与 2010 年的 54 204.8 吨相比下降了 23.3％。2019 年，洪泽湖贝类资源调查为 47 557 吨，种类组成以河蚬为主，占比 65.14％；其次为螺类，占比 27.74％。河蚬占比高的区域主要集中在湖区中部水域，而螺类则出现在临淮、刘咀以西和卢集以北水域。

中国淡水蛏是我国特有种，是一种稀见的淡水贝类，对栖息环境要求较高，在我国呈零星分布，且分布范围十分狭窄，具有重要生态和经济价值。2021 年，新修订的国家重点保护物种名录将中国淡水蛏列为国家二级保护动物。中国淡水蛏 20 世纪中叶在洪泽湖已有记载，但缺乏详细的数据资料；2015—2016 年，中国淡水蛏在洪泽湖分布比较广泛，部分样点种群数量较大，但淡水蛏个体较小，采集到的活体标本壳长多在 1 厘米左右，另外，也发现大量死亡个体，且部分死亡个体的壳长较大，在 2～4 厘米。自 2020 年 10 月以来，洪泽湖常年禁捕退捕，并积极开展资源增殖养护和水域生态环境修复，实行水生生物资源生态养护。2022 年 6 月 17 日，省洪泽湖渔管办监测表明，中国淡水蛏在洪泽湖已形成规模种群，个体大小达 5 厘米以上，密度高的区域每平方米达 60 只左右。洪泽湖渔业管理为中国淡水蛏等水生生物在洪泽湖提供了适宜的栖息环境，资源增殖养护初见成效。

螺蛳是洪泽湖重要的水生动物资源，在净化水质、提供饵料、捕捞富民、保障供给等诸多方面发挥了不可替代的积极作用。近年来，由于受到生境变化和开发过度的双重影响，螺蛳资源量持续下降。为保护螺蛳资源，自 2009 年始，省洪泽湖渔管办决定对螺蛳实施全年禁捕，取得了显著成效。前期的资源调查结果显示，洪泽湖螺蛳资源有了一定恢复，但还存在总量较低、分布不均匀等问题。针对湖区渔民对开发螺蛳资源的迫切需求，2020 年 5 月，在专家论证的基础上，省洪泽湖渔管办出台了《建立洪泽湖螺蛳增殖示范区的实施方案》《优化洪泽湖河蚬国家级水产种质资源保护区河蚬螺蛳群落结构的实施方案》，决定在洪泽湖适宜水域建立螺蛳增殖示范区，采用人工增殖、重点养护的办法，按照保持底数、使用增量的原则，在保护的基础上，实现螺蛳资源的可持续利用，以缓解螺蛳禁捕带来的压力，增加渔民收入。本轮洪泽湖共设试验区 10 个，面积 15 万亩，具体分布如下：韩桥外螺蛳增养殖区 20 000 亩、大滩洼螺蛳增养殖区 10 000 亩、淮柳滩螺蛳增养殖区 5 000 亩；刘嘴外螺蛳增养殖区 15 000 亩、临淮外螺蛳增养殖区 10 000 亩、城头外螺蛳增养殖区 10 000 亩、裴圩外螺蛳增养殖区 30 000 亩、尚咀北螺蛳增养殖区 20 000 亩、杨老洼螺蛳增养殖区 15 000 亩、太平螺蛳增养殖区 15 000 亩。每个示范区投放螺蛳 100 吨，螺蛳来源于洪泽湖姚沟路水域，捕捞所得。项目于 2020 年 6 月实施完成。

2020 年 10 月 20 日，全湖实施全面禁捕退捕，原定利用方案未能实施到位。

第四节　野　禽　类

一、种类组成

洪泽湖不仅拥有广阔的淡水湖面、丰富的浮游生物、底栖生物以及鱼类资源，还拥有国家级和省级 2 个湿地自然保护区。它们是华东地区最大的内陆淡水型湿地生态系统，为鸟类的栖息提供了得天独厚的自然条件。洪泽湖内有大量的留鸟、候鸟在此栖息繁衍。同时，洪泽湖位于鸟类迁徙的东亚-澳大利亚迁徙路线的中间地带，每年春秋季节都有大量的旅鸟在此经过或停歇补充能量。

根据洪泽湖地区鸟类研究资料，洪泽湖共记录鸟类 226 种，隶属 19 目 60 科。从鸟类目别组成上来看，雀形目鸟类 29 科 102 种，物种数最多，占总鸟类物种数的 45.1%，占绝对优势；非雀形目中，鸻形目次之，7 科 31 种，占总鸟类物种数的 12.9%；雁形目 1 科 25 种，占总鸟类物种数的 11.1%；其他目鸟类共记录到 68 种，占总鸟类物种数的 30.1%，其中鸟目、䴕形目和犀鸟目仅记录到 1 种鸟类。记录的鸟类组成中，属国家重点保护的物种共有 40 种，其中青头潜鸭、大鸨、东方白鹳等国家一级重点保护野生鸟类 8 种，小天鹅、鸳鸯、花脸鸭、斑头秋沙鸭、白琵鹭等国家二级重点保护野生鸟类 32 种，隶属 11 目 16 科。

二、主要类群

在生态类群划分上，洪泽湖鸟类以涉禽类（鸻类、鹭类、鹳类等）、游禽类（雁类、河鸭类、潜鸭类、秋沙鸭类、天鹅类等）为主体，鸣禽类（雀形目鸟类、鸦科、莺科、雀科、鸡科等）种类和数量丰富，另有猛禽类（鹰类、隼类、鸮类等）、攀禽类（啄木鸟类、杜鹃类等）、陆禽类（斑鸠类、雉鸡类等）也是鸟类的重要组成部分。这总体上反映出了洪泽湖鸟类以湿地鸟类为主，以林地、农田等生境鸟类为辅的特色。

在居留型组成上，记录的鸟类，以冬候鸟为主共 73 种，占总物种数的 32.3%；其次是旅鸟 56 种、留鸟 5 种、夏候鸟 42 种，分别占总物种数的 24.8%、24.3% 和 18.6%；表现出以候鸟为主体、留鸟为辅的特点。洪泽湖地处东亚-澳大利亚候鸟迁徙路线上，每年春秋季节，大量鸟类南北方向迁徙路过洪泽湖，如雁鸭类往往停留超过 1 个月的时间。它们利用洪泽湖的优质生境，补充食物、栖息，继而再迁飞至北方的繁殖地或南方的越冬地。洪泽湖也栖息了大量的留鸟，常年留居繁殖和越冬，如鹭类、雀类等。

三、数量及分布

根据 2020—2021 年洪泽湖湿地鸟类专项调查数据，洪泽湖鸟类记录频次最高的 10 种鸟分别为白骨顶、斑嘴鸭、花脸鸭、绿头鸭、绿翅鸭、罗纹鸭、须浮鸥、白鹭、赤膀鸭和白头鹎，分别约占总鸟类记录频次的 49.0%、5.6%、3.9%、3.6%、3.5%、3.0%、2.7%、2.5%、2.4% 和 1.8%。这 10 种鸟类中，主要以越冬水鸟为主，包括白骨顶、斑嘴鸭、花脸鸭、绿头鸭、绿翅鸭、罗纹鸭和赤膀鸭。此外，白头鹎和白鹭均为留鸟，须浮鸥为夏候鸟。

鸟类数量动态变化主要受到生态环境、鸟类迁徙时间及外界干扰等因素影响。洪泽湖沿岸浅滩通常有芦苇等植物生长和沉水植被丰茂的敞水区，这样的生境适合水鸟栖息生长。特别是每年的 12 月至次年 2 月，越冬期水鸟数量较多，以白骨顶、雁鸭类等集群为主；沿湖周边密闭的林地也是鸟类活动频繁的区域，如观鸟园、陈圩林场和穆墩岛等。这些大面积的森林为林鸟提供了庇护所，因此林鸟数量较多。洪泽湖的国家级和省级 2 个湿地保护区，能够为不同居留型的鸟类提供栖息觅食场所，加上湿地生境丰富及人为管理保护较好，使得大量鸟类到此栖息觅食。

03

第三篇　渔业环境

总体情况

渔业环境指渔业水域中影响水生生物生存和发展的一切外界条件的总和，是影响水生经济动植物产卵、繁殖、生长、育成、越冬、洄游等环境条件（包括生物环境因子与非生物环境因子）的统称。

有关洪泽湖渔业水环境的早期监测调查较少，中国科学院南京地理与湖泊研究所湖泊室（1982）在《江苏湖泊志》中报道了洪泽湖的水化学组成和湖盆沉积物的理化性质，资料根据1973年采集的样品分析整理。此后很长时间段，洪泽湖的水质监测开展得并不规律。中国科学院南京地理与湖泊研究所1989年9月在全湖设22个采样点采集水样和表层沉积物，测定了洪泽湖水化学成分和沉积物特征。这是洪泽湖早期渔业环境监测较为全面的一次。

1998年5月，为迎接欧盟对江苏省出口小龙虾的药残及管理工作的检查，根据原江苏省水产局要求，由江苏省渔业水域水质监测站开展有关湖泊渔业水域生态环境的监测工作。自此，洪泽湖渔业生态环境监测工作作为一项例行监测工作进行，一直未间断。1999年起，渔业环境监测工作的范围进一步扩大，洪泽湖渔业生态环境监测作为其中重要的工作内容继续开展；2001年起，洪泽湖渔业生态环境与资源状况纳入年度江苏省渔业生态环境状况公报，每年向社会发布。因机构改革等原因，2017年，江苏省渔业生态环境状况以公报形式向社会发布，2018年以通报形式发布。2021年以后，洪泽湖渔业生态环境与资源状况被纳入江苏省水生生物资源与渔业水域环境状况公报发布。2014—2018年依托"资源环保"项目，2019—2020年依托"渔业生态监测"项目，2021—2022年依托"渔业生态与资源监测"项目，江苏省不间断地开展了洪泽湖等重要渔业水域生态环境监测工作。

第一节　渔业环境状况

洪泽湖位于淮河中游、废黄河以南、西承淮水、东通黄海、南注长江、北连淮沭新河，为一受人工控制的大型浅水湖泊。汇入洪泽湖的较大河流分布在湖西部分，如淮河、新汴河、漴潼河、濉河、怀洪新河、徐洪河等；出湖河渠有入江水道工程、苏北灌溉总渠、淮沭河等，分布在湖东地区。

由于洪泽湖属于典型过水型湖泊，淮河占全湖年补给水量的70%，洪泽湖渔业环境的好坏关键取决于上游淮河城镇对工业与生活污水的治理。洪泽湖的水质状况受人类活动影响随时间逐渐发生转变。1970—1980 年，洪泽湖水体氮、磷含量相对较少，为Ⅱ类以上水质，酚类和汞污染程度较轻。1980—1990 年，随着入湖工业污水和生活污水量的增加，渔业环境污染程度加重，水质为Ⅲ类。1990—2000 年洪泽湖水质为Ⅳ类，同时存在营养型污染和有机化学污染。生态环境部发布的《中国环境状况公报》显示，2000—2020 年洪泽湖处于轻度富营养状态，水质处于Ⅳ类～劣Ⅴ类之间，主要污染指标为总氮和总磷。江苏省渔业生态环境监测站监测数据表明：2004—2014 年，洪泽湖总氮含量明显下降，2004—2006 年为劣Ⅴ类水质，2007—2009 年为Ⅴ类，2010—2014 年为Ⅲ类，洪泽湖总氮 8 年提高了三个等级，2012 年比 2004 年下降了 76.9%。2006—2012 年，总氮含量连续 6 年下降，洪泽湖总磷含量总体保持稳定，多年均值不符合《地表水质量标准》Ⅲ类。2016—2020 年，年均值中，高锰酸盐指数差别不大，都符合地表水Ⅲ类水质标准；氨氮有所波动，整体符合地表水Ⅱ类标准；总氮、总磷和石油类呈下降趋势。

中国科学院水生生物研究所监测数据表明：2020—2023 年，洪泽湖水环境总体表现出逐步改善趋势；关键指标如透明度、溶解氧呈现稳定或逐年上升趋势；水温、水深、酸碱度、盐度、化学需氧量、叶绿素 a 浓度三年保持基本稳定；氨氮、硝态氮、总磷总体呈波动下降趋势。调查结果显示，2021 年之前全湖大部分表现为Ⅳ和Ⅴ类水，水质较差；2021 年及之后，氨氮、硝态氮、总磷含量全湖逐渐改善，仅有少数调查点为Ⅴ类水。自 2020 年 10 月洪泽湖禁捕退捕以来，水生态得到有效改善，对有效保护洪泽湖水生生物资源起着关键作用。调查结果体现了禁捕退捕对洪泽湖的水质改善具有积极作用。2023 年调查表明，洪泽湖水环境状况总体延续 2022 年表现出逐步改善趋势；关键指标如透明度、溶解氧呈现逐年上升趋势，水温、水深、酸碱度、盐度、化学需氧量、叶绿素 a 浓度保持基本稳定，氨氮、硝态氮、总磷呈下降趋势。

第二节　渔业污染情况

20 世纪末至 21 世纪初，洪泽湖渔业环境的威胁主要来自上游来水，淮河占全湖年补给水量的 70%，入湖的污染物占总量较大，其次是泗洪县境内的怀洪新河、濉河、汴河、徐洪河、新濉河、新汴河以及安徽的池河、淮阴区的张福河，其中：淮河输入污染物量占洪泽湖入湖污染物总量的 84.29%，其次是溧水河，占 12.43%，其他河仅占 3.27%。在洪泽湖上游各省中，污水排放量最大的是安徽，占 57.83%；其次是河南，占 35.80%；江苏省徐州占 2.13%，淮安、宿迁占 4.24%。2004 年以后，随着《淮河流域水污染防治工作目标责任书》的签订和落实，淮河掀起第二次治污高潮，淮河输入性污染物量逐年下降，水质已明显改善。

20 世纪末以来，淮河、洪泽湖每年都会发生不同程度的水污染事故。洪泽湖水污染事故主要是由淮河过境水引起的。根据淮安市环境局提供的资料，1991—2005 年洪泽湖共发生不同程度的水污染 85 起，其中特大水污染事故 3 起，重大水污染事故 13 起，较大水污染事故 10 起，一般水污染事故 59 起。其中 3 次特大水污染事故分别发生在 1994 年 7 月 23 日、2000 年 7 月 3 日和 2003 年 2 月 16 日。

从污染事故调查统计资料来看，每年淮河中上游污水下泄有两个明显过程：一是在1—3月枯水季节，蚌埠闸一般以100~500立方米/秒的小流量下泄，污水经过2~4天后进入盱眙县境内，然后进入洪泽湖，污染范围一般是淮河盱眙段，主要污染物为氨氮、高锰酸盐指数、溶解氧等；二是汛期来临之际，洪泽湖主要特大、重大水污染故基本发生在7月份，特别是上游地区发生较大降水后，上游河道内积蓄的大量污水会随着蚌埠闸的开启与上游洪水一起下泄，集中进入洪泽湖，造成突发性水污染事故，其特点是污水来势凶猛、污染物浓度高、污染范围与危害大。

淮河、洪泽湖水污染问题对洪泽湖的生态环境造成严重破坏，给沿湖水产养殖造成较大经济损失，给沿线及其下游人民生活、工农业生产以及社会安定带来一定的威胁和危害。

1989年3月，蚌埠闸下泄工业污水，使淮河盱眙段8万公顷水面遭受污染，盱眙县城自来水厂停水一周，部分工厂停产，经济损失1 250万元。

1991年6月4—10日，淮河上游有大股污水侵入洪泽湖，给湖上渔民饮用水带来困难，并造成老子山镇的网箱、围栏养殖设施死鱼，直接经济损失30多万元。

1992年2月4日，沙颍河大量污水下泄，造成淮河突发性污染事故，河湖出现死鱼，整个过程持续20多天。

1994年7月，近2亿立方米污水下泄，盱城镇10万人吃水困难，洪泽县老子山镇渔业遭受灭顶之灾，直接经济损失近1.5亿元。

2000年7月1—14日，1.4亿立方米污水下泄，洪泽湖周边地区3.3万亩（1亩≈666.7平方米）围堤和1.2万平方米网箱遭受重创，直接经济损失7 000多万元。

2001年7月，1.44亿立方米污水下泄，形成20余千米污水带，水利部门从骆马湖调水8亿立方米补入洪泽湖，直接经济损失约1 000万元。

2002年7月，1.34亿立方米污水下泄，造成400吨蟹、135吨鱼死亡，直接经济损失约3 000万元。

2003年2月，4亿立方米的污水下泄，2 100吨蟹、鱼、虾全部死亡，直接经济损失4 000多万元。

2004年7月，5.4亿立方米污水下泄，洪泽县老子山镇龟山村1万多亩围网养殖受损严重，250吨蟹、150吨鱼死亡。

2010年9月，受暴雨影响，古山河污水下泄导致洪泽湖30户、4 840亩水产养殖污染死鱼，经济损失240万元。

2012年9月，受暴雨影响，古山河污水下泄导致洪泽湖16户、2 650亩水产养殖污染死鱼，造成经济损失100余万元。

2014年4月，中石化石油管道盱眙淮河大桥段发生爆裂，原油大量泄漏，致使盱眙淮河大桥至洪泽湖老子山水域水体中石油类的严重超标，损坏了水体的渔业使用功能，影响了该水域内的生物洄游、栖息、繁殖、生长，造成了生物体中石油烃积累，造成直接渔业资源损失近500万元。

2014年3月，因湖区一场较大西北风，将湖水向南推，引发古山河污水进入成子湖，导致 4 户、1 000 余亩水产养殖死鱼，造成经济损失 30 余万元。

2016 年 10 月 4 日，由于连降暴雨，大量积存在五河中的污水下泄，导致中扬水域五河口东西两侧 33 户养殖户围网中鱼类死亡，受灾面积达 5 000 亩，经济损失 170 万元。

2018 年 8 月，来自安徽等地的支流新濉河和新汴河污水下泄，造成 2.5 万多人受灾，水产受灾面积 9.25 万亩，直接经济损失 2.34 亿元。

第二章

渔业环境监测

1973 年，淮阴地区计委牵头成立洪泽湖调查小组，化验室设在洪泽县高良涧进水闸。

1979 年，在洪泽湖沿岸洪泽、泗洪两县成立环境监测站。

1979—1995 年，洪泽湖水质监测工作由洪泽县环境监测站承担。

1996—2000 年，洪泽湖水质监测工作由淮阴市环境监测中心站承担。

2000 年以后，洪泽湖渔业水环境监测由江苏省渔业生态环境监测站承担。

2000 年洪泽湖渔业省管以来，坚持长期化、项目化监测渔业资源环境，形成了渔业职能站所、科研院所、大专院校同向发力、立体多面的监测调查机制。

深化与院地合作。2009 年，省洪泽湖渔管办牵头淮安市科技局，共同促成淮安市人民政府与中科院水生所签订科技合作协议，并由中科院水生所、淮安经济开发区、淮安市科技局、洪泽湖渔管办、淮阴师范学院等 5 家签订《联合建设研发机构协议书》《联合共建中国科学院水生生物研究所淮安研究中心备忘录》，推动建立"中国科学院水生生物研究所淮安研究中心"，并合作共建"洪泽湖渔业资源与环境保护科学研究站"，内设"苏北湖群渔业资源利用与水环境保护重点实验室""洪泽湖渔业资源与环境研究重点实验室"。

强化与高校合作。省洪泽湖渔管办与淮阴师范学院有长期的科研与人才培养合作。2013—2022 年，他们合作共建"淮安市洪泽湖水环境遥感监测及蓝藻预警研究重点实验室"项目，共同申报了"江苏省洪泽湖蓝藻预警与生态修复工程研究中心""区域现代农业与环境保护省部共建协同创新中心"等项目，同时积极协助配合南京大学、河海大学等高校，立项开展洪泽湖水域环境监测和修复工作。

强化与渔业站所合作。2001 年起，洪泽湖渔业生态环境与资源状况纳入年度江苏省渔业生态环境状况公报，每年向社会发布。因机构改革，2018 年以通报形式向社会发布。2017 年，江苏省海洋与渔业局立项开展江苏省水生生物资源重大专项调查暨首次水生野生动物资源普查工作。2021 年以后，洪泽湖渔业生态环境与资源状况纳入江苏省水生生物资源与渔业水域环境状况公报，并向社会发布。2008 年起，江苏省淡水水产研究所每年开展洪泽湖渔业水域渔业资源监测，江苏省渔业推广中心每年开展洪泽湖渔业水域环境监测，并提交专题报告。2022 年，省洪泽湖渔管办委托中国水产科学研究院淡水中心，对洪泽湖养殖环境和投入品进行普查监测，首次完成全洪泽湖养殖水产品质量普查，并形成专题报告。

第三章

渔业环境保护

第一节 "鱼水情"环保联合执法

2007年10月29日,省洪泽湖渔管办联合淮安市环保局,共同发起洪泽湖渔业水域环境保护行动倡议,并与沿湖涉湖涉污企业一起签订了《洪泽湖渔业水域环境保护行动倡议书》。2008年,省洪泽湖渔管办联合淮安、宿迁市环保局,共同签订《洪泽湖渔业环境保护行动方案》,明确规定将定期或不定期联合开展沿湖周边污染集中检查、整顿、治理行动。自此至今,洪泽湖渔管办联合淮宿两市生态环境局、环境监察局、人民检察院反渎局、市政公用事业管理局等单位,连续开展了11次"鱼水情"——洪泽湖渔业水环境保护联合检查,对环洪泽湖皮革、涉铅、危险化学品生产等行业36家涉湖污染企业、古山河等10条重点河流、3家城镇污水处理厂、规模化畜禽养殖场以及旅游餐饮船,进行了全面调查、重点抽查和突击检查,先后对15家涉污企业提出了整改整顿,责成其中2家搬离洪泽湖,取得了一系列成果。2013年12月15日,在"鱼水情"——洪泽湖渔业水环境保护联合检查期间,发起签署的《提高废水排放标准,保护母亲湖倡议书》,得到沿湖周边企业的一致拥护。2008年,淮安市在创建国家环保模范城市中将该项目作为重要举措;2010年,省洪泽湖渔管办在江苏省渔业资源与环境保护工作会议上作典型发言。《中国环境报》曾报道洪泽湖渔业水环境保护联合检查,称"树立了跨流域、跨区域、跨部门水体环境联合监管的国内典范,解决了流域型环境监管难题"。

2020年以后,洪泽湖渔业环境形势彻底好转,沿湖周边涉湖涉污企业多能规范操作,"鱼水情"——洪泽湖渔业水环境保护联合检查逐步停滞。

第二节 "抑藻控草净水"工程

20世纪70年代以来,由于社会经济发展和人类活动的影响,洪泽湖水域环境受到了严重破坏,生态环境不断恶化,水生生物资源衰退,生物多样性降低,水域荒漠化趋势加剧。洪泽湖长期处于轻度富营养状态,水质为IV—劣V类,主要污染指标为总氮和总磷,以蓝藻为主的"水华"时有发生,且发生面积越来越大,持续时间越来越长。洪泽湖北部局部水域沉水植物繁茂,阻碍水的流动,引起pH和营养成分条带化,加速湖泊的沼泽化，恶化水体环境，破坏湖泊的正常功能。

2008年11月，通过引入民间资本，运用非典型生物操控技术原理，省洪泽湖渔管办在湖区利用原有网围网箱设施，调整养殖模式，实施网围或网箱放养鲢、鳙等滤食性鱼类，实施面积3.5588万亩。在不投饵的情况下，项目的实施达到了调整水体中浮游生物种群量、有效降解富营养化程度、改善洪泽湖水域生态环境、维护洪泽湖水域生态平衡的效果。2010年，针对洪泽湖北部水域因菹草泛滥污染水质、破坏生态的现状，省洪泽湖渔管办在"洪泽湖网"公开发布《关于征集洪泽湖水草整治方案的公告》，面向社会征集洪泽湖水草整治方案，同年还成立了由江苏省农科院、中科院植物所、扬州大学等专家学者组成的洪泽湖成子湖水生植物生态平衡调控专家组。2012年，在经过科学调研和充分论证的基础上，省洪泽湖渔管办选取洪泽湖北部水草泛滥集中区3000亩水面，立项开展控草净水项目。该项目通过生物手段控制洪泽湖桂嘴部分水域水草疯长，改善了水域生态环境，实现了渔业资源利用和生态环境保护的和谐统一。

项目有四个创新点：一是运用了非经典生态操控理论。在洪泽湖规范设置3.5万多亩网围，投放大规格鲢、鳙、草鱼、鲂，不进行任何人工投饵，利用鲢、鳙的滤食藻类特性，降低洪泽湖蓝藻"水华"发生的风险；利用草鱼的食草特性，控制局部水域菹草单一品种疯长，优化水草群落结构。二是调动社会资源，利用民间力量。采用"公司＋农户"的模式，通过社会力量预防和治理大型内陆湖泊富营养化，达到了生态效益和经济效益双赢的效果。三是项目无须特定的装置或高成本的设施或设备；网围设施一次性投入，鲢鳙等苗种逐年放养，运行成本较低，管理和操作简单易行，容易推广。富营养化治理中的污染物得到资源化利用，是目前湖泊环境治理最直接、最有效、最经济的措施手段，也是渔民最乐意、国家投入最少的水环境治理途径。四是项目在实施5年期间，累计消耗水体藻类及水草318 700吨，净输出水体总氮445吨、总磷100吨和固定碳汇8 250吨。实施抑藻净水的区域，总磷、总氮指标大幅度降低，洪泽湖富营养化大大减轻，水草泛滥现象得到显著缓解，其规模和效果在国内都属首次。

项目取得了三项成果：一是充分利用非经典生物操控技术，在还未富营养化和还未发生大面积蓝藻水华的洪泽湖，建立放养滤食性鱼类抑藻净水技术和放养草食性鱼类控草净水技术，实现了污染物总氮、总磷的资源化利用，既能有效地控制洪泽湖水体富营养化，降低发生蓝藻水华的风险，提高南水北调东线供水质量与环洪泽湖地区人民的用水质量，又能增加滤食性鱼类和草食性鱼类的产品产量。二是形成了洪泽湖放养滤食性鱼类抑藻净水技术规范和洪泽湖放养草食性鱼类控草净水技术规范。三是形成调查及试验报告6篇，发表文章1篇，《洪泽湖抑藻控草净水技术研究与示范项目》实施成果获得2017年度淮安市科技进步三等奖。

2015年，省洪泽湖渔管办在全湖划定河蚬增养殖示范区13万亩，采取无设施、无投喂、无用药方式自然增殖，取得了显著成效。洪泽湖河蚬增养殖示范区成为全球首家ASC认证的淡水贝类养殖场。2020年，泗洪县人民政府建设"水上生态牧场"17

万亩，利用退圩还湖水域种植经济水生植物，配合菱角、芡实、莲子等产品加工，获得生态效益和经济效益双丰收，该案例获评江苏省"十佳生态环境治理改革创新案例"。

第三节　涉渔工程

洪泽湖是国家依法划定的渔业水域，应严格按照优化开发、重点开发、限制开发、禁止开发的主体功能定位，慎重实施兴建锚地、港口码头建设、疏航、勘探、爆破、水工建设等涉湖、涉渔、涉水工程项目。涉渔工程临时或长久占用渔业水域，导致水生生物的产卵场、索饵场等减少或永久丧失，部分或全部丧失渔业功能；工程施工及运行过程中对渔业水质造成污染；涉湖涉渔水工程建设对湖泊生态系统的破坏，影响鱼类生长、繁殖。省洪泽湖渔管办高度重视涉湖涉渔工程对洪泽湖水生生物资源与环境的破坏性和危害性，依法履行法定职责，规范涉湖涉渔工程建设，维护湖泊健康生态，促进了区域经济与资源环境的协调、可持续发展。

2006年，中国石油集团东方地球物理勘探有限公司在洪泽湖开展石油勘探。勘探施工前，建设单位向省洪泽湖渔管办提交了环境影响评价书。因工程对渔业资源造成损害，依据《中华人民共和国渔业法》第三十五条进行水下爆破、勘探、施工作业，对渔业资源有严重影响的，作业单位应当事先同有关县级以上人民政府渔业行政主管部门协商，采取措施，防止或者减少对渔业资源的损害；造成渔业资源损失的，由有关县级以上人民政府责令赔偿的规定，建设单位缴纳了65万元渔业生态环境修复金，制定并实施了减少对渔业资源与生态环境损害的具体措施和方案。2011年，中国石油集团东方地球物理勘探有限公司再次到湖区开展石油勘探工作。该次爆破工作量较小，影响范围不广，依据相关规定和评估报告，建设单位缴纳了5万元渔业生态环境修复金。

2015年，泗阳县成子湖扶贫开发示范区管理委员会在洪泽湖开展洪泽湖北线成子湖区段航道疏浚工程，工程位于宿迁市成子湖湖区，湖底标高为10米左右，该航道按照三级航道标准整治，范围从成子河至顾勒河，疏浚底宽45米，疏浚里程为20.79千米，土方量为266.8万立方米。因疏浚工程对湖区天然渔业资源造成损害，为修复受损的渔业资源和生态环境，依据江苏省淡水水产研究所、江苏省渔业环境监测站对洪泽湖的资源与环境报告，该管委会缴纳渔业资源赔偿和渔业生态环境补偿费100万元。

2018年，泗阳县政府依据《洪泽湖（泗阳县）退圩（围）还湖专项规划》在洪泽湖开展退圩还湖工程，主要清退圩区37.64平方千米，开挖、转运土方1 331万立方米，堆置排泥场17处，计5.94平方千米，恢复自由水面31.7平方千米，具体工程由泗阳县水利局牵头负责，依据《江苏省生态环境损害事件报告办法（试行）》，省洪泽湖渔管办组织江苏省生态环境厅、中国海监江苏省总队、宿迁市中级人民法院、宿迁市人民检察院、淮安市人民政府法制办公室、生态环境部南京环境科学研究所司法鉴定所有关专家，对相关事项进行咨询，形成咨询意见，要求泗阳县政府、水利局加强施工过程监管，督促施工方有效预防并降低对水域生态环境的损害。

第四节　渔业污染事故处置

　　20 世纪 90 年代以后，随着南方和沿海周边经济发达地区污染比较严重的化工企业大举北移，加之洪泽湖周围工农业生产的发展和人口的增加，洪泽湖所产生的污染物的种类和总量逐年增加，而且污水涉及河南、山东、安徽、江苏四省上百个县（市）。因此，洪泽湖每年入湖污染物总量已大大超过湖泊自净能力，水污染由局部发展逐步扩散到全湖。

　　2010 年 9 月，受暴雨影响，古山河污水下泄导致洪泽湖 30 户、4 840 亩水产养殖污染死鱼，省洪泽湖渔管办积极协调宿迁市政府列支 240 余万元用于受灾户复工复产救助。2012 年 9 月，受暴雨影响，古山河污水下泄导致洪泽湖 16 户、2 650 亩水产养殖污染死鱼，省洪泽湖渔管办积极推动宿迁市政府协调 100 余万元用于受灾户复工复产救助。2014 年 3 月，因湖区一场较大西北风，将湖水向南推，引发古山河污水进入成子湖，导致 4 户、1 000 余亩水产养殖死鱼，省洪泽湖渔管办积极推动宿迁市政府协调 30 余万元用于受灾户复工复产救助。

　　2014 年 4 月，中石化石油管道盱眙淮河大桥段发生爆裂，大量石油原油泄漏导致洪泽湖邻近水域受到不同程度污染。事故发生后，省洪泽湖渔管办迅速成立应急事故处置小组，积极投入事故抢险救灾工作，并委托江苏省渔业生态环境监测站开展渔业水域污染动态监测，同时委托资质单位鉴定天然渔业资源损失，最终追偿渔业资源补偿 120 万元。这成为原江苏省海洋渔业局成立以来淡水渔业资源受到污染损害补偿最高的案例。

　　2018 年 8 月，受台风"摩羯""温比亚"影响，淮河中上游强降水，自安徽等地的支流新濉河和新汴河污水下泄，造成洪泽湖溧河洼 2.5 万多人受灾，水产受灾面积 9.25 万亩。事故发生后，省洪泽湖渔管办深入现场迅速开展前期调查，密切关注事故进展，评估损失情况，第一时间向原江苏省海洋与渔业局汇报。同时，委托江苏省渔业生态环境监测站开展污染水源采样分析，主动与国家淮委水保局、泗洪县委县政府联系联动，建立事故处理协同机制，指导渔民积极应对污染事故，有效疏导民情。

　　2023 年 3 月开始，长江下游多地湖泊出现了较为严重的死鱼现象，死鱼呈由南向北逐步蔓延趋势，洪泽湖、太湖、高宝湖、骆马湖等水域都出现了大量死鱼现象，主要为大规格鲢、鳙。进入 4 月，随着气温升高，死鱼现象逐渐缓解。针对洪泽湖历史上首次天然水域大量死鱼，省洪泽湖渔管办高度重视，立即委托中国水产科学研究院淡水渔业研究中心对死鱼进行调查分析，经综合研判为"春季鱼瘟"，发病原因主要为：①春节以后，气候反复无常，水温忽高忽低，导致鱼类出现应激反应。加之，越冬期间湖泊饵料相对匮乏，鱼体更多是以消耗体内存储的营养为主，免疫力下降；②机械损伤。偷捕、航运、鸟类啄食等造成鱼体机械损伤，致病菌和寄生虫侵染鱼体创口，导致出现发病死鱼现象；③洪泽湖禁捕退捕后，湖区内鱼类规格增大、资源量增加、密度增高、生态容纳量降低，病原菌、寄生虫的交叉感染和传播概率增大；④养殖塘口的死鱼被随意弃置。洪泽湖大水面网围多以鲢鳙养殖为主，主要在春节前后放养鱼种，受鱼种质量好坏、运输工具及距离、操作方式等多种因素影响，鱼体受伤或体质弱，在晚冬初春时节易感染病菌死亡，养殖户为图方便，直接捞取并随意弃置于湖泊中。

第五节　司法修复基地

　　为深入贯彻依法治国理念，积极实践两法衔接，加强洪泽湖生态环境保护，有效恢复渔业资源，省洪泽湖渔管办于 2016 年联合淮安市人民检察院、中级人民法院、公安局、生态环境局等多家涉渔涉水单位，印发了《关于建立环境资源司法执法联动机制服务全市绿色发展的若干规定（试行）》。2016—2017 年，省洪泽湖渔管办先后联合宿迁市中级人民法院和淮安市人民检察院，分别在洪泽湖洪泽（渔人湾）和泗阳（高湖嘴）水域设立了 2 处环境资源司法修复基地。基地所在位置均紧邻洪泽湖边，风光秀美，游人如织。在这里设立环境资源司法修复基地，既切合现场主题，与周围整体环境融为一体，又便于就近开展增殖放流等司法修复活动，是认真履行职责，积极主动服务全省绿色发展和生态文明建设的有力举措。基地建立后，省洪泽湖渔管办积极联动司法部门，在基地召开多场非法捕捞水产品案件公开庭审；每年举办"洪泽湖放鱼节""司法修复专场""社会捐赠专场"等增殖放流活动 15～20 场次，实现了惩罚刑事犯罪与保护环境资源的双赢。可以说，司法修复基地已成为沿湖周边融生态修复、法治宣传、警示教育等功能于一体的综合性环境资源保护平台和窗口，达到了办理一起案件、恢复一片生态、共同守护洪泽湖清波碧水的目的。

04

第四篇 捕捞渔业

捕捞渔民及组织形式

第一节 捕捞渔民

洪泽湖丰富的渔业资源吸引着来自四面八方的传统渔民。万恶的旧社会，这些渔民或者为了度过荒年歉月，纷纷到洪泽湖寻找生活出路，或者因外强入侵、军阀混战、土匪骚扰而不得安宁的原因逃离"重灾区"，或者到湖上来求过个安稳日子，也有一些农民在土地革命时期，带着亲属从白色恐怖下逃到芦荡里周旋。当然也有极少数"犯了事"的，把洪泽湖作为"避风港"，他们以船为家，以渔为业。20 世纪 50 年代，经过当地政府的治安清理、逐一甄别、登记在册，他们或选择返回故土安居乐业，或就地安置、娶妻生子，所有这些人在新中国成立以后都逐步安定下来。这些渔民主要来自苏、鲁、皖、鄂 4 省，以鲁南、皖北人数最多，其次是豫东以及浙、赣、鄂乃至东北等地区。人口普查资料记载，洪泽湖渔民的籍贯来自全国 13 个省份、72 个县。他们有的是农民，有的是沂水流域和微山湖地区的渔民，少数是手工业和其他个体劳动者。他们在洪泽湖上，多数捕鱼，也有人捕鱼兼砍草，统称为渔民。

渔民在半封建半殖民地社会，是被压迫被剥削的劳苦人民，长期过着漂泊不定的渔猎生活。中华人民共和国成立后，渔民真正做了主人，在中国共产党的领导下，经过对渔业的社会主义改造，消灭了剥削，提高了物质、文化生活水平；1967 年后连家渔船又经过社会主义改造，建立了水陆生产基地，并逐步实现了陆上定居。党的十一届三中全会以后，他们在"以养为主，养捕结合，多种经营，综合开发"的方针指引下，开展养捕结合生产，逐步发家致富，过上了幸福生活。

第二节 个体渔业期

1949 年之前，洪泽湖渔民多为单一的个体渔民，他们大多只拥有简陋的生产工具，从事个体捕捞作业，湖区水面、滩地和沿岸陆地多被地主、湖霸占有，渔民大多受制于水面霸占者，受尽剥削和压迫。这个时期的渔民按照经济成分大体可以划分为 6 种类型。

一是贫雇渔民，仅有小型简单的船网工具，依靠自己劳动还不能维持全家生活，一般要出卖部分或大部分劳动力，受租税债利等剥削，收入甚低，生活贫困。

二是下中渔民，拥有小型船网工具，依靠自己劳动基本维持全家生活，偶尔出卖小部分劳动力，或受到债利剥削，生活水平低于中渔民。

三是中渔民，拥有小型或中型船只网具，全靠自己劳动，生活仅能自给自足。

四是上中渔民，拥有中型或大型渔船网具，主要靠自己劳动，偶尔雇用他人帮工，获得的剩余价值在其生活来源中一般低于30％。

五是富渔，拥有一条或多条大中型渔船，网具一套或多套，有较多资本，兼以土地出租，获得别人的剩余价值超过其总收入30％。

六是封建渔业主（渔霸），占有水面、滩地、港口，靠封建勒索、收取租税进行剥削，或依靠权势，称霸一方，以剥削渔民为主要生活来源。

1966年，成河社会主义教育分团对成河公社1 442户渔民，依其在1946年前后经济状况划分经济成分，其中贫雇渔民712户，占49.4％；下中渔民330户，占22.9％；中渔民280户，占19.4％；上中渔民99户，占6.9％；富渔15户，占1.0％；封建渔业主6户，占0.4％。

第三节　自由组合期

渔帮是洪泽湖渔民按照不同的生产方式在生产实践中自然形成的。这种帮既不是行政组织，也不是派别体系，不带有政治色彩，更无黑社会性质，而是渔民在生产劳动中，根据各种不同的渔具渔法和自己的经济情况以及占有的工具种类，而产生的互助协作性组织，以获得更多的渔获物为目的。

晚清以前的洪泽湖水位较低，水草繁茂、渔业资源丰富。由于没有纳入常规管理，洪泽湖成为远近闻名的自然经济区。因没有任何约束和限制，各地农民或渔民纷至沓来，到洪泽湖砍草捕鱼。每到秋冬收获时节，成千上万的人从四面八方向洪泽湖聚集，或砍草捕鱼，或采收菱角、芡实。每遇水旱灾害的饥馑之年，湖上流民多达10万甚至20多万人。随着时间推移，他们逐步分化为以砍草为主的草民和以捕鱼为主的渔民两种类型。他们大多居无定所，一般就是逐水草而居，随鱼头流动。在洪泽湖、高宝湖、微山湖、巢湖、鄱阳湖等各地的湖泊和河流里来回奔波、张捕鱼虾。

渔民有句俗话："船底无腿走天下，哪里有鱼就到哪里去。"流动是渔民生产和生活的真实写照。船随水情，网随鱼动。而不同的捕鱼方式又有不同的作业特点，一般而言，采用渔簖等相对固定捕捞方式的渔民流动性不大，而采用钩、卡等小型渔具的捕捞方式的渔民流动性最大，他们往往是哪里出鱼就在哪里下钩、张卡，尤以鹰捕鱼流动性最大，因为鹰捕鱼多数适宜清水，浑水鸭很少，一般是秋天从山东、安徽或苏北各地向洪泽湖汇集，到次年二三月离开。以罱捕鱼则一天能换几个地方，渔民在长期的生产实践中，特别是身处外乡，在与人斗与自然灾害斗的过程中，往往因不同的捕捞工具结成同伙"抱团取暖"，发挥相互帮助取长补短的互助效应，分工协作共同从事捕捞生产，一起应对天灾人害，长此以往就成了"帮"。按生产工具分为：运输帮（俗称"跑帮"）、网帮、钩帮、簖帮、卡帮、罱帮、罾帮、鹰帮（又称老鸦帮）、鸭网帮、枪帮等。按居住区域命名的有：安河帮（今成河、半城一带），溧河帮（今临淮头到新河头一带），总河帮（今三河、周桥，高良涧一带），淮河帮（又称"龙河帮"，今龟山、老子山一带）。帮中以大网帮、簖帮最富。帮与帮之间，除簖帮、罾帮之间有捕鱼地区的争执，簖帮与簖帮有下簖地区分配争执外，一般来说很少发生关系，他们共同的剥削者是岸上的地主，地主是他们的统治者。总之，渔民除经济生活上发生一种帮的关系外，没有任何政治组织，而帮的关系还是季节性的，有成帮的时候，也有散帮的时候。他们以船为家，大多数是一家一条船，既是住家船，又是捕鱼船，叫"连家渔船"。这种连家渔船，是渔民在长期捕捞生产中形成的。

例如，有的网具在捕捞时需要两条船同时协调作业，所以又叫大网对子。渔汛期，有时需要多对网船共同作业以获高产。这些用大网和大船捕鱼的渔民，就叫大网帮。罾，是小型渔具，制作容易，代价小，效益差。要取得更多的鱼虾，有时要更多的罾配合作业，如打围箔，有时要大面积围卷，要几十条船和罾同时配合，这部分渔民的组合叫罾帮。此外，还有钩帮、卡帮、簖帮等。他们分别聚集在各个自然渔区的湖湾、河口、港汊或离作业区较近的地方，大多按帮生产和按帮行动。20世纪30年代，湖西临淮头的汴河口，就有渔帮1 275户、7 380人（表4-1-1）。

表4-1-1　汴河口渔帮情况统计表

帮别	家（户）数	人口
簖帮	540	3 240
罾帮	405	2 260
钩帮	110	660
卡帮	150	800
大网帮	70	420
合计	1 275	7 380

依据不同捕捞工具结成的"帮"为小渔帮。而相对于"小帮"，以渔民不同的来源地而结成的帮则是"大渔帮"。清朝及民国初期的天灾兵乱，迫使山东、安徽、河南等地农渔民，先后流入洪泽湖谋生。他们大都靠卖苦力营生。因是外来户，常受本地地痞、流氓、行霸欺压。为了生存，他们多集中居住，形成地域性组织——渔帮。并依其原籍命名。如："山东帮""灵璧帮""河南帮""下河帮"（下河帮来自里下河地区）。其中以山东帮人数最多，分布最广。皖东北的也不少，多集中在湖的南区和西南岸，溧河洼、淮滩、刘咀、仁和等地比较集中，他们自称"安徽帮""肖宿帮""灵璧帮"，等等。渔帮之间亲帮亲、邻帮邻，家乡观念极其浓厚。为求生存，多有拜师入青帮的。有些渔帮还备有公用土枪（多数为鸭枪）用以抵御匪劫。

帮头多属地区性帮头，为全帮人中能说会道有威望者。帮头多数由教头（天香教）或帮徒（安清帮）担任。帮头不拿报酬。好的帮头有胆量为人正直，处事公平。深受全帮人的尊敬和拥护。帮内渔家红、白大事都要请帮头到场。每年逢端午、中秋、春节，渔民们常给帮头送点礼物，以表心意。帮头实际上是全帮渔民的代表，对内帮渔民调解纠纷，对外保护渔户的利益。官府向渔民摊派的各种捐税，亦由帮头负责收取缴纳。但也有少数帮头，勾结官府、渔霸，在渔民中为非作歹，堕落为犯罪分子。

山东帮多集居在临淮头、老子山、黄码头一带，总有一万多人。仅临淮头就有三个帮，对外统称山东帮。他们差不多80％以上是靠近微山湖、沂山湖沿岸一带居民。由于遭受水灾、人祸、兵灾而破产，于是小船一只，或是锅碗一担，他们带着妻子儿女沿运河而下到洪泽湖谋生。山东帮主要是靠割苇、织席子、卖苦力维持生活的草民。和渔帮的性质差不多。一般帮里又分若干个组，这些草民大多来自农民，捕鱼技术差，又缺少船具。除砍草外，也捕鱼、打鸡头、收菰米、采菱、挖藕。能吃苦耐劳，一天一人能砍苇60捆（每捆15公斤），劳动效率比沿湖农民要高1倍，冬天踏冰雪，夏天钻草荡，女人有时也砍草，多数是带着老人孩子压篾、织席、打折子。山东帮的人数最多，约占渔民总数的1/3。抗日战争期间，洪泽县在这里专门设立了山东乡。皖东北的也不少，多集中在湖的南区和西南岸，溧河洼、淮滩、刘咀、仁和等地比较集中，他们自称"安徽帮""肖宿帮""灵璧帮"等。

第四节　封建剥削期

到了清代后期，洪泽湖各种封建剥削者或形成一定势力的帮派组织，采取强取豪夺等方式逐步私人占有或垄断湖边的滩地和水草地。他们不断拓展剥削方式，他们或占据地盘，或设立牙行，或垄断鱼贸易市场、或垄断渔用物资供应，从中剥削渔民。据抗日战争时期调查，洪泽湖渔民受到三种不同形式的剥削：一是滩主占地为王，如包簖钱、割苇子、打鸡头、采莲子分成等。二是帮主坐收渔利。像头子钱、孝敬钱。三是行主欺行霸市。如行佣、大秤等。渔民的劳动成果自己只能得二三成，最多得到四五成，十之六七被剥削者侵吞，受剥削的具体情况见表4-1-2。

表4-1-2　渔民受"三主"剥削情况

剥削方式	剥削者	剥削数量
下簖前（养老份子）	滩主	千条簖约100元
分鸡头	滩主	对半，四六的多
分苇子	滩主	对半，四六的多
分莲藕	滩主	四六分
头子钱	帮主（地主兼）	100元抽15元
行佣	行主（地主兼）	100元抽5～6元
大秤	行主（地主兼）	有加二、加一五等

"帮主"是渔帮的直接统治者，渔民交的头子钱高于行佣。平时渔民把他当成大老爷侍奉，绝对服从，鸡头没有他的命令不能采摘。逢年过节给帮主送礼似乎成了渔民的义务，不"孝敬"就没有好日子过。"送礼强似债，头顶锅来卖"，这是渔民愤慨的回忆。

砍草的渔民砍草要事先向滩主买草条子，否则，不能下刀。砍草的渔民一年苦到头，

111

结果只落得"草了衣衫破，丢下镰刀就忍饿"。渔民、草民既要出苦力，又要自己备船备工具。除了与滩主三七分成外，还得支出三类钱，包括房租钱两元一丈；晒场钱有的分草，有的四块钱一丈；给主子打请工，滩主只给饭吃，除了"三主"的剥削，此外，渔民还要受到土匪和地痞的敲诈。所以，过去渔民十分贫苦，有的一家只有一条很小的船，"一条小船八尺长，祖孙三代住一舱"。不少渔户不是母女一条打补丁的裤子，就是父子一身破衣服，"谁个上岸谁个穿"。

第五节　革命斗争期

1940 年，新四军开辟了洪泽湖抗日根据地，剿灭湖上匪患以后，在淮北区党委的领导下，按照中央作出的《关于抗日根据地土地政策的决定》精神，颁布了《减租条例》《减息条例》，整个苏北抗日根据地全部实行"二五"减租。民主政府在贯彻双减方针后，将原来的三七或四六分成改为倒四六或倒三七分成。1941 年，草滩管理委员会设立，滩地湖荡一律收归公有，并由各级民众抗日救国联合会统一管理，政府只征收 15％～20％的管理费。经过减租减息和发动群众，封建地主、渔霸、滩头剥削的罪行得到清算，使渔民得到应有的劳动成果。贫苦的渔民、草民、农民翻了身，成了洪泽湖的主人。此后，各种生产合作社也先后成立，牙行等鱼贸市场的中间剥削受到限制。同时，民主政府向渔民发放低息或无息贷款，由限制到逐步取消高利贷剥削。每遇灾害，政府发放救济款和募捐寒衣救济渔民。渔民赖以生活的副产品如菱角、莲藕、荒米之类由渔民协会自己组织采收，政府不收管理费。一部分鱼行也被渔民的生产合作社所代替。渔民的负担减轻了，劳动积极性有了提高，纺纱织布，开荒种粮，他们拥护共产党，热爱新四军，是革命的依靠对象。另外，抗战以来，洪泽湖一直是华中和淮北对敌斗争的重要后方基地。且湖上地形复杂，芦苇面积大，沟河港汊纵横交错，易守难攻，加之湖上的干部战士习水性，熟悉地形，根据当时的装备力量是可以坚守这块老根据地的。最后，大家统一了思想，决心坚持洪泽湖敌后斗争，誓与洪泽湖共存亡，在粉碎日伪对根据地的经济封锁和大扫荡中发挥了重要的作用。

第六节　互助合作期

中华人民共和国成立后，在农业、手工业和资本主义工商业的社会主义改造运动中，洪泽湖上进行了渔业的社会主义改造，简称"渔改"。鱼行从被限制到逐步为供销合作社所代替，最后由国营水产公司统一经营，各种中间剥削被消灭。在人民政府引导下，渔民走上了互助合作道路。1951 年，洪泽湖区渔业互助合作运动开始。临淮乡孙绵奎等 12 户渔民率先成立洪泽湖第一个渔民互助组，有渔船 12 只，簖箔 3 000 余条，劳动力 25 个。1953 年年底，洪泽湖区成立常年互助组 18 个，参加渔民 145 户；季节性互助组 53 个，378 户；临时性互助组 44 个，参加渔民 278 户。组织起来的渔民占渔民总户数的 31％。1954 年，洪泽湖区的渔业互助合作运动发展到全湖 11 个乡镇 50 个村，共建成 2 个渔业生产初级合作社、23 个常年互助组、57 个临时互助组、53 个季节性互助组，其中淮阴县蒋坝镇三河、尾渡 2 个渔业村，组织起来的渔民占渔民总数的 98%。三河村渔民 114 户，组织起来的有 102 户。全湖常住渔民 6 240 户，其中组织起来的渔户 4 180 户，占 67%。1955 年，洪泽湖区互助合作运动有了很大发展，11 个乡 54 个选区中，组织渔业生产初级合作社 45 个、1 457 户、6 305 人；常年互助组 67 个、1 053 户、5 870 人；临时互助组 23 个、889 户、1 418 人。组织起来的渔户占总渔户的 77.4%。

从 1951 年互助组开始，到 1955 年湖区全部成立了渔业生产合作社，在互助合作过程中，水产品产量逐年增加。1950 年水产品产量为 1 347.275 吨，1955 年为 12 275.918 5 吨，1956 年产量高达 21 654 吨。随着渔民收入的不断增加，渔船和渔具也不断更新，破漏的船少了，大多数渔民增添了生产船。物价也相对稳定，不再是过去的"担鱼斗米三斤肉"的比价了，那时 15 千克鱼可以换成 20～25 千克杂粮。同时，国营水产公司实行统一经营，仍按国家正在调高的价格收购。渔获由国营公司包购，渔民不愁卖鱼也不用担心烂鱼了。这对改善渔民生活，推动渔业生产发挥了促进作用。

1956 年，洪泽县成立，统一管理洪泽湖。互助合作运动由渔业初级合作社向渔业高级合作社发展。至 1956 年底，共成立了 35 个高级渔业合作社，入社渔户 5 300 余户，约占总渔户的 97%。洪泽湖区渔业互助合作主要组织形式有 4 种：一是集体生产，各捕各得，统一提取公积金后为全体组员所有；二是各户派出相等的劳动力和工具，集中生产，按户平均分红，统一抽取公积金；三是工具折价入股，按劳动力平分，统一提取公积金后，按股分红；四是工具折价入股，劳动力"死分活评"，统一提取公积金后，按股分红，该办法有较健全的制度和生产计划，为多数合作社所采用。

1958 年底，全县 36 个渔业社基本上都实行了"三包一奖"责任制，在内容和形式上可分 3 类：一是包产到队，包工到组，采用包产包值一致，以包值为主，以具包产，分具定额，按额计工，多劳多得，工具定到小组或个人；二是包产到队、组、户，包产包值一致，以包值为主，分具包产，统一定额，按额计工，超产奖励，工具定到户；三是包产到队不到组，以包产为主，分季、分具定额，按产记分，超产奖励。多数渔业社实行第一种责任制。

第七节　困难过渡期

20 世纪 50 年代后期起，由于三河闸、蚌埠闸等闸坝建成，湖上自然资源受到严重影响。

1958 年 9 月 7 日，中共洪泽县委在顺河乡姚沟路召开全湖渔民大会，2.9 万余人参加会议，把原水上乡改并为渔业人民公社，渔业合作社改为渔业生产大队，合作组改为渔业生产小队。到 9 月中旬，全湖建成 3 个渔业人民公社，湖区全部实行"人民公社化"。

1959 年 3 月 31 日，中共洪泽县委颁布《关于人民公社管理体制和若干政策的规定（草案）》，规定人民公社实行统一领导，分级管理；实行公社、大队、生产队三级核算，各计盈亏的管理制度；并据实际情况，规定人民公社以生产大队作为基本核算单位（全县共有 14 个渔业生产大队）；同时规定了公社、大队和生产队的职权范围。1961 年 1 月 15 日，中共洪泽县委水产工作部颁布《关于渔业人民公社财务管理工作意见》，对渔业人民公社各项财务制度作出规定。

"大跃进"时期，为了追求产量，实行"大捕大捞"，大量增加和革新渔具，仅 1958 年渔船就增加 1000 多艘。人民公社成立后，一些地方搞"一平二调"，刮"共产风"，在一定限度上"刮"跑了渔民生产的积极性，不少人外流，水产品产量下降，渔民收入减少。

1963—1965 年，渔业人民公社实行包产到船制度，生产工具归集体所有，渔货归集体处理，由水产收购部门统一收购，以大队或生产队为核算单位，超产部分对半或四六分成。1965 年，全湖水产品产量仅有 8 325 吨，只有 1956 年的 38％。当年渔民年均收入仅有 47.20 元。后来虽然采取了栽草等保护和增殖资源的措施，但是水产品产量的回升，不是一两年就可以解决的，所以，20 世纪 60 年代渔民生活是比较艰苦的。

1966 年"文化大革命"开始。渔业生产推行"大寨式"评工记分办法，拉平分配，吃"大锅饭"。70 年代初，渔业人民公社全面进行"连家渔船"社会主义改造，大部分渔民到陆上定居，腾船生产，生产队实行劳动力统一安排，船具统一使用，鱼货统一出售，收益统一分配。1978 年，湖区 77.2％的生产队实行"四统一"。

1983 年后，联产承包责任制全面实施，以渔民个体经营为主，至 1996 年后，逐步演变成多种经营方式结合。

第八节　蓬勃发展期

20 世纪 50 年代，国家就号召渔民陆上定居，提出开展"连家渔船"改造，但当时由于受经济基础薄弱的影响，没有给予实质性补偿，加之渔民的生产方式和生活习惯等诸多因素，真正实现定居的很少，住家船或住家捕鱼两用船仍占 50％以上，既不利于渔业生产和人身安全，又严重影响渔民生活条件的改善和渔区文化教育事业的发展。1966 年，中共中央批转国家水产部党组《关于加速连家船社会主义改造的报告》和 1967 年江苏省军管会生产委员会有关文件精神，对湖区连家船进行了社会主义改造，渔民逐渐上岸定居。这也是首次开展大规模渔民陆上定居工程。渔民上岸后有组织地开展集体生产，建立生产基地，根据洪泽湖水情、草情和鱼情的变化，沿湖地方各级政府贯彻"以养为主，养捕结合"发展渔业的方针，又采取国家扶持、地方资助、渔村自筹的办法，建立了水陆生产基地和渔民按渔区相对集中的新渔村。截至 1977 年底，上岸定居渔户 3 520 户，国家拨给定居经费每户 250 元、木材 0.6 立方米、毛竹 4 支。1978 年后，洪泽湖地方各级政府贯彻落实党的十一届三中全会精神，在湖上推行经济体制改革，在渔业社队又建立了一批商品鱼生产基地。同时加速渔民上岸定居速度，1979 年年底，有 6 500 户渔民定居，占总渔户的 80％。随着改革的不断深入和联产承包责任制的进一步完善，20 世纪 80 年代初，渔民基本上实现了陆上定居。1983 年，联合国世界粮食计划署在实施对洪泽湖的援助项目中，将那些分散而又草瓦间杂的房屋，一律改建成一排排整齐的新瓦房。到 1985

年年底，共新建渔民住房 86 728 平方米，大大改善了渔民的居住条件。渔民定居以后，进一步优化了产业结构，发展多种经营，到 1985 年已有 3 900 多人从事养殖、种植和进入乡村企业务工。渔民生活水平逐步提高，基本实现了户户有机船，大部分家庭用电灯，多数人有手表，每船有收音机，不少渔户有电视机。环湖公路网点基本形成，湖区各乡镇和部分渔村，每天都有多班客车往来。湖上航运也十分方便，除了渔民自备的渔机船来往外，高良涧、成河、半城、临淮、老子山等港口，均有固定客轮航班。基本实现货畅其流，客便其行，港口、渔村呈现一派欣欣向荣的景象。

随着国家对商品鱼基地投资的增加，生产规模得到扩大，水产品产量逐步回升，渔民收入逐年增加。1982 年，洪泽湖渔业总产值为 1 680.7 万元，比 1965 年的 336.34 万元增加了近 4 倍。每个渔民的平均产值亦由 1965 年的 131.30 元增加到 1982 年的 455.48 元，约增加了 2.5 倍。人均产值增长的速度，由于渔民人口的增加而略低于总产值的增长速度。1982 年的人均分配 108.33 元，是 1965 年 47.20 元的 2.3 倍；1984 年提高到 400 元，是 1982 年的 3.7 倍。这仅是渔业收入，不包括市场开放后渔民的其他经营收入。

2013 年 6 月 20 日，根据《中共中央　国务院关于加快发展现代农业进一步增强农村发展活力的若干意见》（中发〔2013〕1 号）有关要求，为帮助以船为家渔民解决最基本的安全住房，住房城乡建设部、发展改革委、农业部、国土资源部联合发布了《关于实施以船为家渔民上岸安居工程的指导意见》（建村〔2013〕99 号），明确提出中央对以船为家渔民上岸安居给予补助，无房户、D 级危房户和临时房户户均补助 2 万元，C 级危房户和既有房屋不属于危房但住房面积狭小户户均补助 7 500 元。地方各级政府要安排和落实相应的财政性补助资金，省级人民政府配套补助资金不低于中央补助资金的 50%，市县级财政也要给予适当补助，减免工程建设相关规费，并根据安置方式、成本需求和补助对象自筹资金能力等不同情况，制定不同地区、不同类型的分类补助标准。2014 年 7 月，江苏省政府办公厅印发《江苏省以船为家渔民上岸安居工程建设实施方案》（苏政传发〔2014〕133 号），全面实施以船为家渔民上岸定居工程，力争 3 年内解决渔民定居问题。截至 2016 年 8 月 30 日，全省渔民上岸共安居户数 12 010 户，2016 年 11 月，泗洪县妥善安置了 7 340 户渔民上岸居住。但由于补助标准较低，加之湖上生产没有退出，为便于渔业生产，大多数渔民虽然岸上有房，除了子女上学陆上定居外，从事渔业生产的渔民依然留守在船上。

第九节　"洗脚上岸"期

2015 年起，江苏省探索将治水与富民相结合，在严格落实禁捕要求的同时，聚焦民生需求，多渠道推进渔民安置保障工作，推动"生计渔业"向"生态渔业"转变、"养鱼捕鱼"向"打工创业"转变，并先后实施了"退养还湖""禁捕退捕""两船整治"等一系列工作和配套的补偿安置措施。

2019 年 7 月 6 日，江苏省洪泽湖管理委员会印发《洪泽湖治理保护三年工作计划》，明确提出推进渔民上岸和住家船、餐饮船整治清理工作，洪泽湖 7 066 条住家船、49 条餐饮船先后被清理整治。

2020年，江苏省委省政府把洪泽湖渔民上岸安居工程定为解决民生问题重点任务之一，结合洪泽湖全面禁捕退捕政策的落实，在省、市、县三级政府共同努力下，圆满完成近两万住船渔民上岸安居。从此，洪泽湖渔民才算彻底退出"江湖"，传统渔民和传统的渔业生产方式不复存在，实现了真正意义上的"陆上定居"。

捕捞渔船

　　1949 年前，洪泽湖的渔民们世代以船为家，绝大多数是"连家渔船"。洪泽湖的渔船具有中国北方内河船的特点，一般呈长方体倒梯形，方头平底，吃水浅，航行平稳，桅帆可随时因风力大小而增减数量和幅度，以调节航行速度，无风时，只有借助人力航行，大多数渔船只能在一米深的水域里作业，不能在大湖面捕捞。大、中型网具更带不动。20世纪 50 年代起，机帆船兴起，60 年代后期，即 1968 年开始用钢筋水泥船替代木质船，从此木质船逐步被淘汰，20 世纪 70 年代又出现了双挂桨机动渔船，就是用两台柴油机牵动两个挂桨的船行机械，可以机帆两用。21 世纪初，国家出台有关政策，强制淘汰水泥船，江苏省明确要求从 2001 年开始，将以每年减少 20％的比例逐步淘汰水泥船；至 2005年，水泥船全部退出江苏航运舞台，渔船自然纳入其中；到 2010 年，洪泽湖上水泥渔船已全部更新为钢质船。

　　史料记载：清代洪泽湖有渔船 1 000 多条，民国初期发展到 3 000 条左右。抗日战争时期，在根据地的大生产运动中，湖区的捕捞船只发展到 4 000 余条。到 20 世纪 50 年代初期，湖区虽有几千条渔船，但 5 吨以下的渔船占总数的 98％，平均吨位只有 1.2 吨。1985 年底，全湖区共有渔船 10 754 条，其中洪泽县 9 895 条、盱眙县 207 条、泗洪县 450条、泗阳县 202 条，总吨位为 5.3 万吨。1990 年，全湖区有渔船 16 080 条，总吨位11.64 万吨，其中机动渔船 4 878 艘，总吨位 6.7 万吨，65 918 马力*。1992 年，湖区有渔船 15 807 条，总吨位 8.59 万吨，其中机动渔船 4 963 艘、总吨位 4.86 万吨、73 958 马力。1995 年，湖区有渔船 22 446 艘，总吨位 11.95 万吨，其中机动渔船 6 607 艘、总吨位 7.17 万吨、85 031 马力。1998 年，湖区有渔船 23 718 艘，总吨位 12.64 万吨，其中机动渔船 7 217 艘、总吨位 7.46 万吨、89 486 马力；2000 年湖区有渔船 24 027 艘，总吨位13.25 万吨，其中机动渔船 8 412 艘、总吨位 9.03 万吨、113 241 马力。

第一节　传统渔船

　　洪泽湖上的传统捕捞船只中，有一种渔船"两头忙"比较独特。"两头忙"又叫多用船，是湖上一种新式机动灵活的小舢板，有 3 个舱位，中舱大，前后舱小，不分首尾，两头宽窄相同，船体轻便，两头皆可使篙、划桨，小型灵活，操作方便，是取鱼、下罾、起

---

　　* 1 马力＝735 瓦。

笼、张卡、操罩、起钩、搭人运物的通用小溜子。后来大小不一的渔船大都在此基础上发展起来的，洪泽湖渔船的吨位根据不同的捕捞方式和实际用途来设置，大的有几十吨，小的只有一吨左右。一般连家渔船较大，纯作业船较小，用于小型渔具的船更小。渔船的种类可按动力分为机船、风帆船、机帆船，有挂桨机（分单、双挂桨）的运输、捕捞两用船；按质料分为木船、水泥船、铁壳船等；按工作性能可分渔船、服务船。

一、渔船

大网船：这种船又称风网船，一般载重25～50吨，有两条主桅杆，需要时可张五六个桅帆，船身中、后部设有舱楼，为船员生活起居室。使用大型网具时，用两条船同时起动拖网，因而又叫大网对子。20世纪80年代起多数装有挂桨机（图4-2-1）。

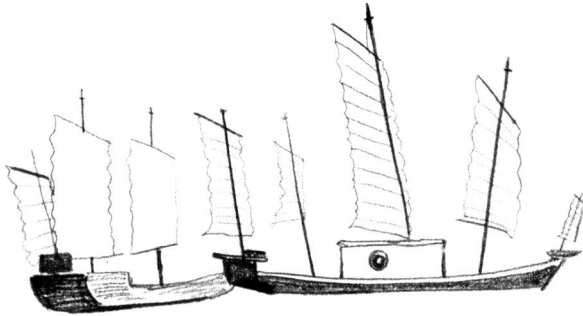

图4-2-1　大网船（毕敬绘）

两用船：这种船既可运输，又能拉网。一般装有挂桨机器，可载重30～40吨，也有50吨以上的。

丝网船：这种船为张丝网所用，船体窄而长，载重在3吨左右，共分3个舱位，前舱装网具、鱼货，中舱为起居室，后舱有厨房。

钩划子：这种船比丝网船稍大，船体轻，旋转灵活，划起来速度快，除下钩、张卡外，也可使用其他渔具，过去是连家户渔船。

箪溜子：此船一般长5米、宽2米，首尾宽度基本相同，有3个舱位，前后舱小，中舱大，是渔民下箪和起鱼用的船。

两头忙：又称多用船，是湖上一种机动灵活的小舢板。船体一般长5米左右，宽1.5～2米。有3个舱位，中舱大，前后舱小，不分首尾，两头宽窄相同，船体轻便，两头都可使篙、划桨，小巧灵活，操作方便，是取鱼、下罩、起笼、张卡、起钩、搭人运物的通用小溜子（图4-2-2）。

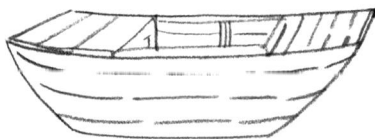

图4-2-2　两头忙（毕敬绘）

枪溜子：这种船又叫猎船，长不足 5 米，宽 2 米，深 0.5 米，浮力大，吃水特别浅，既能浅水、草地使用，也能在冰雪上滑行，有 3 个舱（图 4-2-3）。

图 4-2-3　枪溜子（毕敬绘）

鸦船：一种轻便的小船，船身后部有个小棚舱，两边的舷帮和舱梁上为鱼鸦的蹲立处，前舱存放鱼或贮存鸦的饲料及器具（图 4-2-4）。

图 4-2-4　鸦船（毕敬绘）

跳鱼船：又叫跳板船，船体狭而长，船两边附有与船差不多长的两块涂有白色的板。月黑之夜，鱼见白光就往船上跳，故名跳鱼船。

二、为渔业服务的船

救生船：又称大红船，清末到民国年间使用。木质、多桅帆船，载重 50 吨以上，主桅杆挂有救生信号，船上配有各种急救器具，附有轻便小船数只。抗日战争期间，尚存两艘。20 世纪 70 年代造了铁质、破冰两用船，既可运输，又可急救。

医疗船：是个体医生或岸边医院为渔民送医送药所设。20 世纪 50 年代多启用渔民船只，后来为医院制造或个体医生自备。多为机帆兼用，用于湖上巡回医疗。

教学船：渔民称之为船头小学，船体较宽，船上设有一个大的舱，舱内可放 20 张课桌，舱两边各有 3 个窗子，可容纳学生 30 人以上。

货船：又叫商业船、供销船。在湖上巡回为渔民供应生产和生活必需品。船大小不一，小的载重几吨，大的 20～30 吨不等。

邮递船：在湖上巡回为渔民送递信件的船，原先只是木质小划子，后逐步发展为小快艇。

另外，还有几种湖上曾经使用过的船只：如战争年代的钢板划子，在浅海区或长江上使用的大海刁、小海刁，苏南地区常用的小篷船等。

第二节　渔船改造

2012 年开始，根据《江苏省"十二五"渔业发展规划》，江苏省启动实施渔船标准化改造工程，对渔船更新改造进行财政贴补，优化渔船结构，洪泽湖持证捕捞渔船中的木船、水泥船逐渐被淘汰，取而代之的是符合船检规范的钢质捕捞渔船。捕捞渔船的机器功率也不断增加，出现了部分中大型、大功率的捕捞渔船下长江生产的情况。同时，渔政工作船也不断提档升级，从柴油机、水泥船、"革命 1 号"过渡为 15 马力、30 马力汽油机执法艇和 30 吨钢质渔政船，后来的是 100 马力、150 马力、300 马力、400 马力的玻璃钢质执法艇和 50 吨钢质渔政船。

一、拖网船

按捕捞对象不同分为拖网船、兜网船、虾拖网船等。

拖网船：采用单船作业方式，作业人员一般不超过 4 人，型长 18～20 米，型宽 5～6 米，型深 1.8～2 米，使用内舱单机器，机器功率一般不超过 147 千瓦（200 马力）（图 4 - 2 - 5）。

图 4 - 2 - 5　拖网船

兜网船：采用双船作业方式，作业人员一般不超过 6 人，型长 18～20 米，型宽 5～6 米，型深 1.8～2 米，使用内舱单机器，机器功率一般不超过 147 千瓦（200 马力）。兜网船与拖网船可通用，捕捞作业时一般配备 1 艘 4～6 米长的辅助生产船只（图 4-2-6）。

图 4-2-6　兜网船

拖虾网船：采用单船作业方式，作业人员一般不超过 4 人，型长 18～20 米，型宽 5～6 米，型深 1.4～1.5 米，使用外挂桨多机器，机器总功率一般不超过 110.5 千瓦（150 马力）。捕捞作业时一般配备 1 艘 4～6 米长的辅助生产船只（图 4-2-7）。

图 4-2-7　虾拖网船

二、刺网方兰船

为丝网捕捞与方兰捕捞两类通用。采用单船作业方式，作业人员一般为 2 人，型长一般不超过 8 米，型宽 1.8～2 米，型深一般不超过 0.7 米，使用外挂桨单机器或双机器，机器总功率一般不超过 18.5 千瓦（25 马力）（图 4-2-8）。

图 4-2-8 刺网方兰船

三、划耙船

主要用于划耙河蚬或河蚌。采用单船作业方式，作业人员一般不超过 4 人，渔船型长 12～15 米，型宽 2.6～2.8 米，型深一般不超过 0.9 米，使用外挂桨双机器，单台机器功率一般不超过 18.5 千瓦（25 马力）（图 4-2-9）。

图 4-2-9 划耙船

四、螺蛳网渔船

采用单船作业方式划耙船，作业人员一般 3～5 人，型长一般不超过 10 米，型宽

2.6～2.8米，型深一般不超过0.9米，使用外挂桨单机器或双机器，单台机器功率不超过18.5千瓦（25马力）（图4-2-10）。

图4-2-10　螺蛳网渔船

五、收购船

为渔业捕捞生产提供服务的渔业捕捞辅助船。2015年数据统计，洪泽湖收购船只共116条，其中洪泽县63条、盱眙县12条、泗洪县34条、泗阳县6条、宿城区1条。这些收购船只中渔船和快艇各占一半。收购某些渔获物需要增氧设备的船只一般为柴油机钢质船，收购出水即需冷冻的渔获物如白条虾、银鱼等船只一般为汽油机快艇。对某些特许捕捞的水产品，开捕期间收购船只为争取更多的货源、提高收购数量和效率，收购者一般驾驶快艇进行收购。2016年起，因洪泽湖的收购船均不符合船检规范，无法办理船检登记手续，收购船的辅助捕捞许可证未再发放。

第三章

渔具渔法

第一节　传统渔法

清代老子山的一位渔民画家（佚名）所绘《渔乐图》册页 12 幅，表明清代以前，洪泽湖渔民就使用叉、罩、钩、网等简单渔具，网渔具多为麻类、棉线、芦苇等编结而成（图 4 - 3 - 1）。

图 4 - 3 - 1　传统渔法示意

新中国成立初期，以竹箔为主、芦箔为辅；以大箔为主，小箔为辅。20 世纪 60 年代渔具材料以尼龙线、聚乙烯等代替传统的棉、麻丝等，主要渔具中的箔具由竹箔发展到聚乙烯箔。20 世纪 70 年代到 80 年代，渔具材料实现了网线尼龙化、塑料化、动力机械化。据不完全统计，洪泽湖渔具有 5 部 16 类 64 种。

一、网渔具

1. 拖网类

包括浮拖网（大搬网）、小搬网、小兜网、联网、快网、江网、丝纠网、脚网、蟹拖网、虾拖网等。

（1）浮拖网

又名大搬网。网具结构：浮拖网是一种固定在船边的无翼单囊上层拖网，网身全长13～15米，口宽6米左右，三角网目大2.5厘米，网身目大1.2厘米，囊网目1厘米（图4-3-2）。

渔法：单船作业，顺风拖曳，使拖带的两合网一前一后，若风来自左后方，则前网挂于右侧，尾网挂于左侧，若风来自右后方，则反之，以免前网身被刮入船底。

渔场、渔期：水中无障碍物，水深在0.7米以上的开敞水域。全年除冰冻期外，均可作业，尤以5—7月为主。

捕捞品种：中上层鱼虾类，以银鱼和白虾为主，其次是鲚、餐条、中型以下鳡鱼等。

图4-3-2　浮拖网示意图（毕敬绘）

（2）小兜网

网具结构：小兜网属无翼多囊拖网类渔具。网身长25～30米，缘网高2.5～3米，网目大1.8～3厘米，上下身网及囊网目大1.5厘米（图4-3-3）。

渔法：双船作业，顺风曳行，迫使在网具作用范围内的鱼虾进入囊网而达到捕获的目的。

渔场、渔期：无水草及其他障碍物的平坦水域，底质为软泥，水深 1.5～2.5 米为宜。渔期每年 8 月到翌年 3 月，旺季在 9 月到 11 月。

捕捞品种：鲚鱼、银鱼、白虾等，其中以捕捞鲚鱼为最佳，其次是餐条、鲤、鲫、鳊、黄颡鱼等。

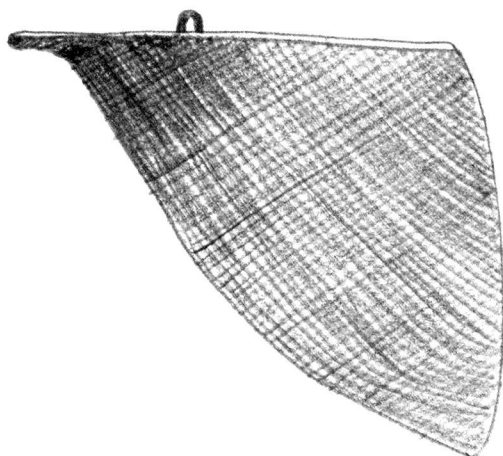

图 4-3-3　兜网示意图（毕敬绘）

（3）小搬网

网具结构：小搬网是一种无翼单囊上层拖网，全长约 10 米，口宽 4 米左右，网目大小与浮拖网相同。

渔法：单船作业，一般用 15～20 吨船拖曳。左右舷各挂一网，对称装置，顺风拖曳，或以挂桨机带动船只拖曳，不需转网。

渔场、渔期、捕捞品种与浮拖网相同。

网具结构：联网属无翼单囊拖网类渔具，形似蟹拖网，身网目大 2 厘米。

渔法：双船作业，顺风拖曳，曳纲中段平行结附 12～24 顶网具，使底层鱼虾经过网口被迫进入网中。作业时不受船舶大小及人员多少限制，操作过程主要在小舢板上进行。

渔场、渔期：作业范围较广，一般少水草、地形较平坦的水域均可生产。冬季在深水区，夏季在浅水区，渔期为每年 10 月到翌年清明节，以 12 月到翌年 1 月为旺季。

捕捞品种：主要捕获鳗、鲫，其次是青鱼、乌鱼、鳜、鳊、黄颡鱼及河蟹等。

（4）快网

网具结构：快网属无翼多囊网类渔具。每条网分网身、囊网两部分。网口宽 15 米，长 3.8 米，网目大小为：前部 6 厘米、中间 4 厘米、后部 3 厘米。每条网袋 10 个囊网。

渔法：双船作业，顺风拖曳，一般采用 20～45 吨船拖曳，每条船拖 7～10 条网。风力 6～8 级，每小时拖速可达 4 千米左右，使用曳纲 60～70 米，网口高低可机动调节。

渔场、渔期：广阔平坦、无障碍物的开敞水面，底质沙泥硬地，水深 1.5 米左右。全年除冰冻期外均可作业，11 月到翌年 3 月为旺季。

捕捞品种：以捕捞大型经济鱼类为主，如鲌、花白鲢、鲤、鲫等。

（5）丝纲网

网具结构：丝纲网属无翼无囊大型拖网类渔具。每条网长度从网口到网底为 5 米，其中网口部分长 3 米，目大 9.5 厘米，聚乙烯线编结；网底部分长 2 米，目大 2.5 厘米，尼龙线编结。

渔法：双船作业，顺风拖曳，每对船拖 10～12 条网，风力 5～6 级，拖网时速 3.5～4 千米，作业时上纲贴水面，底纲离地 5～10 厘米，网口前 1.5 米处有一个赶鱼缆着地。

渔场、渔期：无障碍物的开敞水域，渔期为每年 11 月到翌年 2 月，冰期前后为旺产季节。

捕捞品种：主要是草鱼、青鱼、鲢、鳙、鲌、鲤及鳡等鱼，其次为鲫、鳊、鳜等鱼和河蟹。

（6）江网

网具结构：江网属无翼无囊拖网渔具。每条网由网身和囊网组成。网身宽 20 米、长 35 米、目大 5 厘米，顺目使用；每条网袋 150 个囊网，口 10 目，底 4 目，长 27 厘米，目大 3.5 厘米，横目使用。底纲用吊绳和网身相系结，网身上的吊点为双目结构，以保证有足够的抗拉力。冬天使用时，因着地拖曳，速度慢，易损坏，已逐步被丝纲网代替。

渔法：双船作业，顺风拖曳。每对船可拖 13 条网，风力 4～5 级时，采用 10 吨以上的船只，一般拖网时速 1.5～2 千米，取鱼用小船进行。

渔场、渔期：地形平坦、无障碍物的开敞水域，水深 1.8 米以上，底质泥沙硬地。渔期为每年 12 月到翌年 2 月，冰冻期前后为盛渔期。

捕捞品种：鲫、鲤为主，其次是鳜、乌鱼、鳊、河蟹等。

（7）脚网

网具结构：脚网属无翼多囊拖网类渔具，20 世纪 50 年代从太湖引进。每条网长 1.1 米、宽 18 米，装 100 个囊网，目大 3 厘米，上下纲分别系结浮子 4 个，铁脚 100 个（重 3.5 千克左右）。

渔法：双船作业，顺风拖曳。每对船拖 14～20 条网，网具紧贴水底拖行，拖网时速 1.5 千米左右，边拖网边取鱼，取鱼由两人在小船上操作。

渔场、渔期：地形平坦广阔，无障碍物，水深 1.5 米以上，底质泥沙硬地。全年除结冰期外，均可作业，每年 12 月到翌年 2 月为盛渔期。

捕捞品种：鲫、鲤，其次是花鲋、鳊和其他小杂鱼。

（8）蟹拖网

网具结构：无翼单囊拖网类渔具。网的宽和长为 2 米（系用一块宽 2 米、长 4 米的矩形网片，腰折制成袋形的网具），目大 4 厘米，聚乙烯线编结。

渔法：单船作业，顺风拖曳。作业时，两舷支出撑杆，拖挂网具，撑杆长度依拖网数量而定，一般 20～30 吨的风网船，可拖 16～18 合网（12 马力挂桨机船可拖 12 合网），船首撑杆长 8～10 米，船尾撑杆长 10～12 米，直径 20 厘米。

渔场、渔期：无障碍物敞水区都可作业，每年 9 月中旬到 11 月底生产，其中前 1 个月为旺产期。

捕捞品种：主要捕获河蟹。

（9）虾拖网

网具结构：虾拖网属无翼单囊拖网渔具。宽2.5米，长2.3米，网口目大2.5厘米，网底目大1.3厘米，聚乙烯线编结。

渔法：单船作业或不用船作业（人工直接拖曳）。一般使用10～18吨的挂桨机船，可拖12～14合网，在敞水区作业。利用人力划船或撑船，拖网1～2合，装置同浮拖网，迫使网口经过水底的鱼、虾进入囊网。

渔场、渔期：除草地和有障碍物外，在开敞水域和河沟均可生产。渔期除禁捕期外全年均可生产，以5—6月和10—11月为旺季。

捕捞品种：白虾、青虾为主，其次是鲫、餐条、鳊鲅、麦穗鱼等小杂鱼（图4-3-4）。

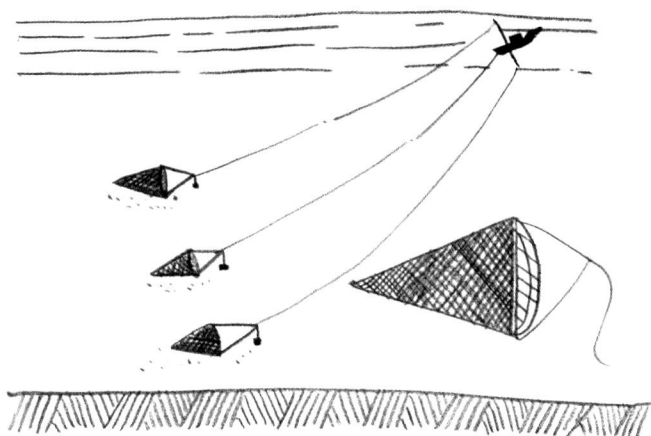

图4-3-4　虾拖网示意图（毕敬绘）

2. 围网类

包括操网、绞网，下面主要介绍操网。

操网的网具结构：操网是两船式无囊围网。网宽110米，中间高度18米，两头高度10米，网目从正中到两头目大3.3～5厘米，尼龙线编结。

渔法：作业时两船同时放网，连成一个包围圈，然后两船分别收取跑网，缩小包围圈到中心起网。

渔场、渔期：河、湖水域为主要生产阵地，全年均可生产，4—7月为旺季。

捕捞品种：鳊、鳊鲅、鲤等，其次是青鱼、草鱼、鲢、鳙等。

3. 刺网类

包括拖刺网（桃丝网）、双层网、三层网、丝网、虾条网等。

（1）拖刺网

网具结构：上下纲装备网衣部分长度均为17.4米，网目大12厘米。

渔法：双船作业，作业时两船拖曳一列网具，网衣滤过水体，使鱼刺缠于网上而被渔获。

渔场、渔期：底形平坦、无障碍物的开敞水体。全年均可生产。盛渔期为 5 月 20 日至 9 月初。

捕捞品种：主要渔获物为鲌、鳊、鲢，其次为鳙和草鱼。

（2）双层网

网具结构：网长约 100 米，若用机船拖带，网长可达 200 米，网底分两层，前面一层为小目网，目大约 2 厘米；后面一层为大目网，目大 30～40 厘米。

渔法：双船作业，顺风拖曳。风力 5～6 级时，每小时拖速 3 千米左右，下网在两条小船上进行，长距离作业，底网离地 10 厘米左右。取鱼时，每条小船要 2 个人分别在船头和船尾，拉上下纲，把网身从一舷拉入船舱，取鱼后又从另一舷放入水中，继续拖捕。

渔场、渔期：地形平坦的开敞水域，全年作业，以 5—9 月为旺季。

捕捞品种：主要捕上、中层大型经济鱼类，鲢、鳙、鲌、鳊等。

（3）三层网

网具结构：三层网属刺网类渔具。网衣分三层，两层外网衣，一层内网衣，外网衣目大 40～50 厘米，装好后的网，宽 67 米，高 2.3 米，尼龙单丝编结而成。

渔法：作业方式有两种。一种是单船作业，拦截河道，固定刺捕，或随船顺水漂流，因两边外网衣均能进鱼，上水鱼和下水鱼均能捕捞。一种是用两条挂桨船拖曳，每小时 3～4 千米，用小船起网取鱼。

渔场、渔期：湖区河流。全年作业，4—8 月为旺季。

捕捞品种：主要捕中、上层经济鱼类，鲢、鳙、鳊、鲌等。

（4）丝网

网具结构：丝网属刺网类渔具。身网目大 2～8 厘米，网长 40～50 米，网高 0.7 米，网线为尼龙单丝，上纲配有浮子，下纲有沉子。

渔法：单船作业，一条船一般带 10 条网，全长可达 500 米，1 人划船，1 人下网操作，把网依次向前下成一条线，再回船用竹竿敲击水面惊吓鱼类，至放网起鱼时为止，随即向前收网，取获刺缠在网上的鱼，待网全部收取完毕，再继续放网。

渔场、渔期：湖河等水域，全年作业，以 6—10 月为旺季。

捕捞品种：主要捕鲤、鲫、鳊、鲌。

4. 张网类

主要有缯。

网具结构：多为闸张式张网，也有少数桩张式的。一般全长 21 米，其中缯网网长 2 米，身网 13 米，囊网 6 米，缯网目大 1.4 厘米，网身目大 4～12 厘米，囊网目大 2.7 厘米。网口宽 17 米，网高 3 米，网底用聚乙烯线或强力丝编结而成。

渔法：闸张式（缯）使用钢缆固定在闸上，利用开闸时的急流将鱼类冲入囊网。一般一天起两次鱼，上午 7 时左右和下午 5 时左右，桩张式（缯）在湖口、河口附近生产，有"勤罾懒箔自在（缯）"的说法。

渔场、渔期：主要在闸坝的下游，开闸放水均可作业，以 4—8 月为旺季。

捕捞品种：鲢、鳙、鲫、鲤、河蟹等，其次是草鱼、鳗、乌鱼、鳜、鳊、毛刀鱼等。

5. 敷网类

包括虾罾、拦河罾、桥头罾等。

虾罾的网具结构：由网身、罾爪、吊绳、浮子四部分组成。网身为一块正方形网片，面积 0.8 平方米，网片的 4 个角用 2 根交叉的罾爪（竹片削成）张撑。罾爪长度 1.2 米，直径 1.1 厘米。每合虾罾配 1 条吊绳，一端系在罾爪的交叉处，另一端结 1 个浮子，除此之外，在网身上还有 3 条小绳子，供缚饵料用。每条船配备 50 合以上（图 4-3-5）。

图 4-3-5　拦河罾示意图（毕敬绘）

渔法：生产前先在网身的小绳上绑上小鱼干为饵料，50 合虾罾用 1 千克饵料即可。作业时，1 人划船，1 人下罾，一般两合虾罾之间距离约为小船的长度，待 1 小时后即可起罾。操作方法，先起浮，后起吊绳，再起罾身，把虾倒入船舱。

渔场、渔期：无水草的湖边和河道。全年除冰冻期外均可作业，其中夏、秋两季为盛渔期。

捕捞品种：专捕青虾。

二、钩渔具

常用的钩渔具有挂钩、滚钩、划钩（对钩）、黄鳝钩、黑鱼钩、吊钩、蟹钩、拖钩、爬钩、卡具等 10 余种（图 4-3-6）。

1. 挂钩

渔具结构：洪泽湖区使用的挂钩有江阴、芜湖、怀远产的 17—19 号挂钩。每杆 1 010 把钩，干线采用聚乙烯线，支线为尼龙线，两把挂钩的干线间距和支线长度均为 7.5 厘米。

渔法：作业时一人划船一人下钩，根据不同捕捞对象和鱼类栖息的水层，利用沉浮子调节挂钩的高低。在正常情况下，黄昏下钩，早晨起钩取鱼。

渔场、渔期：春天挂草边，夏季下滩边，秋季张湖边，冬天选在深漕正中间。除冰冻期外，全年可生产，清明节前后和涨退水之际为旺产季节。

捕捞品种：专捕大鱼，主要是鲤、鲌、鳙、鲢、草鱼等。

图 4-3-6　钩示意图（毕敬绘）

2. 卡

渔具结构：由干线、支线、卡头三部分组成，干线总长根据每篮卡具数量而定。支线长度 16.5 厘米，卡头用薄竹片制成，长 3.3 厘米，中间宽，两头尖，每条船配卡 5 000 把左右。

渔法：作业前，要先装上卡食，理好卡具。卡食依不同季节而异，2—3 月用麦饼，4—9 月用大麦仁，10 月到翌年 1 月用小虾，每条船上配 2 人，1 人划船，1 人下卡。作业时根据不同季节鱼类栖息的水层调节浮沉子，控制卡具在水里的高度，下卡在黄昏进行，翌晨起卡取鱼。

渔场、渔期：河湖、沟、汊、靠水草的外围、河沟、滩边等水域。除冰冻期外，全年生产，4—5 月退水和 7—8 月涨水时为盛渔期。

捕捞品种：主要捕鲫、鳊等。

三、筌箔渔具

常见的有塑料簖、竹簖、撬布簖、蟹簖、打围箔、虾弶、坝子等。

1. 塑料簖

又名迷魂阵，其渔具结构：塑料簖是在原芦柴簖、竹簖的基础上发展起来的，芦柴簖和竹簖分别由芦苇和竹子编结成帘状，每条长约 3.5 米，高约 1.5 或 1.8 米，每一簖塘一般下 300 条簖。塑料簖是用聚乙烯线编结成行条（网状）。一般行条长 100～500 米，高

2.6 米，网衣目大 4 厘米，取鱼部目大 3 厘米，扒头内设有 12～24 个花篮，网衣均用 6 股聚乙烯线编结而成（图 4-3-7）。

渔法：簖一般设在湖泊近岸地带，河口外侧或湖湾，深浅水交界的水域。以行条拦阻鱼类通道，并诱导鱼类进入取鱼部而捕获。先下行条，每隔 5 米左右打一根桩，使行条直立，后下大阁岔子和葫芦头，最后套囊网，下花篮。底纲和部分网衣，用底锚插入泥中，防止鱼逃跑；若在硬地，底纲后用砂礓或小石块压住，簖下好后，翌晨可撑小船看簖取鱼。

渔场、渔期：湖边地带、浅水草地、滩洼地等水域，开敞水域均可作业。每年除冰冻期外，均可作业，其中清明节前后，6 月退水和 7 月涨水时为盛渔期。

捕捞品种：鲫、黄颡鱼、河蟹等，其次是草鱼、鲢、鳙、花鲴、鳗、鳊、鲤、鲶、赤眼鳟等。

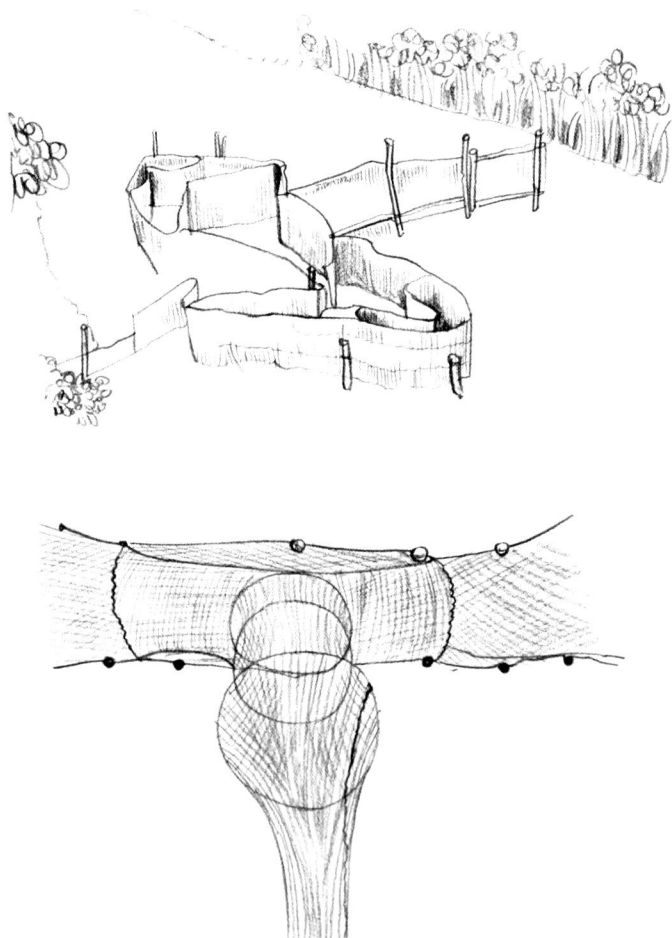

图 4-3-7 簖及簖的取鱼部分示意图（毕敬绘）

2. 打围箔

渔具结构：箔帘网用聚乙烯线编织而成，目大 2～3 厘米，帘高 2～2.5 米。

渔法：打围箔是一种大规模的众人围赶歼捕作业。每到冬季，在水草区集结几十条小船，先在歼捕区外围分布成一个大包围圈，围上几十亩，采用各种工具敲声击水，逐步驱赶鱼类往中心处集中，当包围圈缩小到一定程度，则割草下箔，然后继续割草驱赶，再逐步缩小包围圈，最后到中心处开始捕鱼，利用小罾、鱼叉反复作业，全歼圈内鱼类。打一箔需 1～2 天时间。

渔场、渔期：水草地、鱼类越冬处水域，每年 11 月到翌年 1 月为盛产期。

捕捞品种：上、中、下各水层的鱼都有，主要有鲤、鲫、草鱼、乌鱼、鳜、赤眼鳟、花鳍等，其次有鳑鲏、餐条、黄颡鱼、鲶、麦穗鱼、棒花鱼及虾等。

四、笼篮渔具

常见的有花篮、虾笼、睡笼、黄鳝笼、虾独笼、丝光篮等。下面主要介绍虾笼。

虾笼的渔具结构：虾笼系两个直筒笼子，按直角对接而成。每个直筒笼子长 23 厘米，直径 8.4 厘米，虾笼两端一头套倒须，一头加封盖，整个笼子用薄竹片编结，并多结吊绳和浮子。

渔法：生产前，将所有虾笼装好饵料（笼食），依次叠在船舱。饵料为小鱼、面粉或山芋干制成。以每船 500 个虾笼计需小鱼 1.5 千克或面粉 1 千克。作业时，1 人划船、1 人下虾笼，在正常情况下，下笼在黄昏进行，第二天早晨起笼倒虾。春、秋两季，隔 2 天换 1 次饵料，夏天每天换 1 次。

渔场、渔期：沟、河、湖等水域，每年 3 月中旬到 10 月都可生产，其中 5 月和 9 月为盛产期，专捕青虾。

五、其他渔具

常见的有揣把类、投刺类、杂类等。如鱼叉、卷圆子、鸭枪、水老鸦等。名目繁多，说法不一，有的数量不多，属限制或淘汰的渔具渔法。

洪泽湖渔具分类见表 4－3－1。

表 4－3－1　洪泽湖（1982 年）渔具分类

部别	类目	种数	名称
网具	拖网类	10	浮拖网（大搬网）、小搬网、小兜网、联网、快网、江网、丝纣网、脚网、蟹拖网、虾拖网
	围网类	2	操网、绞网
	刺网类	5	拖刺网（桃丝网）、双层网、三层网、丝网、虾条网
	敷网类	4	虾罾、桥头罾、拦河罾、野鸭网
	掩网类	4	撒网（旋网）、罩网（小罩）、大索（拉筋）、麻罩
	抄网类	3	抄虾网、黄鲜网、河瓢网
	张网类	1	缘
	地拉网类	3	扒兜网（麻滩网）、插网、拦河清

（续）

部别	类目	种数	名称
	空钩类	3	挂钩、滚钩、划钩（对钩）
钩具	饵钩类	6	红丝钩、柴钩、底钩、蟹钩、吊钩、棚钩
	卡钩类	3	卡具、把钩、辽钩
簖箔具	簖箔类	7	塑料簖、芦柴簖、竹簖、撬布簖、打围、帘箔、坝子、虾镩
笼篮具	笼篮类	6	花篮、虾笼、睡笼、舷艘、鱼罩、虾独笼
	揣把类	4	罱网、虾罱、鱼罱、蚌罱
其他	投刺类	1	鱼叉
	杂类	2	鸭枪、水老鸦

第二节　渔具准入和标准

中华人民共和国成立之前，各个历史时期国家尽管也都出台了一些管理措施，也都相应成立了地方管理机构，但目的大多是获取更大的经济利益，很少从渔业资源养护和生态环境保护的长久发展去规划，尤其在渔具渔法上缺乏严格限制，基本是各显神通、尽其所能，竭泽而渔的现象极为普遍。中华人民共和国第一部渔业基本法《中华人民共和国渔业法》于 1986 年 1 月 20 日由中华人民共和国第六届全国人民代表大会常务委员会第十四次会议通过，自 1986 年 7 月 1 日起施行。《江苏省渔业管理条例》于 2002 年 12 月 17 日由江苏省第九届人民代表大会常务委员会第三十三次会议通过，自 2003 年 3 月 1 日起施行。自此，洪泽湖渔业走上了法治化轨道。但从洪泽湖渔业资源养护的实际需要看，还难以达到更好的管理效果。为此，2016 年，根据原省海洋与渔业局的统一部署，按照《江苏省洪泽湖渔业管理规定》和《洪泽湖封湖禁渔通告》的规定，结合洪泽湖捕捞作业实际，省洪泽湖渔管办汇总梳理了洪泽湖捕捞渔具准入目录和标准。

洪泽湖常见的渔具有 6 大类 17 种，分为捕捞准用渔具和过渡渔具两种，因陷阱类渔簖捕捞品种无选择性、捕捞强度大，被列为过渡渔具，其余均为准用渔具。6 大类分别为拖网类、刺网类、陷阱类、笼壶类、钓具类、耙刺类。

一、拖网类

1. 扳网

主要捕捞银鱼，单船作业，渔具数量 2 头以下，网口长最大 10 米，宽最大 2 米，网长度最大 20 米，囊网长最大 2 米，最小网目尺寸 1.2 厘米。

2. 兜网

主要捕捞毛刀鱼，双船作业，渔具数量 2 头以下，网口长最大 20 米，宽最大 2.5 米，网长度最大 50 米，囊网最大 1.5 米。取鱼部分网长不得超过 1.5 米，网目不得小于 1 厘米。

3. 拖虾网

又名单船桁杆拖网，桁杆为竹竿，主要捕捞白虾，单船作业，渔具数量最多 24 把，网长最大 1.7 米，宽最大 2 米，最小网目尺寸 1.5 厘米。

4. 螺蛳网

网具与拖虾网类似，不同之处在桁杆为铁杆，网坠铁制重量要比拖虾网重。主要捕捞螺蛳，单船作业，渔具数量 3 把以下，网长最大 2 米，宽最大 2 米，最小网目尺寸 2 厘米。

5. 江网

主要捕捞底层鱼类，作业区域要求没有水草。渔具数量 2 排以下，最小网目尺寸 5 厘米。

6. 连网

主要捕捞底层鱼类，气温越低，产量越高。渔具数量 40 把以下，网长最大 2.5 米，宽最大 2 米，最小网目尺寸 5 厘米。

7. 丝套网

主要捕捞中上层鱼类，湖区已不常见。渔具数量 6 条以下，网长最大 20 米，宽最大 5 米，最小网目尺寸 10 厘米。

二、刺网类

丝网

捕捞各种鱼类、蟹类，渔具数量 50 条以下，网长最大 20 米，高度不大于 1.2 米，网目尺寸不小于 3 厘米，总长度不超过 1 000 米。

三、陷阱类

渔簖

俗称迷魂阵，系用聚乙烯网片或竹子、芦苇等编成一条条箔帘，布设成各种迂回曲折的形状，将鱼类诱入取鱼部而捕获。目前使用最广泛的是聚乙烯渔簖，网线材料（2～3）×4 的网目 5 厘米左右。捕捞各种鱼类、蟹类，渔具数量 1 塘，行帘长度 200 米，囊袋 4 个，行帘部分网目不小于 5 厘米，取鱼部分网目不小于 3 厘米。

四、笼壶类

1. 方兰

又名定置延绳洞穴壶。主要捕捞青虾，单船渔具数量最多 500 只，网目不得小于 1 厘米。渔具规格长 25 厘米、宽 20 厘米、高 10 厘米，漏斗口直径 8.5 厘米。

2. 花兰

圆柱形，两柱面洞穴，适宜在草地作业。捕捞各种鱼类，单船渔具数量最多 500 只，网目不得小于 3 厘米。

3. 虾笼

主要捕捞青虾，单船渔具数量最多 500 只。

4. 虾墩

主要捕捞青虾，单船渔具数量最多 500 只，网目不得小于 1 厘米。

五、钓具类

1. 钩

主要捕捞鲤、黄颡鱼，单船渔具数量最多 5 000 只。

2. 卡

主要捕捞鲫，单船渔具数量最多 5 000 只。

六、耙刺类

1. 河蚬划耙

主要捕捞河蚬，单船渔具数量限 2 把，耙齿间距不小于 1.2 厘米。

2. 河蚌划耙

主要捕捞河蚌，单船渔具数量限 2 把，耙齿间距不小于 10 厘米。

洪泽湖捕捞渔具目录和标准见表 4-3-2。

表 4-3-2　洪泽湖捕捞渔具目录和标准（2016 年汇总）

渔具分类名称		主捕渔获物种类	渔具数量	渔具规格	最小网目（或网囊）尺寸（毫米）	备注
渔具类别	渔具名称					
拖网类	扳网	银鱼	2 头以下	网口长 10 米、宽 2 米，网长度 20 米，囊网 2 米	1.2 厘米	捕捞准用渔具
	兜网	毛刀鱼	2 头	网口长 20 米、宽 2.5 米，网长度 50 米，囊网 1.5 米	取鱼部分稠网长度不得超过 1.5 米，网目不得小于 1 厘米	捕捞准用渔具
	拖虾网	白虾	24 把以下	长 1.7 米、宽 2 米	1.5 厘米	捕捞准用渔具。禁止使用虾拖网捕捞螺蛳
	螺蛳网	螺蛳	3 把以下	长 2 米、宽 2 米	2 厘米	捕捞准用渔具
	江网	鲫、鲤、黑鱼、马鲫、黄颡鱼等底层鱼类	2 排		网目大于 5 厘米	捕捞准用渔具
	连网	鲫、鲤、黑鱼、马鲫、黄颡鱼等底层鱼类	40 把以下	长 2.5 米、宽 2 米	5 厘米	捕捞准用渔具
	丝套网	鲢、鳙、白鱼等中上层鱼类	6 条以下	长 20 米、宽 5 米	10 厘米	捕捞准用渔具

（续）

渔具分类名称		主捕渔获物种类	渔具数量	渔具规格	最小网目（或网囊）尺寸（毫米）	备注
渔具类别	渔具名称					
刺网类	丝网	青鱼、草鱼、鲢、鳙、鳊、鲤、鲫、白鱼、马鲚、黄颡鱼、螃蟹等	限 50 条	长 20 米、宽 1.2 米	高度不大于 1.2 米，网目不小于 3 厘米，总长度不超过 1 000 米	捕捞准用渔具
陷阱类	渔簖	青鱼、草鱼、鲢、鳙、鳊、鲤、鲫、白鱼、马鲚、黄颡鱼、黑鱼、螃蟹以及杂鱼等	1 塘	行帘长度 200 米、囊网 4 个	行帘部分网目不小于 5 厘米，取鱼部分网目不小于 3 厘米	过渡渔具。簖基不得随意移动，禁止 2 塘及 2 塘以上渔簖连接张设
笼壶类	方兰	青虾	限 500 只	长 25 厘米、宽 20 厘米、高 10 厘米	1 厘米	捕捞准用渔具
	花兰	鲫、黑鱼、马鲚、鲶、黄颡鱼等中小型鱼	限 500 只		3 厘米	捕捞准用渔具
	虾笼	青虾	限 500 只			捕捞准用渔具
	虾墩	青虾	限 500 只			捕捞准用渔具
钓具类	钩	鲤、黄颡鱼	限 5 000 把			捕捞准用渔具
	卡	鲫	限 5 000 把			捕捞准用渔具
耙刺类	河蚬划耙	河蚬	每船限 2 把		耙齿间距不小于 1.2 厘米	捕捞准用渔具
	河蚌划耙	河蚌	每船限 2 把		耙齿间距不小于 10 厘米	捕捞准用渔具

（网目测量方法：根据 GB 6964 规定，采用符合法定计量单位制的游标卡尺。对每种捕捞渔具，每次逐目测量相邻 5 目的网目内径，并将这 5 目网目内径的算术平均值作为该次测量的网目内径。测量次数不少于 5 次，5 次测量得出的数据平均值为该网片的网目内径。）

第三节 违禁渔具

20 世纪 60 年代末期，洪泽湖开始改革渔具渔法，主要是针对损害水产资源的渔具渔法，在发展大、中型渔具如簖具、网具的同时，放大簖具和网具的网目；取消了一根绳拉惊的渔法；敲惊的办法已很少使用；禁止电鱼、炸鱼、毒鱼，以及水老鸦捕鱼等伤害资源的渔具渔法。

2001 年，洪泽湖禁止一切机吸螺蚬船在洪泽湖渔业水域捕捞作业，任何单位和个人不得擅自捕捞、收购、加工洪泽湖河蚬、蚬壳。对违规作业的吸螺蚬船，予以没收吸螺蚬工具、柴油机、渔获物和违法所得，并处以 1 万元以下罚款；对非法收购、加工河蚬或蚬壳的单位和个人，予以没收收购加工物，查封收购加工店，并处以 1 万元以下罚款。

2002 年，根据原省海洋与渔业局发布的《江苏省洪泽湖封湖禁渔通告》（2002 年 2 月 23 日），银鱼生产禁止使用稠密扳网和兜网作业，全年禁止使用和携带入湖的渔具、渔法有电力捕鱼、炸鱼、毒虾、鱼鹰、药禽、密眼网、闸口套网、机吸螺蚬、地笼网。同年，江苏省洪泽湖渔政监督支队决定，洪泽湖禁止捕螺作业，以后根据螺蛳资源的恢复情况决定是否许可捕螺生产作业；严禁密眼网簖生产，不得予以办证；将小型渔簖继续列为常年禁用渔具，禁止小型渔簖入湖生产。

2004 年，原省海洋与渔业局印发《江苏省洪泽湖封湖禁渔规定》，进一步明确全年禁止使用和携带入湖的渔具、渔法有电力捕鱼、炸鱼、毒虾、药禽、鱼鹰、大箍网、小密簖、闸口套网、机吸螺蚬、地笼网以及其他破坏渔业资源的渔具渔法。

2007 年，原省海洋与渔业局颁布《江苏省洪泽湖渔业管理规定》（苏海法〔2007〕9 号），进一步明确禁止无证捕捞；禁止炸鱼、毒鱼、电鱼；禁止制造、销售和使用禁用的渔具；禁止捕杀国家级和省级保护的水生野生动物；因特殊需要捕捉水生野生动物的，必须经有关部门批准。对违反渔业法律法规和本规定的单位和个人，由江苏省洪泽湖渔政监督支队按照有关法律、法规，视情节轻重分别给予警告、罚款、赔偿渔业资源损失、没收渔具、没收渔船、吊销渔业许可证等处罚。

同年，原省海洋与渔业局颁布《江苏省洪泽湖封湖禁渔通告》，明确全年禁止使用和携带入湖的渔具、渔法有电力捕鱼、炸鱼、毒鱼（禽）、药禽、鱼鹰、大箍网、小密簖、闸口套网、机吸螺蚬、地笼网、长江漂流刺网、网目 1.2 厘米以下的密目刺网以及其他破坏渔业资源的渔具、渔法。

2013 年，原省海洋与渔业局颁布第 6 号通告，明确禁止电鱼、毒鱼（禽）、炸鱼。禁止使用鱼鹰、多层拦网、闸口套网、机吸螺蚬、地笼网、大箍网、密眼网簖、长江漂流刺网、密目刺网等破坏渔业资源的渔具、捕捞方法进行捕捞。

2014 年，原省海洋与渔业局修订《江苏省洪泽湖渔业管理规定》（苏海规〔2015〕1 号），进一步明确禁止电鱼、毒鱼、炸鱼；禁止制造、销售和使用地笼网、大箍网、密眼网簖、长江漂流刺网、密目刺网等禁用的渔具；禁止从事生产作业的渔船携带禁用渔具进入湖区。同时，将渔簖定为限制性渔具，对渔簖的规格、网目、张设等作了规定：每证渔簖限 4 个袋头，行帘长度不超过 200 米，行帘部分网目不小于 5 厘米，取鱼部分网目不小于 3 厘米，簖基不得随意移动，禁止 2 塘及 2 塘以上渔簖连接张设。

2016 年，原省海洋与渔业局修订《江苏省洪泽湖封湖禁渔通告》（苏海规〔2016〕1 号），明确螺蛳、河蚬、河蚌全年禁捕；拖网渔船春季捕捞限扳网，禁止使用稠扳网和兜网；封湖禁渔期内，除特许捕捞外，禁止任何单位和个人捕捞水生动植物，禁止销售非法捕捞的渔获物，所有渔船、渔具应撤出捕捞水域。

2019 年，省洪泽湖渔管办转隶，江苏省农业农村厅《关于 2019 年洪泽湖实施封湖禁渔有关事宜的批复》（苏农渔〔2019〕4 号），再次重申原省海洋与渔业局修订的《江苏省洪泽湖封湖禁渔通告》（苏海规〔2016〕1 号）中关于违禁渔具渔法的相关内容。

2020 年 10 月，随着洪泽湖禁捕退捕政策的全面实施，所有渔具全部撤出洪泽湖水域。

第四章

捕捞渔业

第一节　捕捞产量

　　湖泊的捕捞产量是由湖泊自身的渔产潜力决定的，而湖泊潜力和实际渔产量受到生物条件、非生物条件、地理位置、气候以及水生动物本身的生存能力、生长速度、繁殖能力和补充群体数量等一系列因素的影响。

　　1984 年，洪泽湖水产所依据当时浮游动、植物的平均生物量、底栖动物的平均生物量、水生高等植物的总生物量，分别计算了以鲢、鳙、青鱼、草鱼为对象的渔产力，计算结果是：鲢 0.33 市斤*/亩、鳙 27.11 市斤/亩、青鱼 2.26 市斤/亩、草鱼 5.17 市斤/亩。另外计算了湖泊细菌数和有机碎屑量提供的渔产力分别是 0.17 市斤/亩和 0.86 市斤/亩，合计总渔产力是 35.9 市斤/亩，合 17.95 千克/亩。

　　张玉书（王洪道等，1989）又依据洪泽县水产所估算渔产量的各类生物量，计算了洪泽湖的渔产潜力是 10.20 千克/公顷，占总渔产潜力的 3.79%；鲢为 38.78 千克/公顷，占总渔产量潜力的 13.40%；鳙为 303.32 千克/公顷，占总渔产量潜力的 75.25%；鲤为 16.95 千克/公顷，占总渔产量潜力的 6.30%。合计渔产潜力为 369.25 千克/公顷，合 24.62 千克/亩。

　　统计显示：20 世纪，洪泽湖 1956 年产量最高，达 21 650 吨；2001 年最低，仅 2 500 吨；2015 年以后，随着增殖放流效果大幅提升，产量也稳定在 20 000 吨以上；2020 年 10 月全面退捕后，捕捞产量归零。在洪泽湖渔业总捕捞产量中，鱼类产量占总捕捞产量的 73.5%～93.3%。洪泽湖 1956—2023 年水产品捕捞产量统计见表 4 - 4 - 1。

表 4 - 4 - 1　洪泽湖 1956—2023 年水产品捕捞产量统计

单位：吨

年份	产量	年份	产量	年份	产量
1956	21 650	1959	11 860	1962	6 365
1957	15 380	1960	7 515	1963	6 840
1958	5 805	1961	7 555	1964	9 255

---

　　*　1 市斤＝500 克。

（续）

年份	产量	年份	产量	年份	产量
1965	8 325	1985	12 674	2005	10 754
1966	8 335	1986	13 010	2006	14 008
1967	5 500	1987	15 276	2007	16 193
1968	11 285	1988	17 482	2008	16 990
1969	8 645	1989	17 973	2009	16 591
1970	7 300	1990	21 263	2010	13 241
1971	8 525	1991	21 784	2011	20 104
1972	8 445	1992	22 349	2012	14 938
1973	9 145	1993	25 581	2013	19 200
1974	9 470	1994	20 279	2014	14 943
1975	11 480	1995	21 194	2015	29 300
1976	12 385	1996	22 268	2016	25 000
1977	11 815	1997	24 061	2017	27 400
1978	11 645	1998	23 293	2018	33 214
1979	8 655	1999	21 835	2019	31 554
1980	10 844	2000	23 207	2020	27 170
1981	11 465	2001	2 500	2021	/
1982	11 571	2002	5 463	2022	/
1983	10 583	2003	8 000	2023	/
1984	12 388	2004	8 954		

来源：《洪泽湖渔业史》（1990 年版）、《洪泽湖志》（2003 年版）、省洪泽湖渔管办渔业统计年报等。

第二节　渔区鱼汛

一、洪泽湖渔区

洪泽湖为过水性湖泊，水面辽阔，湖情复杂，湖滩遍布，湖汊众多，水草疏密不均，水域深浅不等，水情变化频繁，鱼类繁殖、栖息和生长往往与所处水环境状况和水生动植物分布数量有关。因此，根据洪泽湖水域的不同区域范围和各自的湖情渔情特点，结合长期捕捞经验，洪泽湖被划为三个自然渔区。

（一）成子湖渔区

成子湖渔区位于洪泽湖的北部，由成子湖西岸的尚咀头向东岸高松河口画一直线，直线以北的湖区就是成子湖区。其面积约 55 万亩，占洪泽湖面积的 23%，平均水深 2 米，湖底多为泥沙和淤泥地，也有一部分硬泥地。这里无大型进出水口，整个区域呈湖湾型。浅滩和水草数量明显低于湖西区，水草分布面积约 7.2 万亩，约占全湖水草量的 8.2%。

该区域渔获物以敞水性的鲚、银鱼和白虾为主，主要有银鱼、秀丽白虾、鲫、鳊、红鳍鲌以及螃蟹等。该区域总的渔获量约为全湖的15%。该区域东北部的周岗附近湖区、北部的桂咀和北山头附近湖区为银鱼的传统产卵场，主要渔具有搬网、兜网、丝纽网、丝网和簖，其他小型渔具虾笼等也比较多。

20世纪80年代后期监测数据表明，成子湖区浮游植物的平均数量为187 667个/升，平均生物量为0.28毫克/升，略高于全湖浮游植物的平均生物量，为全湖平均生物量的1.22倍。浮游动物的平均生物量为2 727个/升，平均生物量为13.9毫克/升，高于全湖浮游动物的平均生物量，为全湖平均生物量的1.46倍。该区有水草7.15万多亩，总生物量为0.895亿千克；芦苇面积1.89万亩，可产芦柴2 500~3 000万千克；底栖动物的平均密度为91.33个/平方米，平均生物量为90.01克/平方米，折合每亩60多千克，是全湖最少的地区，仅及全湖平均值的52%，本区的鱼产力为22千克/亩。

该区域水的平均透明度为21.8厘米，污染程度轻，主要有毒物质的含量均未超过国家规定的渔水质标准，对渔业不构成危害。

（二）湖西渔区

从成子湖西岸的尚咀头向蒋坝湖湾的西岸画一直线，直线以西的湖区就是湖西区，水面约80万亩，平均水深2米。底质大部为淤泥地，也有一部分硬泥地，洪泽湖主要进湖水道淮河、崇潼河、潍河、安河等皆分布在这个区域，无出水河道。本区滩地多，环境多样，该区域水草贮量曾经一度约占全湖总量的90%，重要的水生经济动物、植物分布较广，渔业资源十分丰富，主要类有鲤、鲫、乌鱼、黄颡鱼、红鳍鲌、戴氏鲌、青鱼、草鱼、鳗，以及日本沼虾、蟹等。同时，还有较丰富的贝类、野禽和水生经济植物，如菱、藕、芡实、芦苇等。在敞水地带，银鱼、鲚鱼、秀丽白虾的产量也比较高，穆墩附近为银鱼主要产卵场所。历史上杨老洼、王沙、羊毛咀、大兴滩是洪泽湖的四大繁殖保护区，有9万多亩水面。此外，洪泽湖几乎所有的渔具渔法在这个区都能使用。其中渔簖的数量最多，约有4 000塘。因此，该区域是洪泽湖上渔业生产最繁荣的水域，每到生产季节，常有万具千船在湖面作业。湖西区是成河、临淮、半城，湖上各乡镇渔民从事捕捞生产的主要阵地。该区捕获的渔产量约占全湖捕捞产量的60%。

20世纪80年代后期监测数据表明，该区域浮游植物的平均数量为99 804个/升，平均生物量为0.27毫克/升，略高于全湖的平均值，为全湖平均值的1.2倍，浮游动物的平均数量为2 568个/升，（平均生物量为11.75毫克/升），也略高于全湖的平均值，为全湖平均值的1.24倍。底栖动物的平均密度为143.52个/平方米，平均生物量为151.607克/平方米，低于全湖的平均值，为全湖平均值的88%。

湖西区自然环境优越，是以鲤、鲫为主体的草上产卵鱼类的主要繁殖基地，青虾的肥育和繁殖基地。20世纪50—60年代，这里曾经是入淮河产卵繁殖的四大家鱼和其他鱼类亲鱼的肥育基地，也是仔、稚鱼的肥育和历次放流鱼、蟹的湖区，因此该区也是渔业资源增殖保护的重点。1983年起，已在该区建立的9万亩的繁殖保护区，终因未认真立法和加强管理而名存实亡。

湖水的平均透明度为37.8厘米，水质基本良好。美中不足的是该区域在20世纪80年代后期到21世纪初，淮河上游污水下泄，导致常有污染水进入，尤以淮河入湖河口段、马浪港附近及溧河洼等区域为甚，特别是枯水期这些河段注入污水时，其危害程度较大。

也有一种划分方法将湖西区再划一块区域称为大滩洼区，随着时间的推移，该区域已经逐步失去了原有特点，本书就将它划归为湖西区了。

2006年，该水域的大部分区域已经被分别划定为洪泽湖东部省级湿地保护区和洪泽湖泗洪国家级湿地保护区范围了。

（三）湖东渔区

湖东渔区位于洪泽湖的东部，是除了湖西区和成子湖区以外的部分，面积约近105万亩，占洪泽湖面积的44%，平均水深2.17米。该区域是全湖面积最大水最深的一个渔区。底质大部分为淤泥地，也有少量的硬泥地和泥沙地。湖的出水口集中在这个区，如三河、洪金洞、灌溉总渠渠口、二河、越闸、淮沭新河等。这里泄水闸门多，常会因特殊水情造成渔业资源大量向闸下流失。这里是滩地和水草最少的一个湖区。鱼类区系组成与成子湖区、湖西区也不相同。以敞水性的银鱼、刀鲚、白虾为主，其次是鲌、鲢、鳙等，捕捞量约占全湖捕捞总量的25%。湖东区为一敞水水域，成河、半城、临淮、淮河、老子山、三河等乡的渔民，都经常在这里作业。主要品种是银鱼、鲚和秀丽白虾，其次为翘嘴鲌、鲤、鲢、鳙、赤眼鳟、鲫、鳊等。渔具以网渔具为主，如拖网、兜网、丝纲网、联网、快网、江网等。

20世纪80年代后期监测数据表明，该区浮游植物的平均数量为85 125个/升，平均生物量为0.203毫克/升，略低于全湖平均生物量。浮游动物的平均数量为1 856个/升，平均生物量为8.2毫克/升，也低于全湖浮游动物的平均生物量，为全湖平均生物量的86%。底栖动物的平均密度为211.8个/平方米，高于全湖的平均生物量，为全湖平均生物量的1.06倍。该区域的湖水平均透明度为16.7厘米，污染程度不大，主要有毒物质的含量都未超过国家规定的渔业水质标准，因此，对渔业生产危害不大。

二、洪泽湖鱼汛

洪泽湖的渔汛一般指渔业的高产集中时段和高产集中区域两个方面，是捕捞渔民根据历史传统和经验传承，掌握主要鱼类的生活、生长和繁殖习性规律等总结出来的经验。所谓的渔汛主要包括以下几个方面。

一是毛刀阵。季节性和鱼类索饵洄游、生殖洄游。如毛刀鱼（鲚鱼）汛发生在每年的8月直至湖上冰冻止。

二是银鱼阵。银鱼汛每年有两期，第一期是自5月份起有40多天的高产期，第二次是从秋天至冬天，具体时间从9月20日至12月底止。

三是河蟹阵。"西风响，蟹脚痒"，螃蟹洄游的季节一般指中秋节以后，湖蟹膏黄肥满的时期，湖蟹成群结队向海里爬行，此时正是河蟹收获的季节。

四是鲤鲫窝。鲤和鲫等湖上定居鱼类的汛期多发生在产卵生殖期，在近草滩附近集聚繁殖。

除季节性渔汛外，经验丰富的渔民掌握了不同品种鱼虾蟹贝的活动规律。有的鱼喜欢集群，如草鱼群、青鱼群、鲢鱼群等；有的鱼习惯成阵，如毛刀鱼阵（鲚鱼）、丁鱼阵等；有的鱼乐于成窝，如鲤鱼窝、黑鱼窝、长鱼窝、鳗鱼窝等；有的成滩或成段，如鳖出一滩，龟出一段等。

渔汛除了与不同鱼自身规律有关，还与水情湖情密切相关。俗话说"涨水鱼多，耗水虾多"。涨水鱼多，一般指发大水后的头几天，碰到的鱼群只会有一两天的高潮，遇到的毛刀鱼阵有时只能维持几个小时。为了抓住鱼汛，渔民会日以继夜，连续跟踪，集团作战，几十条乃至一二百条船和网围着鱼群转。有时有的渔船一天能追上一百多里水路，有的尾追、有的打头、有的截阵。洪水头过大也捕不到，"鱼无三日猛，水大不管捕"，也是渔民的经验之谈。

渔民根据自己掌握的各渔区鱼类活动的规律，抓住关键，不同季节采取不同的渔具渔法。历史上曾出现过很多捕捞高产纪录和先进典型。如20世纪20—30年代，几户渔民在尚咀南湖发现一阵大鱼群，他们用力划船尾追，这群鱼阵长达十多千米，宽0.5千米多，大部分是6~7千克到十几千克的大鱼，小的也有一千克左右，由于船具有限，仅截获一部分，总计1 000多千克。1948年，成河渔民刘成富等组织打围箔200多条，一天捕鱼7 000多千克。1953年，渔民刘士良在临淮渔区下簖，一个簖塘一天捕鱼5 000多千克。由于连续高产，刘士良被评为捕鱼能手，多次出席县以上先进生产者代表大会。1956年夏，成河渔民刘成富等人，在安河上吕集至顾勒一线，抓住雨后涨水鱼逆流上行的时机，他们下箔13塘，用13条小船连续向顾勒水产站送鲜鱼12天，每天都达5 000千克左右。1958年7月份，在金洼到高房咀，杨正文等人（洪祥村）发现有一个毛刀鱼阵，他们大网船正在那里生产，拖网只有一个袋头，两个小时左右，就拉毛刀鱼1 500多千克。有些老渔民有丰富的捕捞生产经验，即使在水产品产量处于低谷期的20世纪70年代，仍然保持稳产。如老子山镇红旗大队一队有一户渔民，当时老夫妻俩均已年过古稀，仅凭一条小溜子在滩边捕虾，一直到20世纪80年代初，每年捕虾都在5 000千克以上。"毛刀跟风跑，银鱼水上漂"。这是渔民掌握渔汛的一条经验。20世纪80年代初，由于经济体制改革，调动了广大渔民的积极性，在银鱼汛期到来的五六月份，一般渔民一条网船下湖，一天可捕银鱼100千克左右，有的甚至达150千克以上，产值近千元。洪泽湖禁捕退捕前，每年的封湖禁渔期结束后的一周，湖区渔产量很高，据了解，高良涧渔民在湖东区一塘簖地一早最高产量上万斤。

随着渔业管理逐步规范，为加强渔业资源保护和增殖，已经将主要鱼类繁殖期生长期列为禁捕期，所谓的鱼汛往往难复存在。

第三节　渔获物组成及变化

从湖区鱼类组成分析，湖区渔获物产量主要由四大家鱼、鲤、鲫和刀鲚等组成。其中，鲤、鲫产量总体呈下降趋势，1961年产量最高达3 023.2吨，2001年最低仅459吨；

四大家鱼在遭受闸坝的阻断及大量的捕杀后，湖区缺乏天然苗种入湖，产量曾经大幅下降，1982年最低仅266.1吨，后经放流增殖，产量上升明显；2000年、2002—2004年产量在1178～2750吨，比1982年1000吨以下的产量有较大提高；刀鲚在湖区的产量总体呈上升趋势，1949年最低仅54.6吨，1982年最高达2348.5吨，2000年、2002—2004年产量基本维持在1200吨以上。湖区鲤、鲫占总渔获物的比例波动较大，四大家鱼、鳊、鲂的比例从20世纪50年代初期的15%下降至20世纪80年代初期的3%～5%，后又回升至2000年后的20%以上；鲌类比例下降明显；刀鲚、银鱼的比例总体上升明显，刀鲚从最低的1%上升到近年的17%左右，最高达28.2%，银鱼从0.5%上升至2%～3%，最高达6.9%。

从湖区渔获物主要鱼类种群年龄结构分析，鲤、鲫、鳊、翘嘴鲌的年龄组成正向低龄化发展。例如，1960年渔获物中的鲤鱼以3龄为主，1982年及1990年则以2龄以下为主；鲫在1960年以3龄、4龄为主，到了1982年和1989年则以1龄为主；鳊从1960年的3龄下降至2～3龄；翘嘴鲌从1960年的3龄为主，变化至1973年的2龄为主。湖区鱼类种群正向低龄化、小型化发展。与众多湖泊一样，湖区鱼类资源中性成熟年龄低的小型定居性及敞水性鱼类占优势的趋势越来越突出，不同渔获物在总捕捞量中的占比见表4-4-2。

表4-4-2　不同渔获物在总捕捞量中占比

单位：%

年份	总捕捞量（吨）	鲤	鲫	鳊鲂	四大家鱼	鲚	银鱼	虾	蟹	杂鱼
1949	5 460	15	25	3	12	1	0.5	5	2	27.5
1958	5 805	14	11		9			26.5		33.5
1961	7 555	15	25		6			11		35
1968	11 285	6			8.4	7.6	0.5	21		56
1979	8 655	5	13	1	3.9	25.4	2.9	28.4	10.2	7.2
1982	11 571	5	14	1.3	2.3	20.3	2.7	14.8	20.4	18.1

注：均折成鲜货计算。

第四节　水生经济植物采摘

洪泽湖水生植物繁茂，水草在浅水域的覆盖率达70%以上，素有"百里芦荡，万顷草滩"之称，以芦苇、蒲草、莲、芡实、菱角、菹草、轮叶黑藻等为主的水生植物有81种，隶属36科61属，莲藕、芡实、菱角在历史上即素享盛名，曾有"鸡头、菱角半年粮"的说法，其中：芦苇分布面积40平方千米（0.4万公顷），其他水生植物的总生物量约有150万吨，分布面积为550平方千米（5.5万公顷）。水生植物是鱼、虾、蟹等的饵料，也是鱼类栖息、产卵和幼鱼生长的良好场所，大面积的水生植物为鱼类和其他水生动物提供了栖息和繁衍的优良场所。

1962 年，洪泽县人民政府作出规定，凡是沿湖周围的国有苇滩和水面生长成片芦苇、芡实、菱藕、蒿草、蒲草等水生植物，均列入湖产管理范围，按原行政区划，因地制宜地划给湖上各公社、生产大队、生产队管理，对不便划分的，可由公社、大队组织专业人员看管，对湖内所有苇滩和水生植物，均严加保护，不准破坏，更不准随便砍伐、采摘和放牧牲畜等，以免影响其正常生长；凡新培植的苇柴 3 年内不得收割。

20 世纪开始的围湖造田使洪泽湖湖泊面积缩小，降低了湖泊的调蓄功能，在一定程度上破坏了蓄泄平衡，加剧了涝情。不适度的放养和围网养殖，使一些湖泊水生植物资源受到破坏，甚至消失，造成其他水生生物的次生性灭绝，从而破坏了湖泊的生态环境，导致湖泊生物多样性丧失和渔业产量的下降。

2001 年起，封湖禁渔期除特别允许的作业外，捞割水草作业一律禁止。

20 世纪末至 21 世纪初，随着洪泽湖流域人口增加和城镇化进程加快，加上周边地区工业、养殖业和旅游业的发展，洪泽湖的生态环境受到威胁。

2006 年 2 月，泗洪洪泽湖湿地国家级自然保护区和淮安洪泽湖东部湿地省级自然保护区相继批准建立，有力地保护了洪泽湖水生经济植物生长，从而维护了湿地生态系统。

2017 年以来，结合长江"十年禁渔"，泗洪县大力开展禁捕、退捕、退养工作，退渔还湿（湖）面积达到 28.33 万亩，近万户渔民"洗脚上岸"。面对修复水域生态环境和兜牢渔民生计底线的双重挑战，如何实现生态保护和富民增收双重效益，让上岸的渔民仍能"靠水吃水"，成为摆在地方政府面前亟待解决的问题。沿湖地方政府积极推动水产经济植物的栽种和利用。泗洪县探索开展水上生态牧场建设，重点在已退渔还湿（湖）水域栽种菱角、芡实、莲藕等水生经济植物，增殖放流鱼、虾、蟹及螺蛳、河蚌等，在获得经济效益的同时净化水质。在此期间，泗洪县共成立水上生态牧场合作社 17 家，培育水上生态牧场经营主体 10 个，累计在已退渔还湿（湖）水域建成 17.13 万亩水上生态牧场，带动 776 户专业养殖户和 562 户已脱贫农户加入合作社，年带动增收 775 万元。"泗洪县建设自然恢复和渔民增收双向互利的水上生态牧场"项目被评为江苏省 2021 年度"十佳生态环境治理改革创新案例"。

2022 年以来，为依法有序利用洪泽湖水面资源，合理种植采摘经济水生植物，以实现生态修复和民生保障，省洪泽湖渔管办积极组织编制了《洪泽湖蓄水范围线内重要经济水生植物发展规划（2022—2030）》，待批复后发布实施。

第五节　渔船油补政策

2006 年，国家实施渔业油价补贴政策。这是党中央、国务院出台的一项重要惠渔富民政策，对于促进渔业发展、保护渔民利益、维护渔区稳定发挥了重要作用。前期，渔业油价补贴直接补给船舶所有人，与渔民减船转产政策发生"顶托"，导致渔船数量、捕捞强度长期居高不下，进而导致减船转产积极性不高、渔业产业转方式调结构难度增加等一系列问题。

2015 年起，为促进渔业持续健康发展，国家对国内渔业捕捞和养殖业油价补贴政策进行调整。为贯彻落实国务院关于调整国内渔业捕捞和养殖业油价补贴政策精神，完善财政支持方式，充分发挥渔业油价补助政策效应，根据《财政部 农业部关于调整国内渔业捕捞和养殖业油价补贴政策促进渔业持续健康发展的通知》（财建〔2015〕499 号）要求，结合江苏省实际，省财政厅、省海洋与渔业局共同研究制定了《江苏省 2015—2019 年国内渔业捕捞和养殖业油价补贴政策调整实施方案》。2015 年 12 月，该方案经省政府批准印发各地执行。

洪泽湖渔船油补为渔业油价补贴的一部分，补贴对象为从事渔业捕捞以及水产养殖并使用机动渔船的船舶所有人。根据农业部《国内捕捞机动渔船油价补贴标准上限调整实施方案（试行）》（农办渔〔2015〕65 号），从 2015 年起，对国内捕捞渔船实行按作业类型和大小分档核算油价补贴。按渔船船长和功率（均以《渔业捕捞许可证》中载明的船长和主机总功率为准）进行分档，确定其补贴核算标准上限。对渔船主机功率未达到对应船长分段核算功率下限，以及对应船长档位未设补贴上限标准的，自动按功率对应的低档次船长分档标准予以核算补贴。

渔船船籍港所在地或申请人户籍地乡镇人民政府（街道办事处）负责受理油价补贴申请。管辖存在异议的由上一级人民政府指定。

2017 年起，对《渔业船舶检验证书》《渔业船舶所有权登记证书》《渔业船舶国籍证书》《渔业捕捞许可证》等证书有效期不足整个补贴年度的，以月为单位，按比例核算各证书同时有效月份的油价补贴。对起、止月，达到或超过 15 天的按一个月计，不足 15 天的当月不计入。

对达到限制使用船龄的老旧捕捞渔船，2015 年至 2017 年度油价补贴分别按照当年标准的 100%、70%、40%予以核算；2018 年度及以后年度一律不予申报。

2020 年 10 月后，随着禁捕退捕政策的全面实施，洪泽湖所有捕捞渔船捕捞权全部收回，捕捞渔船油补停止。

第五章

禁捕退捕

第一节　禁捕退捕政策

近年来，随着酷捕滥捞现象的加剧，洪泽湖水域的生态功能显著退化，珍稀特有鱼类全面衰退，经济鱼类资源量连年下降，保护形势十分严峻。2019年以来，为认真贯彻习近平总书记关于长江流域重点水域禁捕退捕工作的重要指示批示精神，进一步落实党中央、国务院决策部署和省委省政府具体要求，江苏省34个国家级、省级水生生物保护区实行常年禁捕，长江干流江苏段及通江湖泊实行"十年禁渔"；水生生物保护区所涉湖泊其他水域全面退捕，并在此基础上研究制定科学利用水面规划，发展增殖渔业，有组织进行捕捞。

实施长江流域重点水域禁捕退捕，是以习近平同志为核心的党中央从中华民族长远利益出发和从国家发展战略全局高度作出的重大决策部署，是推进长江流域生态文明建设、开展生态环境治理和促进长江经济带绿色发展的关键举措，是功在当代、利在千秋、为全局计、为子孙谋的大事要事。洪泽湖实施禁捕退捕以来，根据农业农村部、财政部、人力资源和社会保障部联合发布的《长江流域重点水域禁捕和建立补偿制度实施方案》要求，洪泽湖渔业主管部门会同沿湖地方政府积极排查摸底统计，认真汇总复核底数，实施精准建档立卡，优化完善补偿安置方案，通过宣传动员、摸底调查、建档立卡、明确方案、签订协议、船网回收、处置销号"系统施策七步法"，开展洪泽湖全面退捕工作。明确了时间安排：2020年7月底前，各县区全面开展退捕渔船渔民核查登记，摸清底数，录入系统，按时建档立卡。2020年9月中旬前，开展调研，研究制定补偿安置政策，测算资金需求，全面宣传发动，部署禁捕退捕工作。依法发布禁捕退捕公告，有序开展船网资产评估、补偿协议签订、捕捞权证收回、渔船网具收缴、资金拨付、渔民转产安置工作。2020年10月15日前，保护区内的退捕任务全部完成；11月底前，完成当年退捕任务。2020年12月起，分水域开展"回头看"和督查问效，查漏补缺，妥善处理遗留问题，做好重点水域禁捕退捕"回头看"工作，建立区域协作、部门联动、群防群治的重点水域禁捕退捕管理长效机制。

经统计，除溧河洼水域外洪泽湖捕捞渔船共计4158艘、主机总功率12.57万千瓦，其中专业捕捞渔船3668艘、主机总功率11.22万千瓦；兼业捕捞渔船490艘、主机功率1.35万千瓦；渔业捕捞许可共计6013起，其中网船1440起、渔簖1308起、丝网1807起、方兰1337起、钩卡121起。

第二节　禁捕退捕渔船情况

2019 年，根据《国务院办公厅关于加强长江水生生物保护工作的意见》《农业农村部财政部人力资源社会保障部关于印发〈长江流域重点水域禁捕和建立补偿制度实施方案〉的通知》精神，江苏省农业农村厅、淮安市人民政府、宿迁市人民政府联合发布《关于收回洪泽湖水域兼业渔民捕捞权的公告》，对全部兼业渔民渔船实施退捕。据统计，退捕渔船共计 490 艘，总功率 13 504.4 千瓦，具体情况见表 4-5-1。

表 4-5-1　2019 年洪泽湖退捕渔船情况

市县（区）		渔船数量（艘）	总吨位（吨）	总功率（千瓦）
淮安市	洪泽	1	3	30.9
	盱眙	0	0	0
	淮阴	17	19	186.7
	小计	18	22	217.6
宿迁市	泗洪	374	1 187	11 479
	泗阳	93	217	1 698.8
	宿城	5	7	109.3
	小计	472	1 411	13 286.8
总计		490	1 433	13 504.4

资料来源：江苏省退捕渔民建档立卡档案。

为促进洪泽湖禁捕退捕工作整体推进，做到"一湖同策"，省洪泽湖渔管办与淮安、宿迁两市党委政府积极沟通，在时任江苏省人民政府赵世勇副省长的亲自协调下，终于促成淮安宿迁两市涉洪泽湖水域的渔船同步退出。2020 年，根据《中国水生生物资源养护行动纲要》（国发〔2016〕9 号）和《省政府印发关于全面推进我省长江流域禁捕退捕工作实施方案的通知》（苏政发〔2020〕58 号）文件精神，江苏省农业农村厅发布第 15 号公告，于 2020 年 10 月 10 日收回洪泽湖省管水域渔业生产者捕捞权，撤回捕捞许可，相关证书予以注销，对全部捕捞渔船实施全面退捕。据统计，除溧河洼水域外退捕渔船共计 3 668 艘，总功率 112 208.3 千瓦，具体情况见表 4-5-2。

表 4-5-2　2020 年洪泽湖退捕渔船情况

市县（区）		渔船数量（艘）	总吨位（吨）	总功率（千瓦）
淮安市	洪泽	1 353	10 145	44 543
	盱眙	248	3 490	8 215.5
	淮阴	35	200	1 017.1
	小计	1 636	13 835	53 775.6

（续）

市县（区）		渔船数量（艘）	总吨位（吨）	总功率（千瓦）
宿迁市	泗洪	1 677	6 412.2	50 835
	泗阳	286	1 639	5 593.8
	宿城	69	196	2 004.1
	小计	2 032	8 247.2	58 432.7
总计		3 668	22 082.2	112 208.3

资料来源：江苏省退捕渔民建档立卡档案。

第三节　补偿安置政策

根据国家相关部委和省政府出台的一系列有关文件要求，淮安、宿迁两市同步出台了《重点水域禁捕退捕补偿安置指导意见》，明确了补偿安置标准、工作程序和实施办法。补偿安置内容包括。①捕捞权收回补偿。对核定的退捕渔船，依法收回、注销《内陆渔业船舶证书》，对持证人给予一次性补偿。具体补偿标准按不低于《江苏省国有渔业水域占用补偿暂行办法》规定的标准执行，核定功率不足8.8千瓦的按照8.8千瓦计算。②渔船网具等专用生产设备补偿。对核定的退捕渔船、渔网和捕捞辅助工具等，由各县区政府统一征收、买断，经评估评定后，对船舶所有人给予补偿，并逐一登记造册集中拆解报废，彻底清理上岸。③临时生活补助。对退捕的专业渔民，参照当地城乡最低生活保障标准，安排转产期临时生活补助，补助时间最长不超过24个月，具体由各县区政府自行安排。④社会保障。对退捕的专业渔民，由户籍所在地地方政府按照土地征收的有关规定予以安置，参加社会保险。将符合享受最低生活保障条件的退捕渔民纳入当地最低生活保障范围。对渔民低收入户建档立卡，优先落实有关政策。⑤转产转业。推进捕捞转产、渔民转型，开展"点菜式"转产培训，充分尊重退捕渔民意愿，有选择性地开展退捕渔民的职业技能培训，将退捕渔民纳入新型职业农民培训计划，加强创业指导、培训和跟踪服务，落实创业富民政策，不断拓展退捕渔民的就业门路。⑥上岸定居。对无住房的退捕渔民，以户为单位，参照各地住房保障相关政策，纳入住房保障；对居住危房的渔民，可结合其意愿，纳入住房保障或农村危房改造政策支持范围，确保住房安全有保障。

淮安、宿迁两市在实施退捕过程中，依据上级要求，对于持合法有效证件的捕捞渔船给予相应补偿，相关政策由市级统筹规定、原则掌控、县区细化方案、具体实施。对于专业渔船的捕捞证原则上按照2 500元/千瓦予以补偿，对于兼业渔民的捕捞证：淮安市淮阴区按5 000元/千瓦、洪泽区按2 500元/千瓦，宿迁市统一按1 250元/千瓦予以补偿，其他船网证的补偿根据第三方评估情况操作。两市对于专业渔民的社会保障（含养老保险、过渡性补贴等）按照两市最低生活标准予以执行，相关生活补贴和16岁以下人员有无补偿及补偿标准根据各地情况标准不一；对于兼业渔民，两市补偿政策均未涉及相关社会保障。

淮阴区：17 户兼业渔船按 5 000 元/千瓦补偿，35 艘专业渔船按 2 500 元/千瓦补偿，其他船网证相关补偿一致。兼业渔民除船网证外不享受社会保障，专业渔民每人享受养老保险 98 620.5 元（每船 2 人）、16 岁以下 2 万元补助、过渡性补贴 645 元/月（不超过 24 个月）和住房补贴（高家堰安置面积不高于 114 平方米、每平方米补助 350 元，县区安置面积不高于 100 平方米，每平方米补助 400 元；两者二选一，超出部分按市场价）。

洪泽区：1 户兼业渔船和 1 353 户专业渔船均按 2 500 元/千瓦补偿，船网证相关补偿一致。兼业渔民除船网证外不享受社会保障，专业渔民每人享受养老保险 98 620.5 元（每船 2 人）、16 岁以下 2 万元补助、过渡性补贴 645 元/月（不超过 24 个月）和住房补贴（不买房一次性补贴 3 万，在乡镇买房最高补贴 100 平方米、350 元/平方米，在县区买房最高补贴 100 平方米、400 元/平方米）。

盱眙县：248 户专业渔船均按 2 500 元/千瓦补偿，无兼业渔民。专业渔民每人享受养老保险 98 620.5 元（每船 2 人）、建档 2 人中有 16 岁以下的 2 万元补助、过渡性补贴 645 元/月（不超过 24 个月）和住房补贴（不买房一次性补贴 3 万＋4 800 元过渡租房补贴，在各乡镇或县区买房按不同市场价格分别给予不同标准补贴）。

宿城区：5 户兼业渔船按 1 250 元/千瓦补偿，69 户专业渔船按 2 500/千瓦补偿，其他船网证相关补偿一致。兼业渔民除船网证外不享受社会保障，专业渔民每人享受养老保险 93 269 元（每船 2 人），如建档 2 人中有 16 岁以下的补一次性补助 2.35 万元，过渡性补贴 610 元/月（不超过 24 个月）和住房补贴（无房的在中扬安置小区买房享受优惠价，按 1 680 元/平方米左右，市场价 3 000 元左右）。

泗阳县：93 户兼业渔船按 1 250 元/千瓦补偿，286 户专业渔船按 2 500 元/千瓦补偿，其他船网证相关补偿一致。兼业渔民除船网证外不享受社会保障，专业渔民每人享受养老保险 93 269 元（每船 2 人），无 16 岁以下建档渔民，过渡性补贴 610 元/月（不超过 24 个月）和住房补贴（以前享受渔民上岸补贴不重复享受，未享受过的补贴根据买房地点在村、镇和县区分别补贴 3 万元、3.5 万元、4.5 万元、其中 15 户集中安置小区）。

泗洪县：374 户兼业渔船按 1 250 元/千瓦补偿，1 677 户专业渔船按 2 500 元/千瓦补偿，其他船网证相关补偿一致。兼业渔民除船网证外不享受社会保障，如建档 2 人中有 16 岁以下的补一次性补助 2 万元，过渡性补贴 610 元/月（不超过 24 个月）和住房补贴（以前享受渔民上岸补贴不重复享受，未享受过补贴的根据买房地点在村、镇、大镇和县区分别补贴 3 万元、3.5 万元、4 万元、4.5 万元），另外，创业的渔民享受政府贴息贷款最高 15 万元，参加就业培训有一定的培训生活补助。

第四节　禁捕退捕渔民情况

2019—2020 年，洪泽湖全面退捕共涉及退捕渔民 8 627 人，其中淮安市 3 664 人（洪泽区 3 069 人、盱眙县 495 人、淮阴区 100 人）、宿迁市 4 963 人（泗洪县 4 040 人、泗阳县 792 人、宿城区 131 人），共涉及退捕渔民家庭人口（含退捕渔民）17 279 人，其中淮安市 7 215 人、宿迁市 10 064 人。针对退捕渔民，淮安、宿迁两市人民政府积极做好船网证补偿和安置工作，大力推进转产就业，确保有劳动能力和就业意愿退捕渔民实现100%转产就业；出台退捕渔民社会保障政策，将符合条件的退捕渔民按规定纳入社会保障；全面落实养老保险缴费补贴政策，切实做好困难退捕渔民基本生活保障工作；通过统规自建、购房补贴、集中安置等多种方式，统筹解决退捕渔民住房问题。除溧河洼水域外沿湖县区退捕渔民情况见表4-5-3。

表4-5-3 2019—2020年洪泽湖退捕渔民情况

市县（区）		退捕渔民数量（人）	退捕渔民家庭人口数量（人）
淮安市	洪泽	3 069	5 857
	盱眙	495	1 122
	淮阴	100	236
	小计	3 664	7 215
宿迁市	泗洪	4 040	8 135
	泗阳	792	1 630
	宿城	131	299
	小计	4 963	10 064
总计		8 627	17 279

资料来源：江苏省退捕渔民建档立卡档案。

禁捕退捕前，洪泽湖传统渔业的发展，为沿湖渔农民群众带来了经济收入，推动了地方经济的发展，解决了周边沿岸的就业问题，同时对渔业捕捞相关的设备以及相关企业的发展具有一定的推动作用，如：渔网、渔具、渔船等在传统渔业的影响下形成了作坊化甚至企业化生产，相关以水产品为主打食品的餐饮行业以及渔业贸易都得到了长足发展。但千家万户单打独斗式的"散户"捕捞方式也存在不少弊端，尤其是开捕后，大多数鱼虾会在短期内被集中捕捞，甚至部分人员为获得更多的利益在禁渔区、禁渔期或者使用违禁渔具从事捕捞生产，这不利于资源的高效利用和保护，也不利于产业发展和渔政监管。禁捕退捕后，洪泽湖自先秦时期延续上千年的以渔民个体形式从事捕捞的行为成为历史，传统渔业的捕捞、经营形式消失，渔民和渔村的生存、发展方式也随之发生巨大改变，洪泽湖渔业出现前所未有的大变革。

禁捕退捕的实施，通过引导渔民"洗脚上岸"放弃传统的捕捞权益，改变了传统渔业"一家一户"分散的竞争式捕捞方式，进而改变了渔民"下水无鱼、上岸无地"的生计困境。更重要的是，禁捕退捕的实施，减少了对渔业资源的竞争性过度捕捞，延缓了渔业资源急剧衰退趋势，并促进了它的恢复修复，破解了水生生物资源严重衰退、生物多样性不断减少的生态困境，为生态环境留出休养生息的时间和空间，有效避免了"公地悲剧"的一再上演。禁捕退捕有力维护了地方经济社会发展安全、湖泊生态安全、渔业生产安全、水产品质量安全和退捕（养）渔民生活安全，为推进洪泽湖早日实现生态渔业高质量发展行稳致远提供了重要保障。

第五节　同步退捕情况

洪泽湖溧河洼水域是洪泽湖整体水域的重要组成部分，在省洪泽湖渔管办成立之初，经原省海洋与渔业局同意，以朱台子为界，朱台子以南的洪泽湖水域收归省管，朱台子以北的洪泽湖溧河洼水域仍由宿迁市地方管理。

按照"同湖同策"原则，在洪泽湖实施禁捕退捕的同时，经江苏省政府同意，宿迁市泗洪县对洪泽湖溧河洼水域同步实施退捕工作。根据宿迁市泗洪县人民政府《关于印发泗洪县全面推进洪泽湖水域禁捕退捕工作实施方案的通知》和《关于印发泗洪县洪泽湖水域禁捕退捕补偿安置办法的通知》，洪泽湖溧河洼水域的退捕时间、工作程序、捕捞权收回补偿、船网回收补偿、提前签约交付奖励、临时生活补助、转产转业和相关保障、住房保障等全部与洪泽湖省管水域一致。

经统计，洪泽湖溧河洼水域退捕渔船共计 2 682 艘，总功率 59 540.3 千瓦，共涉及退捕渔民 4 620 人、退捕渔民家庭人口（含退捕渔民）8 480 人。

05

第五篇　养殖渔业

第一章

养殖生产

第一节　养殖情况和产量

洪泽湖渔民文化程度不高、社会融合度较低，很少接触湖外的世界，长期习惯于依湖而居、以船为家、流动作业、捕鱼为生。洪泽湖地区的养殖渔业起步较晚，20世纪40年代，沿湖群众采取"人放天养"的方式，在就近沟塘中放养一些小鱼，根据长势情况进行捕捞，缺乏主观上追求收益的想法。到20世纪50年代后期，有些人有了"养"和"管"的意识，将一些废沟塘稍微修整，放些鱼苗，采取不定期投喂饵料，饲料来源、品种和投喂量都不固定，属于粗放粗养，实际产量较低，一般每公顷产225～375千克，标志着对水产养殖已经产生了主观上的认识。

随着沿湖周边一些零散养殖户获得了一些收益，受"以粮为纲"的影响，出现了"向荒滩要粮"的圈圩高潮，开始围湖、围滩种植，地方政府开始将连片水面相对集中，办起了养殖场。1957年，洪泽县蒋坝水产养殖场建立。1958年建立了淮河公社地方国营洪泽县淮河鱼种场，同时成立了洪泽县老三河水产养殖场。国营渔场的建成和运行，为水产养殖业蓬勃兴起发挥了示范带头作用。1966年，湖区渔民被有组织推进陆上定居后，通过大面积开挖鱼池，建设了一批生产基地，为洪泽湖水产养殖发展打下了重要基础。到1975年，渔民经营的鱼池已有33公顷之多。1977年，国家投资200万元，在洪泽县的14个公社建立54个社、队渔场，开挖鱼池1 137个，共计680.7公顷水面。1962年的养殖产量仅占全湖渔产量的1%；20世纪70年代养殖产量也仅占全湖渔产量的0.5%～3%。

进入20世纪80年代，养殖产量逐年提高。自1983年起，联合国世界粮食计划署在投资援助洪泽湖渔业资源开发项目中，设置专款用于开挖鱼池。据1985年底统计，湖区养鱼面积为2 676.8公顷，其中内塘1 283.8公顷、湖荡633.3公顷、河沟172.7公顷、围栏586.6公顷。按县属划分，洪泽县养鱼面积为96.43公顷，泗洪、泗阳、盱眙、淮阴4县为586.6公顷。1988年《新华日报》报道，经过两年综合开发，洪泽湖区首次实现水产品的人工养殖量超过大湖捕捞量，水产品总产量比1985年翻了一番。1989年的养殖产量达到27 820吨，占洪泽湖渔业总产量的64%。1990年，湖区养殖面积10 933.3公顷，养殖产量29 814吨。1992年7月，泗洪县组织10万民工赴城头等沿湖、河滩地，开发水面2 670公顷，建成开放式精养鱼池800公顷，相当于历史上开发总和的一半。1993年，湖区养殖面积 15 991.3 公顷，养殖产量 47 523 吨。1994 年，湖区养殖面积 21 813.3 公顷，养殖产量 65 913 吨。1995 年，湖区养殖面积 23 631 公顷，养殖产量 70 893 吨。1997年，泗洪县"人工海水河蟹育苗"获得成功，当年湖区螃蟹养殖亩均成本降到不足700 元。

1998—2000 年，沿湖乡镇围栏养殖发展迅猛，泗阳县 1999 年一年就新开发洪泽湖水面 2 200 公顷。全县围栏养殖突破 6 600 公顷，2000 年达到 7 700 公顷。2000 年，湖区养殖面积已达 28 400 公顷。

2001—2023 年，洪泽湖的养殖品种主要以河蟹为主，占养殖面积的 80% 以上。

洪泽湖区 1978—2000 年渔业生产情况统计见表 5-1-1，2001—2023 年洪泽湖养殖情况及产量见表 5-1-2。

表 5-1-1　洪泽湖区 1978—2000 年渔业生产情况统计

年份	总产量	养殖生产		捕捞产量（吨）
		养殖产量（吨）	面积（公顷）	
1978	11 850	205	700.4	11 645
1979	9 177	522	1 106.6	8 655
1980	11 595	751	1 500.4	10 844
1981	12 315	850	1 600.6	11 465
1982	13 820	2 249	1 856.8	11 571
1983	14 839	4 256	2 205.6	10 583
1984	17 688	5 300	2 465.2	12 388
1985	18 350	5 676	2 676.8	12 674
1986	22 021	9 011	3 276.6	13 010
1987	31 135	15 859	5 750.8	15 276
1988	37 568	20 086	7 308.6	17 482
1989	45 793	27 820	10 102.4	17 973
1990	51 077	29 814	10 933.3	21 263
1991	46 552	25 768	9 202.4	21 784
1992	53 607	31 358	11 200.6	22 349
1993	73 104	47 523	15 991.3	25 581
1994	86 192	65 913	21 813.3	20 279
1995	92 087	70 893	23 631	21 194
1996	94 103	71 835	24 550	22 268
1997	98 168	74 107	24 864	24 061
1998	115 486	92 193	25 025	23 293
1999	137 083	115 248	25 612	21 835
2000	157 957	134 750	28 400	23 207

表 5-1-2　2001—2023 年洪泽湖养殖面积与产量情况表

序号	年份	养殖面积（公顷）		产量（吨）		
		养殖面积	其中河蟹	养殖产量	其中河蟹	其中河蚬
1	2001	34 533	30 533	12 887	11 012	
2	2002	39 667	36 333	20 973	19 015	
3	2003	41 133	36 800	19 266	17 032	
4	2004	33 600	30 067	18 337	16 028	
5	2005	30 800	25 400	18 967	16 034	
6	2006	29 667	24 400	24 848	21 303	
7	2007	28 800	23 667	27 775	24 506	
8	2008	27 400	22 800	41 035	26 507	10 600
9	2009	27 000	22 333	41 025	26 011	11 000
10	2010	26 467	22 133	37 030	18 014	14 400
11	2011	26 400	22 067	34 625	18 021	13 200
12	2012	26 333	21 667	36 171	21 022	11 500
13	2013	26 267	21 667	40 767	24 019	11 800
14	2014	26 200	22 267	27 509	17 025	6 550
15	2015	26 133	22 800	27 570	18 606	4 200
16	2016	26 067	22 800	29 030	20 312	2 031
17	2017	26 000	22 800	26 107	18 250	2 894
18	2018	23 513	21 067	22 549	14 458	
19	2019	22 007	18 133	20 972	11 623	
20	2020	19 653	16 467	22 300	10 380	
21	2021	19 007	16 400	24 000	10 939	
22	2022	17 520	14 933	29 641	16 915	
23	2023	15 276	10 614	24 872	15 829	

注：2018 年、2019 年和 2020 年河蚬产量分别为 9 900 吨、6 230 吨和 7 276 吨，已纳入捕捞产量统计。

第二节　苗种生产

一、鱼苗繁殖

在水产苗种繁殖技术未被渔民掌握前，水产养殖的鱼苗主要来自捕捞天然苗集中驯化培育。1957 年，在淮河大柳巷河段等地设弶网 100 条，捕获鱼苗 10 余万尾。1958 年，在淮河张捕鱼苗，设弶网 400 条，捕获鱼苗 4 000 万尾。1959 年，安徽省蚌埠闸建成后，破坏了淮河产卵场，导致鱼苗锐减。1961 年转向南京的长江上新河口、浦口等地设弶网捕鱼苗，是年设弶网 4 250 条，捕得鱼苗 2 170 万尾。此后，由于长江鱼苗产量下降，且运输困难、成活率低，因此，张捕鱼苗于 1964 年后逐年减少，直至停止。

1958 年 6 月 4 日，在广东南海水产研究所的鱼池里，第一批池养的鲢、鳙经脑垂体催情繁殖成功，成为中国家鱼人工繁殖的标志性事件。1962 年，全国人工繁殖鲢、鳙苗 10 多亿尾，此后又相继突破了草鱼、鲮、鳊、青鱼等鱼类人工繁殖关。1962 年，洪泽县淮河鱼种场鲢、鳙人工繁殖试验成功，生产鱼苗 130 万尾。此后，草鱼、青鱼、团头鲂也相继人工繁殖成功。20 世纪 70 年代，洪泽湖区国有养殖（鱼种）场全部能够进行四大家鱼人工繁殖，人工繁殖年平均 4 000 多万尾。20 世纪 80 年代，集体渔场都掌握了人工繁殖鱼苗技术，1980 年人工繁殖鱼苗 9 000 多万尾，1985 年达到 1.2 亿尾。1986 年生产鱼苗 8.71 亿尾，1987 年生产鱼苗 9.28 亿尾。20 世纪 90 年代前期鱼苗生产量下降，1992 年生产鱼苗 4.93 亿尾，1993 年生产鱼苗 3.99 亿尾，1994 年生产鱼苗 4.52 亿尾，1995 年生产鱼苗 4.617 3 亿尾。1996—2000 年，每年的鱼苗生产都在 6.5 亿尾左右。

沿湖周边鱼苗繁殖场规模较大的有淮阴市水产科学研究所、洪泽县国家级水产良种场、淮安县水产养殖场、金湖县鱼种场、金水集团等，其中淮阴市水产科学研究所生产的家鱼苗产量曾一度占据本地区的半壁江山。随着特种养殖业的兴起和家鱼苗繁殖技术的普及，水产苗种出现"百家争鸣、百花齐放"的景象，一些原本繁殖家鱼苗的场家，纷纷转向特种水产苗种的培育，部分家鱼养殖为特种养殖或养蟹所替代，家鱼苗人工繁殖产量趋于平稳。2001—2023 年，每年的鱼苗生产在 6 亿尾左右。

二、鱼种培育

与成鱼养殖相比，鱼种培育是门技术活。洪泽湖过去的鱼种培育技术起初来源于苏州无锡常州地区。1958 年，从武进县请来养鱼技术工人到国营渔场指导养鱼生产，主要是培育鱼种。培育鱼种基本沿用"鱼苗肥水下塘，泼洒豆饼浆喂养，夏花及时分塘"的方法，由于重数量、轻质量，鱼种规格小的占绝大多数，大的也就 8～9 厘米。在此之前，洪泽湖区的鱼种全从外地购买。

20 世纪 70 年代，学习无锡河埒口经验，提倡种植青饲料养鱼，以粗代精，广辟代用饲料。

20 世纪 80 年代，鱼种取消按尾计算，改为按尾重计算，培育大规格鱼种。1983 年生产鱼种 4 367 万尾，其中 9 厘米以上 1 884 万尾，斤两鱼种 31.7 万千克。1984 年培育鱼种 5 111 万尾，其中 9 厘米以上 3 247 万尾，斤两鱼种 48.2 万千克。1987 年生产鱼种 10 608 万尾，其中 9 厘米以上的 8 591 万尾。

1990 年生产鱼种 22 399 万尾，其中二龄以上鱼种 4 450 万尾、570 万千克。1991 年生产鱼种 22 018 万尾，其中二龄以上鱼种 4 183 万尾、490 万千克。1994 年生产鱼种 897.6 万千克，其中仔口鱼种 351.1 万千克、斤两鱼种 546.5 万千克。

2000 年生产鱼种 914.2 万千克，其中斤两鱼种 556.3 万千克。

因洪泽湖区及周边地区养殖模式的调整，2001 年与 2000 年相比，鱼种产量断崖式下降。2001—2023 年，鱼种年产量在 105～195 万千克（表 5 - 1 - 3）。

表 5 - 1 - 3 2001—2023 年鱼种产量情况表

单位：万千克

序号	年份	鱼种产量	序号	年份	鱼种产量
1	2001	165	13	2013	160
2	2002	120	14	2014	127
3	2003	110	15	2015	156
4	2004	105	16	2016	165
5	2005	114	17	2017	158
6	2006	115	18	2018	170
7	2007	105	19	2019	195
8	2008	119	20	2020	185
9	2009	121	21	2021	190
10	2010	135	22	2022	182
11	2011	107	23	2023	175
12	2012	113			

三、育种方式

（一）成鱼池套养

从 1961 年开始推广，一般每亩水面套养当年 3.5 厘米左右的夏花或 6.7～10 厘米鱼种 150～500 尾，到起捕成鱼时留下下年鱼种。1985 年成鱼池套养面积达 734.7 公顷，1986 年套养面积 880 公顷。1994 年成鱼池套养面积 1 200 公顷。2000 年成鱼池套养面积达 1 544 公顷。

（二）鱼种池培育

在 20 世纪 50 年代和 60 年代，多采用三级饲养的方法。即鱼苗（又称"水花""鱼花"）下塘后，饲养 10～15 天，长到 5～8 毫米长短时，进行分塘，这时的鱼苗称为"乌子"，为一级饲养；分塘后再养 10～15 天，长到 3.5 厘米左右时（这时称"夏花"或"火片"）为二级饲养；以后降低放养密度，夏花经过 3～4 个月的饲养，可长到 8～15 厘米，这时的幼鱼称为"冬片"或鱼种，为三级饲养。20 世纪 70 年代后，逐渐推广"稀养速成"的办法，一是把鱼苗培育到夏花作为一级，再由夏花到鱼种（冬片）；二是从鱼苗下塘后一直养到鱼种，一次养成，不进行分塘转塘。1985 年湖区有鱼苗、鱼种池面积 533 公顷。2000 年有鱼苗、鱼种池面积 694.8 公顷。

（三）稻田育种

湖区稻田培育鱼种始于 1958 年。当时，每公顷产鱼种 375 千克。20 世纪六七十年代一直处于零星状态。1986 年，湖区稻田养鱼育种面积 13.3 公顷，培育苗种 3 000 千克。

1987 年稻田养鱼育种面积 46.7 公顷，培育鱼种 3 050 千克。1996 年开始，湖区大力推广稻田生态养殖技术，环湖乡镇新建稻渔工程 1 300 公顷。2000 年稻田养鱼育种面积 1 760.7 公顷，培育鱼种 115 480 千克。

此后，随着稻虾综合种养模式的兴起，稻田育种迎来了新的高潮。

（四）网箱育种

1979 年，洪泽县渔业生产管理委员会在渔区和港湾河道多种水体及临淮乡湖面、盱眙县淮河大桥下、蒋坝镇、三河乡等地进行网箱育种试验，取得了不同程度的成功，积累了一些经验。

由于受到洪泽湖水位不稳定、"湖陆风"较多的影响，加之生态环保政策的约束，洪泽湖网箱养殖未能得到充分发展。

第三节　成鱼养殖

洪泽湖区成鱼养殖历史上曾探索过多种方式，主要包括以下几种。

一、池塘养鱼

渔民利用滨湖地区的池沼和滩地开挖鱼塘进行人工放养，从而开启洪泽湖池塘养殖的先河。最早发展的是集体渔场和地方国有养殖场。

1957 年，蒋坝镇成立蒋坝水产养殖场，将废沟塘改造成 18 个鱼池，水面约 60 公顷，同时利用泗河塘近 13.3 公顷水面，进行成鱼养殖。

1958 年成立的淮河鱼种场（后改为盱眙县鱼种场）、老三河水产养殖场、洪泽县水产养殖场、盱眙县水产养殖场、泗洪县鱼种场等地方国有鱼场，在繁育鱼苗鱼种的同时，都大面积开挖池塘，进行成鱼养殖。

1977 年，国家在洪泽湖区兴建商品鱼基地。至 1982 年，累计投资 200 余万元，建成池塘 1 137 个，680.7 公顷，当年投产，翌年向国家交售商品鱼。

1983 年，联合国世界粮食计划署援建的"2633"工程开始实施。至 1985 年，共建鱼池 644.3 公顷，其中成鱼池 545.3 公顷，每亩单产成鱼 245 千克，最高的每公顷单产达到 6 000 千克。援建工程中，泗洪县临淮乡新建鱼池 235.9 公顷，1988 年产鱼 2 350 吨，养殖单产比 1984 年提高了 10 倍。池塘养鱼面积由原来的 130 公顷增加到 365.9 公顷，养殖户由原来的 105 户增加到 841 户，解决了 1 682 个劳动力就业问题。

泗洪县沿湖 15 个乡镇（场），至 1989 年共投资 3 052.31 万元，其中国家、省、市投资 928.13 万元，乡村劳务投入 1 430 万元，乡村户投资 731 万元，新挖鱼池 489.5 公顷，整修鱼池 166.7 公顷，完成土方 510 万立方米，退耕还渔 700 公顷，产鱼 275 万千克，收入 1 045 万元，获利 364 万元。

20 世纪末以来，随着河蟹产业的迅猛发展，沿湖周边池塘养鱼大多调整为池塘养蟹。

二、流水养鱼

1985年春，在湖区东岸周桥闸下，利用湖水东流落差大的势能进行流水养鱼试验。这是原淮阴市水产局、洪泽县水产局和水利局在淮阴市科委的指导下合作的科研项目。由10名科技人员组成试验组，市科委拨给科研经费10.6万元，建造了水泥结构的一级池20个620平方米，其中30平方米的池塘18个，40平方米的池塘2个，土质二三级池塘2个，计19.1亩水面。蓄水池为500平方米，并建造出水涵洞3个，工程土方3万立方米。1985年2月26日开工到4月9日工程结束，历时42天。4月10日投放鱼种3 769.5千克。到1985年11月9日起捕，历时223天，投放颗粒饲料85.86吨，其中：一级池27.9吨、二级池37.7吨、三级池20.25吨；青饲料76.8吨。起捕时，共捕二龄鱼种和成鱼26 156千克，净产鱼22 378千克，总收入78 469.65元，盈利15 114.33元。

流水养鱼是在特定条件下和特定时期的项目，取得的经验难以推广。

三、拦河养鱼

1977年，半城公社水产养殖场在濉河口到半城码头的河道里，选择一块长约200米，宽85米，总水面为1.7万平方米河道实施拦河养鱼。1978年2月底，购买竹子、木桩，编织河口网。在濉河口西边安装竹箔40米长，中间5米设河门网，利用废脱粒机改成绞关启动河门网，以利船只航行通过。工程完工后，3月份购进鲢、鳙、草鱼等大规格鱼种（每千克120尾~140尾）250千克投放栏内，派专人投饵看管。到1978年底，起捕成鱼1 200多千克，1979年春天又起捕成鱼350千克。当年没有投放，年底第三次起捕成鱼1 550千克。前后三次共捕鱼3 100多千克，还有些存塘鱼没有计算，预计总产量在5 000千克左右。

由于受到水利、环保的双重约束，拦河养鱼已被完全取缔，成了那一段时期的产物。

四、围网、网箱养鱼

1976年，半城公社安河大队渔民在湖区浅水地带的小明塘里开始围网养鱼。他们用鱼花布当围网，以木桩固定，圈围水面8.7公顷，共投资7 000多元，其中由洪泽县水产局支持5 000元，其余款项自筹和劳务投资。投放鱼苗后，由于螃蟹等在水底层破坏了鱼花布，不少小鱼从洞口跑出。同时，地域选择不当，又遇上枯水季节，水深不足30厘米，水质发臭，鱼因污染严重而死亡。

1985年，洪泽县洪泽湖渔业生产管理委员会在临淮和老子山两个乡镇选择水面，一个是临淮乡的王沙，另一个是老子山镇贾滩，各围网1.7公顷。每个围区由网和箔组成，内为聚乙烯网层，外是竹箔层。网、箔间距1.5米，每100米处以网将隔层切断。网箔高度2米，可保持13.8米以下水位不漫围栏，网底纲以废网片做的地锚固定在湖底，竹箔每隔3米远加毛竹桩一根固定。两个点围成后，配备人员，专门饲养，投放苗种情况见

表 5-1-4。

表 5-1-4　1985 年湖区围网养鱼鱼种投放情况表

品种	王沙				贾滩			
	数量（千克）	规格（尾/千克）	尾数（万）	时间	数量（千克）	规格（尾/千克）	尾数（千克）	时间
青鱼	1 250	124	15.5	7.16—7.21	1 077	120	12.92	7.12—7.21
鲢鳙	176.5	140	2.47	8.26—8.30	186	180	3.34	8.5
鲤	5	200	0.1	7.21	20	200	0.4	8.5
鲂	35	180	0.63	8.28				
合计	1 466.5		18.7		1 283		16.6	

1985 年 7 月投放鱼种以后，管理人员按计划投喂饵料，前期以颗粒饲料为主，中、后期以麸皮和水草为主（表 5-1-5）。

表 5-1-5　投喂饲料情况表

单位：千克

月份	王沙				贾滩			
	精饲料			水草	精饲料			水草
	颗粒料	麸皮	豆饼		颗粒料	麸皮	豆饼	
7	750	50		500	500			2 500
8	2 650	400		2 500	1 750	455		17 500
9	825	570	150	6 500	1 250	1 050		12 500
10	275	625	130	9 500	525	750	200	5 000
合计	4 500	1 645	280	19 000	4 025	2 255	200	37 500
		6 425				6 480		

表 5-1-5 是湖区两个围网点投料统计，而贾滩点在 11 月份又投喂颗粒饲料 225 千克，水草 1 250 千克，主要是水葫芦、浮萍等；王沙点喂的水草主要是轮叶黑藻、菹草等。这些水草在湖甲分布面广量大，采集方便。

为了防治鱼病，采取幼鱼消毒后放养的方法，还定期以漂白粉消毒，不喂霉变饲料，投喂防治肠炎和烂鳃的药物饵料等。

大湖里有少数野鱼和一些俗称"水花子"的水鸟是围网养鱼的敌害。王沙围养区，在投放鱼种前，利用 6 月底水位较低时，以五氯酚钠除害鱼；贾滩围养区投放前没有消除害鱼，在饲养过程中以张网等方法先后捕到害鱼 90 多千克，在这些害鱼的腹腔中发现有放养的草鱼、鲢、鲫等鱼苗，害鱼在围网养鱼中潜藏着很大的危害性。

王沙、贾滩两个点的围网养鱼，从 1985 年 7 月 12 日放养至同年 12 月 31 日起捕，历时 140 天，平均每公顷单产王沙点为 1 725 千克，贾滩点为 2 100 千克（表 5 - 1 - 6）。

表 5 - 1 - 6 网围养鱼经济效益表

单位：万元

地点	支出项目						收入	盈亏
	鱼种	饲料	工资	网箱折旧	杂支	合计		
王沙	8 300	2 545	1 650	900	1 283	14 678	13 572.5	−1 105.5
贾滩	7 500	2 581.4	1 550	500	950	13 081.4	17 250	4 168.6
合计	15 800	5 126.4	3 200	1 400	2 233	27 759.4	30 822.5	3 063.15

1986 年，洪泽湖区围网养鱼 66.7 公顷、产量 60 吨。1987 年围网养鱼 200 公顷、产量 520 吨。1989 年围网养鱼 1 333.3 公顷、产量 3 598 吨，1993 年围网养鱼 2 598.3 公顷、产量 6 797 吨。1995 年围网、网箱养鱼 10 742.1 公顷、产量 29 187 吨。2000 年以后，网围养鱼的品种主要是鲢、鳙。2001—2023 年网围养鱼产量见表 5 - 1 - 7。

表 5 - 1 - 7 2001—2023 年网围养鱼产量情况表

单位：吨

序号	年份	鱼产量	序号	年份	鱼产量
1	2001	1 784	13	2013	4 827
2	2002	1 846	14	2014	3 822
3	2003	2 119	15	2015	4 666
4	2004	2 214	16	2016	6 579
5	2005	2 812	17	2017	4 742
6	2006	3 433	18	2018	8 022
7	2007	3 173	19	2019	8 792
8	2008	3 852	20	2020	12077
9	2009	3 925	21	2021	12 842
10	2010	4 532	22	2022	12 649
11	2011	3 286	23	2023	8 802
12	2012	3 534			

第四节 河蟹养殖

河蟹，学名中华绒螯蟹，在洪泽湖区俗称湖蟹、河蟹、螃蟹、大闸蟹。洪泽湖区河蟹养殖起始于 1976 年。1976 年，洪泽县水产试验场改建了 10 个鱼池，用流水条件改善池塘水质，进行河蟹暂养。在重新成立水产研究所后，继续进行河蟹暂养。洪泽县水产局

1977 年在湖区河蟹集中产区临淮乡成立河蟹暂养场，建造 20 个养殖池，共 4.5 公顷水面，每年可暂养河蟹 50 吨。

1985 年 4 月，盱眙县淮河乡渔民在池塘中放了一些幼蟹，不定期地投喂饵料，到 10 月，收获河蟹 56.5 千克，开创了湖区人工养殖成蟹的先例。

1986 年，泗洪县半城乡渔民养殖河蟹收获成蟹 1 000 千克。1987 年，湖区有盱眙、洪泽、泗洪三县渔民进行河蟹养殖，共收获成蟹 6 370 千克。1988 年，湖区河蟹养殖产量达到 40 吨，1989 年达到 63.5 吨，1990 年达到 193 吨，1992 年达到 391 吨。1993 年河蟹养殖面积达到 3 272.7 公顷，其中池塘养殖 418.4 公顷、外荡养殖 1 675 公顷，投放蟹苗 1 341.7 千克、幼蟹 12 640 千克，收获成蟹 657 吨。1994 年，河蟹养殖面积达到 4 856.1 公顷，投放幼蟹 36 017 千克，收获成蟹 1 266 吨。

1994 年，为解决河蟹养殖业发展过程中苗种紧缺的问题，淮阴市水产局在灌南县堆沟港镇投资 200 万元，建设淮阴市河蟹育苗场，建成温室育苗车间 2 000 平方米，用于河蟹大眼幼体冬春季早繁生产。1996 年投产运行，当年生产蟹苗 320 千克。后由于河蟹养殖模式逐渐过渡为"二龄蟹"养殖模式为主，温室早繁不再是必要手段，露天土池苗成为主要育苗方式，淮阴市河蟹育苗场于 2002 年停产。淮阴市河蟹育苗场 6 年间累计生产蟹苗近 2 000 千克，在一定限度上弥补了天然苗种供应不足的缺口。

1997 年，泗洪县洪泽湖开发总公司与江苏省农科院土肥所共同投资兴建人工海水河蟹育苗场，聘请新加坡国立大学生物学博士生导师郭俊尧担任技术指导。中华绒螯蟹人工海水繁育试验一举获得成功，解决了蟹苗繁育难题，蟹苗成活率提高一倍以上，亩均成本降到 700 元以下。1998 年，这个育苗场繁育河蟹苗 2 亿只，同时暂养幼蟹 1 000 千克，后由于运营成本太高，未能坚持。

进入 21 世纪，河蟹成为洪泽湖养殖的主要种类。养蟹技术水平提高了很多。洪泽湖河蟹养殖模式及技术上的发展历程可以分为五个阶段。

第一阶段：1969 年以前，完全野生阶段。

该阶段的洪泽湖河蟹完全依靠天然资源。自然生长的河蟹在生殖洄游过程中，沿湖渔民用丝网、渔簖捕获。总体而言，这阶段生产水平落后，产量低且不稳定，但河蟹规格比较大，品质口感很好。据洪泽县水产科学研究所标本资料显示，最大个体达到 730 克。湖区渔业管理机制尚未真正形成，产品销售渠道狭窄，主要依靠国有水产供销部门。

第二阶段：1969—1986 年，"人放天养"阶段。

受到拦坝筑闸的影响，河蟹生殖洄游通道被切断，蟹苗无法进入洪泽湖，洪泽湖蟹苗必须依靠人工放流。洪泽湖蟹苗放流开始于 1969 年。1985 年，洪泽县开始在老子山镇新滩、临淮鱼种场试验养殖人工捕捞天然苗和人繁蟹苗。在省市水产部门关心、支持和指导下，洪泽湖周边的洪泽、盱眙、泗洪、泗阳、淮阴五县区，依托科技，一方面扩大人工养殖水面，一方面改进人工养殖方法，现今已成为江苏重要的河蟹产地之一。据不完全统计，至 1987 年，老淮阴市（包括现在淮安和宿迁）湖泊（主要是洪泽湖、骆马湖、白马湖）共放流蟹苗 57 996.13 千克。洪泽湖 1981 年投放蟹苗 5 422.5 千克，1982 年产河蟹 2 551 吨，占洪泽湖水产品总产量 12 546.7 吨的 20.33％，占淮阴地区当年河蟹产量 3 611 吨的 80.2%，占江苏省河蟹产量 11 498 的 25.2%，居全省之首。

1983 年到 1986 年 4 年间，洪泽湖共投放蟹苗 797 千克，捕成蟹 770 吨。与此同时，1990 年湖区建成百亩连片渔场 141 个，总面积 3 852 公顷，其中人工养蟹面积 166.7 公顷。

该阶段的特点：生产水平有所提高，湖区河蟹产量有所上升。湖区渔业生产管理措施得到了加强。1963 年，洪泽县印发了《关于严格执行洪泽湖禁渔期、禁渔区的通知》，实行了河蟹禁捕期和捕捞许可证制度。河蟹销售由统一收购逐步走向实行市场经济。洪泽湖河蟹市场得到拓展，逐步走遍全国、走出国门。

第三阶段：1986—1994 年，稀放天然扣蟹，粗放粗养阶段。

因当时天然蟹种资源丰富，蟹种质量好，养殖水域河蟹天然饵料资源好，亩均放养密度在 1 000 只以下。蟹种下塘后，特别是网围基本不用投饵，池塘养蟹因大多是养殖鱼池改造，池内饵料资源也好；需要投饵的，也是从湖区捕捞些小鱼小虾螺蛳等直接投入池内。在这种粗放粗养模式下，河蟹基本不发病，长势也很好，成蟹规格大，产量也在 40～50 千克/亩，效益也相当可观，是河蟹养殖暴利时期。当时在沿洪泽湖乡镇流传着这样的民谣："万元户不算富，十万元才起步"。这个阶段也属"资源掠夺式"养殖阶段。

第四阶段：1995—2005 年，高密度养"小蟹"阶段。

1995—2002 年，随着河蟹人工工厂化育苗的技术突破到全面发展，河蟹养殖不再受苗种制约。在利益驱使下，有的养殖户开始急功近利，采取高密度放养追求高产量，有的利用塑料大棚放养早繁苗，然后当年上市，这种模式导致部分蟹种当年达不到成熟标准不能捕捞上市，养殖户又舍不得清塘，池内留有未成熟的蟹种，然后又补放当年幼蟹，这样造成池内蟹种密度无法计数，有的密度高达 3 000～4 000 只/亩。随着省内外河蟹养殖业的迅猛发展，成蟹市场竞争越来越大，"小毛蟹"在市场上属低档蟹，河蟹市场行情也不是太好，利润空间越来越小，随之造成"越是利润小养殖户越舍不得加大养殖成本投入，成蟹品质越是无法提高"的恶性循环。2003 年起，放养蟹苗（大眼幼体）一年养殖上市的放养模式基本被淘汰，开始改为投放扣蟹养殖，但亩均放养量仍在 2 000 只以上。

当然，在高密度放养的模式下，养殖技术也有了一定的更新。从 20 世纪 90 年代末开始，蟹池实行人工栽植水草、投放螺蛳等技术措施。蟹池栽种的水草品种以伊乐藻为主。伊乐藻，俗称"吃不败"，原产美洲，是一种优质、速生、高产的沉水植物，其适应力极强，只要水上无冰即可栽培，气温在 5℃ 以上即可生长。该草是 1986 年中科院南京地理与湖泊研究所从日本引进到泗洪的，当时是在龙集镇的龙东养殖场养鱼池塘中移植作为草鱼的饵料。20 世纪 90 年代中后期，当养鱼池逐渐转产养螃蟹后，该草被成功在蟹池中利用，至今一直是蟹池中主要的人工移植水草种类。在省内外河蟹养殖大规模发展时，很多县外养殖户慕名到泗洪购买伊乐藻。2000 年左右，《新华日报》曾刊登过《泗洪水草贵如菜》的报道，伊乐藻当时售价在 2 元/千克左右。2004 年起，开始试验在蟹池套养鳜鱼，

5 月下旬至 6 月上旬，在蟹池套养 5 厘米左右的鳜鱼苗，亩放 15～20 尾，以充分利用蟹池小杂鱼。2004—2005 年，"蟹套鳜"模式处于试验阶段。

第五阶段：2006—2023 年，"种草投螺、稀放精养"河蟹生态健康养殖技术推广及普及阶段。

这一阶段实现了从"大养蟹"到"养大蟹""养优质蟹"的转变。自 2006 年起，沿湖县区实施渔业科技入户示范工程，每年"河蟹"均为湖区主推养殖品种之一，"颗粒饲料养蟹技术""蟹鳜套养技术""河蟹生态健康养殖技术"为主要推广技术。

2006—2010 年，科技人员引导河蟹养殖户实行"稀放、精养"模式。池塘养蟹亩均放养量逐步由 2 000 只以上，减少到 1 200～1 500 只，同时全面推广"蟹池套养鳜鱼"模式。至 2010 年，河蟹养殖放养模式发生全面转变，基本完成了"大养蟹"到"养大蟹"转变。2011 年，临淮洪胜村首先示范实施"蟹池底层微孔管增氧"技术，示范面积300 亩。

2012 年起主推蟹池多品种套养模式。除蟹鳜套养模式外，推广蟹虾（青虾）套养、蟹鱼（鲢鳙）套养。2013 年，半城苏蟹公司从江苏省淡水水产研所成功引进"长江 1号"蟹苗 28 千克，并开始蟹池套养南美白对虾 300 多亩和蟹池套养尖塘鳢 160 亩试验。2014 年，该公司又成功引进"太湖 1 号"青虾套养蟹池，同时引进"长江 2 号"蟹苗100 千克。2014 年，该公司培育的长江 1 号蟹种用于养殖成蟹，亩放 1 200 只的池塘，成蟹平均规格在 160 克～165 克；亩放 1 500 只的池塘，成蟹平均规格在 150 克。从2008 年起，河蟹市场行情持续好转，养殖户除意识观念随市场需求开始转变外，也开始舍得加大养殖生产成本投入，成蟹品质亦随之得到提升。2009 年 10 月 10 日，为了推动全湖河蟹养殖实现由"养大蟹"到"养优质蟹"的转变，省洪泽湖渔管办联合洪泽县政府举办 2009 中国·洪泽湖"蟹王""蟹后"大赛，大赛吸引了来自洪泽湖周边地区的百余位蟹业业主参加。经过由专家组成的评委现场对各项指标的综合评定，洪泽县公证处现场公证，江苏盱眙满江红龙虾产业园有限公司选送的雄蟹以重 533 克夺得"蟹王"称号；洪泽县高良涧镇董继武选送的雌蟹以重 441 克夺得"蟹后"称号。获得雄蟹金奖与银奖称号的蟹重分别为 516 克和 510 克；获得雌蟹金奖与银奖称号的蟹重分别为 419 克和 367 克。自 2011 年始至 2014 年连续 4 年，省洪泽湖渔管办在洪泽湖渔业养殖规划范围内从事水产养殖的养殖户中评选 10 名养蟹能手，通过表彰洪泽湖养蟹能手并开展生态养殖培训班，养蟹能手现身说法介绍养蟹经验，取得很好的典型示范效果。沿湖周边市、县（区）先后采取了一系列重要举措，积极推行"养大蟹"工程，推广生态养殖技术，实现了洪泽湖蟹业向"养大蟹、养优质蟹"高质量发展的转变。

"洪泽湖大闸蟹"地理标志和区域公共品牌相继推出，极大推动了大闸蟹养殖技术水平和产品质量、产量的提升，有力实现了洪泽湖大闸蟹的品牌价值，带动了洪泽湖河蟹产业发展。

2001—2023 年洪泽湖省管渔业水域养殖产量情况见表 5-1-8。

表 5-1-8　2001—2023 年洪泽湖省管渔业水域养殖产量情况表

单位：吨

序号	类别	品种	2001	2002	2003	2004	2005	2006	2007	2008	2009	2010	2011	2012	2013	2014	2015	2016	2017	2018	2019	2020	2021	2022	2023
1	鱼	草鱼	35	7	5	11	13	9	15	12	13	10	7	14	9	7	11	8	5	25	80	139	135	35	18
2	鱼	鳊	42	42	33	30	45	38	42	36	45	22	30	55	62	48	45	35	14	75	212	121	118	83	57
3	鱼	鲢	256	285	320	375	425	463	488	505	575	620	450	480	610	560	728	918	1 030	1 871	1 336	2 540	2 065	1 884	675
4	鱼	鳙	754	805	906	1 020	1 560	1 850	1 690	2 060	2 460	2 980	1 890	2 070	3 210	1 950	2 860	4 850	3 150	3 970	5 425	6 750	9 331	8 848	7 147
5	鱼	鲤	21	28	16	25	22	31	19	35	32	27	13	20	24	17	23	36	43	38	26	34	32	68	103
6	鱼	鲫	220	310	135	228	320	560	390	630	360	420	285	336	295	735	439	155	40	866	1 068	598	550	732	195
7	鱼	银鱼	55	43	38	51	41	37	62	39	45	28	47	32	28	19	35	32	27	33	50	37	0	68	60
8	鱼	鲦	82	75	190	65	78	92	105	76	58	83	67	73	71	49	110	68	42	103	89	237	0	116	116
9	鱼	青鱼																				101	120	35	5
10	鱼	鳜	15	14	16	18	13	18	11	15	20	22	19	35	65	22	18	10	54	105	200	242	215	189	124
11	鱼	乌鳢	11	8	19	12	13	17	11	15	17	14	12	16	13	17	8	11	12	13	11	15	14	68	6
12	鱼	黄颡	6	5	3	7	6	4	5	7	5	4	7	9	7	8	5	13	21	25	33	48	40	68	16
13	鱼	鲌	4	3	5	2	4	3	6	2	5	3	6	2	5	3	4	6	3	17	18	22	15	20	7
14	鱼	花鲭																4				3			1
15	鱼	泥鳅	10	8	21	13	7	15	22	15	12	19	23	13	16	14	15	36	13	22	35	34	25	68	25
16	鱼	其他鱼类	315	213	412	357	265	296	307	405	278	290	430	379	412	373	365	397	288	797	630	850	137	252	247
17	虾	青虾	32	68	55	46	59	30	28	33	36	29	55	47	50	41	48	55	126	69	65	103	218	106	82
18	虾	小龙虾	35	23	41	27	32	35	41	25	33	29	48	26	38	45	22	28	39	42	35	25	30	20	81
19	虾	白虾	24	21	19	22	30	23	27	18	20	16	15	42	33	26	28	25	30	20	36	22	15	69	78
20	蟹	河蟹	11 012	19 015	17 032	16 028	16 034	21 303	24 506	26 507	26 011	18 014	18 021	21 022	24 019	17 025	18 606	20 312	18 250	14 458	11 623	10 380	10 939	16 915	15 829
21	贝	河蚌																	16						
22	贝	螺蛳																	10						
23	贝	河蚬								10 600	11 000	14 400	13 200	11 500	11 800	6 550	4 200	2 031	2 894						
24	总计		12 887	20 973	19 266	18 337	18 967	24 824	27 775	41 035	41 025	37 030	34 625	36 171	40 767	27 509	27 570	29 030	26 107	22 549	20 972	22 300	24 000	29 641	24 872

第五节　生态增养殖与推广

一、河蚬螺蛳网围套养

河蚬、螺蛳是洪泽湖的特色渔业资源和优质水产品，不仅可以作为水体"滤清器"，净化水体水质，而且还能为广大捕捞渔民特别是沿湖河蚬、螺蛳产业从业人员带来了丰厚的经济效益。河蚬除满足国内消费市场外，还远销日本、韩国及东南亚市场，出口产品占韩国、日本河蚬市场的80％以上。

2005年后，由于受外来污水和过度捕捞影响，河蚬栖息、繁殖、生长的生态环境被破坏，成熟个体逐年趋向小型化，繁殖能力下降，种质性状退化严重，空壳率增加。同时，河蚬高密度分布区域范围显著缩小，从湖心区缩小至以成河口、安河注、淮河入湖口为中心的零散区域。河蚬资源蕴藏量日渐降低，生产性河蚬资源不足。2006年，洪泽湖出现了一度猖獗的非法采砂，对河蚬等贝类资源造成了毁灭性的破坏。为遏制因过度捕捞、非法采砂等引起的河蚬、螺蛳、河蚌等底栖生物资源衰竭，从2009年始，洪泽湖开展了河蚬、螺蛳、河蚌等生态增养殖。此举不仅有效恢复了底栖生物资源，也保护了它们的生长繁殖栖息地。

2020年，网围河蚬立体套养面积8 470亩（表5-1-9），网围螺蛳立体套养面积12 856亩（表5-1-10）。后因禁捕退捕政策的实施，示范区停止运行，但河蚬的持续增量为湖区水质改善、资源增殖和生态平衡发挥了重要作用。

表5-1-9　洪泽湖网围河蚬立体套养区情况

序号	试验水域	面积（亩）	试验塘口数量
1	临淮水域	6 270	4
2	高渡水域	2 200	1
3	合计	8 470	5

表5-1-10　螺蛳套养试验区情况

序号	试验水域	面积（亩）	试验塘口数量
1	界集镇水域	420	2
2	临淮镇水域	1 660	3
3	龙集镇水域	655	2
4	中扬水域	2 859	5
5	管镇镇水域	6 070	5
6	明祖陵镇水域	1 192	10
7	合计	12 856	27

二、增殖渔业示范区建设与管理

2009 年，洪泽湖探索建立河蚬增养殖示范区，开始人工增殖河蚬资源。

本着"谁投资、谁受益"的原则，各河蚬增养殖示范区养殖人在省洪泽湖渔管办的监督下，自行人工增养殖。作为回报，省洪泽湖渔管办允许养殖人在法律许可条件下科学利用各自养殖示范区内的河蚬资源。示范区实行养殖人日常管理制度，要求不得在河蚬增养殖区内设置任何设施，不得使用围网从事河蚬增养殖。洪泽湖河蚬人工增养殖实验区见表 5 - 1 - 11。

表 5 - 1 - 11　洪泽湖河蚬人工增养殖试验区

序号	试验水域	面积（亩）	试验区养殖单元数量
1	周桥水域	18 000	2
2	蒋坝水域	2 000	1
3	刘咀水域	32 000	1
4	六道沟水域	28 000	1
5	马浪岗水域	10 000	1
6	王沙水域	15 000	1
7	东咀水域	5 000	1
8	高咀水域	10 000	2
9	杨老洼水域	5 000	1
10	沙头水域	5 000	1
11	合计	130 000	12

三、洪泽湖抑藻控草净水研究与示范

太湖蓝藻严重污染事件发生于 2007 年 5—6 月，引起社会各界和各级领导的广泛关注。江苏省委、省政府高度重视，积极采取措施，努力降低湖泊水体的富营养化程度，全力防控水体污染，生物治污便是优选出来既治标又可以治本的措施之一。基于此，原江苏省海洋与渔业局审时度势，提出"以鱼控藻、以鱼净水"的指导思想。根据这一指导思想，2012—2016 年，经江苏省海洋与渔业局同意，省洪泽湖渔管办实施了"洪泽湖抑藻控草净水生物操控技术研究与示范"项目。该项目在洪泽湖原有养殖水面的基础上，利用民间资金，试验推广养殖面积 35 588 亩，投放大规格鲢、鳙、草鱼、鲂，不进行任何人工投饵，旨在利用鲢鳙的滤食藻类特性，控制藻类生长速度，降低蓝藻水华发生的风险；利用草鱼、鲂的食草特性，控制局部水域蓖草单一品种疯长，避免高温时腐败死亡导致水体污染，优化水草群落结构，进而控制水体富营养化。项目采用"公司＋农户"的运作模式，通过社会力量预防和治理大型内陆湖泊富营养化，达到了生态效益、社会效益和经济效益多赢的效果。

项目成果推广应用情况：2012—2016 年，共有 60 户渔民参与项目实施，累计成鱼产量 25 695 吨，产值 22 492 万元，利润 13 177.5 万元，其中 30 558 亩围网鲢、鳙成鱼年产量达 4 070 吨，实现直接产值 3 254 万元，网围平均亩产鱼 133 千克，亩产值 1 064 元，平均每亩效益 638 元；5 000 亩控草网围亩产草鱼、团头鲂 215 千克，亩产值 2 494 元，亩效益 1 371 元。在推广方面，一些湖库应用洪泽湖抑藻控草净水技术研究与示范项目的研究成果，开展了鲢鳙增殖放流并发展网围养殖，在降低水体总氮和总磷、缓解富营养化等方面，取得了显著的成效。

该项目的实施，取得了"净水、多鱼、富民"的多重效果，先后获得淮安市政府创新奖和科技进步三等奖。

第六节　特种养殖

一、河蚌育珠

我国是世界上采集和应用珍珠最早的国家，也是最早人工养殖珍珠的国家。1965 年，江苏省太湖地区水产中心试验站开始进行育珠试验，1966 年首次获得生产上的突破。之后许多地方也发展了河蚌育珠。国营洪泽县水产科学研究所的水产养殖试验场于 1968 年投资 2 500 元，1971 年产珍珠 1.95 千克，1974 年育珠 12.4 千克。

洪泽县淮河鱼种场于 1972 年开始河蚌育珠生产，养蚌育珠水面 2 公顷多，1973—1974 年共收获珍珠 15 千克。老山公社红旗大队（张嘴村）1972 年做了 2 800 多枚手术蚌，1974 年生产珍珠超过 2.5 千克，获利 2 000 多元。1978 年，红旗大队生产 20 多千克珍珠，获利 6 万多元；1982 年产量增加到 25 多千克，获利 7 万多元。1979 年 4 月，淮阴地区行署在老子山召开河蚌育珠现场会，来自全地区各县的代表有 90 多人。1983 年，江苏省水产局在太仓县召开河蚌育珠现场会，老山乡张嘴村（原老山公社红旗大队）的代表在会上介绍了他们的育珠情况和经验。1982 年，全湖幼蚌人工繁殖从 1980 年的一个点发展到五个点，有繁蚌池 340 平方米，共育小蚌 350 万枚，做手术蚌 18 万只，珍珠产量 57.5 千克，比 1980 年增产 35.4%。1982 年以后，由于珍珠销路不畅，国际市场打不进去，价格下跌，育珠业趋于停顿。2017—2023 年，老子山青牛码头北侧有 45 亩塘口进行河蚌育珠，并与科研部门合作，培育出来的珍珠自带色彩，深受市场欢迎。

二、水貂养殖

中国水貂饲养业始于 1956 年。1968 年初，洪泽县水产部门派人到山东省烟台市水貂场学习水貂饲养技术，并从烟台引进水貂 50 头，建立了洪泽县水貂场。水貂场占地 1.3 公顷，貂房 120 间，可饲养水貂 8 000 多头。从 1973 年到 1977 年，每年留种貂 1 000 头以上。

从 1968 年建场，到 1985 年底为止，共生产貂皮 21 516 张，产值 160 多万元，为国际市场提供了优质貂皮，为国家换取了外汇，同时也为各公社（乡）、镇的水貂养殖和养貂专业户提供了大量的种貂。1979 年，洪泽县水貂场进行两年三胎的科研试验，在科技部门的指导和配合下，于 1980 年获得成功。同时，对水貂传染病的防治、阿留申病的检出、破腹产技术的改进，各种有毒物质对水貂忍受量试验等科研项目的研究都有了新的突破，为当地和外地培养了大批养貂技术人员。1988年后，洪泽水貂场盈少亏多，生产逐年萎缩，1995年该场关闭。目前，尽管规模化养殖已经没有，但仍有部分渔民开展零星养殖。

三、甲鱼养殖

洪泽湖甲鱼养殖是伴随全国掀起的甲鱼热而起的，当时中国田径队的"马家军"领衔所做的"中华鳖精"广告家喻户晓，甲鱼养殖因此而兴起。1993年，湖区甲鱼养殖面积58.8公顷，其中混养56.6公顷，产稚鳖1.1万只，成鳖产量29.61吨。1994年湖区养殖面积47.3公顷，其中混养23.5公顷；产稚鳖4.3万只，成鳖产量26.5吨。1995年湖区养殖面积55.4公顷，其中混养41.9公顷，成鳖产量27.2吨。2000年湖区养殖面积68.1公顷，成鳖产量33.45吨。

洪泽湖周边甲鱼养殖一直长盛不衰，除了养殖塘口套养甲鱼外，规模化生产大多发展为接力式养殖方式，多采用工厂化培育苗种，到大塘里养成，冒充塘养鳖甚至洪泽湖野生鳖出售。2009—2023年，沿湖从事甲鱼养殖与繁殖的还有泗洪县的临淮洪湖甲鱼养殖场、于强水产有限公司、强旺甲鱼合作社、友发甲鱼养殖合作社、泗阳县东南甲鱼养殖专业合作社、洪泽老子山镇振富甲鱼专业合作社等单位，年生产每千克80～100只的甲鱼苗5万千克左右。位于泗阳洪泽湖边的宿迁海之云水产养殖有限公司，始建于2014年，是江苏省唯一取得出口备案的甲鱼养殖场，生产的甲鱼全部出口到韩国和东南亚国家。

1996年，淮安市水产科学研究所与华能淮安电厂合作成立淮安鑫源水产养殖公司。该公司利用电厂热排水从事甲鱼养殖，新建温室大棚12栋共计6000平方米和100亩露天养殖池，年产商品甲鱼24万只，成为全国单一主体养殖产量最高的公司之一。后因华能淮安电厂二期工程扩建占用，该公司停止运行。

四、牛蛙养殖

1962年6月29日，新华社消息称，古巴政府赠送给中国政府的一批（200对共400只）大型食用牛蛙，由养殖单位分别接运到广东、江苏和上海等地进行饲养。20世纪80年代，民间牛蛙从中国台湾引进福建，由此发展壮大，开始在中国被大范围推广养殖。1993年，洪泽湖引进牛蛙养殖10.5公顷，产量16.5吨，其中，盱眙县养殖牛蛙7.2公顷，产牛蛙9.5吨；泗阳县养殖牛蛙3.3公顷，产牛蛙7吨。

1994年，湖区养牛蛙15.5公顷，产牛蛙37.05吨，其中泗洪县11吨，泗阳县24.2吨，洪泽县1.75吨，盱眙县0.1吨。

1995年，湖区养牛蛙20.6公顷，产牛蛙89.93吨，其中泗洪县养殖面积11.5公顷，产量为45.18吨。

牛蛙属于变温动物，生长适宜温度为25～32℃，而繁殖适宜温度则在20～30℃，低于20℃或者是高于30℃都很难正常繁殖。与气候条件相对适宜的地区相比，洪泽湖周边养殖牛蛙的市场竞争力明显薄弱，导致牛蛙养殖发展逐步停滞。

五、鳜鱼养殖

鳜鱼，又名桂花鱼，肉食性、性凶猛，是较早的特种水产养殖品种之一，1993年洪泽县开始人工养殖试验。鳜鱼养殖投入小，效益高，2001年以后开始在全湖范围内推广。为普及鳜鱼套养技术，省洪泽湖渔管办还出台了代购鳜鱼苗种并给予适当补贴的政策，大大带动了湖区套养鳜鱼的积极性。其养殖方式主要是在池塘或网围内套养，每亩投放10～20尾鳜鱼苗，年底可收获成鱼4～8千克，在不增加其他成本的情况下，亩增收200～400元（表5-1-12）。

表5-1-12　2001—2023年洪泽湖省管水域养殖鳜鱼产量情况表

单位：吨

年份	产量	年份	产量	年份	产量
2001	15	2009	20	2017	54
2002	14	2010	22	2018	105
2003	16	2011	19	2019	200
2004	18	2012	35	2020	242
2005	13	2013	65	2021	215
2006	18	2014	22	2022	189
2007	11	2015	18	2023	124
2008	15	2016	10		

六、青虾养殖

青虾，是洪泽湖特色水产品之一，一直以天然捕捞为主，实行人工养殖是从1992年开始的。2001年以后，青虾养殖开始在全湖范围内推广。其养殖方式主要是在池塘或网围内套养，亩放青虾1～2千克，在不增加其他饵料的情况下，亩产青虾3～6千克，亩增收200～600元（表5-1-13）。

表5-1-13　2001—2023年洪泽湖省管水域养殖青虾产量情况表

单位：吨

年份	产量	年份	产量	年份	产量
2001	32	2009	36	2017	126
2002	68	2010	29	2018	69
2003	55	2011	55	2019	65
2004	46	2012	47	2020	103
2005	59	2013	50	2021	218
2006	30	2014	41	2022	106
2007	28	2015	48	2023	82
2008	33	2016	55		

七、龙虾养殖

龙虾，学名克氏原螯虾，20世纪30年代经日本引入我国。1990年以后在洪泽湖区开始大面积繁衍。丰富的龙虾资源，带动了龙虾加工业的发展，也催生了盱眙"中国龙虾节"的成功举办，造就了"盱眙龙虾"知名品牌。但是，随着国际、国内市场需求的不断加大，龙虾仅靠天然捕捞，已不能满足市场需求。为此，市、县各级水产主管部门及水产技术推广部门开始探索龙虾养殖技术和龙虾苗种人工繁育技术。1999年，洪泽县水产局投资30万元，由水产技术人员牵头，开展龙虾人工养殖试验；2000年，盱眙县水产局在维桥水产养殖场利用100亩水产养殖塘口，开展龙虾养殖及龙虾苗种人工繁育试验。两次试验，从技术角度，无论是龙虾养殖技术还是龙虾苗种繁育技术，都取得了关键性突破。但是，由于当时龙虾价格较低，养殖成本较高，加之各级水产主管部门及养殖户对发展龙虾养殖认识不足，该项技术未能得以推广普及。

2000年以后，在地方政府的引导下，渔民开展龙虾养殖试验，探索出池塘养殖、鱼虾混养、虾蟹混养、柴滩地增养殖、稻田养虾等多种养殖模式。《中国小龙虾产业发展报告（2023）》显示，小龙虾养殖面积达2 800万亩、产量超289万吨，占全国淡水养殖总产量的8.79%，小龙虾产业综合产值4 580亿元，其中一产产值960亿元，二产产值498亿元，三产产值3 122亿元。全国范围内特别是湖北、安徽、湖南、江苏、江西5个传统养殖大省仍占绝对主导地位，产量合计占全国的91%，掀起了大养龙虾的高潮。淮安宿迁两市稻田养虾推广力度很大，2023年仅淮安市龙虾养殖面积已达150万亩，总产量达17.3万吨。大力发展龙虾养殖，导致龙虾市场价格较低。湖区龙虾的池塘养殖规模不大，产量不高（表5-1-14）。

表5-1-14　2001—2023年洪泽湖省管水域养殖龙虾产量情况表

单位：吨

年份	产量	年份	产量	年份	产量
2001	35	2009	33	2017	39
2002	23	2010	29	2018	42
2003	41	2011	48	2019	35
2004	27	2012	26	2020	25
2005	32	2013	38	2021	30
2006	35	2014	45	2022	20
2007	41	2015	22	2023	81
2008	25	2016	28		

八、翘嘴红鲌养殖

翘嘴红鲌，俗称白鱼、白条，为洪泽湖常见的经济鱼类，肉食性，最大个体可达15

千克。湖区养殖方式以套养为主，2001—2017 年间，其年产量在 2～6 吨。2018—2023 年，其产量多在 15～22 吨（表 5 - 1 - 15）。

表 5 - 1 - 15　2001—2023 年洪泽湖省管水域养殖翘嘴红鲌产量情况表

单位：吨

年份	产量	年份	产量	年份	产量
2001	4	2009	5	2017	3
2002	3	2010	3	2018	17
2003	5	2011	6	2019	18
2004	2	2012	2	2020	22
2005	4	2013	5	2021	15
2006	3	2014	3	2022	20
2007	6	2015	4	2023	7
2008	2	2016	6		

九、斑点叉尾鮰养殖

斑点叉尾鮰，又名沟鲶，原产美国，肉质细嫩、无肌间刺，是美国主要的淡水鱼养殖品种。2002 年，江苏海隆国际贸易公司开展斑点叉尾鮰加工，产品直接出口美国市场。洪泽县水产局加强与海隆国际贸易公司对接，成立了"洪泽县鮰鱼养殖协会"，并从湖北仙桃引进斑点叉尾鮰鱼种 500 万尾，在西顺河镇张福河村采取"公司＋协会＋养殖户"模式，实施订单生产。当年，斑点叉尾鮰养殖 200 亩以上，平均亩产 450 千克。2005 年，洪泽县的养殖面积达 8 000 亩。2008 年以后，由于销路不畅，价格下跌，斑点叉尾鮰养殖趋于停顿。

第七节　水生植物生产

一、水生植物种类

洪泽湖水生植物种类多、分布广、面积大，据 1921 年清河县志记载："水牛菱蒲茭实，洪湖巨浸芦苇实繁"。1989 年调查，洪泽湖高等水生植物共有 36 科 61 属 81 种，可分为蕨类植物、双子叶植物、单子叶植物；按其生态习性又可分为挺水植物、浮叶植物、漂浮植物和沉水植物四种。

挺水植物常见的有莲、蒲、篙、茭、水莎草、水葱、席草、灯心草、四叶萍、荆三棱。

浮叶植物常见的有芡实、菱藕等。

漂浮植物常见的有槐叶萍、小浮萍、紫背浮萍、水鳖、大藻（水浮莲）等。

沉水植物常见的有苦草、马来眼子菜、轮叶黑藻、金鱼藻、菹草、聚草、小次藻等。

二、水生植物分布

洪泽湖西部，一般水深在1米以下的地带，水生植物分布广泛，生长茂密，是洪泽湖水生植物最重要的分布地区。淮河入湖口洲滩面积广，水生植物茂密，长势旺盛，尤以芦苇、杞柳最为显著，形成湖面"林带"景观。洪泽湖东部湖面开阔，水生植物较为少见。随着对洪泽湖水产资源的开发利用，湖区水生植物的分布不断改变。为了适应渔业生产发展的需要，联合国"2633"援建项目、洪泽湖综合开发项目，安排了人工栽植菰苗草项目，取得明显成效。

1990年以后，随着湖区水产养殖业的不断发展，围湖养殖面积逐年增加，导致水生植物面积逐年减少。2005—2022年，水生植物面积仅占湖区总面积的1/3。

三、经济水生植物

菰。洪泽湖地区俗称茭白，洪泽湖有野生菰大量分布，野生菰的种子可以食用。1954年，湖区产量500吨，主要是野生。1980年开始人工栽植，当年栽1 423公顷；1981年栽1 150.2公顷，1982年栽1 361公顷，1983年栽2 381.3公顷，1984年栽4 246.7公顷，1985年栽1.3万公顷，1989年栽1.02万公顷。2000年后，因为养殖结构的调整，洪泽湖地区只有少量的人工栽培。

荸荠。洪泽湖地区俗称菩荠，主要分布在洪泽湖浅水岸边，地下球茎很小，一般无经济价值。目前经人工选育出来的荸荠有多个品种，俗称马蹄，洪泽湖地区有少量人工栽培。

茨菇。洪泽湖周边有野生茨菇的分布。茨菇的人工选育和栽培有较长历史，20世纪90年代洪泽湖区有较大面积的人工栽培，2000年以后栽培面积很少。

水芹。洪泽湖地区俗称野芹菜，在洪泽湖浅水岸边、圩堤有大量分布。洪泽湖区有春季采摘食用水芹菜的习惯。野生水芹菜的味道较重，适口性差。洪泽湖地区20世纪五六十年代开始种植水芹菜。

菱。湖区内仅有少数沟渠种植，未形成规模。而洪泽湖野生菱角有大量分布，多是四角菱，果实小，渔民采收其成熟果实。1989年产量最高达60吨。1991年，种植面积不到500公顷，年产量在17.5吨左右。1993年，菱角种植面积达到1 500公顷，产量达52吨。2000年后，洪泽湖菱角零星分布，鲜有人工种植。

莲。洪泽湖莲藕生产主要是采挖野生莲藕。1975年产藕250吨，1978年产藕400吨。1981年种藕76.3公顷，1989年增至220.5公顷，年产藕1 177吨。1991年，沿湖乡镇种植莲藕面积134公顷，产量158吨；1993年种植面积达2 800公顷，比1991年扩大了近20倍，当年莲藕产量达1 313吨。2000年后，因为养殖结构的调整，莲藕栽种面积迅速下降。

芡实。20世纪80年代以前仅有少数沟渠种植，未形成规模，绝大部分为洪泽湖野生，渔民采收其成熟种子加工成干鸡头米，年产量在20～30吨，1973年产量最高达200

吨。1991 年，湖区种植面积为 86.7 公顷，当年产量为 290 吨；2000 年芡实栽种面积 80 公顷，产量 240 吨。近年来洪泽湖引进了无刺苏芡进行人工栽培，因效益较高，已逐渐形成苏芡生产、加工、销售的全国集散地。

蕹菜。洪泽湖地区俗称空心菜。野生蕹菜分布在洪泽湖浅水岸边、圩堤，可以采摘食用。野生蕹菜有陆生型和水生型两种，目前陆生型蕹菜已有多个栽培品种。水生型蕹菜是水环境改良的重要植物之一。

渔　场

第一节　国营渔场

国营水产养殖场是水产养殖业的骨干力量，为水产养殖业的发展引进、繁育苗种，推广普及适用养殖技术，作出了突出贡献。1978年前，国营水产养殖场、鱼种场，属国有事业单位。1979年，根据江苏省水产局提出的"以渔为主，多种经营，综合利用，走渔、工、商结合的道路"，淮阴地区的国有渔场，在全省率先实行"独立自主、自负盈亏、盈利留用、亏损不补"的财务包干办法，各渔场实现扭亏为盈。1980年9月24—26日，江苏省水产局在淮安区（原淮安市）召开全省国营水产养殖场经营管理经验交流会。随着行政区划的多次调整，国营渔场的数量发生变化。1998年以后，国家对农林小三场实行改制，由原来的条条管理改为块块管理，大部分场圃由国营事业单位改制为国营企业或国有民营企业。

一、老三河水产养殖场

1956年，洪泽县重新建县不久，就筹建县属国营老三河水产养殖场和成子湖鱼类繁殖捕捞场。两场配备职工166人，捕捞技术干部10人，养殖技术干部10人，职工、船员60人，渔民86人，拥有30～40吨机帆船8艘，4～10吨木船10艘。老三河养殖场主要经营洪泽湖大堤以东、北起高良涧、南至蒋坝的运料河，670多公顷水面进行大水面养鱼。成子湖鱼类繁殖捕捞场，主要经营成子湖33 000多公顷水面，以繁殖和保护资源为主，实行定期捕捞。这个鱼类繁殖捕捞场1957年初由淮阴专署批准建立，经营一年多时间，于1958年9月撤销，并入老三河养殖场，保留职工技术人员30多人，其余人员分配到淮河鱼种场和老子山、三河两个公社有关渔业队。老三河养殖场的水面，实际上是一条长达25千米的护堤河，穿越草泽河和其他与洪泽湖相贯通的沟渠，影响各条河上闸坝的使用，不仅与河东岸的农田排灌有矛盾，而且投放的鱼种很难管理，产量不高。老三河养殖场于1969年停办。

二、盱眙县鱼种场

该场建于1958年8月，场址位于洪泽湖西南岸的淮河公社黄岗大队，起初是洪泽县与淮河公社两级合办的渔场，称淮河鱼种场。初建时约有 47 公顷水面，开挖鱼种池 20 多公顷，职工 34 人。1959 年 11 月，根据第二个五年计划大力发展水产养殖的精神，在"向养殖事业大进军"的口号下，为建立湖区鱼苗鱼种繁殖生产基地，该场开展鱼池扩建工程。江苏省农林厅向该场投资 20 万元，主要用于开挖土方。到 1960 年春，扩建鱼池 275 个。1961 年，渔场在淮河下游设弶网捕捞天然鱼苗进行养殖。1962 年春，开始人工繁殖鱼苗，当年鲢、鳙人工繁殖试验成功，获鱼苗 130 万尾，开创洪泽湖人工繁殖鱼苗的先河。这年 10 月，渔场改为地方国营洪泽县淮河鱼种场，拥有 69 公顷池塘水面，加上河沟等零星水域，总水面达 112 公顷。全场有职工 146 人，还有渔民 13 户、60 多人的一个捕捞队。至 1964 年，草鱼、青鱼、团头鲂也相继人工繁殖成功；是年，生产鱼苗 607 万尾，培育鱼种 28 吨。1968 年，该场向泗洪等地水产养殖单位出售鱼苗 2 000 多万尾。1969 年，该场生产夏花 1 820 万尾，其中鲢 154 万尾、草鱼 323 万尾、鲤 993 万尾、鲫 350 万尾，全部放流洪泽湖。1978 年，人工繁殖鱼苗 3 000 万尾，培育鱼种 64 吨。

1979 年起，国家对国营水产养殖场实行"独立核算，自负盈亏"的财务包干办法。1980 年，根据党的十一届三中全会精神，国营渔场推行以家庭承包经营为主要形式的生产责任制，促进了养殖渔业的发展。盱眙县鱼种场的经营管理水平也随之不断提高，逐步形成了一套行之有效的企业管理制度，极大地调动了广大职工的生产积极性。如充分体现"各尽所能、按劳分配"原则的"五定一奖赔"制度（即定人员、定塘口、定产量质量、定消耗、定利润，增收节支者奖，减产超支者赔），把职工的利益和产量、消耗、利润等指标挂起钩来，有效地推动了生产，提高了劳动生产率，保证了鱼种生产和经济效益年年有新的发展。渔场技术人员在搞好家鱼人工繁殖的同时，为了扩大鱼苗的生产能力和提高鱼苗的孵化率，改建孵化设备，改进孵化用水。为提高鱼种产量和鱼池利用率，变单品种放养为多品种混养和"轮捕轮放"养殖成鱼。在鱼病防治上，采用"以防为主、防治结合"的方法，中草药和西药交替使用，有效地控制鱼病的发生和蔓延，提高了鱼种成活率。该场还通过举办养鱼培训班和下乡辅导等办法，训练养鱼骨干，带动湖区养鱼技术的提高。

1980 年，该场人工繁殖鱼苗增加到 9 000 万尾，1985 年达到 1.2 亿尾，其中夏花 3 204 万尾、鱼种 750 万尾、成鱼产量 8.5 吨。是年，鱼苗鱼种销售到安徽、山东、黑龙江、吉林、辽宁等 5 个省 18 个县市。

1985 年 12 月，洪泽湖区划调整，淮河鱼种场划归盱眙县，定名为盱眙县鱼种场。1990 年盱眙县鱼种场人工繁殖鱼苗 2.1 亿尾，1995 年人工繁殖鱼苗 2.5 亿尾。2000 年，盱眙县鱼种场总面积达到了 227 公顷，其中养殖水面 147 公顷，总人口 314 人，其中在职职工 167 人。拥有专业技术职称的科技人员 26 人。当年人工繁殖鱼苗 4.5 亿尾，生产鱼种 250 吨，成为洪泽湖区最主要的鱼苗鱼种繁育基地。

2019 年，该场许可经营范围包括青鱼、草鱼、鲢、鳙、鲫、鳊、鲤、鮰、白鱼、鳜等各种淡水鱼苗种，以及河蟹、珍珠养殖，渔需物资、日用杂品销售等。

三、盱眙县水产养殖场

1957 年冬，盱眙县投资 2 万元，在河桥乡李嘴筹建国营盱眙县水产养殖场。该场次年春建成投产，总面积 22 公顷，其中鱼池面积 4 公顷，职工 40 人。该场以养殖鱼苗为主，属小型鱼苗、鱼种生产基地，兼养少量成鱼。1972 年，淮阴地区投资 3 万元，扩建鱼池 6.7 公顷。1973 年，家鱼人工繁殖在该场获得成功。1979 年，人工繁殖鱼苗 7 000 万尾。1984 年，生产鱼苗 8 000 万尾。1985 年，养殖水面 11 公顷，其中鱼种池 9 公顷、成鱼池 2 公顷。这一年生产的鱼苗，除供本县外，省内运销扬州、六合，省外销往内蒙古、安徽、吉林等地。进入 20 世纪 90 年代，盱眙县水产养殖场承担向洪泽湖人工放流增殖任务，每年向湖里放流夏花和鱼种 500 万尾。2000 年，全场占地面积 16.7 公顷，水产养殖面积 11.4 公顷。许可经营范围包括鱼苗、鱼种、淡水鱼、蟹、甲鱼养殖销售，饲料销售。

四、泗洪县鱼种场

该鱼种场始建于 1958 年，原址在四河乡境内，名称初为泗洪县水产养殖场，后改为泗洪县鱼种场，占地 13.3 公顷，养殖水面 3.3 公顷，15 名职工，以养殖鱼苗、鱼种为主，年产一龄鱼种 50 万尾，产值 0.7 万元，年利润不足 1 000 元。1977 年，国家投资在湖西临淮公社（时属洪泽县）创办洪泽县螃蟹暂养场，拥有 4.5 公顷养殖水面，20 个水泥板镶边的池塘。1984 年，该场与洪泽县临淮颗粒饲料厂合并，在暂养螃蟹的同时也养鱼，场名为洪泽县水产暂养场，占地 13.3 公顷，其中养殖水面 6.7 公顷；年产一龄鱼种 100 万尾，暂养螃蟹 25 吨，年产值 5 万元。是年，联合国世界粮食计划署援建投资 27 万元，扩建鱼池 350 个，占地 66.67 公顷，场名为洪泽县鱼种二场——临淮鱼种场。该场以养殖鱼苗、鱼种为主，1985 年产夏花 400 万尾，一龄鱼种 500 万尾，年产值 8 万元。1985 年 12 月，洪泽湖区划调整，该场划归泗洪县，场名为泗洪县第二鱼种场；1987 年 12 月 23 日，经泗洪县计划委员会批准，泗洪县鱼种场（场址在四河乡）与泗洪县第二鱼种场合并，场名仍为泗洪县鱼种场，国营场性质不变，场址在临淮乡境内蒋岗。合并后，该场占地面积 93.3 公顷，其中养殖面积 33 公顷，固定资产 60 万元，有职工 74 人。该场以生产水花、夏花、鱼种为主，当年产水花 300 万尾，夏花 500 万尾，一龄鱼种 400 万尾，生产商品鱼 20 吨，年产值达到 21 万元。进入 20 世纪 90 年代后，泗洪县鱼种场改变过去以鱼苗、鱼种、成鱼养殖为主的模式，采取与特种水产养殖并举的生产模式。1998 年，该场共培育河蟹大眼幼体 50 千克，培育成幼蟹 300 千克（近 60 万只），繁青虾幼苗 25 万尾，生产青虾 2.5 吨，养成商品蟹 20 吨，生产商品鱼 5 吨，全年总产值达 152 万元。2000 年，鱼种场有职工 80 人，人均年收入达到 7 000 元。2021 年，许可经营范围包括淡水水产品苗种养殖销售、饲料加工。

五、淮安市洪泽区水产良种场

淮安市洪泽区水产良种场，位于洪泽湖东北岸，淮河入海水道枢纽二河闸西侧，始建于 1985 年 3 月，原为洪泽县淮河鱼种场二河分场。因 1985 年底洪泽湖行政区域划分变更后，1986 年 2 月 22 日，经县政府批准，"淮河鱼种场二河分场"更名为"洪泽县鱼种场"。1986 年 5 月 31 日，在国家农牧渔业部、国家计委、江苏省水产局支持下，该场签订50万元鱼池配套技改贷款合同，用于鱼池配套扩建工程。工程于7月开工，12月竣工，总投资50万元，形成固定资产46.47万元，水面扩大到26.7公顷。当年投产14.7公顷，培育夏花1000万尾，培育鱼种15万尾，出售成鱼10吨，产值20余万元，利润4万元。1987年，省水产局拨款35万元，在张福河东扩建鱼池，年底水面扩大到40公顷，当年投产26.7公顷，产值32.62万元，利润8.21万元。1989年3月28日，经县政府批准，县水产养殖场并给县鱼种场。1999年3月26日，经县政府批准，"洪泽县鱼种场"更名为"洪泽县水产良种场"。因淮安市"两区一县"行政区划调整，2016年11月2日，经中共淮安市洪泽区委批准，"洪泽县水产良种场"更名为"淮安市洪泽区水产良种场"。

全场占地面积1660亩，养殖水面880亩，其中规格池塘600亩，大水面280亩；拥有总资产1600多万元，有年产10亿尾鱼苗能力的人繁设施一套，设施化多功能控温室3680平方米，日光能温室1320平方米，综合科技楼1800平方米；每年可为社会提供各类水产优良苗种5亿多尾，同时每年还承担洪泽湖放流苗种生产任务，社会效益、经济效益显著。

1999年，该场被原江苏省水产局批准为江苏省级水产良种场（省级江苏洪泽方正银鲫兴国红鲤良种场）；2001年被原江苏省海洋与渔业局批准为洪泽湖增养殖科学试验场和洪泽湖放流苗种基地；2002年成立中国科学院水生生物研究所洪泽水产良种引种繁育中心，聘请中国科学院水生生物研究所为技术依托单位；2006年被原农业部批准为国家级水产良种场（江苏洪泽水产良种场）；2008年被淮安市科技局批准设立淮安市水产良种繁育工程技术研究中心、淮安市淡水鱼疾病防治服务平台；2008年被江苏省科协确定为江苏省科普教育示范基地，被江苏省科技厅批准为首批江苏省现代农业科技园——洪泽现代渔业科技园区；2009年被江苏省科技厅批准建设江苏省洪泽湖淡水鱼疾病防治公共技术服务中心，被淮安市旅游局批准为2A级旅游景区（洪泽湖渔家乐园），被原江苏省海洋与渔业局批准为江苏省渔业科技成果转化基地；2020年被江苏省农业农村厅认定为第一批"江苏特色优势种苗中心"；2022年农业农村部批准将国家级水产良种场"江苏洪泽水产良种场"变更为"国家级江苏洪泽异育银鲫良种场"。

六、洪泽县水产养殖场

该场于1958年春天建立，主要是为进行水产科学试验而创建的。场址设在洪泽县城高良涧镇西侧，苏北灌溉总渠东堤下，拥有8.5公顷水面，30多名职工。初建立时，名为洪泽县水产科研试验场，1980年改为地方国有洪泽县水产养殖场。至2000年，该场每年生产20吨左右成鱼。由于县城建设需要，该场于2005年撤销。

七、淮阴区鱼种场

该场位于淮阴区马头镇（原凌桥乡）境内，1958年建场，隶属淮阴区农业农村局，占地面积500亩，其中水面324亩，年繁殖鱼苗5000万尾、鱼种60吨。2005年，原淮阴区鱼种场改制，并租赁给民营企业"淮安市绿源农业发展有限公司"。该基地在原有基础上，生产规模不断扩大，由原来的单一鱼苗生产，逐步转向鱼苗繁育、成鱼养殖、垂钓休闲等多种经营。

第二节　集体渔场

集体渔场是指以县、乡（人民公社、镇）、村为单位，自筹资金，开发荒滩、荒地、水面，开挖鱼池，建成的自主经营、自负盈亏的水产养殖场、鱼种场，是沿湖水产养殖业的主体。洪泽湖区集体渔场是从 20 世纪 50 年代末发展起来的，主要是公社（乡）办场、农业大队（村）办场、渔业生产大队（村）办场。

1963 年，湖区有集体渔场 17 个。1966 年起，渔场发展缓慢。1977 年，淮阴地区革命委员会批转地区多种经营局《关于大办社队渔场意见的报告》，提出"三级办场，四级养鱼"精神，渔场又开始蓬勃发展。1978 年，湖区集体渔场发展到 69 个，其中公社办场 18 个，农业大队办场 26 个，渔业大队办场 25 个，养殖面积 688.3 公顷，其中鱼种池面积 67.5 公顷。

1985 年，湖区集体渔场发展到 95 个，其中县办场 5 个，乡、镇办场 43 个，渔业村办场 25 个，农业村办场 22 个；养殖面积 1 356 公顷，鱼种池面积 327.3 公顷，养殖产量 2 813 吨。1989 年，湖区集体渔场有 143 个，养殖面积 4 082 公顷，产量 13 506 吨，其中乡镇办渔场 85 个，有劳动力 3 191 人，养殖面积 3 065 公顷，产量 10 308 吨；村办渔场 55 个，养殖面积 912 公顷，产量 2 491 吨。1992 年，集体渔场有 194 个，养殖面积 6 263.4 公顷，产量 1 763 吨，其中乡镇办渔场 90 个，养殖面积 414.7 公顷，产量 10 715 吨；村办渔场 104 个，养殖面积 2 115.7 公顷，产量 6 898 吨。1995 年，集体渔场有 225 个，养殖面积 10 277.7 公顷，产量 35 426 吨，其中乡镇办渔场 111 个，养殖面积 6 630 公顷，产量 21 442 吨；村办渔场 114 个，养殖面积 3 647 公顷、产量 13 984 吨。2000 年，集体渔场有 239 个，其中乡镇办 123 个、村办 116 个。

集体渔场的发展、养殖面积的扩大，所需的鱼苗鱼种量不断增加，凭国有渔场生产的鱼苗，已不能满足需要。在国有渔场的指导下，集体渔场从 1980 年到 2000 年共人工繁殖鱼苗 353 847 万尾，除向外地出售一部分外，其余自繁自养。

集体养殖渔业起步较早的是蒋坝水产养殖场。该场建于 1957 年春，利用旧沟废塘略加改造，建成 18 个鱼塘，水面 60 多公顷，另有泗河塘大水面 67 公顷多，共有职工 147 人。1958 年 4 月，洪泽县政府支持贷款 10.6 万元，作为购买鱼种和清塘药物之用。开始几年，年产成鱼 15～20 吨。1962 年，该场进行整顿，下放职工，缩小养殖面积，只留四五个工人，养殖水面只有 13.3 公顷，其中 6.7 公顷为浅水草滩，多长蒲草和藕，不能养鱼，能养鱼的亩产最高不到 50 千克。1974 年起，该场成鱼产量逐年上升，由每公顷产 2 250 千克，提高到 1985 年的每公顷产 4 500 千克。到 2000 年，该场每公顷产量平均 5 250 千克。党的十一届三中全会以后，集体渔场大多名存实亡，多将渔场集体所有的养殖水面承包给个人养殖，渔场只收取水面承包费，统筹协调承包过程及养殖过程中发生的矛盾纠纷和负责水电路等相关公共事业。

第三节　商品鱼基地渔场

商品鱼基地渔场是由国家投资、纳入国家淡水渔业基地建设计划的建设项目。洪泽湖区商品鱼基地主要分布在洪泽、泗阳两县。洪泽县建设始于1977年冬，1978年建成面积144.5公顷。1978年后，泗阳也开始建设。两县1979年累计建成面积325.3公顷，1980年累计建成468公顷，1981年累计建成658.3公顷，到1984年累计建成921.83公顷，到1985年共建起商品鱼基地渔场69个，建成面积（经验收符合标准的）共1 007公顷，其中洪泽县680.4公顷，泗阳县326.6公顷。

在69个商品鱼基地渔场中，公社（乡、镇）办场31个、大队（村）办场36个、公社（乡）和大队（村）联办2个，共有劳动力1 834人。1978—1985年，国家共投资419.2万元（无偿补助资金284.7万元）。1985年以后，国家对基地渔场建设投资停止。

商品鱼基地建设属于水产产业发展过程中的阶段性产物，但对洪泽湖区水产产业发展起到了积极的推动作用。基地建立后，水产品产量逐年上升。1980年463吨，1981年536吨，1984年729吨，1985年1 223吨，1986年3 451吨，1987年7 106吨，1990年7 284吨，1995年7 626吨，2000年8 094吨（表5-1-16）。

表5-1-16　1980—1985年部分基地建设投产情况

		年份	1980	1981	1982	1983	1984	1985	合计
临淮乡	累计建成	单位个数	9	10	10	10	10	10	
		面积（亩）	2 282.7	2 456.7	2 456.7	2 456.7	2 456.7	2 456.7	
		鱼池（个）	171	210	210	210	210	210	
	投产情况	投产面积	2 282.7	1 687.6	2 456.7	2 206	1 659.4	2 370	
		产量（吨）	142	35.5	148	91	164	85	665.5
		劳力（个）	646	518	688	239	370	467	
半城镇	累计建成	单位个数	5	9	9	9	9	9	
		面积（亩）	1 339.1	1 361.5	1 361.5	1 361.5	1 361.5	1 361.5	
		鱼池（个）	164	168	168	168	168	168	
	投产情况	投产面积	1 339.1	115.1	1 361.5	1 161	451	988	
		产量（吨）	53.2	10	26.8	30	15	83	218
		劳力（个）	238	74	109	226	76	119	
成河乡	累计建成	单位个数	7	7	7	7	7	7	
		面积（亩）	1 803.2	1 803.2	1 803.2	1 803.2	1 803.2	1 803.2	
		鱼池（个）	215	215	215	215	215	215	
	投产情况	投产面积	1 503.2	1 509.3	1 509.3	901.8	1 261.6	1 018	
		产量（吨）	65.4	37.3	83.6	35	69	166	456.3
		劳力（个）	254	220	222	189	176	193	

第四节　养鱼专业户、重点户

养鱼专业户是指与集体生产单位签订承包合同，订包干或包产（值）指标的农户，他们一般不再承包责任田，只划给口粮田。重点户一般指养鱼收入已成为家庭经济的主要来源的农户。绝大部分重点户还承包责任田，向集体交纳公共提留，承担粮食派购任务。洪泽湖养鱼专业户、重点户（以下简称"两户"）是在党的十一届三中全会后落实党的经济政策及富民政策才出现的。1981年为数不多，1982年通过水面定权发证，落实水面使用权，家庭养鱼或承包养鱼发展很快。1983—2000年"两户"基本情况统计具体见表5-1-17。

表5-1-17　1983—2000年"两户"基本情况统计

年份	户数（户）			面积（公顷）	产量（吨）		
	总数	万元以上	千元以上		总产	鱼种	河蟹
1983	1 821	—	—	—	1 207 吨	—	—
1984	2 369	15	737	—	—		
1985	3 091	25	893	1 280	3 201		
1987	4 802		—	2 219	6 984		—
1990	6 203			2 468.6	9 085	10 231	41
1995	8 284			6 050	19 307		793
2000	10 453			8 597	27 433		

2020年洪泽湖全面禁捕退捕前，省管水域范围内有捕捞养殖渔民8 443户、33 254人，其中纯养殖4 018户、15 832人，纯捕捞3 176户、12 137人，捕捞养殖兼做的1 249户、5 285人（表5-1-18）。

表5-1-18　2020年洪泽湖渔业人口情况表

县区	涉渔户数	人口数	纯养殖		纯捕捞		养捕兼作	
			户数	人口	户数	人口	户数	人口
淮阴区	593	2 313	346	1 185	157	610	90	518
洪泽区	2 806	11 527	1 269	5 045	1 111	4 684	426	1 798
盱眙县	420	1 714	372	1 535	24	73	24	106
宿城区	324	1 616	176	859	32	183	116	574
泗阳县	677	3 132	256	1 197	263	1 211	158	724
泗洪县	3 623	12 952	1 599	6 011	1 589	5 376	435	1 565
全湖	8 443	33 254	4 018	15 832	3 176	12 137	1 249	5 285

06

第六篇　渔政管理

第一章

管理体制

第一节　机构沿革

一、洪泽湖管理机构沿革

洪泽湖地区古为徐，春秋时属吴，战国时属楚，秦时属泗水郡、东海郡，西汉时属临淮郡，东汉时属广陵郡、下邳国，隋时分属下邳郡和江都郡，唐、宋时属泗州、楚州，明时属淮安、凤阳等府，清时分属江苏省淮安府和安徽省的泗州，民国时期分淮安、淮阴和盱眙等县。

清道光年间，朝廷于老子山设立洪湖营，管理洪泽湖水面。民国初年，为了湖上防匪和渔区安全，政府配备了水巡营。后来，湖上为国民党地方武装管辖。1941年，在中国共产党领导下，湖区成立了洪泽湖管理局（县级）和洪泽湖工委，机关驻临淮头。管理局下辖湖东区和成河办事处，归淮北行署直接领导。1942年4月，洪泽湖管理局改为洪泽县，增设临淮区、湖西区，将成河办事处改为成河区。洪泽县辖有湖东、成河、淮河、临淮、湖西5个区，洪泽置县始于此。1946年，全面内战爆发。1947年6月，淮北地委与第七专署决定撤销洪泽县建制，将原来的洪泽县的湖东区划归淮泗县，将成子湖区划归泗阳县，将湖西区、淮河区与泗南县合并成立泗洪县，泗洪建县始于此。同年10月29日，又撤销泗洪县，恢复泗南县，成立洪泽湖工委和管理局。1949年4月29日，皖北人民行政公署宿县专区决定，撤销泗南、泗宿县建制，将泗南、泗宿县大部分区域，洪泽湖管理局，泗阳县龙集、界集区等地合并正式建立泗洪县，洪泽湖管理局仍辖有淮河、湖西、湖东、成湖4区，由泗洪县代管。1950年，洪泽湖管理局撤销，改为泗洪县洪泽区。1952年，泗洪县改属安徽省宿县专区管辖。1955年，泗洪县、盱眙县由安徽省划归江苏省管辖。

1956年，根据"按湖设治"的原则，经国务院批准，以洪泽湖水面的主体，加上沿湖为渔业生产和生活服务的支持点，新设洪泽县，并把渔民集中的老子山、临淮、成河、半城、淮河诸乡以及东北部的西顺河乡，归并为该县的湖区乡。至1985年，一直是洪泽县管辖整个洪泽湖区。1956年，洪泽县成立洪泽湖生产管理委员会，各乡（镇）、港设立分会。1973年，江苏省编制委员会正式批准成立洪泽湖渔业生产管理委员会，核定编制12人，隶属于洪泽县，地址设在高良涧。1976年，经淮阴地委批准，中国共产党洪泽县洪泽湖工作委员会成立，地址设在湖区成河公社所在地，至1984年撤销。1985年12月

26 日，江苏省人民政府决定对洪泽湖实行分治，由洪泽、淮阴、泗阳、泗洪和盱眙五县分管。原属洪泽县的半城、临淮、成河三个乡镇划给泗洪县，淮河乡划给盱眙县。1996年 8 月，为解决淮阴市行政管辖范围过大、较难带动所辖县（市）共同发展的问题，合理重组苏北的区域经济、社会发展格局，经国务院批准，原淮阴市的宿迁市、泗洪县、泗阳县、沭阳县划出，成立省辖宿迁市；灌南县划归连云港市。洪泽湖形成淮安、宿迁两市共管的局面。

二、洪泽湖渔政渔船管理机构沿革

1979 年，江苏省革命委员会批准设立淮阴地区渔政渔船管理机构，事业单位，编制 5人。1980 年 6 月 11 日，"江苏省淮阴地区渔政渔船管理站"正式成立，与淮阴地区行政公署多种经营管理局水产科合署办公，性质编制不变。

1981 年 8 月 28 日，淮阴地区行政公署批准成立淮阴地区行政公署水产局，同年 11月 1 日正式办公。1982 年 4 月 30 日，"江苏省淮阴地区渔政渔船管理站"分设为"江苏省淮阴地区渔政站"和"江苏省淮阴地区渔船渔港监督站"，两块牌子，一个班子（其中渔政站 3 人，渔船站 2 人）。1983 年 4 月，市管县体制实行，"江苏省淮阴地区渔政站"和"江苏省淮阴地区渔船渔港监督站"改称"淮阴市渔政站"和"淮阴市渔船渔港监督站"，分开办公。1986 年 7 月 8 日，淮阴市洪泽湖渔政管理总站成立，总人数 25 人，事业编制，临湖的洪泽、泗洪、泗阳、盱眙、淮阴 5 县设渔政分站。淮阴市渔政站和洪泽湖渔政管理总站，两块牌子，一套班子，总人数 28 人。同年，为加强洪泽湖治安管理，经江苏省公安厅和淮阴市委、市政府等有关部门批准，淮阴市公安局洪泽湖分局成立，编制35 人，并在临湖的洪泽、泗阳、泗洪、盱眙 4 县建立水上公安派出所。1996 年，宿迁市成立，至 1998 年，宿迁市及所辖的泗洪、泗阳两县，皆成立了渔政管理、渔船检验和渔港监督管理机构。

三、洪泽湖渔业省管机构

2000 年 11 月 21 日，江苏省政府印发《省政府关于对洪泽湖渔业实行省统一管理的批复》（苏政复〔2000〕214 号），决定将洪泽湖渔业改为省统一管理并成立江苏省洪泽湖渔业管理委员会，下设办公室，同时成立江苏省洪泽湖渔政监督支队，对洪泽湖渔业实行统一管理。"江苏省洪泽湖渔业管理委员会办公室"和"江苏省洪泽湖渔政监督支队"，两块牌子、一套班子，为参照公务员法管理的事业单位，核定编制 50 人（2018 年机构改革后核减为 48 人），直属江苏省海洋与渔业局管理，2018 年机构改革后划归江苏省农业农村厅管理，其主要职责为：按照省渔业主管部门部署，制定洪泽湖区的渔业资源开发利用规划，监督检查湖区渔业法律法规的执行情况；制定湖区渔业资源增殖保护措施；协调处理本湖区渔业管理中的有关重大问题和矛盾。

江苏省洪泽湖渔业管理委员会是一个议事决策协调机构，2001—2018 年机构改革前，由江苏省海洋与渔业局分管局长担任主任，淮安（淮阴）、宿迁两市分管市长担任顾问，省洪泽湖渔管办主任担任第一副主任，江苏省海洋与渔业局相关处室、淮宿两市渔业行政主管部门（后增加水利、环保等部门）、沿湖六县（区）政府分管负责同志为副主任，沿湖六县（区）渔业行政主管部门和乡镇党委或政府主要负责同志为成员，委员会一般一年召开一次全体委员会议，审议省洪泽湖渔管办的工作报告、湖区先进集体和个人表彰名单、湖区重大政策调整、规范性文件等事项，2014 年以后调整为 2 年召开一次。2018 年机构改革以后，江苏省洪泽湖渔业管理委员会主任由江苏省农业农村厅主要领导担任，厅分管厅长和淮安、宿迁两市分管渔业的市领导担任副主任，沿湖市县有关部门、县（区）和乡镇政府相关负责同志为成员。因转隶、人员调整、疫情等因素影响，全体委员会议至 2023 年底一直未召开。

省洪泽湖渔管办在洪泽县高良涧、洪泽县蒋坝、洪泽县老子山、盱眙县管镇、泗洪县临淮、泗洪县尚嘴、泗阳县高渡、宿城区中扬等地设立执法大（中）队，具体负责湖区渔业执法管理工作。

2004 年 2 月，泗阳县中扬镇划归宿城区管辖，至此洪泽湖形成了持续至今的两市六县区的行政隶属，分别为淮安市所辖的淮阴区、洪泽区、盱眙县和宿迁市所辖的宿城区、泗阳县、泗洪县。

涉洪泽湖渔船检验和渔港监督管理仍然按照行政区划由沿湖地方负责。

第二节　渔政队伍建设

一、机构人员配置

省洪泽湖渔管办（省洪泽湖渔政监督支队）属于江苏省洪泽湖渔业管理委员会的具体办事机构，是参照公务员法管理的正处级行政执法类事业单位，下设四个处室和六个渔政大队，分别为综合处、计划财务处、渔政管理处、资源环保处，渔政监督大队和渔政一大队、渔政二大队、渔政三大队、渔政四大队、渔政五大队。随着洪泽湖渔业管理工作的不断深化，之后内部又增设了监察室、产业组、科技组和水产种质资源保护区管护中心，并在监督大队加挂法规处牌子。截至 2023 年底，江苏省洪泽湖渔业管理委员会办公室共有在编在岗的工作人员 46 人，辅助人员 40 人左右。

省洪泽湖渔管办（省洪泽湖渔政监督支队）历届班子成员（含四级调研员）：

2000—2005 年，刘俊明、王小林、吴子奎。

2005—2007 年，沈国华、王欣、刘学杰、谷峰林、张胜宇。

2007—2016 年，王欣、刘学杰、张胜宇、孙家云、索维国、左兆卫。

2016—2021 年，刘学杰、张胜宇、孙家云、赵维勇、杨俊虎、陈爱林、陈建新、邓毅军。

2021 年至今，张胜宇、赵维勇、孙大伟、杨俊虎、陈爱林、邓毅军。

二、综合素质提升

江苏省洪泽湖渔业管理委员会机构分布见图 6-1-1。

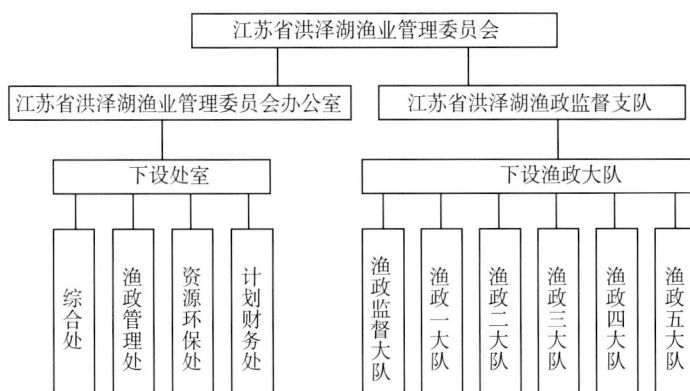

图 6-1-1　机构分布

　　省洪泽湖渔管办高度重视渔政执法人员的能力建设和素质提升，持续不断开展执法实务和业务综合技能培训，组织参加农业综合行政执法能力提升系列培训班，积极参加全国渔政执法骨干人员能力提升活动，圆满完成长江十年禁渔大讲堂课程学习；针对执法实务中的重点、热点和难点问题，举办各种形式的培训班、研讨会；按照新时代"新农干"的素质要求，先后组织开展体能训练、游泳比赛、船艇驾驶、执法能手和优秀卷宗评比等系列活动，渔政执法人员基本具备了"会开车、会驾艇、会电脑、会办案"的综合能力。

三、取得成效

　　省洪泽湖渔管办认真学习贯彻农业部渔业行政执法六条禁令，建立健全队伍管理的各项规章制度，完善渔政执法人员的行为规范，强化执法人员业务培训，开展渔政执法规范化建设，全面推行渔业行政执法"三项制度"，构建规范的执法办案体系、实战的执法保障体系、有力的执法监督体系。2011年，省洪泽湖渔管办被农业部评为"全国水生生物资源养护工作先进单位"。2015年，江苏省洪泽湖渔政监督支队一大队被农业部评为"全国渔业文明执法窗口单位"。2017年，江苏省洪泽湖渔政监督支队被农业部表彰为"'亮剑2017'系列渔政专项执法行动工作成绩突出集体"。2019年，江苏省洪泽湖渔政监督支队被农业农村部表彰为"全国渔政执法工作先进集体"。

渔政执法能力建设

第一节　渔政执法基地

省洪泽湖渔管办执法基地的架构为"1 个总部＋6 个大队＋1 个管护中心"。总部设在淮安市淮阴区黄河东路 11 号，建筑面积 4 300 平方米；渔政监督大队原先设在"革命号"（渔政 1 号）执法船上，平时停靠在洪泽区高良涧渔政码头，负责全湖巡查，后于 2016 年调整至总部办公；渔政一大队设在洪泽区高良涧镇浔湖路 1 号，与洪泽区渔业、水利管理机构毗邻，曾在淮阴区设立韩桥中队，后于 2012 年 10 月撤销；渔政二大队是洪泽湖渔政执法大队中最早建成的陆上执法基地，2004 年建成，设在洪泽区老子山镇湖滨路，路对面是老子山著名的温泉山庄，曾在洪泽区蒋坝镇设立蒋坝中队，后于 2004 年撤销，另外曾在盱眙县管镇设立瑶沟路中队，后于 2015 年 12 月撤销；渔政三大队设在泗洪县临淮镇汴河路，原购置的是临淮派出所 20 世纪 80 年代的老办公用房，2008 年后重新修建，曾经在泗洪县半城镇水域设立穆墩岛中队，后于 2012 年 10 月撤销；渔政四大队设在泗阳县高渡镇高渡村，与渔政三大队同时修建，曾经在宿城区水域设立中扬中队，后于 2015 年 12 月撤销；渔政五大队设在泗洪县龙集镇尚嘴居委会，购置的是原成河乡税务所 20 世纪 80 年代的老办公用房，另在泗洪县太平镇顾勒河口设立中队。各渔政大队执法基地建筑面积 250～650 平方米不等，距离大队本部较远的中队全部以趸船为办公场所。渔政执法人员轮班吃住在执法基地，全天候、全时段、全覆盖、无死角守护洪泽湖渔业资源，维护湖区渔业管理秩序。

为强化渔政管理，2013 年 8 月曾将原分属渔政二三大队的两个中队升格为副科级建制，成立中扬大队和姚沟路大队，直至 2015 年底撤销。为加强水产种质资源保护区建设，2018 年成立洪泽湖水产种质资源保护区管理养护中心，设在盱眙县淮河镇伏湖路的水上趸船上，牵头负责全湖水产种质资源保护区的监管。

第二节　渔政执法船艇

一、渔政执法船

2000 年洪泽湖渔业省管伊始，省洪泽湖渔管办从沿湖地方接收了一批执法船艇，其中最早的渔政船是 1968 年的"革命号"，"革命号"原先是海军退役的军用船，于 1988 年

12月21日由洪泽县人民政府将"革命号"即"渔政一号"转交淮阴市洪泽湖管理局。该船在洪泽湖破冰抢险中屡建奇功；其次是1985年建造的16吨级32171号执法船；还有少量挂桨机渔政船和趸船。

2010年，服役近半个世纪的"革命号"终于完成历史使命，淘汰拍卖。之后，原先从地方接收的一批执法船艇，陆续被淘汰。

2003年，省洪泽湖渔管办建造了2艘30吨级的执法船，分别为32191号、32192号。

2007年，建造了30吨级的32193号执法船。

2012年，洪泽湖首艘50吨级渔政船（中国渔政32263号）开始建造，2014年7月正式交接入列，总长24.68米、型宽5.4米，型深2.0米，湖区执法船的装备水平得到很大限度的提升。2013年开始建造第2艘50吨级渔政船（中国渔政32218号），2015年9月交接入列。2021年3月，洪泽湖第3艘50吨级渔政船（中国渔政32436号）交付使用。

二、渔政执法艇

省洪泽湖渔管办成立后，2002年开始购置60马力的水星牌敞篷艇，后根据湖区实际使用效果，机器由水星换成雅马哈，主机功率也从60马力、80马力、100马力、115马力逐步增加至150马力。为打击湖区大马力快艇非法捕捞行为，2016年以后陆续建造了一批400马力的高速封闭艇，此类艇总长7.25~7.45米，型宽2.20~2.38米，型深1.10~1.20米，加挂2×200HP舷外挂机，航速>50节，续航力>220千米。400马力高速渔政执法艇的入列使用，有力地震慑了湖区大马力快艇非法捕捞行为。截至2023年底，省洪泽湖渔管办共有渔政执法船6艘、执法艇23艘。

洪泽湖渔政执法船艇具体情况见表6-2-1。

表6-2-1　洪泽湖渔政执法船艇一览表（2023年）

部门	船名号	功率	购置年份	型号	船艇样式
一大队	32218号	WD615.22C01/320千瓦	2015.09	50吨级	渔政船
	32660号	650马力	2023.11	796型	半封闭艇
	32193-4	300马力	2018.12	738型改装	半封闭艇
	32218-5	300马力	2017.01	738型改装	半封闭艇
	32218-6	150马力	2019.10	630型	全甲板艇
	32263-2	300马力	2015.08	796型及以上	半封闭艇
二大队	32436号	D7C-BTA-5/390千瓦	2021.01	50吨级	渔政船
	32193-5	250马力	2019.04	738型改装	半封闭艇
	32218-3	400马力	2017.10	796型及以上	半封闭艇
	32435	150马力	2020.09	630型	半封闭艇
	32218-9	150马力	2019.12	630型	全甲板艇

（续）

部门	船名号	功率	购置年份	型号	船艇样式
三大队	32191 号	6135ca/88.3 千瓦	2003.09	30 吨级	渔政船
	32218 - 7	150 马力	2019.10	630 型	全甲板艇
	32433	150 马力	2020.09	630 型	半封闭艇
	32193 - 6	250 马力	2019.04	738 型改装	半封闭艇
	32218 - 2	400 马力	2016.11	796 型及以上	半封闭艇
四大队	32192 号	6135ca/88.3 千瓦	2003.09	30 吨级	渔政船
	32218 - 8	150 马力	2019.10	630 型	全甲板艇
	32193 - 3	300 马力	2018.12	738 型改装	半封闭艇
	32218 - 4	400 马力	2017.10	796 型及以上	半封闭艇
	32263 - 3	250 马力	2019.04	738 型改装	半封闭艇
五大队	32263 号	WP6C185E202/272 千瓦	2014.07	50 吨级	渔政船
	32192 - 6	250 马力	2019.04	738 型改装	半封闭艇
	32432	150 马力	2020.09	630 型	半封闭艇
	32395	150 马力	2018.07	630 型	全甲板艇
	32191 - 9	150 马力	2015.12	630 型	全甲板艇
	32218 - 1	400 马力	2016.11	796 型及以上	半封闭艇
管护中心	32193 号	6135ca/88.3 千瓦	2007.05	50 吨级	渔政船
	32396	150 马力	2018.07	630 型	半封闭艇

三、渔政工作船

渔政工作船为早期水产、湖管等行政部门到湖上工作或渔政监督用的船。渔政船带有"渔政××号"的字样。铁质或木质都有，一般有顶棚，棚下有两舱，前舱为工作人员办公和休息兼用，后舱是船工或随家居室，附有厨房。随着执法装备提档升级，后来逐渐被淘汰。

四、渔政趸船

渔政趸船为水泥材质，无动力。内设办公室、宿舍和厨房等功能区域，一般长度为25～30米，多用于各渔政大队的中队驻地，2017年中队建制撤销后，用于水产保护区管护中心驻地和部分大队的执勤点。

第三节　渔政信息化建设

2015 年，省洪泽湖渔管办启动洪泽湖渔政信息化管理系统建设，综合运用雷达、视频监控、无人机等信息化监管手段，并在泗洪县尚嘴建设了洪泽湖首个用于渔政监管的雷达站。自此，洪泽湖渔政信息化工作驶入快车道，并开始逐步形成洪泽湖渔政管理指挥中心。

2018 年，二期渔政信息化项目开始建设，以增设雷达站和视频监控点为主；2020 年，三期渔政信息化项目开始建设。截至 2023 年底，龙集尚嘴、泗阳高渡、洪泽高良涧等地建成 3 个雷达站，顾勒河口、周岗嘴等地建成 11 个视频监控点。2022 年，无人机开始服务执法工作。同时，船载雷达项目开展试点，夜视仪等装备配备。

洪泽湖渔政指挥中心在国内处于领先水平，国务院参事、农业农村部原副部长于康震，时任江苏省副省长赵世勇等领导同志均现场观摩，并给予高度评价；鄱阳湖、洞庭湖、太湖、巢湖等地湖泊与渔业管理部门前来学习相关经验。截至 2023 年，洪泽湖渔政指挥中心建成"指挥中心＋雷达扫描＋视频监控＋无人机巡查"技防体系，实现了约 1 050 平方千米水面全天候智能化监控。通过雷达视频监控跟踪、无人机追踪等技防手段查处的案件数占案件总数的 40％以上，技防成为名副其实的"保鱼利器"。

第四节　无人机协同执法

2015 年，洪泽湖渔政信息化建设工作启动时，曾探索开展无人机协同执法，省洪泽湖渔管办特地安排 2 名工作人员参加培训并考取无人机驾照，但因当时固定翼无人机技术不够先进，加之需要事先准备场地、弹射起飞、空管报备、安全等原因搁置。

2022 年 8 月，通过公开招标，省洪泽湖渔管办租用江苏远途空间信息科技有限公司（南京）2 架远度 ZT－16V 垂直起降固定翼无人机及技术人员开展协同执法。历经试飞、磨合、研讨、改进等过程，解决了熟悉巡航水域、提升续航能力、架设信号基站、同步直播延时等问题后，无人机在协同执法中发挥了很大作用。

2022 年 8 月—2023 年 8 月，2 架无人机共巡查 687 架次，计 45 538 分钟，44 549 千米，发现一般性违法捕捞线索 391 宗，协同查获大马力快艇 30 余艘，其他各类案件 150 余起。2023 年底，在洪泽湖大马力快艇联合整治工作中，无人机更是在两个方面发挥了重要作用，一是 80％左右的大马力快艇躲藏地点都是由无人机巡飞发现后，被省洪泽湖渔管办联合地方政府相关部门查扣；二是在大马力快艇非法捕捞团伙案件的线索发现、作案过程侦查、收网等工作中起到了技术支撑作用。2023—2024 年，省洪泽湖渔管办开始租用 3 架固定翼无人机协同执法。同时，各渔政大队自身培养了一批能够使用小型旋翼无人机的执法人员。

第五节　联勤联动机制

江苏省洪泽湖渔政监督支队与淮安、宿迁两市公安、市场监管等部门，以"三联"（渔政、公安、市场监管）为执法主体，以"四清"（清湖、清船、清网、清售）为行动目标，以"五查"（查湖区、查岸线，查捕捞、查运输、查经营）为实施手段，建立联席会议、联合调查、案件会商、数据共享、组队宣传等联动机制，形成了横向到边、纵向到底的执法网络。

第六节　群防群治机制

　　2021年以来，省洪泽湖渔管办积极发动沿湖地方民间组织参与禁捕管理，由洪泽区人武部民兵应急连成员作为骨干力量成立的"洪泽区退役军人护渔志愿者协会"树立了群防群治的典范，他们以优良的作风积极投身增殖放流、岸线巡查、特勤侦查等工作，在多起非法捕捞团伙案件的侦破中发挥了重要作用，为保护洪泽湖渔业资源和维护禁捕管理秩序作出了突出贡献。受此启示，其余各县区也都分别成立了不同形式的护渔组织，形成了群防群治的良好机制。

第三章

法规制度

第一节　法律法规

洪泽湖渔政管理涉及的法律法规很多，包括《中华人民共和国渔业法》《中华人民共和国农产品质量安全法》《中华人民共和国野生动物保护法》《江苏省渔业管理条例》等，其中专门涉及洪泽湖保护的地方性法规是《江苏省洪泽湖保护条例》，涉及洪泽湖渔业管理的两个规范性文件分别是《江苏省洪泽湖渔业管理规定》和《洪泽湖封湖禁渔通告》。

一、《江苏省洪泽湖保护条例》

2022 年 3 月 31 日，《江苏省洪泽湖保护条例》经江苏省第十三届人民代表大会常务委员会第二十九次会议审议通过，于 2022 年 5 月 1 日起施行，是江苏省人大专门针对洪泽湖保护实施的地方性立法项目。该条例共七章五十八条。七章分别为总则、规划与管控、资源保护与利用、水污染防治、水生态修复、法律责任、附则。其中涉渔条款主要内容为：组织开展洪泽湖水生生物资源监测，强化水产种质资源保护区管理；规定相关县级以上地方人民政府农业农村主管部门编制洪泽湖养殖水域滩涂规划，划定禁养区、限养区和养殖区，明确相应要求；加强禁捕管理和水生植物管理等。

二、《江苏省洪泽湖渔业管理规定》

《江苏省洪泽湖渔业管理规定》是一个相对全面的规范性文件，从 2004 年开始制定发布，历经多次修订，最终版为 2015 年江苏省海洋与渔业局发布的《江苏省洪泽湖渔业管理规定（修订）》，直至洪泽湖 2020 年 10 月全面退捕。该规定共五章三十五条，从管辖范围、渔业资源增殖保护、捕捞管理、养殖管理、渔业行政许可、渔政执法等方面对洪泽湖渔业管理进行了较为系统的规定。

第二节　封湖禁渔制度

洪泽湖渔业 2000 年底收归江苏省统一管理后，经过一段时间的探索、磨合、实践，省渔业行政主管部门出台了两个规范性文件，即《洪泽湖封湖禁渔通告》和《江苏省洪泽湖渔业管理规定》，并适时修订，为洪泽湖渔业管理提供了有力的支撑。

《洪泽湖封湖禁渔通告》是一个相对专项的规范性文件，主要是针对禁渔期、禁渔范围、禁用渔具、许可渔具种类和规格等作出了规定，为两法衔接和依法追究违法捕捞人员的刑事责任提供了重要的法律依据。关于禁渔期，20 世纪 60 年代，洪泽湖禁渔期最早设定为 6 月 5 日—11 日，约 7 天；20 世纪 80 年代，洪泽湖禁渔期设定为 4 月 12 日—5 月 21 日，约 40 天，后又延长至 45 天；2000 年，淮安、宿迁两市设定洪泽湖的禁渔期为 3 月 10 日—5 月 31 日，约 80 天。

2000 年，洪泽湖渔业收归江苏省统一管理后，根据洪泽湖水生生物资源保护的需要，结合湖区渔业生产的需求，充分考虑到专业渔民的接受程度，采取封湖禁渔期逐步延长的办法，以实现渔业资源保护与开发利用协同发展。根据 2001 年《江苏省洪泽湖封湖禁渔通告》规定，自 3 月 10 日 6 时起至 5 月 31 日 6 时止，为全湖封湖禁渔期，除特别允许的作业外，其他捕捞鱼、虾、蟹、贝等作业和捞割水草工作也一律禁止。

2002 年 2 月 23 日，江苏省海洋与渔业局发布《洪泽湖封湖禁渔通告》，把洪泽湖禁渔期从 80 天延长至 3 个月，即 3 月 1 日 6 时起至 5 月 31 日 6 时止。在此期间，除春汛银鱼和夏季拖虾经特别允许可以生产作业外，其他所有从事水生动物、水生植物等捕捞生产活动和收购活动一律禁止；所有渔船、渔具一律撤出生产阵地，到指定地点停放。封湖禁渔期间，网围养殖区内禁止进行清塘和捕捞作业。而银鱼和拖虾生产，由省洪泽湖渔管办组织试捕后，根据湖区资源情况决定。同时，该通告规定了各种渔具的生产作业时间：

①自 5 月 31 日 6 时起，许可方兰、虾笼、虾罾、虾墩、钩、卡、花兰、丝网、渔簖等渔具生产作业和捞割水草。渔簖限 4 个袋头，行帘长度不超过 200 米，取鱼部分网目不小于 2 厘米。

②自 8 月 9 日 12 时起至次年 2 月 28 日 12 时止，许可拖虾网生产作业。

③自 8 月 9 日 12 时起至 12 月 31 日 12 时止，许可秋季银鱼、毛刀鱼捕捞生产和兜网作业。

④自 9 月 16 日 12 时起至 12 月 31 日 12 时止，许可螃蟹捕捞生产作业。

⑤自 10 月 11 日 12 时起至次年 2 月 28 日 12 时止，许可流动渔船使用网目大于 5 厘米的江网、连网、丝套网作业。

⑥自 11 月 1 日 12 时起至 2 月 28 日 12 时止，许可河蚌生产作业。

2006 年，洪泽湖对河蚬、螺蛳实施限时管理，对河蚬实行 3 月 1 日—3 月 20 日、7 月 15 日—8 月 15 日分两个时间段禁捕，并根据河蚬资源的分布情况，建立河蚬自然生态实验区和轮作保护区，实行轮作式捕捞方式，捕捞区域严格限定在河蚬轮作保护区以外；对螺蛳全年开捕 20 天，即 3 月 1 日—3 月 20 日，全湖签证总量严格限定在 1 000 本以下，严禁在鱼类繁殖保护区内作业。

2007 年《江苏省洪泽湖封湖禁渔通告》（苏海环〔2007〕5 号）把洪泽湖禁渔期调整为 3 月 1 日 6 时起至 6 月 1 日 6 时止。在封湖禁渔期间，除第四条规定（封湖禁渔期间的螺蛳特别许可生产、春季拖网渔船生产和河蚬全年的生产时限，由江苏省洪泽湖渔业管理委员会办公室根据当年湖区渔业资源状况决定）的生产作业外，禁止其他所有渔船、渔具从事水生动植物等捕捞生产活动。

2013年，根据《江苏省海洋与渔业局通告》（苏海规〔2013〕6号），洪泽湖禁渔期延长至4个半月，即自2月1日6时起至6月15日6时止。封湖禁渔期内，除经特许生产作业外，禁止其他渔船、渔具从事水生动植物的捕捞生产活动。在禁渔期内禁止销售非法捕捞的渔获物。

2015年，江苏省海洋与渔业局修订《江苏省洪泽湖渔业管理规定》（苏海规〔2015〕1号），根据渔业资源状况、湖区捕捞管理的实际情况和省局"双控"要求，明确了捕捞强度，实行捕捞证总数和渔船主机总功率负增长制度。

2016年3月3日，根据农业部《关于调整长江流域禁渔期制度的通告》，淮河干流河段禁渔期为每年3月1日0时至6月30日24时。由于洪泽湖与淮河干流紧密相连，省洪泽湖渔管办向省海洋与渔业局请示调整洪泽湖禁渔期。江苏省海洋与渔业局在充分论证调研的基础上，修订了《江苏省洪泽湖封湖禁渔通告》（苏海规〔2016〕1号），将洪泽湖禁渔期延长至5个月，即每年2月1日0时起至6月30日24时止。同时规定，螺蛳、河蚬、河蚌全年禁捕；根据湖区资源恢复状况确需捕捞的，由省洪泽湖渔管办决定并公告，依法许可其在特定时间、特定水域对特定品种进行捕捞；在批准设立的螺蛳、河蚬、河蚌增养殖试验区（含围网套养）内捕捞螺蛳、河蚬、河蚌的，须经省洪泽湖渔管办依法许可。同时明确允许使用的渔具、渔法，其作业时间、网目尺寸等，规定如下：

①7月1日0时起至翌年1月31日24时止，许可使用渔箔、丝网、方兰、虾笼、虾罾、虾墩、钩、卡、花兰等渔具从事捕捞和捞割水草。其中：渔箔限4个袋头，行帘长度不超过200米，行帘部分网目不小于5厘米，取鱼部分网目不小于3厘米，箔基不得随意移动，禁止2塘及2塘以上渔箔连接张设；丝网每证限50条，高度不大于1.2米，网目不小于3厘米，总长度不超过1000米；方兰、虾笼每证限500只。

②8月9日6时起至翌年1月31日24时止，许可使用拖虾网从事捕捞。

③8月9日6时起至12月31日12时止，许可秋季银鱼、毛刀鱼捕捞和使用兜网从事捕捞。其中：兜网取鱼部分稠网长度不超过1.5米，网目不小于1厘米。

④10月1日6时起至翌年1月31日24时止，许可拖网渔船使用网目大于5厘米的江网、连网、丝套网从事捕捞。

⑤经许可从事螺蛳、河蚬、河蚌捕捞的，螺蛳捕捞每船限三口网，禁止使用拖虾网捕捞；河蚬捕捞实行捕捞限额制度，限使用划耙捕捞，每船不超过2把耙具，耙齿间距不小于1.2厘米；河蚌捕捞限使用划耙捕捞，每船不超过2把耙具，耙齿间距不小于10厘米。

根据这一规定：封湖禁渔期为每年2月1日0时起至6月30日24时止。螺蛳、河蚬、河蚌全年禁捕；根据湖区资源恢复状况确需捕捞的，由省洪泽湖渔管办决定并公告，依法许可其在特定时间、特定水域对特定品种进行捕捞；在批准设立的螺蛳、河蚬、河蚌增养殖试验区（含围网套养）内捕捞螺蛳、河蚬、河蚌的，须经省洪泽湖渔管办依法许可。

2019年，省洪泽湖渔管办转隶，江苏省农业农村厅《关于2019年洪泽湖实施封湖禁渔有关事宜的批复》（苏农渔〔2019〕4号），再次重申原省海洋与渔业局修订的《江苏省洪泽湖封湖禁渔通告》（苏海规〔2016〕1号）关于禁渔期和禁渔区管理的相关内容。

第三节　禁捕区和常年繁殖保护区

一、历史上的禁渔区

洪泽湖在建立保护区之前，保护形式多是确立繁殖保护区，为保护"三场一通道"，先后设立了禁渔区和繁殖保护区等，为洪泽湖渔业资源的养护发挥了积极作用。1958年，洪泽县对洪泽湖划定了7个长期禁渔区，即：十五堡-天河头以北、新岗嘴-成河-山头曲线以北、娥眉庄-尚嘴直线以西、大殿-穆墩-临淮头-大嘴曲线西北、棉花套（老子山）-马郎岗、马浪岗-小河口直线、谷岗-桂嘴直线。

20世纪60年代以后，洪泽湖水域实行禁捕区和禁捕期制度。实行禁捕区的方式分两种：一种是常年禁捕区，划定禁捕范围；另一种是定期禁捕、定期开捕。禁捕期一般规定：银鱼禁捕期"清明"（公历4月5日）到"小满"（公历5月20日）或"清明"到"芒种"（公历6月6日）。每年5月5日开始到20日，每隔5天进行一次银鱼定时定点试捕，根据其体长、数量、鱼群密度、单位网产量与往年同期比较，决定开捕期提前或推迟，并预报产量以合理利用资源，提高银鱼产量。毛刀鱼禁捕期为清明到立秋。鲤、鲫、鳊等鱼类禁捕期为清明到小暑。螃蟹禁捕期为每年1月1日到9月15日。

20世纪60年代，为了恢复自然生态环境，增殖水产资源，划定临淮的杨毛嘴0.1万多公顷、王沙0.16万多公顷、成河杨老洼0.2万多公顷、湖心的大新滩0.2万多公顷作为自然保护区，加上各乡镇自己指定的，到1995年底，自然保护区发展到0.67万公顷多。这些保护区都是定居鱼类产卵场。

二、省管后禁渔区的设立

2007年，经省洪泽湖渔管办请示，江苏省海洋与渔业局在洪泽湖设立鱼类、河蚬、水草三个常年禁渔区，以保护洪泽湖的渔业资源。这三个禁捕区也是省内五大湖泊中首次确立的禁渔区，后来纳入省级水产种质资源保护区管理。

鱼类常年禁渔区。成子湖卢集水域，位于桂嘴东南侧薛大沟左右，四至范围为（北纬33°33.627′，东经118°35.777′）、（北纬33°32.904′，东经118°33.011′）、（北纬33°31.328′，东经118°33.625′）、（北纬33°32.109′，东经118°36.443）、面积约为2万亩，核心区2 000亩，亲鱼集中暂养繁殖区100亩，控制水面实行松散式管理，所有渔业生产活动只出不进，已有渔业生产活动限时撤出。核心区水面实行24小时全封闭管理，禁止一切渔业生产活动进入。集中繁殖区实行24小时值班管理，禁止任何人进入。

河蚬禁渔区。泗洪半城近新开河水域，位于2号航标、猪圈滩、赵沙与王沙之间，四至范围为（北纬33°19.379′，东经118°30.405′）、（北纬33°17.437′，东经118°31.289′）、（北纬33°16.566′，东经118°27.442′）、（北纬33°15.083′，东经118°28.154′），面积约为1万亩，实行全天候管理，禁止捕蚬船进入进行河蚬生产。

水草禁渔区。洪泽湖裴圩外水域，位于黄码河和淮泗河之间，四至范围为（北纬33°25.565′，东经118°45.267′）、　（北纬33°25.437′，东经118°46.097′）、　（北纬33°25.023′，东经118°45.529′）、（北纬33°25.146′，东经118°45.199′），面积约为 2 000亩。实行常年管理，未经允许，任何人禁止进入禁渔区刈割水草。禁渔区内水草的采集严格实行限时、限量、限特定采集方式，以确保水草资源再生能力。

三、水产种质资源保护区的建立

2009—2017 年，洪泽湖先后建立了青虾和河蚬（算 1 个）、银鱼、秀丽白虾、虾类（克氏原螯虾）、鳜鱼、黄颡鱼等 6 个国家级水产种质资源保护区，总面积 12 900 公顷，占洪泽湖水域面积的 8%。

按照《中国水生生物资源养护行动纲要》（国发〔2006〕9 号）和《省政府印发关于全面推进我省长江流域禁捕退捕工作实施方案的通知》（苏政发〔2020〕58 号）文件精神，对江苏省 34 个国家级水生生物保护区实行常年禁捕。根据《中华人民共和国渔业法》第二十九条规定：未经国务院渔业行政主管部门批准，任何单位或者个人不得在水产种质资源保护区内从事捕捞活动。根据《江苏省〈水产种质资源保护区管理暂行办法〉实施细则（试行）》第二十一条规定：水产种质资源保护区内，未经许可，不得从事捕捞、采砂、刈草、爆破作业以及其他可能对保护区内生物资源和生态环境造成损害的活动。

四、两法衔接工作

2008 年《最高人民检察院、公安部关于公安机关管辖的刑事案件立案追诉标准的规定（一）》第六十三条明确非法捕捞水产品案的立案追诉标准后，洪泽湖渔业两法（行刑）衔接工作迅速推进，江苏省洪泽湖渔政监督支队建立完善市县乡（镇）三级工作网络，多次牵头组织召开淮安、宿迁两市深化洪泽湖渔业两法衔接工作会议，积极推动两市公检法出台《关于办理非法捕捞水产品罪的会议纪要》等系列制度文件，明确细化"两禁"（禁渔期、禁渔区使用禁用渔具、禁用渔法）入刑标准；联合淮安市检察院共建了全省首家市级环境资源司法修复基地；联合宿迁市、宿城区两级法院在洪泽湖高渡嘴修建了宿迁市首个生态修复基地；建立公益诉讼协作机制，积极开展生态修复增殖放流司法专场活动。沿湖地方公安机关在湖区渔政大队相继设立"洪泽湖水上警务室"。泗阳县检察院驻渔政四大队、泗洪县检察院驻渔政五大队生态环保检察室相继挂牌成立。2022 年 4 月底，省洪泽湖渔管办与盱眙县人民法院共建了盱眙县人民法院洪泽湖流域环境资源法庭巡回审判点。

第四章

捕捞管理

第一节　管理主体

洪泽湖真正意义上的捕捞管理始于中华人民共和国成立后。1955年，洪泽湖划归江苏省统一管辖；1956年，经国务院批准，洪泽县重新建立，洪泽湖悉归洪泽县管辖。

1958年，洪泽县对洪泽湖起捕规格作管理规定，主要是对经济鱼类，目的是捕大留小。当时规定，青鱼、草鱼0.75千克以上，鲢、鳙0.5千克以上，鲤250克以上，鲌、鲫、鳗、鳊150克以上，螃蟹100克以上，才能起捕。

1985年，江苏省人民政府决定对洪泽湖实行分治，将洪泽湖由原来的洪泽县管辖调整为洪泽、淮阴、泗阳、泗洪、盱眙等县市（区）管辖，明确捕捞许可由淮阴专区的沿湖县区管理。水产资源增殖保护费征收标准主要参照江苏省水产局《关于收取水产资源增殖保护费的暂行规定》（1985年3月27日江苏省人民政府发布 自发布之日起施行）的有关规定：淡水渔业资源保护费，养殖水面每亩年收费0.1～0.2元，专业捕捞渔船每艘年收费10～30元，非专业捕捞渔船加倍收费。市、县政府根据该规定，结合当地实际情况，制定实施细则。

1986年，淮阴市成立了洪泽湖综合开发利用管理局，制定湖泊管理制度，协调各县矛盾，监督检查各县贯彻执行情况，初步形成市、县、乡、村湖泊管理网络。

1996年，淮阴市分为淮安、宿迁两市后，洪泽湖渔业实行两市共管。最终，洪泽湖渔业管理主体多元化导致了渔政管理缺乏统一的指导。而资源的公有性和管理效益的部门性矛盾，又导致了各项增殖保护措施难以推行。用湖过度、管湖不力、养湖不足，致使湖区水产资源量急剧下降。

2001年，洪泽湖划归省管，省洪泽湖渔管办成立，同时挂牌江苏省洪泽湖渔政监督支队，负责对洪泽湖渔业实行统一管理。

第二节　许可及收费管理

2001年洪泽湖划归省管以后，为严格控制捕捞强度，江苏省洪泽湖渔政监督支队在全湖核发《捕捞许可证》，并规定：凡在洪泽湖区从事捕捞生产并持有2000年地方发放的有效捕捞证的专业、兼业渔民，换发由原江苏省海洋与渔业局签发的《捕捞许可证》，各县区渔政站代为签证年审。同时规定，专业捕捞渔船每艘年收费 10～30 元，非专业捕捞渔船加倍收费。2001 年 5 月，何广才等 100 余名渔民提请对虾簖生产等予以办证；同年 8 月，江苏省洪泽湖渔政监督支队对小型渔簖特许生产，规定小渔簖长度不超过 100 米，每簖限设 4 个簖袋，设置地点离岸不超过 2 000 米，沿岸有网围的远端距离网围不超过 1 000 米，网目规格不小于 1.5 厘米。

　　2002 年，凡在洪泽湖从事捕捞生产的专业渔民和有历史习惯的兼业渔民，须凭身份证和江苏省洪泽湖渔政监督支队合法的捕捞证，到指定的渔政大队办理年审。大型拖网类流动作业工具的捕捞许可证由第一渔政大队负责签发、年审；定置渔具及其他小型渔具（如丝网、虾笼、花兰等）分别由捕捞所在地渔政大队负责；捕蚬船由支队负责。收费标准主要参照《江苏省物价局、财政厅关于洪泽湖渔业资源增殖保护费征收标准的复函》（苏价农函〔2001〕97 号）有关规定。

　　2002 年洪泽湖渔业资源增殖保护费征收标准见表 6-4-1。

表 6-4-1　2002 年洪泽湖渔业资源增殖保护费征收标准

收费项目		计算单位	收费标准（元）
网船	10 吨以下（含 10 吨）	艘	320
	10～15 吨	艘	360
	16～20 吨	艘	400
	21～25 吨	艘	360
	26～30 吨	艘	440
	21～40 吨	艘	480
	40 吨以上	艘	520
渔簖		塘	320
丝网		船	240
方兰、虾笼、虾凳、虾罾		船	220
钩卡、花兰		船	200
其他小型渔具		船	180
机动渔船动力		船	3
兼业捕捞证的渔业资源增殖费按专业捕捞证的两倍计征			
专业渔民网围养殖		亩	7
兼业渔民网围养殖		亩	15

　　2004 年，根据《省物价局 省财政厅关于审定太湖等五个省管湖泊渔业资源增殖保护费征收标准的函》（苏价农函〔2004〕138 号）规定：捕捞业、养殖业专业渔民的渔业资源增殖保护费征收标准，非专业渔民的渔业资源增殖保护费按专业渔民征收标准的 1～2 倍征收；从事两种以上捕捞渔具作业的，按其作业种类分别计算，累计征收；表 6-4-2 所列渔业资源增殖保护费的征收标准均为最高标准，不得上浮，下浮不限。

表 6-4-2　2004 年洪泽湖渔业资源增殖保护费征收标准

类别	项目	计算单位	收费标准（元）	备注
捕捞作业	渔簖	塘	320	限捎袋 4 只，行箔长 200 米
	虾簖	塘	160	
	5 吨以下	船	280	
	5～10 吨	船	320	
	10～15 吨	船	360	
	16～20 吨	船	400	
	21～25 吨	船	440	
	26～30 吨	船	480	
	21～40 吨	船	520	
	40 吨以上	船	560	
	罱滩网	条	300	网长限 140 米
	丝网	船	240	限 50 条
	方兰、虾笼、虾凳、虾罾	船	220	虾笼限 500 只
	钩卡、方兰、马罩、旋网	船	200	
	其他小型渔具	件	180	
	蚬子专项捕捞	船、天	30	
	收购船	船	500	
	机动渔船按动力加收资源费	船	3	
养殖	网围养殖	亩	10	
备注	非专业渔民的渔业资源增殖保护费按专业渔民的 1～2 倍计征			

（兜网虾网拖扒网船）

2005 年，洪泽湖共签发捕捞证 6 745 本、收购证 445 本。对河蚬捕捞采取了一系列改革措施：对河蚬实行分期禁捕，整顿河蚬生产、经营秩序，加强内部整改，创新河蚬管理新模式，对河蚬生产实行分组配额制、计划制、申报制等。

2006 年，根据《省物价局 省财政厅关于明确洪泽湖、高宝邵伯湖部分渔业资源增殖保护费标准的函》（苏价农函〔2006〕127 号 苏财综〔2006〕51 号）有关规定，明确河蚌、螺蛳淡水贝类专项捕捞收费比照苏价农函〔2004〕138 号规定的河蚬捕捞收费标准执行，具体为：洪泽湖河蚬、螺蛳 15 元/船。

2008 年，根据《江苏省洪泽湖渔业捕捞许可证管理规定（试行）》（苏洪渔管〔2008〕60 号）相关规定：洪泽湖渔业捕捞生产实行渔业捕捞许可证制度。在洪泽湖水域从事捕捞生产活动的单位和个人，应当向江苏省洪泽湖渔政监督支队申领渔业捕捞许可证，禁止无证捕捞。洪泽湖渔业捕捞许可证分为四类：①内陆渔业捕捞许可证，适用于洪泽湖水域沿湖渔业乡（镇）、村专业渔民的捕捞作业；②临时渔业捕捞许可证，适用于由于历史习惯在洪泽湖水域从事捕捞作业的沿湖乡（镇）、村兼业渔民和沿湖市、县的非湖区专业渔民的捕捞作业；③专项（特许）渔业捕捞许可证，适用于在特定水域、特定时间从事河蚬、河蚌、螺蛳等特定品种的捕捞作业，与渔业捕捞许可证同时使用；④捕捞辅助船许可证，适用于在洪泽湖水域从事收购及其他渔业捕捞辅助活动。洪泽湖渔业捕捞许可证以

2006 年总量为基数，实行"零增长"制度。江苏省洪泽湖渔政监督支队根据湖区渔业资源状况和渔业生产实际情况，制定当年渔业捕捞许可证增减方案。

同时，江苏省洪泽湖渔政监督支队提出有下列情形之一的洪泽湖水域专业渔民，申请渔业捕捞许可证时，可以优先安排：①确需分户的；②因外出务工间断从事捕捞生产的；③其他应当优先安排的情形。

实行违法捕捞登记制度。一年为一个登记周期，本年度的违章记录不计入下一年度。有下列情形之一，情节严重的，依法吊销渔业捕捞许可证，一年内不得申请渔业捕捞许可证。①使用电、毒、炸方式捕捞的；②伪造、涂改、买卖、转让渔业捕捞许可证的。当事人配合查处渔业违法行为的，半年内不得申请渔业捕捞许可证。

有下列情形之一，情节严重的，依法吊销渔业捕捞许可证，年内累计违规达到两次的，六个月内不得申请渔业捕捞许可证。①违反禁渔区、禁渔期规定的；②使用鱼鹰、大箍网、小密簖、闸口套网、机吸螺蚬、地笼网、长江漂流刺网等禁用渔具、渔法捕捞的。当事人主动消除或减轻渔业违法行为后果的，三个月内不得申请渔业捕捞许可证。

有下列情形之一，情节严重的，依法吊销渔业捕捞许可证，年内累计违规达到 3 次的，3 个月内不得申请渔业捕捞许可证。①小于最小网目尺寸网具捕捞的；②渔获物中幼鱼超比例的；③超过渔业捕捞许可证许可范围捕捞的；④超过渔业捕捞许可证许可限额捕捞的。

专项（特许）渔业捕捞作业，违规情节严重的，依法吊销专项（特许）渔业捕捞许可证，月内累计违规达到两次的，一个月内不得申请专项（特许）渔业捕捞许可证；年内累计违规达到三次的，六个月内不得申请专项（特许）渔业捕捞许可证。

同年，根据原省海洋与渔业局《关于第一次冻结内陆水域机动捕捞渔船数量和功率的通知》（苏海管〔2008〕40 号），洪泽湖省管水域范围内（不含入湖内河、淮河、溧河洼等）机动捕捞渔船数量和功率"双控"指标分别为 4 458 艘、104 302 千瓦。洪泽湖持证捕捞渔船数量共3 985 艘，总吨位 19 869.7 吨，总功率 71 448.64 千瓦；其中专业渔民捕捞渔船 3 442 艘，总吨位 18 246.5 吨，总功率 60 247.01 千瓦；兼业渔民捕捞渔船 543 艘，总吨位 1 619.2 吨，总功率 11 201.63 千瓦。2008 年第一次冻结船网指标时持证捕捞许可渔船情况见表 6 - 4 - 3。

表 6 - 4 - 3　2008 年第一次冻结船网指标时持证捕捞许可渔船情况

市县（区）		渔船数量（艘）	总吨位（吨）	总功率（千瓦）
淮安市	洪泽	1 200	9 713.4	25 484.67
	盱眙	263	1 123.1	7 973.38
	淮阴	45	182.7	681.27
	小计	1 508	14 019.2	34 139.32
宿迁市	泗洪	2 020	4 663	28 969.96
	泗阳	379	1 034.5	7 063.33
	宿城	78	149	1 276.03
	小计	2 477	5 846.5	37 309.32
总计		3 985	19 865.7	71 448.64

数据来源：2008 年洪泽湖签证年审数据。

江苏省第一次冻结内陆水域船网指标时，洪泽湖共许可各类渔具渔法 5 360 起，其中拖网 1 442 起、渔簖 1 456 起、丝网 908 起、方兰 1 322 起、钩 79 起、卡 20 起。泗洪县、洪泽县捕捞许可数量占比最高，分别达到 48.84%、33.34%。

2008 年第一次冻结船网指标时沿湖县区捕捞证许可情况见表 6 - 4 - 4。

表 6 - 4 - 4　2008 年第一次冻结船网指标时沿湖县区捕捞证许可情况

县区	拖网（船）	渔簖（塘）	丝网（船）	方兰（船）	钩（船）	卡（船）
洪泽县	591	437	282	451	25	1
盱眙县	127	78	43	24	4	0
淮阴区	15	15	14	19	0	0
泗洪县	826	650	447	674	18	3
泗阳县	8	211	101	136	28	11
宿城区	8	65	21	18	4	5
合计	1 575	1 456	908	1 322	79	20

数据来源：2008 年洪泽湖签证年审数据。

2009 年，洪泽湖共年审渔业捕捞许可证 4 222 本。根据国务院《罚款决定与罚款收缴分离实施办法》和《江苏省人民政府批转省财政厅等部门关于实行非税收入收缴管理制度改革意见的通知》等文件精神，实行规费收缴分离试点，洪泽湖渔业全面试行缴费年审分离，开展银行定点缴费。

2013 年，根据原省海洋与渔业局《关于第二次冻结内陆水域机动捕捞渔船数量和功率的通知》（苏海管〔2013〕37 号），洪泽湖省管水域范围内（不含入湖内河、淮河、溧河洼等）机动捕捞渔船数量和功率指标分别为 4 306 艘、134 590.20 千瓦。洪泽湖持证捕捞渔船数量共 4 214 艘，总吨位 23 980 吨，总功率 129 258.5 千瓦；其中专业渔民捕捞渔船 3 698 艘，总吨位 22 401 吨，总功率 114 720.2 千瓦；兼业渔民捕捞渔船 516 艘，总吨位 1 579 吨，总功率 14 538.3 千瓦。沿湖各县区持证捕捞渔船情况见表 6 - 4 - 5。

表 6 - 4 - 5　2013 年第二次冻结船网指标时持证捕捞许可渔船情况

市县（区）		渔船数量（艘）	总吨位（吨）	总功率（千瓦）
淮安市	洪泽	1 309	8 438	43 165.2
	盱眙	271	3 932	9 125.7
	淮阴	53	245	1 320.2
	小计	1 633	12 615	53 611.1
宿迁市	泗洪	2 120	9 078	65 532.4
	泗阳	383	2 020	7 868.7
	宿城	78	267	2 246.3
	小计	2 581	11 365	75 647.4
总计		4 214	23 980	129 258.5

数据来源：2013 年洪泽湖签证年审数据。

2017年，江苏省洪泽湖渔政监督支队针对夫妻二人同时各持有捕捞证的情况进行排查清理，共清退"夫妻证"20本。

2018年，为贯彻落实农业部关于内陆渔业船舶管理"一套管理数据、一本渔船证书、一个窗口受理和一个证书印章"的"四个一"改革要求，根据《江苏省内陆渔业船舶证书"三证合一"改革工作方案》，洪泽湖开展渔业船舶证书（渔船检验证书、渔船登记证书和渔业捕捞许可证）"三证合一"改革工作。同年，洪泽湖4 164本捕捞许可证（含专业证3 668本、兼业证496本）的"三证合一"换证工作全部完成。

2019年，为便于捕捞管理，经协调，江苏省洪泽湖渔政监督支队在"江苏省渔船信息系统"中制发捕捞证"三证合一"附页。同时，在实行银行定点缴费的基础上，进一步完善收缴分离制度，全部实行POS机刷卡收费，建立健全现代化的收费管理系统。

2020年10月，洪泽湖实施全面退捕，洪泽湖持证捕捞渔船全部退出。2004—2020年捕捞许可渔具情况统计见表6-4-6。

表6-4-6　2004—2020年捕捞许可渔具情况统计（不含特许）

年度	捕捞工具					合计
	网船	渔簖	丝网	方兰、虾笼	钩、卡等	
2004	1 304	1 363	1 251	931	307	5 156
2005	1 445	1 578	959	1 215	248	5 445
2006	1 330	1 833	804	1 396	178	5 541
2007	1 486	1 425	858	1 297	219	5 285
2008	1 575	1 456	908	1 322	99	5 360
2009	1 463	1 375	957	1 402	128	5 325
2010	1 469	1 397	1 127	1 455	147	5 595
2011	1 456	1 359	1 077	1 216	280	5 388
2012	1 481	1 316	1 262	1 263	132	5 454
2013	1 477	1 309	1 694	1 328	125	5 933
2014	1 491	1 345	1 725	1 382	141	6 084
2015	1 439	1 343	1 375	1 070	111	5 338
2016	1 472	1 328	1 820	1 364	137	6 121
2017	1 471	1 334	1 826	1 773	121	6 525
2018	1 440	1 308	1 807	1 337	121	6 013
2019	1 457	1 279	1 786	1 346	115	5 983
2020	1 282	1 252	1 625	1 231	112	5 502

注：一本捕捞证可申请两种工具。

第三节　限额捕捞

《中华人民共和国渔业法》规定"国家根据捕捞量低于渔业资源增长量的原则，确定渔业资源的总可捕捞量，实行捕捞限额制度"。洪泽湖河蚬资源的限额管理是国家捕捞限额制度在洪泽湖的生动实践。2018 年 3 月 26 日，《中国渔业报》整个 A2 版以《洪泽湖实施河蚬配额捕捞》为题，对洪泽湖捕捞限额制度进行宣传报道。2019 年 6 月 26 日，农业农村部渔业渔政管理局在洪泽湖召开全国限额捕捞管理工作调研现场会，听取洪泽湖限额捕捞工作经验介绍。

河蚬是洪泽湖特种水产品之一，也是重要的生态和经济水生种类，其良好的品质、极佳的口感以及一定药用功能，使得它在日韩市场上极其畅销，占领了日韩河蚬市场的 80％以上，被誉为洪泽湖渔民的"金疙瘩"。然而，曾经一度旺盛的需求，并没有带来产业的持续繁荣，也没有给处于产业链低端涉蚬渔民、涉蚬企业带来实惠，河蚬产业整体呈现出湖价格低、渔民获利薄、企业利润少、产业发展低迷的现象。更为严峻的是，产业发展的根本——河蚬资源出现了严重衰竭，据统计，河蚬资源量由 2005 年最高峰时的 10.7 万吨锐减至 2013 年的 2.2 万吨。

为拯救河蚬资源，实现生态效益、经济效益、社会效益的多赢，从 2014 年开始，省洪泽湖渔管办以河蚬配额管理为方向进行了有益的探索。一是限捕捞人员。从事河蚬生产的人员必须是持特许证的洪泽湖专业渔民。从事河蚬捕捞的船只从最高峰的 347 条，逐渐降到 100 条左右，极大降低了捕捞强度。二是限生产时限。河蚬捕捞只能在特许规定时间内开展，河蚬捕捞时限在综合资源状况、可捕量、市场价格以及企业申请的基础上进行科学确定。三是限组织模式。河蚬生产由洪泽湖渔业协会河蚬分会组织，具体由六个副会长单位（河蚬企业）实施，六个河蚬企业皆以股份制的形式吸纳所有从事河蚬生产的专业渔民，年终按照持股多少进行利益分成。这在一定程度上提升了河蚬生产的组织化程度，构建了渔民与企业的利益共同体。四是限作业水域。每个企业只能在洪泽湖渔业部门划定的、自己投资养护的河蚬增殖区内生产，不得到其他水域生产。五是限产品数量。每年组织对各个企业增殖区内的河蚬资源进行调查评估，以掌握河蚬资源总量，并科学确定资源可捕量，在此基础上确定企业年度捕捞量。同时，为保证河蚬资源能够在生产期间得到有效恢复，在生产时，每条船（户）每天生产量不得超过 60 包（每包 30 千克），配额不得转让；捕捞的河蚬一律使用指定规格标准袋包装。六是限生产工具。河蚬生产只允许划耙作业，每船划耙不得超过 2 把，划耙两齿间距不得小于 1.2 厘米；捕捞出的河蚬中低于 1.2 厘米的幼蚬比例不得超过 20％。七是限交易地点。河蚬生产结束后，必须到渔政部门指定的码头交易，并接受渔政部门的监督检查。八是限最低销售价格。依托洪泽湖河蚬资源在国际市场的强势地位，河蚬分会牢牢掌握河蚬销售议价权，并确定当年河蚬最低销售保护价。这大大避免了过去企业之间因打"价格战"而导致的恶性竞争，降低了河蚬产业内耗行为，提高了河蚬产业的整体经济效益。

此外，在生产领域，省洪泽湖渔管办为规范河蚬生产秩序，出台了《洪泽湖河蚬配额捕捞管理办法》等制度，并对违"限"行为进行从重处罚；在经营领域，洪泽湖河蚬协会也出台了旨在加强行业自律、规范生产经营行为、建立信用体系等一系列措施和制度，着力解决产业发展存在的各类矛盾和问题，切实保障河蚬产业的整体利益和可持续发展。实践证明，洪泽湖河蚬限额捕捞管理制度实施后，一是河蚬资源得到有效恢复。河蚬资源由

2013 年 2.2 万吨的历史最低水平，恢复到 10 万吨左右。同时，从品质来看，成蚬更加硕大，肌肉更加结实饱满，而空壳率却大幅减少。二是自然资源产权制度得到积极落实。坚持"谁投入、谁保护、谁生产、谁受益"原则，大力培育龙头企业，逐渐形成"投入—保护—效益回报—加大投入"的良性循环，改变了过去"渔民无力保护、企业不愿保护、渔业部门保护力不从心"的尴尬状况，扭转了"公地悲剧"的一再上演。企业年投入保护、修复、增殖的资金与产出效益比为 1：6，为增殖渔业发展提供了有益的探索和示范。三是企业生产河蚬的行为更加理性。最低销售保护价制度实施后，河蚬出湖价格由最低时的 0.2 元/千克，升至高峰时的 10 元/千克。价格高，少量的资源就能获得更好的经济效益，也引导涉蚬从业人员对河蚬资源价值的重新认识，从而更加重视资源的保护。四是洪泽湖河蚬品牌意识大大增强。洪泽湖河蚬协会加快了河蚬品牌的建设进程，成功获批了"洪泽湖河蚬"国家级农产品地理标志，并制定出台了"洪泽湖河蚬增养殖技术操作规范"团体标准，加强了洪泽湖区域公共品牌建设，推动河蚬走出国门、走向国外。五是河蚬的经济效益不断提高。2017 年，河蚬年捕捞量 3 万吨，仅为 2010 年的 60%，而总产值 1.2 亿元，是 2010 年的 3 倍。同时提供就业岗位 1 100 个，每艘船纯利 800 元/天，年纯收入 11 万元，洪泽湖河蚬产业基本实现了由"以量取胜"向"以质取胜"的转变，产业整体呈现出全面、协调、可持续发展的繁荣景象。

第四节　典型案件

在湖区管理中，江苏省洪泽湖渔政监督支队坚持依法行政，严格规范执法，加大执法监管力度，查处了一批大案要案，办理了一批典型案例。2016 年，"洪泽湖 3.22 王某林等 19 人非法捕捞螺蛳案"入选淮安市十大典型案例；洪泽湖"张某某等 17 人禁渔期非法收购、捕捞渔获物案"入选农业农村部"2019 年涉渔违法违规十大典型案例"；"裴某某等 7 人使用电鱼方法进行捕捞案""晁某某、刘某使用禁用的渔具进行捕捞案"等 2 件案卷入选"2019 年全国渔业行政执法案卷评查优秀案卷"；"罗某果在饮用水源地一级保护区从事渔业捕捞案"入选"2020 年全国渔业行政执法案卷评查优秀案卷"；"高某广等人洪泽湖非法捕捞螺蛳案"入选江苏省高级人民法院《2020 年度环境资源典型案例》；"周某侨等 3 人违法使用禁用渔具捕捞案"被评选为首届江苏省"十佳行政处罚案卷"（2021 年）；洪泽湖"非法捕捞'鸡头米'破坏生态系统构罪"被江苏省高级人民法院、中国法学会案例法学研究会江苏研究基地评为第五批弘扬中华优秀传统文化典型案例（2022 年）；"沈某美使用禁用的渔具进行捕捞案"被农业农村部办公厅表彰为"全国渔政执法案卷评查优秀案卷"，被江苏省委全面依法治省委员会办公室表彰为"优秀行政执法案卷"（2023 年）。

第五章

养殖管理

第一节 渔业养殖规划与实施

20 世纪八九十年代，在沿湖地方政府"走水路、奔小康"的政策推动下，洪泽湖围网养殖、圈圩养殖发展迅速。到 2000 年左右，全湖省管水域网围养殖面积达到最高峰，总面积 61 万亩左右。在利益驱使下，养殖户多采用挖掘湖区渔业资源、无节制投喂等养殖方式，在获取利益的同时，资源遭到严重破坏，水体污染严重，杂乱无章的无序网围和圈圩也给防洪带来隐患。为此，制定和实施养殖规划势在必行。省洪泽湖渔管办根据农业部和江苏省海洋与渔业局相关要求，先后于 2010 年和 2018 年制定并推进实施《江苏省洪泽湖渔业养殖规划》。

一、2011—2020 年养殖规划

2011 年 6 月，经江苏省政府同意，江苏省海洋与渔业局印发《江苏省洪泽湖渔业养殖规划（2011—2020 年）》（苏海渔〔2011〕17 号）。规划基准年为 2010 年，实施年为 2011—2020 年。

规划范围包括：全洪泽湖水域，包括成子湖、圣山湖，以及所有与洪泽湖相连的湖荡、湖湾、湿地。河道以河口两岸连线向湖外延伸 1 千米处为界，其中：淮河以淮河大桥、漴河洼以朱台子、徐洪河以顾勒大桥、怀洪新河以双沟大桥为界，二河、三河分别以二河闸和三河闸为界。

规划的主要目标：全面建立以渔业许可证为核心的渔业管理制度，为洪泽湖渔业创造可持续发展的良好环境。计划到 2020 年，洪泽湖养殖面积控制在 17 000 公顷（255 000亩）以内。

规划将洪泽湖宜渔水域划分为养殖区、渔业资源繁保区、渔业资源增殖区等 3 个功能区。

（一）养殖区

在盱眙、淮阴、泗阳、宿城、泗洪部分水域设立 6 个养殖区，36 个养殖小区，总面积为 17 000 公顷（255 000 亩）。其中：淮阴赵集、韩桥水域设 4 个养殖小区，面积为 2 200 公顷（33 000 亩）；洪泽高良涧、西顺河水域设 2 个小区，面积为 1 000 公顷（15 000 亩）；盱眙鲍集、管镇、明祖陵、圣山湖水域，设 6 个养殖小区，面积为 3 300

公顷（49 500亩）；泗阳裴圩、高渡、卢集水域设10个养殖小区，面积为4 800公顷（72 000亩）；宿城中扬水域设5个养殖小区，面积为2 900公顷（43 500亩）；泗洪界集、太平、龙集、孙庄、罗嘴、杨老洼、侯嘴水域设9个养殖小区，面积为2 800公顷（42 000亩）。

（二）渔业资源繁保区

经农业部和江苏省海洋与渔业局的批准，设河蚬国家级水产种质资源保护区、青虾国家级水产种质资源保护区、成子湖常年禁渔区、水草禁采区和河蚬禁捕区5个保护区，面积共4 966公顷（74 490亩）。

（三）渔业资源增殖区

除以上养殖区和渔业资源繁保区以外的水域（含湿地自然保护区）为渔业资源增殖区，面积为184 700公顷（2 770 500亩）。

二、规划实施情况

2011年6月，《江苏省洪泽湖渔业养殖规划（2011—2020年）》（以下简称《规划》）由江苏省海洋与渔业局苏海渔〔2011〕17号文件印发实施后，省洪泽湖渔管办迅速开展宣传、解读等各项工作，积极督导、支持、配合地方政府按照规划要求的序时进度推进实施。沿湖地方政府坚持生态优先原则，按照"统一规划、稳步推进、依法管理"的总体思路，全面推进《规划》实施。2011年，省管渔业水域范围内养殖面积为39万亩；2020年，洪泽湖省管渔业水域养殖塘口5 110个、总面积约29.48万亩，其中圈圩面积16.3万亩、网围面积13.18万亩。主要措施包括：

一是多方联合开展宣传。为贯彻实施《规划》，2011年省洪泽湖渔管办在洪泽区老子山镇召开沿湖市县（区）渔业主管部门会议，并以此次会议为起点，在湖区大力宣传《规划》，悬挂宣传横幅300余条、发放宣传材料6 000余份，宣传规划范围内的养殖水域核发养殖证、全面禁止新增养殖面积、调整和拆除规划外养殖面积、在网围退养区实施生态修复等方面的内容，努力做到家喻户晓。

二是全面禁止新增面积。在沿湖周边地方政府的大力支持下，以洪泽湖渔政监督支队为主体，通过与水利、公安、司法等部门的合作，逐步构建了"分工明确、措施有力、保障有效、运转协调"的执法监管体系与长效机制，并积极开展清障和拆围（圩）行动，有效整治洪泽湖非法围网和圈圩行为。

三是规范稳定规划内养殖。《规划》内所形成的养殖已经成为渔民生存的保障。稳定规划内养殖有利于维护渔民的合法权益。《规划》内所形成的养殖基地，是洪泽湖生态水产品供应和渔业碳汇产业的主要基地，促进了"以水养渔、以渔净水"的良性循环。

四是推进养殖塘口"小区化"管理。按照养殖区域景观化、养殖布局规范化、养殖设施标准化、养殖管理集中化、养殖模式科学化、养殖过程生态化、养殖产品有机化的要求，开展养殖塘口小区化建设，稳步推进养殖区域布局调整，提高湖区水面利用率，规范管理养殖行为，保护湖区生态环境，促进湖区渔业健康可持续发展。

三、2020—2030 年养殖规划

2021 年 6 月,《洪泽湖(省管渔业水域)养殖水域滩涂规划(2020—2030 年)》(苏农渔〔2021〕19 号)经省政府同意,由省农业农村厅印发实施。

根据农业农村部《养殖水域滩涂规划编制工作规范》,作为重点湖泊,洪泽湖养殖水域滩涂规划不设养殖区,将湖泊水域滩涂功能区划定为禁止养殖区和限制养殖区两种类型。到 2030 年,原则上,限制养殖区饲养滤食性鱼类和饲养吃食性鱼类的养殖面积,分别控制在湖泊水域总面积的 1% 和 0.25%。

规划要求到 2025 年,禁止养殖区内的养殖行为全面退出,逐步转移和退出限制养殖区养殖行为,限制养殖区面积压减到 12 000 公顷(18 万亩)以内;远期目标为:到 2030 年,省管渔业水域限制养殖区养殖面积原则上压减至湖泊水域面积的 1.25%,其中饲养滤食性鱼类和饲养吃食性鱼类的养殖面积分别控制在湖泊水域面积的 1% 和 0.25%。

禁止养殖区的位置和范围包括:江苏泗洪洪泽湖湿地国家级自然保护区和洪泽湖东部湿地省级自然保护区的核心区与缓冲区;洪泽湖青虾河蚬、洪泽湖银鱼、洪泽湖黄颡鱼、洪泽湖鳜鱼、洪泽湖秀丽白虾、洪泽湖虾类等 6 个国家级水产种质资源保护区的核心区;泗洪县成子湖龙集水源地、泗阳成子湖卢集水源地、洪泽区洪泽湖周桥干渠水源地、盱眙县洪泽湖桥口引河水源地的一级和二级保护区;水质监测点为圆心半径 100 米的范围;航道养护范围边线及向外延伸 100 米范围。禁止养殖区水域总面积为 81 209 公顷(约 121.8 万亩)。

洪泽湖省管渔业水域范围面积约为 150 000 公顷(225 万亩),除禁止养殖区水域 81 209 公顷外,全部设定为限制养殖区,水域面积为 68 791 公顷(约 103.2 万亩)。

按照市、县(区)所辖专业渔民人口数量多少,确定 2030 年后可以保留的养殖面积,淮安市水域范围分别在盱眙、洪泽、淮阴限制养殖区水域规划 3 个保留养殖区,总面积 850 公顷(12 750 亩),其中:盱眙在明祖陵水域设 1 个保留养殖区,面积 90 公顷(1 350 亩);洪泽在西顺河水域设立 1 个保留养殖区,面积 630 公顷(9 450 亩);淮阴在高家堰水域设立 1 个保留养殖区,面积 130 公顷(1 950 亩)。宿迁市水域范围分别在泗阳、宿城、泗洪限制养殖区水域规划 4 个保留养殖区,总面积 1 000 公顷(15 000 亩),其中:泗阳在高渡水域设 1 个保留养殖区,面积为 170 公顷(2 550 亩);宿城在中扬水域设 1 个保留养殖区,面积为 90 公顷(1 350 亩);泗洪在界集、太平水域设 2 个保留养殖区,面积共 740 公顷(11 100 亩)。

第二节　养殖证与信息卡

一、养殖证

根据《中华人民共和国渔业法》《江苏省渔业管理条例》等法律法规和《完善水域滩涂养殖证制度试行方案》《水域滩涂养殖发证登记办法》《江苏省洪泽湖渔业养殖规划(2011—2020 年)》等文件精神,省洪泽湖渔管办于 2011 年 4 月开始全面推进《中华人民

共和国水域滩涂养殖使用证》（以下简称《养殖证》）的发放工作。至 2016 年，共办理养殖证 2 022 本，申请面积 132 607.9 亩，其中核准面积 98 004.9 亩，洪泽湖水域滩涂养殖证办理情况见表 6 - 5 - 1。

表 6 - 5 - 1　水域滩涂养殖证办理情况统计表

面积：亩

序号	年份	批次	本数	申请面积	核发面积
1	2012	第一批	1 773	119 156.9	87 776.9
2	2013	第二批	244	13 266	10 072
3	2016	第三批	5	185	156
小计			2022	132 607.9	98 004.9

二、养殖信息卡

2006 年，江苏泗洪洪泽湖湿地国家级自然保护区和江苏淮安洪泽湖东部湿地省级自然保护区经批准成立。由于建立保护区需要投入大量的人力、物力和财力，很难在短时间内建设和管理到位，保护区内的渔业生产活动在相当长一段时间内无法清退，导致渔业活动长期存在。为妥善解决保护区核心区、缓冲区范围内养殖行为暂时无法退出的问题，2006 年 12 月，时任江苏省政府副秘书长杨根平在充分调研的基础上，就保护区渔业管理问题明确作了四点指示：一是调整完善保护区规划；二是做好保护区规划与渔业养殖规划的衔接；三是保持渔业管理的连续性，分期分批组织清理和安置渔业生产活动，保护区内无法转移的渔业活动，按照现行管理体制，由省洪泽湖渔管办实行统一管理；四是加强对渔业转产安置的扶持，按照明确主体、分级负责的原则，扶持资金由市县政府负责筹措解决。该指示得到了时任副省长的同意，并批示要求"抓紧落实，跟踪督查"。

2009 年 1 月，作为养殖证发放前的过渡性措施，省洪泽湖渔管办以《洪泽湖水产养殖档案信息卡》（以下简称《信息卡》）作为渔民在洪泽湖养殖的基本凭证，以固化渔民养殖史实，维护渔民的合法权益。《信息卡》记载信息涵盖了《中华人民共和国水域滩涂养殖使用证》的所有内容，并有所拓展。2011 年制定《江苏省洪泽湖渔业养殖规划（2011—2020年）》时，因已设立洪泽湖湿地保护区，根据法律规定不能在保护区内规划养殖小区，保护区内渔民因不在规划的养殖区而不能领取养殖证，难以享受国家及地方的各种惠农支农补贴政策，且在较短时间内又难以全部安置，导致他们情绪波动，工作稍有不慎，极易造成社会矛盾，引发群体性事件。2011—2012 年，省洪泽湖渔管办和洪泽、泗洪两县（区）会商，并请示江苏省海洋与渔业局同意，认为应负责任地做好执法管理和保护区建设工作，维护好群众的合法权益，决定继续向他们发放《信息卡》，以尊重历史事实，并作为保障渔民合法权益的措施，从而稳定渔民情绪，取得渔民理解，并以此作为养殖渔民享受国家和地方惠农支农政策的依据。两个保护区共发放信息卡 4 205 本，涉及养殖面积 206 026 亩。

《信息卡》是养殖户在洪泽湖从事养殖生产的基本凭证。《信息卡》具有物权抵押功能，得到沿湖金融部门的认可，渔民可以凭借《信息卡》借贷到小额贷款。《信息卡》也得到沿湖地方政府及渔业主管部门的认可，是洪泽湖养殖渔民享受柴油补贴等惠农政策的必备条件，也是有效防止国家柴油补贴资金被套取的重要凭证。

第三节　围网养殖核查

20 世纪八九十年代，洪泽湖区围网养殖发展比较迅速，但在高速发展过程中，养殖布局杂乱无章，底数不清。洪泽湖渔业省管后，省洪泽湖渔管办即着手开展围网核查工作。2004 年，洪泽湖渔政一大队率先绘制完成了全湖第一张大队管辖水域养殖水面分布图，"按图索骥"大大提高了养殖管理效率和水平，而且为养殖管理精准化提供了支撑。随后，各渔政大队纷纷效仿，但局限于当时科技水平和测量手段，养殖水面核查结果较为粗略，但大体掌握了湖区养殖情况。

为保护湖区渔业资源和生态环境，2010 年 1 月，江苏省洪泽湖渔业管理委员会第九次全体会议提出两个"负增长"政策要求，即在洪泽湖渔业管理中实现捕捞强度（包括捕捞渔船数量，主机功率等）和养殖面积的负增长。此后，省洪泽湖渔管办严格落实两个"负增长"政策，打击私扩、新增等非法养殖行为，推动地方政府拆除保护区内养殖，压缩粗放养殖，全力推进网围养殖压减工作，积极开展洪泽湖治理保护。

2012 年 6 月、2015 年 6 月，省洪泽湖渔管办先后两次开展围网养殖面积核查。从核查数据看：一是因历史投入资金不同，养殖大户占据水面较多，7.5% 的养殖塘口占据了湖区41.4% 的养殖水面，造成了一定的不公平。后来，在办理养殖证和修订《江苏省洪泽湖渔业管理规定》的过程中，省洪泽湖渔管办出台了《养殖证》核准面积不超过 100 亩的政策，超出的面积在《养殖证》中载明，并将之作为遗留问题逐步解决。二是两次核查的全湖养殖情况分别为 2012 年养殖塘口为 6 287 个、总面积为 29.03 万亩；2015 年养殖塘口为 7 685 个，总面积为 37.5 万亩，其中纳入管理的约占 94.4%，其余存在各种权属矛盾争议。但这两次养殖核查均为人工核查，除纳入正常管理的养殖塘口外，还存在较多的遗漏。

大范围的人工核查不仅耗费大量人力财力，而且总有"百密一疏"，很难做到精准。为妥善解决这一难题，2015 年，省洪泽湖渔管办委托江苏省测绘工程院，实施"洪泽湖渔业养殖管理系统"项目，建设以基础地理信息、正射影像数据、洪泽湖渔业养殖信息为主的基础地理空间数据库。在此空间数据库上进行综合应用开发，建成了功能全面、系统稳定、信息安全的洪泽湖渔业养殖管理系统。该系统具备对养殖户信息的集中管理和养殖证件的发放、查询、变更等功能，以图层方式直观显示所有养殖点的分布状况，便于查看其详细信息。整个系统 2017 年投入使用，完成了从人工核查到电子化、智能化管理方式的转变，实现了"全湖一张图"。

2018 年，在江苏省测绘工程院的技术支持下，通过地理空间信息和人工复查相结合，省洪泽湖渔管办动员全体工作人员用长达一年的努力，对全湖养殖情况进行了全面核查，并逐户绘制了电子图层，实现了"到塘到主到信息"，完成了全面准确的养殖核查数据。具体情况详见表 6-5-2。

表6-5-2　2018年洪泽湖省管水域养殖核查情况统计

单位：塘口（个）、面积（万亩）

许可类别	数量	淮安市水域				宿迁市水域				合计
		洪泽区	淮阴区	盱眙县	小计	宿城区	泗洪县	泗阳县	小计	
养殖证	塘口	290	404	186	880	98	419	482	999	1 879
	面积	1.39	2.38	1.64	5.41	0.99	1.92	3.67	6.58	11.99
信息卡	塘口	1 693	0	246	1 939		2 170	18	2 188	4 127
	面积	6.76	0	4.45	11.21		5.23	0.11	5.34	16.55
纳入管理	塘口	73	57	8	138	39	552	45	636	774
	面积	0.32	1.01	0.15	1.48	1.11	3.25	0.88	5.24	6.72
合计	塘口	2 056	461	440	2 957	137	3 141	545	3 823	6 780
	面积	8.47	3.39	6.24	18.1	2.1	10.4	4.66	17.16	35.26

2019年，洪泽湖治理保护提升到省政府层面后，水利部门提出应全面核查洪泽湖蓄水范围线内的养殖情况。省洪泽湖渔管办会同水利、地方农业农村部门对蓄水范围线内的养殖情况进行了核查。一方面，水利部门对养殖塘口类型使用的是"圈圩（含堤圩、埂圩）、围网"分类方法，渔业部门使用的是"池塘、围栏"分类方法，塘口类型口径不一致；另一方面，水利部门统计面积使用的是包含围埂等在内的"毛面积"，而渔业部门使用的是养殖水面的"净面积"，面积统计口径不一致。因水利部门牵头实施洪泽湖治理保护，故该次养殖核查参照水利部门口径。2020年4月，经与水利部门复核，形成洪泽湖蓄水范围线内养殖核查数据，详见表6-5-3。

表6-5-3　2019年洪泽湖蓄水范围线内养殖核查情况统计表

单位：万亩

市	区县	渔业管理范围线外		渔业管理范围线内			
		圈圩养殖	围网养殖	省管		地方管理	
				圈圩养殖	围网养殖	圈圩养殖	围网养殖
宿迁市	宿城区	1.09	0.00	0.66	2.05	0.87	0.00
	泗洪县	11.95	0.27	7.49	3.91	0.07	0.00
	泗阳县	0.00		4.36		1.00	
	小计	13.31		18.47		1.94	
淮安市	淮阴区	0.06	0.00	1.25	2.20	0.00	0.00
	洪泽区	1.13	0.00	8.20	1.22	0.31	0.05
	盱眙县	8.49	0.77	1.55	3.82	1.85	0.00
	小计	10.46		18.24		2.21	
合计		23.76		36.71		4.15	
				64.62			

注：受泗阳县实施"聚泥成岛"工程影响，该县圈圩围网未分类统计。

2020 年以来，随着地方政府加快实施退圩（围）还湖、退渔还湿和滞洪区建设等工程，洪泽湖渔业养殖面积每年都会发生较大压减。为常态化做好养殖管理工作，省洪泽湖渔管办对养殖面积实行年度核查，定期与地方政府对接已完成验收的退养面积并实地勘查确认，并对洪泽湖渔业养殖管理系统中养殖塘口及关联信息进行注销，及时更新到位。

第四节　退养还湖工作

一、强制拆除非法围网

严格意义上说，未经许可的养殖行为都是非法的，但考虑到洪泽湖养殖规划出台较迟，一直到 2011 年才正式实施，本着"遵守历史、照顾现实"的原则，在规划出台前的养殖行为只要纳入洪泽湖渔业管理范围的，一般视为"事实合法养殖行为"，其中包括持有养殖证和养殖信息卡的。因此，凡是没有纳入省洪泽湖渔管办管理的养殖塘口，才是真正意义上的非法养殖，必须依法强制拆除。2010 年以来，江苏省洪泽湖渔政监督支队先后依法强制拆除非法网围 9 758 亩、网箱 529 个，其中：2013 年开展了 11 批次非法网围拆除行动，出动执法船艇 113 艘次，组织人员 629 人次，拆除非法网围 5 332 亩，网箱 23 个，拔桩 1.37 万根，清理网衣 5.77 万平方米；2014 年拆除了二河闸水域历史遗留非法网箱 495 个、3.96 万平方米，处理了太平、高渡水域 20 户渔农民非法养殖网箱，拆除了龙集水域非法网围 1 026 亩；2015 年拆除太平水域非法网围 90 亩；2016 年拆除五河口外非法网围 580 亩；2022 年拆除桂嘴水域非法网围养殖面积 1 950 亩；2023 年拆除位于二河闸附近的养殖网箱 100 余个，约合 2 000 平方米。

二、退养还湖（湿）

按照江苏省渔业主管部门的统一部署，省洪泽湖渔管办积极配合沿湖周边地方政府，深入推进《洪泽湖治理保护三年工作计划》的实施，专门制定出台《洪泽湖退围还湖工作指导意见》，并联合淮、宿两市督导各县（区）开展退养还湖工作，科学制定退养还湖实施方案。2014 年，泗洪县政府颁布《江苏泗洪洪泽湖湿地国家级自然保护区退渔还湿工程规划（2014—2020）》。

2017 年，江苏省委省政府实施"两减六治三提升"专项行动后，洪泽湖网围养殖进入大面积退出阶段；2019 年 7 月，由江苏省政府分管领导担任主任的省洪泽湖管理委员会印发《洪泽湖治理保护三年工作计划》，要求"养殖区外养殖证不发证、不收费"，并进一步推动圈圩（网围）养殖清退工作。

2019 年，依据《洪泽湖治理保护三年行动计划》《省政府办公厅关于加强洪泽湖生态保护与科学利用的实施意见》等重要政策和战略规划，洪泽湖开展保护区范围内退渔还湖（湿）、湖区湿地植被修复、生态清淤等湿地生态修复工程。省洪泽湖渔管办与江苏省水利厅有关部门协调对接，共同比对、确认洪泽湖蓄水范围线内养殖测绘数据，组织召开沿湖市、县主管部门养殖核查协调会，出动执法车船艇 457 艘（辆）次，调查人员 1 800 多人次，核查养殖户 9 950 户，核查养殖面积 65.7 万亩。

在此期间，泗洪洪泽湖湿地国家级自然保护区管理处会同泗洪县人民政府，借助"7+1"共建机制和湿地保护联席会议制度，大力实施退渔还湿工程，验收完成退渔还湿面积 7.6 万亩，累计退渔还湿面积 19.3 万亩。洪泽湖东部湿地省级自然保护区拆除围网养殖 16 615.4 亩，其中淮阴区拆除 2 094 亩、洪泽区 6 899.4 亩、盱眙县 7 622 亩。2020 年，结合洪泽湖压缩围网等工作，省洪泽湖渔管办积极推进湿地保护与恢复工作，洪泽湖退渔还湖面积 4.5 万亩。

2020 年，省洪泽湖渔管办对 21.52 万亩圈圩和规划外网围停止征收规费、停止延展证件，并发放《停止养殖行为告知书》和《限期整改告知书》；持续开展渔业管理，坚决打击私扩乱占洪泽湖水面的违法违规行为，巩固前期退养还湖成果，进一步加强退出后水面的管理。

2022 年，洪泽湖蓄水范围线内养殖面积 42.86 万亩，包括圈圩面积 29.83 万亩、网围面积 13.03 万亩，其中洪泽湖省管水域渔业养殖面积 26.28 万亩，包括圈圩面积 15.79 万亩、网围面积 10.49 万亩。

2023 年，洪泽湖省管渔业水域退养还湖拆除养殖面积为 3.37 万亩。2022 年，洪泽湖东、西部湿地保护区圈圩（网围）养殖清退工作被列入中央环保督察事项，洪泽湖养殖清退进入攻坚阶段。2023 年 2 月 11 日，江苏省农业农村厅季辉厅长、张建军副厅长与淮安市委史志军书记、市政府邱华康副市长等领导，到洪泽区老子山实地调研，并会商洪泽湖东部湿地保护区核心区和缓冲区养殖清退工作。截至 2023 年底，洪泽湖蓄水范围线内圈圩（网围）养殖面积约 36 万亩，洪泽湖东、西部湿地保护区圈圩（网围）养殖面积约 13 万亩。

2023 年底，洪泽湖省管水域渔业养殖面积 22.91 万亩，包括圈圩面积 12.42 万亩、网围面积 10.49 万亩。

三、洪泽湖清障

2010 年以来，淮河上游持续干旱少雨，一些单位和个人无视法律法规大量圈圩养殖，侵占水域势头愈演愈烈，严重影响到洪泽湖的防洪安全、供水安全、水生态安全。

2012 年 9 月 15 日，江苏省防汛抗旱指挥部分别给盱眙、洪泽、宿城、泗阳、泗洪下达了《关于加强洪泽湖非法圈圩非法养殖清除执法工作的通知》。洪泽湖清障工作特指 2010 年以后形成的非法圈圩清除工作，与后续的退圩还湖工程有所区分。清障通知发出后，9 月 20 日，江苏省水利厅会同省海洋与渔业局渔政总队、省洪泽湖渔管办，就洪泽湖清障工作进行了会商，并分别与盱眙、洪泽、泗阳、泗洪、宿城政府协同全面展开清障工作。

2013 年，全湖共清除非法圈圩 110 处、面积 4.7 万亩，恢复洪泽湖兴利库容 6 900 万立方米。2014 年完成洪泽湖非法圈圩清除任务共 261 处、3.24 万亩。2015 年，全湖累计清除非法圈圩 232 处、2.9 万亩。

四、退圩还湖

由于历史原因，洪泽湖水域被圈圩养殖、种植侵占，导致沿湖被大量圈圩，其中部分圈圩经历年种植已演变成基本农田，严重影响洪泽湖蓄洪、行洪、供水能力，制约洪泽湖水资源的可持续利用和经济社会的可持续发展。省委省政府高度重视洪泽湖治理保护工作，把退圩还湖作为落实生态文明、建设美丽江苏的重要内容，作为恢复湖泊调蓄能力、改善水生态环境的重要途径。

2018年，泗阳县先期实施的退圩还湖工程，恢复洪泽湖自由水面 31.7 平方千米，防洪库容 2 200 万立方米，供水调蓄库容约 6 000 万立方米。

2020年，省政府批复《江苏省洪泽湖退圩还湖规划》（苏政复〔2020〕1号），计划清退圈圩 318 平方千米。除去已经清退完成的泗阳县，洪泽区计划清退 75.2 平方千米，淮阴区计划清退 9.5 平方千米，盱眙县计划清退 87.4 平方千米，宿城区计划清退 17.9 平方千米，泗洪县计划清退 129.3 平方千米。

五、养殖权属纠纷典型案例

洪泽湖渔业收归省管后，沿湖原有的养殖水面应当纳入省洪泽湖渔管办统一管理，但由于缺乏地方转隶省管后的交接手续，导致省管与地方管理存在界线上的模糊地带，加上地方乡镇、渔业部门、集体、个人利益的博弈，由此引发诸多养殖权属纠纷案件。主要有几类情况：一是集体与个人的养殖权属纠纷，大多是国有林场、村集体与养殖户之间有权属矛盾。比较典型的是养殖户朱某敏与洪泽县林柴场的养殖权属纠纷，主要是国有林场未及时申请办理养殖证，而养殖户办理养殖证后认为国有林场无权再发包，拒缴承包费后，养殖塘口被国有林场强制收回，导致纠纷升级，养殖户朱某敏多次信访，并以江苏省人民政府为被告提起行政诉讼，最后经淮安市中级人民法院、洪泽县政府、省洪泽湖渔管办三方协调解决此事。二是养殖户之间有权属矛盾，大多是发包人与承包人之间有利益纠纷。比较典型的是泗洪县刘某斌与魏某养殖权属纠纷案。魏某办理了养殖证（信息卡），将养殖水面承包给刘某斌养殖，合同到期后刘某斌提出申请办理养殖证并拒绝交还魏某养殖水面，由此引发行政诉讼和民事诉讼。此类案件一般都是持有养殖证的发包方胜诉。三是省洪泽湖渔管办与地方管辖范围界定不清晰，造成权属纠纷。如宿城区中扬镇、盱眙县管镇鲍集、泗洪县陈圩林场等区域，因历史上形成多道圩区，导致省管与地方管辖的界线不明确，养殖塘口历史来源不清晰导致纠纷。比较典型的是宿城区中扬镇范集居委会和许某的养殖权属纠纷。因 2 000 亩左右的圈圩养殖塘口历史渊源不清晰，范集居委会和许某双方都想取得使用权，经省洪泽湖渔管办和中扬镇多次集中协调未果，最后双方冲突引发群体性事件后，最终养殖塘口使用权由集体取得。

此类权属矛盾 2000—2016 年较多，之后随着全社会法治进程建设的加快，洪泽湖渔业规范化管理，加之退圩（围）还湖工程的实施，逐渐减少。

第六章

专项执法

第一节　专项执法行动

根据农业农村部和江苏省分年度《中国渔政亮剑系列执法行动方案》要求，结合洪泽湖湖情、水情、渔情和民情特点，江苏省洪泽湖渔政监督支队每年定期组织打击冬季电鱼、药禽、封湖禁渔大检查、驻船巡航执法、打击螺蛳偷捕、银鱼特许捕捞管理、渔簖整治、网船无证捕捞、清理取缔地笼网等禁用渔具、非法网围整治、水产品质量安全监管、打击涉渔"三无"船舶等 12 期专项执法行动，年均出动执法船艇 2 000 余艘次、执法人员近 8 700 人次。

驻船巡航执法：一般安排在 4—6 月封湖禁渔的中后期，由领导班子成员、部门负责人带队，执法船在湖区流动执法，执法人员吃住在船上，4～5 天一轮班，采取息人不息船的方式进行全天候巡航，起到了打击和震慑违法行为，维护封湖禁渔秩序的作用。

封湖禁渔大检查：一般由领导班子成员带队，执法船艇和人员集中，分两片或者集中开展行动，耗时 2～4 天，起到宣传和震慑的作用。一般封湖禁渔初期组织一次，主要检查督促渔簖等渔具出水情况；封湖禁渔最后几天组织一次，主要防止渔民渔具提前下水。行动时，大家吃住在一起，巡查时一字排好，进行拉网式巡查。

第二节　水产品质量安全

由于湖区网围养殖用水与湖泊敞水区直接连通，养殖水产品质量总体较好。2016 年以前，省洪泽湖渔管办仅对网围养殖的面积进行核查，以防止私扩、非法插桩等违法行为。

2017 年，省洪泽湖渔管办联合淮安、宿迁两市农业主管部门、出入境检验检疫局、公安局食药环侦支队，签订《关于加强水产品质量安全监管，促进洪泽湖渔业健康发展合作备忘录》，并联合开展了"一湖多地"水产品质量安全大检查，拧紧水产品质量的"安全阀"。

2018—2019 年，江苏省洪泽湖渔政监督支队组织"进百村、入万户"水产品质量安全普法巡讲，在沿湖 22 个乡镇共举办普法巡讲 102 场次，培训养殖生产、饲料兽药经营户 4 983 人，发放水产养殖生产、用药、销售等三项情况记录共 4 739 本，并开展了养殖污染源普查、网围养殖区水质专项监测等工作,摸清了重点乡镇饲料、鱼药门市的基本情况,先后查处了多起药物清塘、使用冰鲜(冻)饵料投喂、违规使用处方兽药、非法生产经营苗种等一批水产品质量安全案件,有效提高了养殖户、经营户依法生产、合法经营的意识,营造了人人了解、人人参与、人人关心水产品质量安全工作的良好氛围。

2019—2020 年期间,开展专项执法检查 50 余次,查处违法案件 125 起;会同公安部、农业农村部等相关部门于 2018—2022 年多次开展地标使用专项检查,对洪泽湖周边渔业企业、水产市场、水产品商铺进行双随机抽检。

第三节 河蚬管理

河蚬,又称黄蚬、金蚶、扁螺,是双壳类软体动物,广泛分布在湖泊、江河中,是我国重要经济贝类之一。20 世纪 80 年代调查显示,洪泽湖河蚬资源总量达 18 万吨。

1994 年,苏州泰进食品有限公司老板宫长青先生偶然发现洪泽湖蕴藏大量河蚬资源。当地人并不知道河蚬可以食用而未被开发利用,只是有人偶尔将捕捞带出来的部分河蚬作为禽类饲料以很低的价格销售到盐城,宫长青便将河蚬样品带到了日本,后发现这正是日本人孜孜以求的美味佳肴。原来韩国在 20 世纪 60 年代将本国生产的河蚬卖到日本,到了 20 世纪 80 年代国内已经几乎无蚬可卖了。1994 年秋,在淮阴市水产局的大力支持与协助下,宫长青便开启了将洪泽湖河蚬出口日本的征程。销量从最初的每周一个集装箱,发展到每周 10 多个集装箱,最后逐步从日本销售到韩国。1997 年,韩国人直接找到源头,自此洪泽湖河蚬同时出口日本韩国。从那以后,洪泽湖河蚬每周出货 20 多个集装箱,每年近 2 万吨出口到日、韩市场。2000 年,洪泽湖渔业收归省管后,河蚬实行了限额捕捞,其出口方式由出口活体为主逐步发展为出口加工品为主。这不仅保护了河蚬资源,而且大大提升了产业素质。

进入 20 世纪 90 年代,由于受到环境变迁和过度捕捞的影响,洪泽湖河蚬资源严重退化,特别是 20 世纪末,淮河污染频发,河蚬生存环境恶化,加之沿海对虾养殖业兴起,河蚬作为对虾饵料资源被大量开发利用,机吸螺蚬得到迅猛发展。短短几年间,洪泽湖河蚬资源丧失殆尽。洪泽湖渔业收归省管后,江苏省洪泽湖渔政监督支队采取强有力措施,取缔机吸河蚬,改用人工划耙捕捞等措施,取得了明显成效。2005 年监测显示,河蚬分布面积遍及全湖除水草资源外的所有水域,特别丰富的水域,平均分布密度为213 个/平方米,平均现存量 324 克/平方米,河蚬资源量已恢复到 10.3 万吨,河蚬开发利用进入良性循环的轨道。此后,随着市场对河蚬需求量增大,受到河蚬产业效益的驱动,河蚬资源的开发利用强度不断加大,捕捞队伍迅速扩大,仅 2006—2008 年 3 年间,河蚬捕捞总量就超过 10 万吨,导致河蚬资源量急剧下降,再次跌入谷底。而此时,河蚬产业也出现了市场恶性竞争、生产无序、酷捞滥捕、渔民利薄、企业赚少、产业发展慢等一系列矛盾。为推动河蚬产业健康可持续发展,省洪泽湖渔管办采取了一系列有效措施,最终河蚬管理实现了由无序发展、恶性竞争到严格有序、限额捕捞的转变。具体措施如下:

1. 成立行业组织，引导行业自律

省洪泽湖渔管办指导成立了洪泽湖河蚬协会，一致通过了《河蚬产业发展行业自律公约》，平衡了河蚬捕捞、河蚬加工和河蚬经营出口三者关系；制定了河蚬收购和河蚬加工出口最低指导价制度，理顺了捕捞船只的权属和生产关系，签订了公平竞争承诺书，并缴纳了承诺保证金；建立市场信息收集预警机制，成立了仲裁委员会，重点解决河蚬买卖中以次充好、压质压价等问题，有效遏制了河蚬市场的恶性竞争，公平合理地保护买卖双方的合法权益，维护河蚬产业正常的商业秩序；在河蚬协会设立了捕捞分会并组成了 13 个捕捞小组，提高了渔民的组织化程度，增强了捕捞户保护自身权益的能力，有效破解了经营户不断压价获得利润和捕捞户不得不提高产量获得收益的难题。

2. 建立制度体系，做到有法可依

2005—2007 年先后出台了《洪泽湖河蚬生产管理暂行办法》《河蚬管理责任制度》《捕蚬船只流动管理办法》，完善了《关于河蚬扎口管理的若干意见》，规定了《河蚬管理与渔业资源费征收办法》，明确了《河蚬专项（特许）渔业捕捞许可证申办程序》，规范了《河蚬专项（特许）渔业捕捞许可证申请书》，2010 年又制定出台了《关于进一步规范洪泽湖河蚬管理的意见》，重点围绕廉洁公正执法、依法依规执法、强化资源保护、服务河蚬产业、维护水域环境、促进资源增殖等多方面进行了规定，通过加大管理力度、科学增殖、保护资源，严格行政许可，规范渔政执法，洪泽湖河蚬产业基本实现了由过去的"以量取胜"向现在的"以质取胜"的转变，呈现出资源丰富、渔民增收、企业发展、产业振兴的良好局面。

3. 加强资源监测，科学开捕禁捕

一是坚持开禁前后的河蚬资源专项监测，全面把握资源分布，强化河蚬资源调查监测工作，准确了解了河蚬资源分布、资源可再生能力和可开发资源量，为河蚬资源保护增殖、科学开发利用提供决策依据。二是科学设置开禁捕期。2010 年将河蚬禁捕期由原来的三个月延长至半年，并将禁捕的时间与河蚬繁殖生长的最佳时期相一致。坚持强力监管，严格落实禁捕措施，悉心养护河蚬资源，确保河蚬资源得到保护和增殖。三是建立河蚬水产种质资源保护区。2007 年建成面积为 2 万亩洪泽湖国家级河蚬水产种质资源保护区，实行全封闭管理，有效保护了洪泽湖河蚬的种质资源。四是建设河蚬增养殖示范区。发挥从业人员作用，利用民间资金，建设了 30 万亩河蚬增养殖示范区，按照"谁投资、谁保护、谁开发利用"的原则，划区到户，责任到人，从而保证了保护优先、有序开发河蚬资源的要求。

4. 加强渔政管理，护航产业前行

一是坚持"负增长"原则，严格控制河蚬生产总量。要求以 2010 年为基准年，限定洪泽湖河蚬捕捞船 344 艘，河蚬加工厂 15 家，明确不再新增河蚬捕捞特许证，严格限制新的河蚬加工厂，实行捕捞渔船总量控制，确保河蚬资源得到有效增殖恢复。二是坚持禁捕期和禁捕区原则，坚决杜绝在禁捕期进行捕蚬作业，严格禁止在各类划定区域如河蚬资源保护区、增养殖示范区等从事河蚬作业。三是加强河蚬捕捞工具管理。统一配置捕捞工具，划耙间距不低于 1.2 厘米，并组织人员深入湖区对渔民的耙具规格进行验证，确保捕大留小，保证资源的永续利用。四是坚持限额捕捞，实行单船生产日总量控制，由协会定做统一规格的包装袋，每船每天不允许超过 60 包（30 千克/包），制定严格的超包处罚制度。四是加大执法检查力度。2011 年河蚬生产突击月专项整治行动期间，共出艇达 638 艘次，出动渔政人员 2 552 人次，检查河蚬捕捞船达 10 338 只。实行"驾照式"管理制度，对连续多次违规捕捞，采取积分吊销许可证制度、违规者集中学习培训制度等，有效地保护了河蚬资源，整顿了生产秩序，为河蚬资源保护和产业发展保驾护航。

5. 优化协会组成，确保廉洁规范

除经江苏省海洋与渔业局党组和中共淮安市纪委特别批准会长留任外，其余渔政人员从协会中退出，并要求所有渔政人员不得参与涉湖渔经营尤其是河蚬生产经营活动，确保渔政人员能公开、公平、公正开展执法工作。加大对河蚬特许证换发、变更、吊销过程中各个环节的审查力度，坚持公开公示，开通咨询举报电话，强化社会监督，确保证件换发、变更准确率达 100%。

6. 协调相关部门，共促产业发展

一是积极加强与地方政府、部门、村组之间沟通协调，请他们共同关注并积极支持河蚬产业发展，解决了捕蚬船停靠码头、河蚬运输交通管理、捕蚬船与其他养殖捕捞户之间纠纷等一系列难题。二是加强宣传教育。一方面主动宣传旨在强化渔政管理的相关法律法规和规定，教育会员自觉遵守渔政管理的相关规定；一方面积极反映会员的诉求，帮助他们协调解决生产生活中遇到的实际困难。三是河蚬加工企业之间的沟通协调，敦促他们自觉加强行业自律，减少企业间恶性竞争，指导他们参与国际、国内市场竞争的能力，切实增加河蚬产业的综合效益。四是加强与河蚬捕捞渔民之间的沟通协调，要求他们诚信生产、依法生产、守法生产，加强河蚬生产违章行为的监督，共同维护稳定的河蚬生产秩序。五是强化与国检部门的合作。严格监管河蚬出口基地，加强外来河蚬的质量管理，协调国检部门开展深入细致的服务，帮助集中监测水质，合理布局河蚬出口打包点，实行就地铅封等，积极支持洪泽湖河蚬走出国门、进入日、韩市场，出口创汇，不断提升洪泽湖河蚬附加价值。

第四节　打击非法采砂

一、非法采砂形成的原因

一是洪泽湖砂储量高。洪泽湖黄砂主要为黄淮入湖所挟带，以及周边入湖河流冲刷的河砂，其泥砂淤积最显著的区域是淮河等河流的入湖口区和湖滩沿岸带的水草区。1989年 9 月采样调查表明：湖体中泥砂含量较大，约 0.25 千克/立方米，成子湖区泥砂含量为 0.124 千克/立方米，淮干入湖区的泥砂含量达 0.178 千克/立方米；高良涧—二河闸沿岸区的泥砂含量较小，一般为 0.022 千克/立方米；湖西部水生植物茂密区的泥砂含量是全湖最小，一般为 0.005 5 千克/立方米左右。泥砂的年内变化情况是：6—7 月份最多，最大月平均含量为 0.4～0.5 千克/立方米；汛后明显减少，10 月至次年前悬移质泥砂含量为 0.15～0.30 千克/立方米。洪泽湖多年平均入湖砂量为 1 168 万立方米，出湖砂量 688

万立方米，年积量为 480 万立方米。二是非法采砂暴利的驱动。洪泽湖的非法采砂船单船每小时采砂 80～100 吨，湖区砂石的收购价格在 30 元/吨左右。除去柴油、机器磨损、工人工资等，以每周盗采 3 天、每天 10 小时估算，每艘采砂船的月平均纯利润保守在 20 万元以上。三是非法采砂管理混乱。非法采砂船出现初期，地方政府未对洪泽湖全面禁止采砂达成一致，洪泽、泗阳等地采取了勘探、试采、招标拍卖等方式"打擦边球"和"划圈管理、圈内收费、圈外打击"等做法，刺激和推动了非法采砂的发展。一些党员干部或公职人员甚至入股参与非法采砂，并充当"保护伞"，加剧了非法采砂管理的混乱。四是地方"黄牛"形成了黑色利益链。洪泽湖参与非法采砂开采、运输、买卖等人员近万人，其中参与提成的"黄牛"有 70 余人，他们参与砂石的定价、采砂船和运砂船的组织运输、应对各个管理单位的检查、处罚，并形成了一股黑恶势力，严重危害了社会稳定。五是联合打击非法采砂没有形成强大合力。2014 年 8 月 14 日，江苏省水利厅、交通运输厅、公安厅、海洋与渔业局联合发布《关于禁止在洪泽湖水域采砂的通告》；2015 年 8 月 7 日，水利部、国土资源部、交通运输部、江苏省人民政府、山东省人民政府发布《关于在南水北调东线输水干线洪泽湖骆马湖至南四湖段全面禁止采砂活动的通知》。尽管省水利厅多次部署，并牵头联合渔政、海事、公安等部门，开展打击非法采砂工作，但由于沿湖市、县打击非法采砂工作没有常态化、制度化，加上打击手段单一、人员装备不足，打击效果并不明显，非法采砂船仍然滞留湖区，伺机偷采。

二、洪泽湖非法采砂发展过程

根据省洪泽湖渔管办跟踪统计，非法采砂船发展过程如下。

2006 年 4—5 月被发现，采砂船只出现在淮河干流入湖口处，随后便向洪泽湖水域纵深发展。

2007 年春，发现洪泽湖有砂矿资源，零星砂船户开始非法采砂。

2008—2009 年，安徽明光一带私人采砂船户进入洪泽湖开始较大规模的采砂活动。

2014 年 8 月，省水利、交通、公安、海洋与渔业局联合发布禁止在洪泽湖水域采砂的通告。

2014 年 9 月统计，洪泽湖有非法采砂船只 376 艘；2015 年 8 月统计，洪泽湖有非法采砂船只 555 艘；2015 年 11 月统计，洪泽湖有非法采砂船只 513 艘；

2015 年 8 月，水利部、国土资源部、交通运输部、江苏省人民政府、山东省人民政府联合发布《关于在南水北调东线输水干线洪泽湖骆马湖至南四湖段全面禁止采砂活动的通知》。

2015 年 11 月 2 日，《新华日报》公布了洪泽湖骆马湖禁止采砂地方政府行政责任人及部门责任人名单。

据 2016 年 7 月统计，洪泽湖有非法采砂船只 873 艘：其中淮安市水域 382 艘，分别为洪泽县辖区 362 艘，主要集中在钱码、北方船厂等水域；盱眙县辖区 20 艘，主要集中在周仁大沟、刘嘴水域；宿迁市水域 491 艘，分别为泗洪县辖区 432 艘，主要集中在太平、成河水域；泗阳县辖区 59 艘，主要集中在曹嘴、高松河口水域，砂石运输船 428 条，卖砂场 30 个，参与非法采砂开采、运输、买卖等人员近万人，已经形成黑色产业链。2008 年至 2016 年 7 月洪泽湖非法采砂船数量变化如图 6‑6‑1 所示。

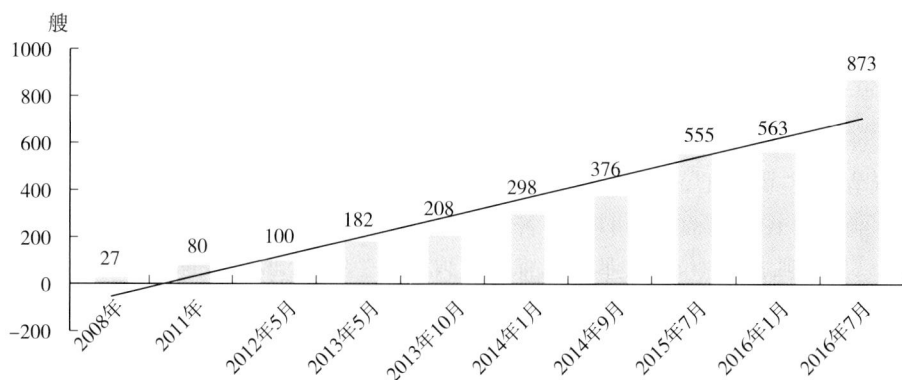

图 6‑6‑1　2008 年至 2016 年 7 月洪泽湖非法采砂船数量变化

三、非法采砂带来的危害

采砂船大部分为 100 吨水泥船，使用 20 马力左右的采砂机器，每船每小时可采砂 20～30 吨。一般每船每月平均开采 15 天，每天开采 12 小时左右，每船每月采砂 4 500 吨左右。采砂船通过把 30～40 米的铁管打入湖底 20 米左右，进入砂层，用砂泵把砂浆吸取，用机器自动分离后砂留在船上，泥浆水排入湖中。大规模的非法采砂，给水安全、水工程安全、水生态安全和社会安全都造成了重大威胁。非法采砂使堤防护坡受损，危害防洪安全；非法采砂、运砂船只占据航道采砂，影响水上交通安全；产生的大量燃油污染和生活垃圾，直接危及供水安全。同时，因利益争夺，一系列重大社会治安问题被引发，催生的黑恶势力严重扰乱社会治安。特别需要指出的是，洪泽湖采砂行为将给洪泽湖的生态环境带来灾难性影响。洪泽湖采砂行为，不仅破坏了湖底的地质环境，给渔民进湖捕捞留下安全隐患，而且也严重破坏了洪泽湖的生态环境，影响到鱼类的繁殖生长，给洪泽湖渔民带来不可估量的损失。

四、打击非法采砂艰难历程

鉴于上述严峻形势，作为洪泽湖水生生物资源和生态环境的养护者、洪泽湖渔民生产阵地和生产安全等权益的维护者，省洪泽湖渔管办责无旁贷。2007 年，该办制定并实施了《打击洪泽湖非法采砂专项行动实施方案》，在尽己所能打击非法采砂的同时，利用各种渠道"鼓"和"呼"。2012 年 5 月 31 日，该办向淮安宿迁两市政府和省级有关主管部门报送《关于洪泽湖非法采砂情况专报》，持续不断地报告洪泽湖非法采砂发展情况，阐述由此带来的巨大危害，并提出综合整治建议意见，引起各级领导的高度重视。

2013 年 11 月 6 日，江苏省水利厅联合省交通运输厅、省公安厅、省海洋与渔业局在泗阳县组织召开了洪泽湖非法采砂专项治理推进会。先后 7 次开展联合打击行动。2014

年 9 月 4 日，经请示江苏省政府同意，四部门联合下发了洪泽湖水域禁采通告及通知。自此，省级四部门连同沿湖周边地方政府联合开展"利剑"系列行动。经过持续不断的严厉打击，洪泽湖非法采砂的混乱态势得到了有效遏制。洪泽湖非法采砂也引起国家部委和江苏省政府的高度重视。经过强力推动，至 2017 年 6 月，洪泽湖非法采砂现象基本得到遏制，但仍有 600 多艘采砂船滞留湖中，集中停靠在韩桥和太平两个停靠点。后经劝离和自行拆解，进一步减少存量，至 2018 年 5 月，全湖共拆解采砂船 737 艘。在洪泽湖猖獗了近十年的非法采砂行为彻底成为历史。

第五节　大马力快艇整治

实施长江"十年禁渔"，是党中央、国务院为全局计、为子孙谋而作出的重大决策，是长江大保护的历史性、标志性、示范性工程。江苏省高起点谋划、高站位推进、高标准落实，将长江干流江苏段、通江河湖以及水生生物保护区所涉湖泊全面退捕，以"退得出"确保"禁得住"。

洪泽湖于 2020 年 10 月 10 日全面退捕后，湖区渔业资源日趋丰富。受暴利驱使，2022 年 11 月份开始，使用"三无"大马力快艇非法捕捞等现象日益突出，成为极易引发水上安全事故、严重破坏渔业资源、公然践踏法律权威的一大"毒瘤"。此类"大马力快艇"，一般长度为 5～8 米，载客 4～8 人，使用玻璃钢或者铝合金外壳，配备主机功率 100～400 马力的舷外挂机，航速 80～100 千米/时，用于水上交通、渔业生产等活动，无船名船号、无船舶证书、无船籍港的小型高速艇。根据省洪泽湖渔管办 2022 年底统计，湖区有 100 马力以上的此类快艇 300 艘左右，以泗洪、洪泽居多，分布于洪泽湖 108 个湖汊湖湾及入湖河道，绝大多数用来伺机从事非法捕捞。

"大马力快艇"的危害主要体现在三个方面：一是给人身安全带来重大隐患。从驾艇人员看，他们大多未经过正规培训，没有驾驶资质，安全意识差，酒后驾驶、超速行驶、任意穿行等行为时常发生。从机器设备看，大部分"大马力快艇"一味"求快"和"省钱"，都在当地没有资质的小作坊改装，不符合基本的检验规范和安全要求，行驶安全隐患极大。从执法实践看，"大马力快艇"非法捕捞在可能被查获时，为了逃避即将面临的严厉处罚，违法人员往往孤注一掷，亡命逃逸或以直接冲撞等极端方式逃避检查，导致违法者和执法者的生命财产安全都遭受严重威胁。二是对渔业资源破坏极其严重。使用"大马力快艇"在洪泽湖从事非法捕捞，是名副其实的"暴利"行业。一艘快艇夜间偷捕成功 1 次，少则获利 0.5～1 万元，多则 2～3 万元，数千斤甚至近万斤的鱼虾蟹类被捕获入市。三是严重挑战法律权威和公信力。据泗洪县、洪泽区等地检察院统计，洪泽湖全面退捕以来，已经审查起诉的涉及"大马力快艇"非法捕捞的犯罪嫌疑人，约 1/3 有犯罪前科，2/3 是无业闲散人员。从渔政执法部门现场执法情况看，这些使用大马力快艇非法捕捞的不法分子，作案时气焰极其嚣张，自认为执法快艇不敢追、追不上而明目张胆，甚至带着"挑衅心态"对执法人员恶意挑衅，而渔政执法人员疲于应付却难有收获。

为整治"大马力快艇"非法捕捞，2023 年 1 月，省洪泽湖渔管办分别向淮安、宿迁两市党政主要领导报送《开展洪泽湖"三无船舶""大马力快艇"源头治理刻不容缓》的专报，两市主要领导均作出批示，要求积极采取措施，坚决遏制洪泽湖"三无船舶""大马力快艇"发展势头；两市分管领导也分别召开会议或者作出批示，部署相关整治工作。3月30日，省洪泽湖渔管办联合淮安市交通运输局、公安局、农业农村局、水利局、市场监督管理局发布《关于开展淮安市洪泽湖及入湖河道"三无大马力船舶"专项整治的通告》，表明了坚决查处"三无大马力船舶"非法"捕运销"洪泽湖野生水产品的决心和态度。6月1日，省洪泽湖渔管办联合淮安市交通运输局等5部门开展洪泽湖"三无大马力船舶"专项整治督导暨首轮同步执法检查行动。该项行动在淮阴区、洪泽区、盱眙县的洪泽湖水域同步开展，一天就查扣100马力以上"大马力快艇"32艘。6月8日，省洪泽湖渔管办与两市公检法在盱眙召开专题协调会，牵头制定《关于办理洪泽湖非法捕捞水产品刑事案件暨行刑衔接工作的会议纪要》，就大马力快艇非法捕捞入刑标准、涉案大马力快艇没收、专门性问题认（鉴）定等事项达成共识。与此同时，洪泽区水警等公安机关查办了一批部省挂牌督办案件，泗阳县、泗洪县也开展了类似查扣行动，洪泽湖"大马力快艇"非法捕捞的势头得到了一定限度的遏制，虽未彻底禁绝，但总体可控。但2023年9月—11月，洪泽湖"大马力快艇"非法捕捞行为出现严重反弹，连续发生多起夜间驾驶"大马力快艇"入湖相撞致人死亡事件。为有效遏制大马力快艇无序发展，保护人民群众生命财产安全，巩固禁捕退捕成果，在省洪泽湖渔管办的积极推动下，12月13日，宿迁市印发《宿迁市洪泽湖水域非法捕捞综合整治工作方案》，成立由市政府刘浩市长为组长、武倩和朱荣两位副市长为副组长的工作专班，工作专班下设一办四组，全面部署以打击"大马力快艇"为重点的洪泽湖非法捕捞综合整治工作；12月18日，淮安市政府邱华康副市长专题部署整治工作；沿湖县区也召开专题会议予以落实。自此，洪泽湖掀起新一轮打击"大马力快艇"的高潮。此后一个多月，省洪泽湖渔管办与沿湖地方政府及公安、交通运输、农业农村等部门协同作战，共联合查扣100马力以上"大马力快艇"100余艘，取缔快艇作坊12个，打掉非法捕捞团伙10个，采取刑事强制措施42人。截至2024年1月底，洪泽湖省管水域范围内的"大马力快艇"基本实现动态清零，但夜间从岸上用吊机吊艇入湖和夜间从淮河、高松河、黄码河等入湖河道进入洪泽湖非法捕捞的案件仍有发生。

第七章

执法成效

　　20世纪80—90年代，湖区渔政管理工作中，以"罚"代管、执法随意等现象较为突出，渔政管理人员与被管理对象之间矛盾越来越严重。据统计，1992年至1993年两年间，渔政部门工作船被砸、渔政员被围攻殴打的事件就有10余起，阻碍国家工作人员依法执行公务的治安案件12起。究其原因：一是渔政队伍自身不过硬。沿湖各县（区）渔政站都是自收自支事业单位，目标责任制中制定了罚款或者征收渔业资源赔偿费的经济指标，存在争着管、抢着管、重复管的现象，有的甚至以票代证截留资金据为己有。同时，渔政执法人员素质参差不齐，"吃、拿、卡、要"现象时有发生。二是抗管现象严重。湖区电捕鱼违法者少则数人、多则数十人上百人，有的电捕船上准备了石块、碎砖等专门用来袭击渔政执法人员。1990年和1992年，在淮阴市政府组织的大规模收缴电捕船的行动中，共收缴电捕船及电捕器材380余件。据泗洪县湖管局（洪水产〔94〕8号）报告：仅泗洪水域活动的电捕船总数就有4 000余条。三是本位主义严重。1990年以后，沿湖各县、乡镇、村组为了自家渔民利益，各自为政，对渔政管理工作的态度较为消极，变成"各拿各的弓、各吹各的号"。四是专业渔民负担较重。专业渔民除了需要缴纳渔业资源增殖保护费、船检费、农林特产税以外，还需要交纳其他各种费用近30种，不堪重负。五是渔业资源下降。乱垦滥围、上游污水、密目网箔、电捕鱼以及沿湖农民、运输船民、下岗职工加入捕捞队伍等因素，导致渔业资源下降较快。在此种形势下，2000年底洪泽湖渔业收归省统一管理，江苏省洪泽湖渔政监督支队在洪泽湖统一行使渔政执法权。

　　2001—2016年，洪泽湖每年渔业违法案件查处数量保持在2 000~3 000起，江苏省洪泽湖渔政监督支队提出"三千起行政处罚无败诉"的工作要求。由于执法案件数量一直保持高位运行，2017年以后，江苏省洪泽湖渔政监督支队召开执法规范化会议，下定决心改变工作实践中存在一定程度的"以罚代管"现象，工作目标导向改为以管为主、以禁为要，大幅压缩案发率和案件总数。2018—2020年，洪泽湖违法案件数量每年持续在1 000起左右。2020年洪泽湖全面禁捕退捕后，湖区捕捞渔船全面清退，每年案件总数维持在400起左右（2021年因疫情管控案件数量仅162起）。2023年6月8日，洪泽湖"大马力快艇"综合整治成果展暨"中国渔政亮剑2023"罚没物品集中销毁现场会在盱眙召开，江苏省农业农村厅王玉华副厅长、淮安市人民政府邱华康副市长出席活动并讲话，活动集中拆解"三无船舶"280艘，销毁各类违法渔具近2万件。

　　在案件查处的同时，省洪泽湖渔管办开展"进百村、入万户"普法宣传工作，旨在以法治宣传教育为先导，筑法治之基、行法治之力、积法治之势，营造自觉守法、办事依法、遇事找法、解决问题用法、化解矛盾靠法的法治环境。该办先后荣获"全国渔业执法工作先进集体""中国渔政'亮剑'行动成绩突出先进集体""江苏省文明单位""省级机关普法工作先进单位"等多项荣誉,"大湖家园展览馆"荣获"省级机关法治文化建设示范点"称号,洪泽湖"进百村、入万户"普法宣传工程被淮安市委、市政府评为"法治为民办实事十佳项目",为保护洪泽湖渔业资源与环境、推动生态文明建设提供了强有力的法治保障。洪泽湖历年渔业违法案件查处情况见表 6-7-1。

表 6-7-1 洪泽湖历年渔业违法案件查处数量统计

年度	查处渔业违法案件数量	移送司法机关追究刑事责任案件数量	移送司法机关追究刑事责任人数
2001—2002	3 237	/	/
2003	3 391	/	/
2004	3 873	/	/
2005	2 909	/	/
2006	2 565	/	/
2007	2 575	/	/
2008	3 056	/	/
2009	2 592	/	/
2010	2 522	1	2
2011	2 426	1	2
2012	2 594	2	5
2013	3 110	3	6
2014	3 077	4	8
2015	2 321	11	25
2016	2 699	17	46
2017	2 243	12	35
2018	1 035	39	73
2019	1 198	33	49
2020	1 046	38	71
2021	162	38	73
2022	450	33	73
2023	408	35	140

渔业灾害与安全管理

第一节　湖区灾害

洪泽湖上的灾害主要是洪涝、风暴、干涸、蝗虫、冰冻等。

一、洪涝灾害

洪泽湖位于淮河中游的末端，是淮河中游干、支流的总汇点，同时又是淮河下游河槽的联结点。东汉时期，黄河水溢入淮河，致使淮河流域经常洪水泛滥，使洪泽湖区上下的淮河流域成为"大雨大灾，小雨小灾，无雨旱灾"的多灾地区。

《江苏省近两千年洪涝旱潮灾害年表》记载，洪泽湖地区从东汉永兴二年（154 年）至南宋绍熙五年（1194 年）的 1040 年中，发生较大洪涝灾害的年数有 126 年，平均 8 年一次。在明朝 276 年中，洪泽湖地区共发生洪涝灾害 111 次，平均 2.5 年一次，其中黄河单独成灾 17 次，黄、淮共同成灾 36 次。从公元 1644 年清王朝建立至 1855 年黄河北徙的212 年中，洪泽湖区发生洪涝灾害的年份共为 149 年，平均每 1.4 年 1 次。咸丰五年（1855 年）黄河北徙以后，至中华人民共和国成立的 95 年中，洪泽湖区共发生洪涝灾害30 年，平均 3.2 年发生一次。1921 年和 1931 年两次洪水均为全流域大洪水。1921 年，全流域淹地 51 827 平方千米，受灾人口达 2 000 万，死亡 7.5 万人，1938 年，国民党军队在郑州花园口炸开黄河南堤，以水代兵，造成为时 9 年的黄河夺淮。

中华人民共和国成立后对淮河流域进行了大规模的治理。据统计，1950—2023 年，是湖区共有程度和范围不等的水灾 20 年，在此期间最严重的洪灾首推 1954 年。总体来说，20 世纪 50 年代水灾较重；60 年代减少，有 2 年较重灾害；70 年代有中等灾害 1 年，较重次数 2 年；80 年代，因耕作制度改革，普遍种植水稻，水灾损失明显减少；2000 年以后，洪泽湖先后于 2003 年、2008 年、2009 年、2020 年发生过洪灾。

二、风暴灾害

由于湖面辽阔，风浪险恶，翻船事故时有发生，船毁人亡屡见不鲜。据记载，1936年农历七月十五日，全湖有一千多艘渔船在捕捞作业，忽然狂风骤起，后经查证，有 1/3渔船翻沉，淹死的渔民无法统计，同时还有一条巡湖救生船亦被风浪击沉。1952 年，洪泽区安河、龙淮二乡渔民摘菱时，因船小水大，大风起时船翻淹死 27 人。1954 年，老子山镇的山后村一个互助组，为了生产自救，出湖到高良涧外口湖面上采菱捕鱼，湖上陡然刮起狂风，全组 20 人只有一名妇女扒着船板随风漂流被救，其余全部葬身湖中。1962—1981 年出现大风 250 余次，平均每年发生 12.6 次之多。1971 年 6 月 25 日，龙卷风袭击，沿湖有 600 多平方千米农作物受损。1972 年 12 月 11 日大风，损失渔具桅杆 40 000 多根，虾网 12 000 多只，簖 1 550 多塘。1979—1981 年，湖面大风引起翻船事故达 16 起。进入 21 世纪，随着天气预报准确性的提高、生产作业条件的改善、水上救援水平的提升，大规模渔船倾覆事故基本绝迹，湖区偶有渔船沉没，大多数是渔民或岸上农民为逃避渔政检查，在不适宜出湖时铤而走险非法捕捞造成的。

三、干旱灾害

历史上，淮河、洪泽湖流域的旱灾不仅频率高，受灾范围大，而且灾情惨重。《江苏省近两千年洪涝旱潮灾害年表》及有关志书等资料记载，仅明朝初年到公元 2000 年的 600 多年间，洪泽湖周边共有 113 年发生旱灾。20 世纪 50 年代，洪泽湖区治淮工程结束后，这一现象得到改善，但仍有发生。如 1966 年干旱，大部分湖底脱水后干裂，从高良涧到尚嘴可以走旱路，鱼类成堆而又运不出湖，除了腌制一部分外，大批烂掉，自然生态环境遭到严重破坏，对渔业生产影响极大。1978 年到 1979 年春，连续 13 个月干旱，湖水 10 厘米以上的水域只有 2.67 多万公顷，大鱼几乎捕光，大部分港口不能进船。

2001 年，淮河流域大旱，洪泽湖蓄水基本枯竭，数里浅滩显露，南线航道内的航槽宽度仅有 20～30 米，航槽平均水深不足 1.6 米，最低水位（蒋坝站）10.66 米，湖区养殖遭受灭顶之灾。2019 年，洪泽湖干旱程度为 60 年一遇，洪泽湖水面缩小近一半，直接渔业经济损失 2 亿多元，湖区秋季网船开捕因此推迟。

四、蝗灾

洪泽湖是苏北两大蝗虫发源地之一，经常发生蝗灾。清代最盛的一次蝗灾，不仅湖区的庄稼、草被吃光，连盱眙、蒋坝等市镇的茅屋上的草，树上的树叶等都啃光。

1953 年，三河闸建成后，湖水水位保持在 12.5 米左右，沿湖草滩虽然被淹没了一部分，但地下仍然埋藏着大量的蝗虫卵。夏秋枯水季节，在适宜的条件下，虫卵很快孵化成蝗蝻，一旦起翅，后患无穷。对此，党和政府极为重视。环湖各县人民政府专门成立治蝗领导组织，各公社成立了治蝗大队，专门进行蝗情的侦查和防治工作。江苏省人民委员会从 1958 年起，出动民用飞机，对洪泽湖周围草滩播撒农药灭蝗，并在临淮修建了专用飞机场和药械仓库。至 1979 年，先后派出飞机 701 架次，防治面积 86.8 万亩，基本消除了蝗灾隐患。

五、冰冻灾害

洪泽湖是个浅水湖泊，容易封冻。1926 年曾从农历十月的大风雪一直冰封到次年二月才解冻，冰封时间长达 100 天之久。1954 年湖面封冻，从高良涧到尚嘴不但可以行人，而且可以骑自行车，局部湖面有牛车行驶。1956 年，全湖冰封，不能行船，洪泽县人民政府委托水产部门负责人陆恒英等 5 人从高良涧经盱眙到新河头、临淮送款，踏冰行走 8 天。1957 年封湖，成河公社水上有 2 000 多渔民无粮食，县委抽调 3 条破冰船，分送救济粮。1964 年 2 月，被冻在湖上的船户共 1 338 户，7 222 人。南京空军部队派出飞机帮助侦察，并在湖上空投食物和慰问信。同时，淮阴专署也派来两条破冰船，到湖上破冰寻找零星渔船。全县送到船上的粮食有 18 000 多千克，发放给渔民、船民生活救济款两万元。1969 年 1 月，洪泽湖又发生大面积的封冻。被封冻在湖上共 10 643 人，其中洪泽县渔民 8 729 人；安徽省和山东省船民、渔民 1 914 人。江苏省、专区革委会和安徽、淮河航运公司等单位都予以大力支持。据洪泽县统计：先后送粮食 57.75 吨，送食盐 2 000 千克，煤油 340 千克，火柴 500 打，咸萝卜干 10 000 千克，食糖 50 多千克。除此以外，江苏省革委会派飞机两架次来洪泽湖空投大米、食物 3 400 多千克。1992 年 1 月 9 日，《扬子晚报》报道，从 1991 年 12 月 16 日开始，洪泽湖由于受寒潮袭击，出现历史上罕见的大封冻，冰层平均厚达 10 厘米，最厚处达 20 厘米以上。

2013 年 1 月，洪泽湖遭遇十五年来最严重冰冻，湖面结冰厚度平均超过 5 厘米，湖区网围养殖受损严重。2016 年、2021 年，湖区出现大面积封冻，群众生产生活受到一定程度的影响。

2016 年 1 月中旬，连续低温导致洪泽湖大范围结冰，冰层平均厚度达 6～7 厘米，天气回暖融冰后形成的流冰，在风力的作用下具有极大的破坏力，所到之处养殖网围设施遭到严重损毁，存塘鱼蟹大量逃逸，渔民财产遭受重大损失。据不完全统计，截至 2016 年 2 月 2 日，全湖受灾渔民达 373 户，受灾面积 5.5 万亩，造成直接经济损失达 2 482 万元，其中：淮安市水域受灾渔民 289 户，受灾面积 1.75 万亩，造成直接经济损失达 1 354 万元；宿迁市水域受灾渔民达 84 户，受灾面积 3.75 万亩，造成直接经济损失达 1 128 万元。灾害发生后，省洪泽湖渔管办立即向江苏省海洋与渔业局报告请求救助，江苏省财政紧急拨付 300 万元灾后复产补助资金，用于帮助养殖户复工复产，其中宿迁片 150 万元直接拨付给宿迁市渔业主管部门；淮安片 150 万元拨付给省洪泽湖渔管办，省洪泽湖渔管办结合湖区养殖档案和受灾情况，分配给淮阴区 90 万元，洪泽区 60 万元。这些资金由两县（区）渔业主管部门发放。其发放原则为：根据受灾情况的严重程度进行分级，再根据受灾面积测算补助金额，张榜公示无异后直接打到受灾户银行卡；原则上将受灾情况分为三级，即近外湖水域第一排养殖户为一级，第二排养殖户为二级，第三排养殖户为三级，补偿比例按照 1∶0.5∶0.2 计算。补助发放过程公平公开公正，得到受灾户的普遍好评。

第二节　安全管理

清代以前，洪泽湖没有渔船、商船的护航标志和设施。清道光年间，为了盐运安全，在老子山设立"天灯"以作夜间航行标志。清代末年到民国时期，湖上还设有救生大木船。中华人民共和国成立后，随着治淮工程的开展，闸坝的建筑，渔港的拓建，湖上航行和渔业生产安全设施逐步完善，渔民、船民的生产和航运安全有了保障。

一、暴风警报站

1956 年，洪泽县政府在高良涧镇建立暴风警报站，并设立蒋坝、老子山、尚嘴（成河）、顾勒、临淮头、雪枫（半城）、黄码头分站。高良涧、成河、临淮头等站点配备电台，随时可以和气象部门联系，没有电台的站点备有直流收音机和电话，以便及时通报气象变化情况。

报警方法：开始是放炮。在高良涧、老子山、临淮头、尚嘴各设一门清朝的旧式引火药土火炮。规定六级风放一炮，七至八级风放二炮，八级以上放三炮。不久因火炮不安全，也因风向不同有些渔船不易听到声音，改用挂球和挂灯的办法。即在湖边高地竖立 10 丈左右高的木杆，以竹制的警报球、三角架和灯具为信号。规定白天挂球，五至六级风挂一个球，六至七级风挂两个球，七至八级风挂三个球，八级以上即改挂一个三角架，台风即挂两个三角架；夜间挂灯，六级风挂一个灯，七至八级挂两个灯，八级以上挂三个灯。如遇紧急情况，还同时放炮，以告诫渔民、船民。火炮 1961 年后弃用。

1958 年，为了渔民生产和湖上航行安全，洪泽县广播站设立 150 瓦中短波无线电台，后改为 1 000 瓦中短波发射机，频率改为 1 620 千赫，每天 3 次向湖区播放 5 分钟本县天气报告，还转播中央台和江苏台天气预报广播。1962 年，各站又采用手摇发报机传递天气变化情况，并在渔民比较集中的地方建立天气预报牌，每天写上当天的天气预报情况。到 20 世纪七八十年代，各社（乡）、镇都建立了广播站，各港口、各渔村都通有广播，同时渔民每户每船出湖都带上收音机，随时可以收听天气预报，掌握风向风力，出湖作业时间有了主动权，生产安全有了保障。进入 21 世纪，随着手机普及和天气预报群发短信业务的发展，湖区风暴灾害预警水平得到很大限度的提升。

二、航标

1956 年 10 月，洪泽湖航标站成立。1958 年 2 月，航标站改由洪泽县交通科公航股管理。1958 年下半年，洪泽湖航标站在高良涧、马浪岗、老子山等处设置 4 只大中型界标，并在该航线上安装 6 只发光浮标，在各港口架设灯桩 9 个。1959 年，陆标增加到 11 只，水标增加到 28 只，新棒标 31 只，横流浮标 2 只，其中电力发光 26 只，煤油发光 6 只。1979 年，洪泽湖共有 1 080 型浮鼓航标 26 座。1985 年，洪泽湖航标站在大墩头设立太阳能固定标一座、水标 46 座，其中双船型标 38 座、1 080 型浮鼓标 3 座、横流标 2 座。这些航标的相继设立，使船只在湖里航行时，有明显的标志可以参照，确保安全行驶。21 世纪初，随着经济社会的发展，洪泽湖共建设航线 5 条、航标 72 座，航标更换一体化遥控遥测 LED 航标灯，航标管理迈入数字化时代。

三、救生船

清中期起，洪泽湖区航运一度兴旺，盐商、粮商船只往返不断。为了保护船只航行安全和渔民利益，官府于光绪九年（1883 年）建造了三艘大船，每艘载重 50 吨左右，安装二条桅杆，配备七八个水手。一艘驻盱眙，一艘驻老子山，一艘驻蒋坝，负责洪泽湖水上抢险救护工作。民国时期，高良涧设立一个水巡营，船上常驻一个水巡队，备有信号旗和土炮、铁板等防御器械。1949 年前后，洪泽湖设有几艘工作、救生两用船，维护湖上渔民渔船的安全。

1960 年，洪泽县交通局在洪泽湖重新设木质救生船一只。其长 19 米，80 匹马力，名洪泽"七号轮"。1963 年"七号轮"报废，新建一条 21 米长的木质救生轮，135 匹马力。1968 年，建造一艘铁壳救生轮（即"革命号"，后改为渔政一号），该船长 21.4 米，宽 6.4 米，设备齐全，有发电机、救火水龙，及办公、生活用舱位；铁壳厚 9 毫米，可以破冰，240 匹马力，抗风能力 8 级～11 级，为救护和渔政管理多用船。1969 年，又新建铁质轮船一艘，名"安监 2 号"，其长 19 米，135 匹马力。1977 年增添"苏安二号"铁质救生船一艘，其长 23 米，配有 120 匹马力的动力机二台。1985 年，又增添"苏安 4 号""苏安 5 号"两条安全监督轮，各长 21 米、150 匹马力。1984 年 2 月，洪泽县洪泽湖管理委员会在太仓县浏河造船厂订造一条长 19 米、宽 5.3 米、高 1.4 米的渔政 4 号工作船，该船 120 匹加型为 150 匹马力，抗风力为 7 级。这些救生船经常巡逻在洪泽湖上，尤其是遇到大风和冰封时期，更加密切注视湖上的动向，有力地保护了船民、渔民的航行安全。1987 年，洪泽湖马浪岗海事所成立，水上搜救任务由海事部门承担。进入 21 世纪，海事部门建造了多艘搜救船艇，用于湖区救援工作。其中苏海巡 0866 号为洪泽湖最大的搜救艇，船体总长 30.6 米、宽 6.6 米、型深 2.05 米、吃水 1.3 米，总造价 400 余万元，是一艘抗风能力达 10 级、续航能力达 60 小时的现代化综合搜救艇。

四、渔港

洪泽湖渔港起于清朝中叶，最为著名的是高良涧港、蒋坝港、老子山港等古老港口。

高良涧港位于洪泽湖东北岸，清代修建洪泽湖大堤石工墙时建造，为洪泽湖最大的避风港。清末以后，年久失修，塘口门两旁条石坍塌，塘底淤高，枯水季节，水退塘涸。1949 年以后，交通、水利部门在船塘东侧先后修建客货码头 6 座。由于装卸作业时影响宁淮路交通，不久堵闭 4 座，仅留客运码头和船闸码头。1952 年，苏北灌溉总渠竣工。1953 年，位于灌溉总渠渠首的高良涧船闸修建而成，成了连接洪泽湖与灌溉总渠的通道。高良涧港周长约 1 000 米，水深 3～6 米，有 20 多个泊位、码头，可容船 1 000 多只。1954 年春，盱眙县为沿淮、滨湖渔民单独设立一个淮河港。1956 年 11 月，江苏省水产局拨款 16 万元，修理蒋坝、老子山、半城三个渔港，新建尚嘴渔港。1962 年 6 月 10 日，江苏省人民委员会批准洪泽县在多次发生沉船伤亡事故的周桥段建设避风港。洪泽湖大堤为高良涧港的东岸，西临洪泽湖，北接苏北灌溉总渠渠首，是洪泽湖入海、通江以及运河、沂、沭水系的门户，东出浔河可达白马湖、宝应湖。整个港口为高良涧镇所环抱，港、镇一体，为苏、皖水上交通要冲，除了湖上渔船停泊外，每天还有来自苏北、皖北的商船、渔船在这里过闸进出洪泽湖，是洪泽湖上泊船最多的一个港口。2012 年前后，洪泽区因水上交通运输需要，在原高良涧港西北侧、高良涧闸外，又新建海事港口，用于停泊过往运输船舶避风、过闸。2020 年 10 月，洪泽湖禁捕退捕以后，港内渔船全部清退拆解，该港只停靠海事、渔政、航运等单位执法船和旅游船只。

蒋坝港（蒋坝新港）又叫蒋坝老船塘，位于洪泽湖东南岸，三河、淮河交汇处，为水陆交通要冲。老船塘地处蒋坝镇中心区，是清代康熙四十六年开挖的蒋家闸河，道光年间筑坝堵闭而成。1957 年疏浚整修，呈椭圆形，周长约 800 米，水深 3～5 米。蒋坝新港，又叫新船塘，在蒋坝老船坞南百余米，1970 年建蒋坝船闸时挖成。呈椭圆形，周长 1 500 米左右，水深 2.5～3.5 米，可泊船 400 余艘，为洪泽湖与淮河入江水道的进出港口。2018 年左右，蒋坝渔港进行了更新改造，实施了港池开挖、航道疏浚、围堰、防浪堤、码头等建设工程。

老子山港建于清代后期，坐落在老子山南，三面环山、一面临水，是洪泽湖南部（淮）河湖交汇处的天然良港。1957 年修建一次，呈椭圆形，周长 900 多米，水深 3 米多，有码头 4 座，多为大滩洼渔区渔民泊船避风处。2004 年，在旧渔港东侧又新建了一处新渔港，总投资 577 万元，可停泊渔船 500 艘，每年可实现水产品交易量 1.2 万吨。

龙集（尚嘴）港位于洪泽湖西北部的成河（尚嘴）半岛东端，地处成子湖渔区和湖西渔区之间，港中有小岛，是洪泽湖上面积最大的渔港，1957 年由江苏省水产局投资兴建。在 1983 年世界粮食计划署援建洪泽湖工程中，成河渔港修建是重点工程之一，1985 年修建工程结束。全港周长近 2 000 米，水深 3 米多，可泊渔船 1 000 多只。周围是块石护坡，港口到湖面有河流沟通，是一个优良的避风港。它地处渔区中间，是湖西北区渔船的集散港口，又是水产品收购和调运的中心。2018 年，龙集（尚嘴）港进行了更新改造，新建了港区码头、护岸、过水桥梁、港池航道锚地、陆域道路等。

半城港设在半城镇区东侧，港处安河支渠的末端，长约 700 米，水深 3 米左右，可泊船数百艘，供客、商、货船来往停泊。码头上商业繁荣，有客货车通往县城及附近乡镇。2005 年前，有客轮往返于临淮头、成河及洪泽县城等港口，后因陆路交通发达停运。

穆墩岛港是 1983 年世界粮食计划署援建洪泽湖工程项目之一，面积 2 公顷多，块石砌坡，水深 3～4 米，呈圆形。穆墩岛位于江苏省泗洪县半城镇境内，面积 1.96 平方千米。岛上生活着 150 多户人家，以水产养殖为主，拥有养蟹塘口 1.2 万亩，曾获"中国最美渔村"称号。

临淮港位于洪泽湖西南岸，临淮十里长街南端，汴水入湖口的一侧，避风条件良好。该港也是在 1983 年世界粮食计划署援建洪泽湖项目中建成，块石砌坡，面积 2.6 公顷多，水深 3～4 米。港区临淮古镇是湖上鱼贸市场之一，街面繁荣。2017 年，临淮渔港重新规划，规划建设面积 480 余亩，位于老汴河的两侧，可容纳各类渔船约 1 100 艘。该港共分南北两大片区，北区为旅游服务功能区，占地面积约为 180 亩，分为游艇（快艇）码头区、休闲体验区、餐饮娱乐服务区等三部分；南区为渔业生产生活服务区，占地面积约为 300 亩，其功能为捕捞、连家船停泊生活区和渔业生产交易区。该港也是洪泽湖渔政支队三大队和泗洪县渔政大队执法船码头所在地。

盱眙港位于盱眙"第一山"之下，淮水之滨，是清代修建的洪泽湖水利工程，湖面扩大后，也是淮河和洪泽湖交汇处的避风港之一。该港呈椭圆形，周长 800 米左右，水深 3

米左右，多泊商业运输船只，也有少量渔船进出，可泊船数百只。

泗阳卢集渔港 2014 年建成，位于泗阳县卢集镇成子湖畔的卢集新庄嘴和桂嘴之间的内湾处，占地面积约 110 亩，港池占地面积约 80 亩，码头面积约 5 亩，配套交易区、道路等面积约 25 亩，可停泊 200 艘以上渔船。

1994 年 8 月 26 日，洪泽湖避风港通过验收。该避风港位于洪泽湖心，有效停泊面积达 1.5 万平方米，可容纳 100 吨级船舶 100 艘船进港避风，有效补充了湖区渔港的不足。

除上述港口以外，还有湖上渔船经常停泊避风的港汊河湾，有的是犬牙交错的嘴头子，如成子湖的高渡、曹嘴、周嘴、顾勒等，有的利用入湖河口作为避风港，如半城的安河口、濉河口、徐洪河口、临淮的汴河口、二河口、溧河口、罗嘴、新河头等；有的是浅水草地，如洪泽的西顺河，老子山的淮仁滩、顺河滩、新淮滩、剪草沟等。

07

第七篇　增殖放流与保护区建设

第一章

增殖放流

第一节　历史沿革

20 世纪 50 年代以前，洪泽湖是连通淮河的天然调蓄湖泊。随着蚌埠闸、三河闸、二河闸、高良涧进水闸等一系列水利工程的建成，洪泽湖已变成人工调节的蓄洪、灌溉、航运、综合利用的大型水库。水位抬高，淹没了 85% 的水生植物，使一个原来水草丛生的湖泊变为水草稀疏的开敞水域，缩小了鱼、禽类栖息繁殖的场所。

三河闸建成之前，湖区水草生长茂盛，覆盖率达 90%。鲤、鲫产量约占洪泽湖捕捞产量的 40% 左右。1953 年 7 月，三河闸建成后很长一段时期，鲤、鲫产量维持在 15%～20%，四大家鱼是仅次于鲤、鲫的主要捕捞对象。三河闸建成初期，三河闸附近有可能形成了一个适宜四大家鱼的产卵场，还有一些产量，但产量很少，后来水情发生变化，四大家鱼产量只能依靠放流数量维持。海—淡水洄游的鳗、螃蟹，1954 年以后数量迅速减少，螃蟹在湖区很快绝迹。与此相反，三河闸建成以后，鲚、银鱼和白虾等敞水性种类和数量明显增多。除了种类的数量出现明显变化外，个体则趋于小型化、低龄化。这一方面是由于整个渔获物中鲚、银鱼和白虾等小型渔获物数量明显增多，使渔获物相应地小型化；另一方面是一些大型经济鱼类在渔获物中趋于小型化、低龄化，如 1965 年，青鱼、草鱼、鲤、鲫、鳊、鲢、鳙等 8 种大型鱼类占总捕捞产量的 51%，1979 年仅占 26.9%；1973 年，这 8 种鱼的渔获物平均年龄是 2.16 龄，1980 年下降为 1.81 龄。1960 年 3 冬龄鲤鱼在渔获物中占 45.2%，1982 年则以当年鱼为主，占 49%；鲫在 1960 年的渔获物中是 3 冬龄和 4 冬龄鱼占 70%，1982 年则以当年鱼为主，占 93.7%。

水位被人工控制，有利于农田灌溉和泄洪，打破了洪泽湖历史上春夏水多的常规，变为每年 8 月至翌年 4 月为丰水期，5—7 月为少水期，而此时正是定居鱼类的产卵季节。水位下降使传统的产卵场逐渐干涸，产于水草上的鱼卵大多被干死。滩涂型的产卵场，因退水后与大湖面隔绝，所产鱼卵也很少能够幸存。同时，闸坝等水利工程的建成还阻碍了湖海洄游产卵（如鳗鲡、中华绒螯蟹）、河湖洄游产卵（青鱼、草鱼、鲢、鳙等）鱼类的洄游通道，使这些半洄游、洄游性鱼类资源量急剧下降。蚌埠闸建成后，四大家鱼在淮河的产卵场遭到阻截。后来，虽然在闸下又形成了新的产卵场，但又受到了蚌埠闸放水时和上游来水量等因素的影响，加之缺乏必要的保护措施，致使性成熟的青鱼、草鱼、鲢、鳙的亲鱼在产卵前就被大量捕捞。淮河进入洪泽湖的鱼苗数量大大减少，直接影响了洪泽湖大型经济鱼类的产量。

围湖造田对生态环境的破坏也很大。20 世纪 50 年代末至 70 年代初，在"粮食进攻草退却"和"渔民不吃商品粮"的口号指引下，沿湖农民、渔民向湖滩要地，向湖水夺粮，刮起了围湖造田的风。沿湖被围长达 170 多千米，占湖岸线总长的 49%，被围面积达 49 多万亩，约占湖面积的 14%。后来又提出了"退耕还鱼"，一些地势低洼的滩涂又用来养鱼。这些被围的滩体大部分是湖湾，多数是定居鱼类最好的产卵场。经济价值较高的芦苇、蒿草、菱角、芡实等水生植物被围后，减少了鱼类后备资源的补充，加上捕捞强度过大、水环境污染，导致 20 世纪 50 年代以后洪泽湖水产品产量大幅度下降，大型经济鱼类明显减少，鳗、鲴产量下降，野禽稀少，大闸蟹濒临绝迹。鱼类种群结构也相应变化，银鱼、毛刀、虾等"三小"经济鱼类产量逐渐上升。

此外，水质污染与捕捞强度过大也是洪泽湖渔业资源不断减少的重要因素。

洪泽湖增殖放流的初衷是为了维持捕捞生产水平，克服闸坝建设对渔业资源带来的不利影响，缓解不断增加的捕捞强度。1967 年，为恢复因严重干旱而受损的渔业资源与生态环境，洪泽湖首次实施了增殖放流，放流鲢、草鱼、鲤、鲫等各类苗种 1 820 万尾。自 1967 年起，平均每年安排放流经费 40 万元，放流鱼、蟹的数量逐年增多。1967—1985 年，共放流草鱼、鲢、鳙、鲤（包括杂交鲤）、团头鲂等夏花 34 140.9 万尾，平均每年放流 1 796.6 万尾；1973—1985 年，共放流草鱼、鲢、鳙、鲤、团头鲂和白鲫等鱼种 5 838.3 万尾，平均每年放流 449.1 万尾；1969—1985 年间，共放流蟹苗 29 307.5 千克，平均每年放流 1 724 千克；1975—1985 年，放流鳗苗 2 268.7 千克，平均每年放流 206.2 千克。

1985 年后，洪泽湖由淮阴市的洪泽湖综合开发管理局管辖。该局仍继续向湖区放流鱼、蟹。1986—1989 年，共放流草鱼夏花 1 245 万尾，草鱼、鲢、鳙、鲤和团头鲂鱼种 693 万尾，放流蟹苗 75.5 千克和幼蟹 2 383.3 千克。

2000 年洪泽湖渔业划归省直管以来，省洪泽湖渔管办以"净水、多鱼、富民"为目标，深入研究放流品种、放流时间、放流水域之间的耦合机制，不断加大增殖放流投入。2001—2023 年，洪泽湖累计投入放流苗种资金 8 701 万元，放流鲢、鳙、鳜、翘嘴鲌、鳊、中华绒螯蟹、青鱼、草鱼、细鳞鲴、长吻鮠、赤眼鳟、河川沙塘鳢、花鲭、黄颡鱼、日本鳗鲡、中华鳖、大银鱼等水产苗种 33.3 亿尾（只）。同时，由于土著鱼类人工繁殖和苗种培育技术的突破，放流品种逐渐增加，花鲭、赤眼鳟、鳜、长吻鮠、沙塘鳢、黄颡鱼、翘嘴鲌、细鳞鲴和银鱼等土著鱼类加入，使当时放流种类近 20 种，初步形成了以"四大家鱼"（青鱼、草鱼、鲢、鳙）和河蟹为主导，翘嘴鲌、细鳞鲴、花鲭等小品种增殖放流为补充，质量与规模稳步提高的科学放流结构模式（表 7-1-1）。

表 7-1-1 2001—2022 年洪泽湖人工增殖放流汇总表

青鱼、草鱼、鲢、鳙、银鱼、中华绒螯蟹、花鲭、赤眼鳟、鳜、长吻鮠、沙塘鳢、黄颡鱼、翘嘴鲌、细鳞鲴、鳊等放流总量	青鱼、草鱼、鲢、鳙、银鱼、中华绒螯蟹、花鲭、赤眼鳟、鳜、长吻鮠、沙塘鳢、黄颡鱼、翘嘴鲌、细鳞鲴、鳊等放流数量	投入财政资金数量
（万千克）	（万尾、只、粒）	（万元）
2001	1.20	875.00	30
2002	1.90	1 470.00	60

（续）

	青鱼、草鱼、鲢、鳙、银鱼、中华绒螯蟹、花鲭、赤眼鳟、鳜、长吻鮠、沙塘鳢、黄颡鱼、翘嘴鲌、细鳞鲴、鳊等放流总量	青鱼、草鱼、鲢、鳙、银鱼、中华绒螯蟹、花鲭、赤眼鳟、鳜、长吻鮠、沙塘鳢、黄颡鱼、翘嘴鲌、细鳞鲴、鳊等放流数量	投入财政资金数量
	（万千克）	（万尾、只、粒）	（万元）
2003	3.50	1 350.00	60
2004	7.50	1 711.00	80
2005	2.50	1 535.50	82
2006	1.80	1 304.06	80
2007	2.00	1 266.42	111
2008	3.35	2 101.30	150
2009	5.35	4 334.74	201
2010	6.99	10 140.19	372
2011	10.73	8 184.90	372
2012	8.11	16 756.00	513
2013	11.75	27 588.00	552
2014	12.58	13 242.00	557
2015	19.36	28 023.00	550
2016	32.90	26 718.00	560
2017	19.90	34 046.00	605
2018	20.00	25 657.00	599
2019	19.00	27 858.00	640
2020	16.00	30 341.00	583
2021	22.00	38 295.00	668
2022	15.70	12 474.00	643
2023	14.40	17 614.00	634
合计	258.51	332 885.10	8 701

第二节　法律法规与政策规定

　　水生生物增殖放流工作是一项科学性、政策性较强的工作。省洪泽湖渔管办严格执行《中华人民共和国渔业法》《中华人民共和国野生动物保护法》《中华人民共和国刑法》《中华人民共和国长江保护法》《农业农村部水生生物增殖放流管理规定》《江苏省水生生物增殖放流工作规范》等一系列水生生物增殖放流法律法规和规范，确保规范操作。

　　同时，结合洪泽湖渔业管理实际，省洪泽湖渔管办于2005年在全国率先制定了《洪泽湖水生生物增殖放流技术规范》《洪泽湖水生生物增殖放流工作规范》，对增殖放流全操作流程作出了明确规定。此后，根据增殖放流工作拓展的需要，又分别出台了《洪泽湖水生生物增殖放流苗种采购流程》《洪泽湖水生生物增殖放流分物种验收规范》等系列文件，对增殖放流苗种采购等关键环节提出了具体要求。2007年，省洪泽湖渔管办修定了《洪泽湖水生生物资源增殖放流工作规范》和《洪泽湖水生生物资源增殖放流技术规范》，依法科学监督指导洪泽湖增殖放流工作。2019年，为规范洪泽湖社会捐赠放流放生活动，科学养护水生生物资源，维护生物多样性和水域生态安全，省洪泽湖渔管办制定了《洪泽湖社会捐资（苗）增殖放流管理规定（试行）》，将社会化放流纳入管理范畴，建立社会放流放生备案制度，形成社会放生放流工作管理流程，坚决杜绝随意放流现象。

目前，洪泽湖增殖放流工作形成了招标定点供应、苗种检验检疫、标准化操作、行风监督制约、增殖效果评价、放流水域巡查等六大长效机制，做到未公示不放、验收人员不到位不放、规格不达标不放、行风监督员不到位不放、苗种未检验检疫或检验检疫不合格不放，真正将增殖放流纳入了法治化轨道，保障了工作的规范化开展。

第三节　增殖放流基地建设

为提升洪泽湖增殖放流效果，进一步提高财政资金的有效利用率，省洪泽湖渔管办创新工作举措，打造了以天然水面放流为主体、以暂养试验区为支撑的增殖放流体系，即：大规格苗种直接放流至大水体，鲢、鳙夏花等小规格放流到暂养区内，待野化驯养至寒冬低温时，再放归天然水域。2015—2017年，洪泽湖卢集、高良涧、穆墩岛水域共建设了3处、总面积2 500亩的放流苗种野化驯化培育基地，以提升放流苗种对放流水域的适应能力，增大放流苗种的规格，提高放流苗种成活率，达到以水养鱼、以渔净水，实现生态保护和渔业发展和谐共赢。

2022年，为引导社会公众定点规范放流（放生）水生生物，省洪泽湖渔管办分别在宿迁市泗洪县和淮安市洪泽县，建设了2处洪泽湖水生生物增殖放流平台。放流定点平台抓住增殖放流"放什么""在哪放""怎么放"三个关键点，通过设立宣传栏、提供相关配套措施、普及科学放流知识、监督社会放流（放生）行为等方式，进一步规范社会放流（放生）活动，提高社会各界对科学增殖放流的认知度和参与度。

第四节　实施成效

历史上，河蟹的增殖放流效果最为显著，据钟方立（1987）测算，1971—1982年间螃蟹放流的回捕率为0.30%～4.44%不等，平均回捕率为2.02%。产量最高的1982年曾达到2 550多吨，后因蟹苗奇缺，放流极少，致使河蟹产量急剧下降，1984年仅产305吨。2001—2020年，洪泽湖累计增殖放流鲢、鳙、中华绒螯蟹等各类苗种2 064吨、26.4亿尾（只），在增殖渔业资源、净化水质、维护湖泊生物多样性方面发挥了积极作用。计算1979—1981年的放流成本与捕捞收入，大致是每投资1元能得到8.35元的收益。

洪泽湖水质得到改善。鲢、鳙等鱼类在滤食湖藻类物质的同时吸收固定氮、磷等营养元素，被捕捞后实现了营养盐脱离洪泽湖水体，有效促进了洪泽湖水质净化和生态优化。据科学评估，2010—2020 年，因鲢、鳙的增殖放流及回捕，洪泽湖共计净输出氮 1 104.4 吨、磷 233.2 吨，年均净输出氮 100.4 吨、磷 21.2 吨。

洪泽湖鱼类群落结构得到优化。连续多年增殖放流滤食性、碎屑食性、肉食性等不同食性鱼类，调优了洪泽湖鱼类群落结构，大中型经济鱼类的比重得到增强，鱼类群落功能的多样性显著提高，渔业在湖泊生态系统中的调节作用充分彰显。

渔业经济效益得到提高。开展增殖放流，可以充分利用洪泽湖丰富的天然饵料资源，在丰富洪泽湖生物多样性、降低湖区富营养水平的同时，提高渔业经济效益。为贯彻落实《中国水生生物资源养护行动纲要》，2009 年农业部进一步加大在四大海区、重要江河湖泊的增殖放流投入。2010—2014 年，省洪泽湖渔管办连续 5 年代表内陆典型湖泊，参加了农业部立项开展的全国增殖放流效果评估项目。结果表明，增殖放流在恢复洪泽湖土著渔业资源、控制藻类净化水质、致富渔民、维持湖泊健康生态系统和生物多样性方面起到了重要的作用。2010—2020 年，洪泽湖放流鲢、鳙年均投入 203 万元，年均捕捞产值为 3 267 万元，投入产出比均值为 1∶16。

社会参与资源养护的理念得到普及。洪泽湖增殖放流遵循"社会投入，回报社会"的宗旨，积极探索在市场经济条件下政府投入、企业赞助、个人捐助、各类组织捐赠等多元化投入机制。2010—2021 年，受宿城区人民法院等司法部门委托，省洪泽湖渔管办收取非法捕捞水产品案的生态修复资金 41.28 万元，接受企业、个人、社会团体等捐资捐苗近 1 000 万元，为洪泽湖增殖放流工作营造了社会各界热情参与、广大渔民积极响应、新闻媒体普遍关注的良好氛围。

第五节　洪泽湖放鱼节

为落实《中共中央 国务院关于加快推进生态文明建设的意见》和国务院《中国水生生物资源养护行动纲要》，省洪泽湖渔管办不断加大水生生物资源养护力度，将增殖放流作为养护水生生物资源、改善水域生态环境、增加渔业效益和渔民收入的一项重要举措，洪泽湖增殖放流社会影响日益增强，成为沿湖地区群众性生态文明建设重要活动之一。2010 年，"洪泽湖水生生物增殖放流现场会暨渔业资源与环境保护宣传周启动仪式"举办，时任江苏省海洋与渔业局副局长丁承轩和淮安市政府、宿迁市政府有关领导参加了活动。这次活动为放鱼节的设立营造了良好氛围。2011 年，根据江苏省洪泽湖渔管会九届一次主任委员会议纪要精神，经淮、宿两市人民政府同意，并报省海洋与渔业局批准，设定 3 月 18 日为"洪泽湖水生生物资源增殖放流节"（简称"放鱼节"）。

"3.18 中国洪泽湖放鱼节公益活动"坚持"政府主导、部门主办、群众参与"的工作机制，已成为洪泽湖区域独具特色的渔业文化品牌。"放鱼节"的举办，对养护渔业资源、净化水体环境、提升生态文明和弘扬渔业文化都具有重要推动作用，得到了各级领导的高度评价和社会各界的广泛赞誉。2011 年举办了首届"3.18 中国洪泽湖放鱼节"，各级领导和社会各界近 500 人参加了启动仪式，活动现场共同签订了"洪泽湖渔业资源与环境保护倡议书"。同年的 7 月 12 日，农业部于康震总畜牧师在省政府杨根平副秘书长、淮安市委刘永忠书记、省海洋与渔业局唐庆宁局长等领导的陪同下，莅临洪泽湖参加农业部主办、省洪泽湖渔管办承办的"一江五湖水生生物资源增殖修复江苏放流现场会"，并参加现场放流。2012 年，为积极策应"第二届中国·洪泽湖放鱼节"，普及洪泽湖渔业资源与环境保护知识，营造全社会关心、爱护洪泽湖水生生物资源养护与水环境保护工作的良好氛围，省洪泽湖渔管办与《淮阴日报》合作，联合举办"洪泽湖渔业资源与环境保护知识竞赛"，共收到答卷 1 万余份，并于"第二届中国·洪泽湖放鱼节"启动仪式上现场抽取了获奖者名单。2017 年，"3.18 中国·洪泽湖放鱼节"获得农业部"国家级示范性渔业文化节庆"称号。洪泽湖每年以"3.18 中国·洪泽湖放鱼节""6.6 全国放鱼日""社会捐赠放流仪式""司法修复生态放流专场"等形式，举办各类活动 15～20 场次，集中向洪泽湖放流鲢、鳙、花鲴、翘嘴鲌、细鳞鲴等各类苗种 2.5 亿尾（只），特别是净水鱼鲢、鳙放流量大，达 30 万斤、3 500 万尾，能够从水体滤食蓝藻 3 万吨，形成渔业碳汇 1 100 吨，从而有效降低湖泊富营养化程度，预防蓝藻生长和繁殖。自 2011 年设立"放鱼节"以来，"3.18 中国·洪泽湖放鱼节"已连续举办多届，每年举办放鱼节专场活动，吸引了国家、省、市、县（区）各级政府、部门以及社会各界更为深入和细致地关注、了解、宣传洪泽湖，形成了"市长带头示范，市民踊跃参与"的资源养护新局面。经过多年的努力，"中国·洪泽湖放鱼节"形式多样、内容丰富、淮安、宿迁两市主办、沿湖县（区）积极承办、社会各界热情参与、广大渔民积极响应；新闻媒体普遍关注，已成为深入人心、有影响力的公益性节日之一。

第六节　科学回捕

为深入贯彻习近平总书记关于长江"十年禁渔"的重要指示批示精神，认真落实党中央、国务院决策部署和农业农村部等国家有关部委要求，江苏省政府 2020 年印发了《关于全面推进我省长江流域禁捕退捕工作实施方案的通知》（苏政发〔2020〕58 号），将长江干流江苏段、三河一湖（滁河、水阳江、秦淮河和石臼湖）、34 个水生生物保护区以及保护区所涉湖泊的其他水域纳入退捕范围。洪泽湖全部纳入禁捕退捕范围，2020 年 10 月10 日起洪泽湖省管水域实行全面退捕禁捕。

2021 年 10 月，胡春华副总理在全国畜牧渔业工作会议上的讲话明确指出，要开展禁捕效果监测评估，合理利用和保护大水面资源，促进水域生态、生产、生活协调发展。2021 年 12 月，农业农村部发布《长江水生生物保护管理规定》，明确提出：在长江流域发展大水面生态渔业应当科学规划，按照"一水一策"原则合理选择大水面生态渔业发展方式。2021 年底，江苏省政府研究室对禁捕退捕进行了深入调研，提出政策建议。省政府主要领导高度重视，要求全力做到"禁得住、禁彻底""管得严、管得好""稳得住、能致富"，同时提出加快探索"人放天养"大水面生态渔业发展之路。2021 年，江苏省农业农村厅向农业农村部请示，在江苏省管五大湖泊开展湖泊保护区外水域生态回捕试点工作。2022 年，农业农村部批复同意在江苏北部淮河流域的 3 个湖泊开展大水面生态渔业试点工作。2022年，江苏省政府工作报告提出了"探索开展严格禁捕、增殖渔业、科学回捕试点工作"。

2021年12月，省洪泽湖渔管办组织编写了《洪泽湖水生生物保护区常年禁捕、生物资源有效增殖科学回捕保护生态试点工作方案》一个总方案，以及《洪泽湖渔业资源增殖保护利用实施方案》《洪泽湖生态渔业捕捞管理总体方案》《洪泽湖水产品追溯体系建设方案》《洪泽湖大水面增殖渔业捕捞管理方案》《洪泽湖大水面增殖渔业渔获物定点集中上岸管理方案》等5个子方案。

2022年7月15日，根据"北三湖"大水面生态渔业试点工作总体安排，洪泽湖大水面生态渔业试点工作联合专班组织相关人员和船艇，在保护区外水域开展了生态渔业资源监测试捕工作。监测试捕由省洪泽湖渔管办牵头，中国科学院水生生物研究所、农业农村部长江流域水生生物资源监测江苏站（江苏省淡水水产研究所）、沿湖县（区）农业农村部门、江苏洪泽湖水产品捕捞有限公司、泗洪县两山生态发展集团有限公司和部分退捕渔民参加。

2022年12月，江苏省农业农村厅印发了《关于开展洪泽湖、高宝邵伯湖、骆马湖生态渔业试点工作的指导意见》，明确到2024年底，洪泽湖生态稳步改善，禁渔成效持续巩固，实现渔业增效、渔民增收，形成湖区环境优美、水产品优质、渔业产业融合、生态生产生活相得益彰的洪泽湖大水面生态渔业发展格局。

2023年2月16—17日，省洪泽湖渔管办主任张胜宇应邀参加农业农村部渔业渔政局和长江办联合组织的大水面增殖渔业调研组，调研湖北省五个湖泊大水面渔业增殖利用情况并形成调研报告。

2023年5月6日，国务院参事于康震带领农业农村部办公厅、农业农村部渔业渔政局、农业农村部长江办等有关部门负责同志赴洪泽湖，就生态渔业建设工作展开考察调研。淮安市赵正兰副书记、邱华康副市长、省农业农村厅孙祥副厅长及省洪泽湖渔管办、淮安市农业农村局、宿迁市农业农村局、洪泽区有关政府和部门负责人陪同调研，组织召开了"长江十年禁渔和渔业高质量发展座谈会"。

2023年底，农业农村部渔业渔政局和农业农村部长江办分别就发展大水面增殖渔业和生态调控等征求意见。

后因政策出现变化，科学回捕工作被搁置。

种质资源保护区建设与管理

第一节　种质资源保护区建设

　　洪泽湖是重要的淡水渔业基地。一直以来，洪泽湖渔业主管部门以保护洪泽湖土著鱼类及其产卵场、索饵场和洄游通道等主要生长繁育区域为重点，加强了对洪泽湖渔业种质资源的保护。洪泽湖历史上先后设立过多个禁渔区和繁殖保护区，但多因管理不力而名存实亡。保护区是水产种质资源就地保护的一种有效形式，也是当前洪泽湖水产种质资源保护的主要方式。就地保护除了保存种质资源实体外，也保留了其原生境和栖息地及伴生物种，并持续发挥生态系统的服务功能，理论上是野生生物种质资源保护的最佳策略。2007—2017年，洪泽湖共获批建设6个国家级水产种质资源保护区，主要保护对象共7个品种，分别是银鱼、黄颡鱼、鳜、秀丽白虾、日本沼虾、克氏原螯虾、河蚬。保护区的划定和管理保护了洪泽湖鱼类资源，特别是具有重要经济价值和遗传育种价值的鱼类，对渔业资源的保护和促进渔业可持续发展起到了显著的作用。

一、保护区申报

　　农业部于2007年开始水产种质资源保护区划定工作，同年公布了第一批国家级水产种质资源保护区名录，洪泽湖青虾河蚬国家级水产种质资源保护区位列其中。至2017年洪泽湖黄颡鱼国家级水产种质资源保护区获批，洪泽湖共获批建设6个水产种质资源保护区，分别为：洪泽湖青虾河蚬国家级水产种质资源保护区（2007年）、洪泽湖银鱼国家级水产种质资源保护区（2012年）、洪泽湖秀丽白虾国家级水产种质资源保护区（2014年）、洪泽湖虾类国家级水产种质资源保护区（2015年）、洪泽湖鳜国家级水产种质资源保护区（2016年）、洪泽湖黄颡鱼国家级水产种质资源保护区（2017年），总面积128平方千米，主要保护对象共7种，分别是银鱼、黄颡鱼、鳜、秀丽白虾、日本沼虾、克氏原螯虾、河蚬，分属鱼类3种、甲壳动物3种、软体动物1种，全部收录于《国家重点保护经济水生动植物资源名录（第一批）》（表7-2-1）。

表 7-2-1　洪泽湖国家级水产种质资源保护区明细表

序号	保护区名称	县（市、区）	保护区面积（公顷）	主要保护物种
1	青虾河蚬国家级水产种质资源保护区	泗阳县	3 000	青虾
		盱眙县	1 000	河蚬
2	银鱼国家级水产种质资源保护区	洪泽区	1 700	银鱼
3	秀丽白虾国家级水产种质资源保护区	泗洪县	1 440	秀丽白虾
4	虾类国家级水产种质资源保护区	盱眙县	950	克氏原螯虾
5	鳜鱼国家级水产种质资源保护区	泗洪县	2 638	鳜鱼
6	黄颡鱼国家级水产种质资源保护区	泗阳县	2 130	黄颡鱼

1. 青虾国家级保护区：坐标范围在东经 118°31′30.3″～118°36′00.6″，北纬 33°31′00.4″～33°33′04.4″。

2. 河蚬国家级保护区：坐标范围在东经 118°22′09.0″～118°25′58.0″，北纬 33°10′10.0″～33°11′23.0″。

3. 鳜鱼国家级保护区：坐标范围在东经 118°32′40″～118°38′17″，北纬 33°22′13″～33°25′25″。

4. 黄颡鱼国家级保护区：坐标范围在东经 118°33′5″～118°37′19″，北纬 33°29′3″～33°30′58″。

5. 虾类国家级保护区：坐标范围在东经 118°26′48″～118°29′42″，北纬 33°9′23″～33°11′25″。

6. 秀丽白虾国家级保护区：坐标范围在东经 118°35′56″～118°38′10″，北纬 33°17′35″～33°20′20″。

7. 银鱼国家级保护区：坐标范围在东经 118°46′55″～118°50′39″，北纬 33°17′10″～33°19′25″。

二、保护区建设

加大资金投入，强化基础设施建设。2017 年，省洪泽湖渔管办建设完成保护区管护码头平台 660 平方米，执法船艇停泊区域 3 200 平方米，管护基地共 3 个泊位；先后完成了 6 个保护区勘界立碑（标）工作，在保护区边界设置固定灯桩 52 座，并安装"洪泽湖国家级水产种质资源保护区"等有关标识。灯桩区间设置 HBF1.2 型钢制渔用航标若干，形成了鲜明的警示边界。同时，建设了洪泽湖渔业资源与环境保护实验室，配备了仪器设备，打造了保护区宣传园地，设置了保护区人型标志牌，建成了保护区远程全覆盖实时监控管理中枢系统，并于 2022 年建造了全省首艘 12.8 米 650 马力保护区巡护监测艇，洪泽湖保护区保护和治理功能不断完善，为全省乃至全国水产种质资源保护区建设与管理工作提供了样板示范。

第二节　种质资源保护区管理

一、成立专职机构

2017年，省洪泽湖渔管办增设内置部门"洪泽湖国家级水产种质资源保护区管护中心"，建设了集日常办公、研究实验、知识宣传、生态修复、休闲观光等功能于一体的管护基地，并在全湖五个渔政大队加挂了"洪泽湖渔业环境与资源研究站"，专职开展保护区建设、制定保护区管理措施、资源与环境调查监测、科学研究、资源养护与生态修复、宣传教育和监督检查等工作，探索保护区渔业资源科学利用的方法和途径。

二、制度建设

省洪泽湖渔管办于2017年出台了《洪泽湖国家级水产种质资源保护区建设与管理意见》《洪泽湖国家级水产种质资源保护区专项考核办法》和《洪泽湖国家级水产种质资源保护区管理规定》等一系列根本性、稳定性和长期性的制度，率先在国内制定了《洪泽湖水产种质资源保护区建设与管理标准》地方标准。同时，该办联合多部门出台《关于规范洪泽湖涉湖涉渔工程建设的意见》，构建了保护区管理的准则和依据，为渔业资源有效恢复和可持续发展营造良好的自然环境、制度环境和法治环境。

2023年12月23日，省洪泽湖渔管办牵头起草的江苏省地方标准《水产种质资源保护区建设与管理标准》，通过了江苏省市场监督管理局组织的专家审查并于2024年6月16日发布实施。该标准填补了国内空白，规定了保护区建设的具体事项和基本要求、保护区管理的工作内容和规定规范，有利于更好地促进水产种质资源保护区建设与管理，对于保护水生生物资源及其恢复机制具有重要的现实意义。

三、捕捞退出管理

为强化保护区的建设与管理，省洪泽湖渔管办于2013年启动了青虾保护区核心区渔簖清退工作。按照"尊重历史、生态补偿"的原则，该办对核心区内涉及26塘渔簖（20户渔民）生产的渔民进行了合理安置。主要安置措施包括：一是每塘渔簖一次性补偿2万元；二是同意其在合适水域从事网围养殖，养殖面积不超过50亩。按照以上安置方案，于2013年5月7日与26户渔民签订了合同，并将补偿款于10月份一次性全额发放给渔民。2014年，这部分渔民根据安置协议，按照面积不超过50亩/户向省洪泽湖渔管办申请从事网围养殖。网围养殖按照非规划范围内纳入洪泽湖渔业养殖管理类型，按时缴纳渔业资源赔偿费规费。

四、界标设置

在保护区范围设置明显标识，目的是强化保护区管理，禁止渔事活动。2010年3月，省洪泽湖渔管办面向全国询购水产种质资源保护区界标，并提出"成本低廉、价格适中、标志醒目、材质轻便、安装简洁、经起风浪、不易破坏、避免偷盗"的设置要求，最终借鉴海事管理部门和江苏省高宝湖渔管办的方案，确定了首批浮筒式钢制界标。经过近 3 年实践，这批界标无法抵御洪泽湖的风高浪急和冰凌冲击，大部分界标移位，小部分界标或漏水沉入湖底或被冲得七零八落不知所终。经过多方征求意见，后更改为大型固定界桩，设置显著标识和太阳能照明，既保证了界桩的自身安全稳固，又避免了夜间人为冲撞引起安全事故，经过多年实践取得成功。目前，洪泽湖国家级水产种质资源保护区共设置各类界桩 52 处，为保护区规范化管理发挥了重要作用。

五、巡护管理

省洪泽湖渔管办认真贯彻落实《农业农村部财政部人力资源社会保障部关于印发〈长江流域重点水域禁捕和补偿制度实施方案〉的通知》《农业农村部关于长江流域重点水域禁捕范围和时间的通告》《省政府印发关于全面推进我省长江流域禁捕退捕工作实施方案的通知》（苏政发〔2020〕58 号），从 2019 年开始，多措并举加强洪泽湖保护区全面禁止生产性捕捞管理。

推行"网格化"监管，完善"预防"机制。划定规模适宜的网格单元，明确网格界点，落实网格人员，健全网格制度，结合地方河湖长制管理体系，建立风险排查、舆情应对、信访化解等预防机制，实现源头防控。

推行"常态化"监管，完善"人防"机制。实施巡航执法管理，采取"人轮休、船不停、船为轴、艇辐射"的方式，盯紧看牢重点水域，严防死守重点时段，实行全天候、无死角巡查，严厉查处各类渔业违法行为。

推行"立体化"监管，完善"群防"机制。深入开展禁捕宣传和水生生物保护等活动，激发群众护渔热情。设立 24 小时举报电话，鼓励和动员社会公众举报违法行为。发挥护渔志愿者的作用，实现群策群力。

推行"链条化"监管，完善"联防"机制。坚持"水陆并重"，以渔政、公安、市场监管"三联"为执法主体，以清湖、清船、清网、清售"四清"为目标，以查湖区、查岸线、查捕捞、查运输、查经营"五查"为手段，建立健全联合执法机制，坚决斩断非法捕捞、运输、销售的"黑色"产业链。

推行"信息化"监管，完善"技防"机制。大力推进雷达、视频监控、"电子围栏"等信息化建设，积极推进湖泊"一个指挥中心＋多个分调度中心＋全覆盖雷达监测站"整体布局，通过技术手段发挥"千里眼""顺风耳""报警器"作用。

推行"法治化"监管，完善"策防"机制。深化两法衔接机制，开展生态环境保护联合宣传和司法联动，畅通高效联动渠道，充分发挥两法衔接对违法捕捞犯罪行为的震慑作用，通过多措并举，确保保护区禁得住、禁得牢。

08

第八篇　加工渔业

第一章

概　况

　　水产品加工是指对捕捞和养殖的水产品进行保鲜、贮藏式加工成冷冻品、腌制品、干制品等食品、非食品的过程。洪泽湖旧时水产加工，多在手工作坊中进行，以干制品和咸制品为大宗。狭义的水产品加工，始于20世纪50年代，水产品加工设备简陋，操作原始，水产品储藏保存以腌制、晒干为主。1958年，随着地方国营洪泽县三鲜酱油厂的创办，洪泽湖虾米深加工有所创新，虾米酱油面市。同年，洪泽县水产公司发明了虾米加工机，并荣获国家发明奖。1959年8月，国家水产部批准在洪泽县城兴建洪泽湖渔业基地。同时在湖区临淮头、半城、庄口等处建成9座土冰库，冬天储藏自然冰，夏天使用，总储存量250吨以上，成为洪泽湖第一批冰库，对改善当时的加工保鲜条件、提高水产品质量，起到了积极作用。同时，洪泽县投资建设3 000吨水产冷库，该冷库是当时国内淡水鱼区中最大的冷库，保鲜率占产品总量的8%左右，大量水产品仍靠腌制、干制加工。

　　20世纪60—70年代，水产品加工业小有发展，洪泽县水产公司成立冷藏制冰厂，开始制作冷冻品、熟制品和小包装加工品。

　　1980年后，渔业逐步放开，大量民间资金进入渔业生产、加工，水产品冷冻业迅速发展，湖区冰库容量持续增加，传统加工逐步被冷冻取代，以冷冻、冷藏促进食品加工和综合利用，"一把刀、一把盐"的传统加工方式基本结束。1985年洪泽湖区冰库容量达3 120吨，加工产品有虾仁、鱼片、盐水虾、冻青虾等。1988年又开发了虾仁圆、鱼圆、鱼饼和生龙虾仁等产品加工。

　　20世纪90年代，随着改革开放的不断深入，国资与民资开始合营冷库。如上海水产品批发大市场、广东三力冷冻加工厂，与洪泽县水产局共同出资，建立一座1 200吨冷库，成为以加工出口水产品为主的新型龙头企业。洪泽湖加工水产品种不断丰富，加工的田螺肉、黄颡鱼（昂刺鱼）、熟龙虾仁等品种也成为出口产品。1997年，洪泽湖水产品冷冻厂、丹鲜水产食品厂、振兴水产冷冻厂等企业组建水产品集团公司，建1 200吨冷库一座，成为以加工出口水产品为主的新型龙头企业。当年，洪泽湖冷冻加工量约占水产品总量的50%，其中加工龙虾系列产品达394.8吨，出口熟龙虾仁377.5吨。

　　2000年后，国有水产公司业务逐步下滑，2005年结束水产供销业务。2007年后，洪泽县停止国有企业水产冷冻加工业务。同时私营企业、个体户冷库如雨后春笋般遍地发芽。2010年前后，洪泽湖周边建成大小冷库近55座，总容量约10 000吨。洪泽县、泗洪县、盱眙县等地大闸蟹、河蚬、龙虾加工企业先后成立。全湖有水产品加工企业8个，共有加工车间12 021平方米，水产品加工总量1.15万吨。苏州泰进食品有限公司一直采购洪泽湖河蚬作为原料，加工调味蚬肉、即食蚬汤等产品，并出口日韩等国，对洪泽湖河蚬产品加工起到了很强的带动示范作用。2015年，泗洪县龙集镇东咀村建成2 000吨冷库一座，总面积500平方米。

2017年开始，液氮速冻技术在洪泽湖水产品冷冻领域大规模使用，盱眙泗州城、楠景水产率先运用液氮速冻技术，年加工冷冻水产品达5 000吨。速冻龙虾零下18℃速冻保鲜，香醇味美，即食小龙虾市场异常火热。冷冻螃蟹、蟹黄酱受到日本、韩国、澳大利亚等国人民的喜爱，宴王水产、楠景水产实现大闸蟹加工产品年出口近700吨。2019年，苏州泰进食品有限公司在泗洪建厂，成立宿迁泰进食品有限公司。该公司有食品加工生产线2条，冷库300吨，加工蚬肉、蚬精、调味蚬肉、即食汤包等产品。2021年11月，洪泽湖冷藏中心在洪泽县洪泽湖水产批发大市场正式开建，存储量超万吨，为洪泽湖大闸蟹等水产品、洪泽湖大米等农产品提供仓储保障。

近年来，随着预制菜的兴起，沿湖企业在销售速食龙虾、螃蟹、莲藕、银鱼、虾等水产品的基础上，通过预加工与冷冻技术结合，开发鲜香鳜鱼、速冻花鲢头、麻辣螺蛳、酸菜鱼片、酸汤鱼圆、即食虾尾等新式预制菜品，抢占水产品市场。2022年，泗洪县龙集镇新建水产品精深加工生产线5条，配套冷库建设10 000平方米。盱眙县现代农业产业园有各类农副产品冷库112座，总库容2.1万吨；冷链物流运输车辆85台，农产品冷链流通率达71.27％。到2022年底，洪泽湖加工水产品7 050万吨，产值3.1亿元，冷冻加工量约占水产品总量的65％。2023年1月4日，"盱眙国家现代农业示范园"通过验收，总面积达30万亩。盱眙县成立了盱眙龙虾加工产业研究院、盱眙龙虾种苗繁育基地、张洪程院士（虾稻共生）创新基地、国家粳稻中心江苏分中心4个科研合作平台，为"虾稻共生"和盱眙龙虾全产业链科技创新提供了强大智力保障。淮安食品科技产业园规划面积8.48平方千米（12 720亩），东至三河镇街区、西临洪泽湖大堤、南邻蒋坝镇、北至420省道，已入驻中日韩产业园、恒万食品、紫山集团食用菌生态深加工基地、麦多多生冷面制品、虾润龙虾、泰进食品等龙头企业，先后荣获"国家级农业产业化示范基地""省级科技园区""市级特色经济园区"等荣誉称号。

加工方式

水产品加工业的发展对于洪泽湖渔业的发展起着桥梁纽带作用，是提升渔业产业高度的重要力量。传统加工方式有腌制、干制、糟制等。

第一节　传统加工方式

一、腌制品

腌制品有咸白条、咸草鱼、咸青鱼、咸鲢鱼、咸黄尖、咸鲌鱼等。

咸青鱼：先把盐炒一下，加入花椒和一点八角提香，炒好之后放凉备用。鱼不需洗，剖开后，拿干净的抹布擦干血渍、黑皮。待盐凉了，就可以抹盐了，先抹鱼鳞这面，再翻个面抹，然后依次排在大盆里，喜欢吃肉紧一些的，可以在鱼上压点东西腌，一般腌3天后将上下对调，下面的放上面再腌2天就可以挂起来晾干。草鱼、鲢鱼、黄尖等均用此法加工。

二、干制品

干制品有杂鱼干、泥鳅干、毛刀干、银鱼干、虾米等。

虾米：干虾仁，又名海米、金钩、开洋，是用鹰爪虾、脊尾白虾、羊毛虾和周氏新对虾等加工的熟干品。洪泽湖虾米采用洪泽湖鲜活白条虾和河虾（青虾），经过煮熟后烘干，去除头、外壳而成。虾米之称始见于唐代颜师古注《急就篇》的注文。宋代临安市食有"姜虾米"，见于《武林旧事》。明代，《本草纲目》记载："凡虾之大者蒸曝去壳，谓之虾米，食之姜醋，馔品所珍。"清末民初，民间将其收作"海八珍"之一。2000年洪泽湖虾米销售量204吨，2017年白条虾产量840吨、青虾产量550吨；2019年虾类产量1 433吨，2020年虾类产量1 185吨，2021年虾类产量218吨。

毛刀干：洪泽湖区称其为毛刀鱼、毛花鱼、刀鱼、萨子。毛刀鱼捕捞上岸后，晾晒于洁净水泥地面或绷直的网衣上晒干。1949年，毛刀在洪泽湖渔产量中只占到1.08%，1965年达到7%，1979年达25%。20世纪80年代，年产量在750吨到2 800多吨，占比在20%～30%，但到了2010　2011年时，占到了52.33%。

三、糟制品

糟鱼的创制，始于清康熙三十四年（公元1695年），至今已有300多年历史。有醉蟹、鲤鱼、青鱼、草鱼、鳜鱼等制品。

醉蟹：将选择好的大闸蟹洗擦干净，把每只的蟹脐劈开一点，放入少量精盐。备小瓦坛一只，放入花椒盐及姜末，将蟹逐只放入，然后加绍兴黄酒，再加酱油及白糖，以浸过蟹面为准。坛口封密时，加以摇动，使每只蟹浸着酒汁，约醉三四天启封即可。

腌制糟鱼：取一只能够密封的瓶子（用陶罐效果更好），一层鱼一层酒酿撒些食盐，如此反复，至瓶子装满为止。最后将剩余的酒酿连同汤汁全部倒在上面，按瓷实，在上面多撒些食盐，然后倒些高度白酒，将盖子盖上，摆在避光阴凉处腌制 4 个月时间。

四、冷冻保鲜

民国初期，渔区渔民始用竹、木、稻草造土冰库，贮存天然冰用于冰鲜鱼货。1959年，洪泽县水产公司 9 座土冰库，贮天然冰能力不一，从 100 吨到 500 吨不等。1963 年前后，洪泽县建成 3 000 吨水产冷库，县水产公司成立冷藏制冰厂，后购置冷藏船。1985年，洪泽湖区冰库容量达 3 120 吨。1989 年老子山镇马怀明、马怀宝兄弟创办兄弟冷冻水产品加工厂，从业人员 100 余人。

2006 年，洪泽湖食品有限公司共收购各种水产品 6 723.6 吨，加工成品 2 636.5 吨，其中熟龙虾 1 132 吨、整肢龙虾 741 吨，加工产品均出口美国。2010 年，洪泽县建成洪泽湖冷藏中心，占地 30 亩，存储量超万吨。此后采取补偿贸易、群众集资、引进省外资金、国家扶持、集体筹资等多种办法建库，渔区水产冷库迅速发展。2022 年，泗洪县界集镇新建冷库占地约 400 平方米、库容 1 000 吨；临淮镇二河村新建冷库 400 吨；龙集镇配套冷库 10 000 平方米。到 2023 年初，洪泽湖周边共有水产冷库 310 座、总库容 5.85 万吨。

五、鲜活加工

20 世纪 80 年代，为适应国际市场需要，洪泽湖周边开始活大闸蟹、活龙虾、活青虾、活河蚬等鲜活水产品加工。

活大闸蟹：1974 年开始加工出口，出口量达 375.3 吨。2010 年出口 370 吨，2013 年出口 440 吨，出口额达到 1 100 万美元，2015 年出口 116 批次、307.9 吨、1 060 万美元，2021 年达 878.5 吨，2022 年达 1 114.8 吨。出口前，将活大闸蟹放入暂养池或池塘网箱暂养。出运前，将其捆扎后，用保温隔层包裹随冰袋一起装箱，用飞机或冷藏船直运国际市场，大闸蟹能保活 7～8 天。

活河蚬：从 1994 年起逐渐向日本和韩国出口，至 2012 年，出口量达到 3 000 吨。2020 年 10 月禁捕退捕后，出口中断。

第二节　现代加工方式

一、罐藏

新鲜大闸蟹、河蚬、螺蛳、鱼类等经预处理、蒸煮、装罐、杀菌、冷却、包装等工序后加工成了水产品罐头。2018 年，宿迁泰进食品有限公司建厂后开始生产香辣蟹、调味蚬肉。宿迁楠景水产食品有限公司、宿迁宴王水产有限公司等企业生产的醉蟹、蟹黄酱，均采用此种加工方式。

二、鱼糜加工

原料鱼经采肉、擂溃或斩拌后，成为黏稠而富有弹性的生鱼糜。生鱼糜经过水煮、油炸、焙烤等热加工处理后，制得鱼糜制品。洪泽湖周边以蒋坝鱼圆产品最为知名。淮安渔姑娘食品科技开发有限公司生产的手工鱼圆等洪泽湖特色渔产品，通过线上销售、线下配送、签约代理等模式，向全国各地推广，目前已实现年销售额 1 000 万元左右。

三、冻干品

冻干是真空冷冻干燥的简称，是一种先将湿物料冻结成固态，然后在真空下使其中的水分不经液态直接升华成气态，最终使物料脱水的干燥技术。冻干食品能最大限度地保持原有新鲜食品的色、香、味、营养物质及外观形态。宿迁泰进食品有限公司生产的冻干蚬肉主要销往日本、韩国。

四、液氮速冻

利用液氮的低温特性，将食品迅速冷冻，达到保鲜、延长保质期、改善口感等效果。2019 年，江苏三新食品有限公司生产鲜冻鳜鱼、鲜香鳜鱼、臭鳜鱼等，年产量 10 吨。宿迁楠景水产食品有限公司、缤纷泗洪电子商务股份有限公司、江苏满家乐食品有限公司均有液氮速冻生产线，用于小龙虾加工。

五、综合加工

虾籽酱油：1958 年国有洪泽县三鲜酱油厂（该厂于 20 世纪 60 年代划归洪泽县商业局管理）生产虾籽酱油。

河蚬产品：活蚬、冷冻蚬、高温真空包装蚬子、冷冻蚬子汁、调味蚬肉等产品，远销日本、韩国、美国、东南亚等国家和地区，年出口量 5 000 余吨。

虾蟹产品：宿迁宴王水产食品有限公司生产的"宴王"牌蟹黄酱、速食龙虾等 6 个系列 58 个品种，产品销往韩国、日本、新加坡等地，年销售收入突破 5 000 万元。蟹黄酱，挑选优质螃蟹，提取蟹黄、蟹肉，使用上等色拉油，按比例倒入蟹黄蟹肉，不停地搅拌，待水分挥发后，加入独特配方，才能最终制作成功。成品蟹黄酱散发出阵阵诱人的香气。

第三章

产量与效益

　　1982 年，洪泽县水产公司在直属仓库的基础上，组建了水产品加工厂，主要生产虾仁、鱼片、盐水虾、冻青虾等。1989 年，洪泽湖区加工 1 572 吨水产品，其中：鱼类冷冻小包装 231 吨、罐制品 141 吨、鱼片 46 吨；虾仁 451 吨、虾米 13 吨、贝类 478 吨。1992 年，湖区加工水产品 990.7 吨。1993 年加工水产品 3 934 吨，其中：冷冻水产品 3 195 吨、干制品 201 吨、罐制品 5 吨。1994 年，加工水产品 1 525 吨，其中：冷冻水产品 1 155 吨、干制品 300 吨。1995 年，加工水产品 1 013 吨，其中：冷冻水产品 952 吨，干制品 27 吨、罐制品 4 吨。1998 年，加工水产品 3 138 吨，其中：冷冻水产品 2 179 吨、干制品 859 吨。干制品中包括咸干鱼 601 吨、虾干 165 吨、虾米 93 吨。2000 年加工水产品 4 068 吨，其中冷冻水产品 2 876 吨、干制品 1 125 吨，包括咸干鱼 790 吨、虾干 204 吨、虾米 131 吨。

　　2014 年 1 月，江苏省农业委员会批准成立盱眙县省级农产品加工集中区。该集中区是全省 50 家省级农产品加工集中区之一，占地面积为 1 500 亩。

　　2019 年，泗洪县水产品总产量 10.5 万吨，其中：河蟹养殖面积 17.2 万亩、产量 2.4 万吨；水产品出口量 1 854.4 吨、出口额 357.1 万美元；水产品加工量 1 064.4 吨、加工产值 1 531.6 万元。盱眙县有龙虾加工企业 8 家，年产整肢加工与成品速冻龙虾、虾仁等 7 000 吨以上，产值约 2 亿元；龙虾调料加工企业 8 家，年产调料 1 500 吨以上，产值 6 000 多万元。同年 5 月，盱眙首家龙虾全自动微波清洗深加工企业——盱眙舌尖猎人食品有限公司竣工投产。该公司采用国内最先进的全自动微波清洗、油炸流水线生产设备和液态氮食品速冻生产技术，年生产加工鲜活龙虾 1 000 吨。

　　2021 年，泗洪县水产品总产量 8.5 万吨，其中河蟹养殖面积 16 万亩、产量 2.49 万吨、总产值 22.5 亿元；水产品加工量 2 580 吨，产值 1.47 亿元；水产品出口量 1 107 吨、创汇 1 060 万美元。

　　2022 年，泗洪县水产品总产量 8.5 万吨，其中河蟹养殖面积 14 万亩、产量 2.48 万吨、总产值 22.3 亿元；水产品加工量 3 798.3 吨，产值 1.78 亿元；水产品出口量 1 114.8 吨、创汇 1 624.7 万美元。

　　截至 2022 年底，洪泽湖周边有规模以上加工企业 15 个，洪泽湖水产品年加工 7 050 万吨，产值 3.1 亿元，冷冻加工量约占水产品总量的 65%。2020 年以前，洪泽湖周边水产品加工业以泗洪县最为发达。

第四章

重点涉湖涉渔加工企业

　　泗洪金水集团　成立于 1998 年，集淡水水产品养殖、加工、销售、出口贸易为一体，主要产品有"金水牌"大闸蟹、甲鱼、小龙虾、黄颡鱼等，兼营洪泽湖地方特色水产品，有下属企业 15 个，水产养殖面积 29 平方千米，资产总值 1.67 亿元，职工 120 人，2000 年被列为江苏省 30 家重点农业产业化经营龙头企业之一，2011 年 12 月成为国家重点龙头企业。

　　宿迁市永生食品有限公司　始建于 2008 年 3 月，占地面积 22.8 亩，现固定资产近 1 200 万元，建有速冻能力为 8 吨/日、冷藏能力为 800 吨的冷库一座和 1 280 平方米的加工车间及配套设施，从事鲜活冷冻水产品生产加工，主要产品为冻煮蚬肉、冻蚬汁、冷冻银鱼。2010 年 9 月，公司决定按《出口食品生产企业卫生注册登记管理规定》要求申请对外备案登记，并于同年 12 月获得对外备案登记。

　　宿迁宴王水产食品有限公司　成立于 2011 年，总投资 5 000 万元，公司面积 10 000 平方米，总库容量 250 吨，拥有 1 000 平方米高标准全封闭食品加工车间，实施 ISO 9000 质量管理体系，是一家集水产品养殖、收购、保鲜加工、冷冻贮藏、精深加工、配送和研发于一体的企业。生产的"宴王"牌产品有 6 个系列 58 个品种，产品销往韩国、日本、新加坡等地，年销售收入突破 5 000 万元。

　　宿迁楠景水产食品有限公司　位于泗洪县工业园区，成立于 2002 年 11 月，为省级水产龙头企业，公司下属冷冻加工厂占地面积 35 亩，固定资产 836 万元，速冻能力 24 吨/次，冷藏能力 300 吨/次，年加工水产品量 1 350 吨，其中出口量 1 000 吨。饲料厂年产量 1 万吨，养殖场 5 600 亩，已通过河蟹出口检验检疫登记注册；育苗场主要从事特种水产种苗繁殖。该公司主要生产"佳健"牌和"清水"牌大闸蟹、南美白对虾、田螺、银鱼、龙虾、青虾、元宝虾、毛刀鱼等水产品，田螺、螺蛳、河蚬等贝类加工产品，以及熟龙虾仁、蟹制品以及芡实、莲藕梗等纯天然水生蔬菜。产品主要出口韩国、日本、美国等十几个国家和地区，国内与每日优鲜、天猫超市、大润发等平台合作，年产值 8 700 万元。

　　淮安渔姑娘食品科技开发有限公司　坐落在风景秀丽的国家 4A 级洪泽湖古堰景区东岸，是一家专门从事洪泽湖特产深加工的企业。企业立足洪泽湖丰富的水产资源和"鱼米之乡"的优势，开发出"洪泽湖渔姑娘"牌小螺蛳、小龙虾、香辣蟹、手工鱼圆系列等洪泽湖特色美食，并且打造出岔河大米、湖八鲜、洪泽湖草鸡蛋礼盒伴手礼等系列产品，通过线上网络销售、线下配送、团购等售销模式，实现了洪泽湖特色产品向全国各地输出。

　　江苏三新食品有限公司　2019 年 1 月 23 日成立，是江苏世昌农牧股份旗下的一家专业化食品企业。其"小富桂"品牌系列新品，采用新鲜鳜鱼、鲈鱼等原料，经过精选、清洗、宰杀、活细胞快速鲜冻等工序，由无菌车间深加工而成。

宿迁泰进食品有限公司　苏州泰进食品有限公司的子公司，成立于2018年，主要从事河蚬的养殖、捕捞、生产及银鱼等各种水产品的加工。"泰进"牌是该公司的商标品牌，产品有活蚬、冷冻蚬、冻公鱼、烤公鱼、无杂质银鱼、生食银鱼、高温真空包装蚬子、冷冻蚬子汁、加工来料鱼等，主要出口日本、韩国、美国等国家。公司已取得 HACCP、ISO 22000、ISO 9001、ASC 等国际认证体系，年出口量为5 000余吨。

江苏泗州城农业开发有限公司　2009年8月，在盱眙县注册成立，旗下拥有泗州城、淮白、戚天官等品牌，是一家龙虾养殖、活虾销售、餐饮连锁、专业熟制速冻龙虾深加工与龙虾调味料研发的全产业链运营农业龙头企业。"红胖胖"为其主打品牌，产品有真空包装龙虾、盱眙十三香龙虾料、速冻十三香龙虾、泡椒凤爪、蜜汁糯米藕等。2018年，作为盱眙县最大的龙虾加工企业，龙虾调料销售额3 800万元、速冻龙虾销售额4 000多万元，出口龙虾约35万美元。

江苏满家乐食品有限公司　2019年底，盱眙工厂正式投产，是江苏省工业电子商务发展示范企业。推出了包含十三香、酒醉、蒜蓉、麻辣、油焖、酸菜、泡椒7种口味"满家乐"牌龙虾，公司专注于互联网＋农产品加工，利用当地优质动植物食材，糅合其他地方特色食材，生产高端菜品"佛跳墙"，有效提升了洪泽湖周边农产品的附加值。

第九篇　品牌与经营

第一章

品牌建设

第一节　品牌发展历程

一、渔业品牌发展萌芽期（清朝末期—1949年）

　　广义上的洪泽湖渔产品品牌源自南来北往的文人墨客口口相传或诗文留存，历史上有关淮白鱼、淮蟹等美味珍馐的传说、佳话由来已久，也正是这些名闻遐迩的渔产品成就了洪泽湖"日出斗金"的千古美誉。早在清朝末期，洪泽湖青虾已在"南洋劝业会""巴拿马赛会"上陈列展出，这应该是洪泽湖品牌意识由被动走向主动的最初萌芽。洋务运动的兴起和来自西方的现代工业以及蓬勃发展的贸易，促成了洪泽湖特色水产品走出"深闺"步入世界。旧时鱼行、鱼市的兴起，更在客观上有力推动了洪泽湖水产品的流通交易，促进了洪泽湖渔业生产的不断发展。但由于过去生产力低下，鱼鲜市场需求依然相对狭窄，以致洪泽湖虽然有活水湖这样独特的自然地理优势，也孕育了生态优质、自然味美的渔业上品，但绝大多数还是用于解决人们的温饱所需，形象和口碑远未能上升到品牌阶段。

二、渔业品牌发展初创期（20世纪50—80年代末）

　　中华人民共和国成立后，渔业的社会主义改造完成，生产力大幅提升，供销合作社和国有水产公司办理鱼鲜收购业务，促进了洪泽湖水产品市场发展。20世纪50年代起，洪泽湖卤鱼、干鱼、虾米等产品陆续进入国际市场。20世纪80年代，大部分渔民上岸定居，水产品上市量显著增加。1985年，国家放宽政策，取消统一收购，实行多种经营形式、多条流通渠道，搞活水产品的销售市场，消费受众群体才得以更加广泛地接触到洪泽湖优质水产品，对洪泽湖水产品有了更加全面的认识。这种认识将印入他们的意识深处，洪泽湖水产品也因此吸引了第一批忠实粉丝，品牌形象和口碑开始建立。

三、渔业品牌发展增长期（20世纪90年代—2010年）

　　水产品销量逐年攀升。1996—2000年，洪泽湖水产品销售总量达59万吨，产品销往全国各大城市，出口至中国香港和日本、美国及东南亚等国家和地区，特别是大闸蟹的出口量不断增大。

　　品牌主体规模壮大。水产养殖、捕捞、冷冻加工、销售、贸易等企业、合作社纷纷设立，涌现了洪泽县水产公司、洪泽县水产品加工厂、泗洪金水集团、宿迁楠景水产食品有限公司、盱眙泗州城农业开发有限公司、泗洪绿康洪泽湖大闸蟹有限公司等水产品企业代表。

交易市场逐步规范。洪泽水产品市场、临淮大闸蟹市场、老子山水产市场、泗洪水产大市场等经过新建、修建渐成规模。2007年9月25日，中国洪泽湖水产批发大市场正式投入运营，江苏、安徽及本地300多家水产经销商入驻市场，开业当天水产品的成交量突破2.5万吨。

行业组织越发健全。2004年，盱眙县成立江苏省盱眙龙虾协会；2005年，洪泽县成立淮安市洪泽区洪泽湖大闸蟹协会；2008年，省洪泽湖渔管办推动成立了淮安洪泽湖河蚬协会。品牌建设专业队伍的成立，大大促进了品牌建设进程。

品牌保护得到加强。20年间，国家知识产权局批准带有"洪泽湖"字样的商标147件。江苏省盱眙龙虾协会注册"盱眙龙虾"商标，沿湖企业也纷纷注册企业商标品牌。母子品牌框架逐渐形成。

四、渔业品牌发展成熟期（2011年至今）

品牌价值不断提升。"洪泽湖大闸蟹"已经在国内外都有较好口碑和较高知名度，在全国"区域品牌（地理标志产品）百强榜"排名第37，区域品牌价值由2013年的15.73亿元上升到2023年的180.26亿元；洪泽湖河蚬品牌价值达到3.47亿元；"盱眙龙虾"品牌价值2020年203.92亿元，2023年已达353.12亿元，连续8年蝉联全国地理标志产品区域品牌水产类第1名。

品牌运作逐步成熟。2015年起，洪泽湖大闸蟹、洪泽湖河蚬、洪泽湖青虾先后获得（原）农业部农产品地理标志认证，由江苏省洪泽湖渔业协会作为持证人。2017年3月，在洪泽湖渔业产业工作会议上，江苏省洪泽湖渔业协会公布21家农产品地理标志产品授权企业名单。2022年1月，该协会对授权单位重新评估筛选，授权17家企业使用"洪泽湖大闸蟹"地理标志，7家企业使用"洪泽湖河蚬"地理标志，4家企业使用"洪泽湖青虾"地理标志。

第二节　品牌建设成果

洪泽湖沿湖地方政府、渔业相关部门持之以恒抓渔业标准化生产，持续实施水产品品质提升行动，着力推介渔业品牌，取得了良好成效。2014年4月18日，省洪泽湖渔管办、淮安市农委、宿迁市农委牵头组织成立"中国·洪泽湖渔业产业联盟"。2014年9月26日，由洪泽县人民政府和省洪泽湖渔管办、淮安市农委、市出入境检验检疫局等单位共同发起的"中国·洪泽湖大闸蟹产业联盟"在洪泽县正式成立。2016年7月，省洪泽湖渔管办、江苏省洪泽湖渔业协会发布"洪泽湖大闸蟹"产业发展规划，为洪泽湖大闸蟹产业发展提出思路、措施及保障。

一、规范生产获得认证

2006年3月，高良涧、西顺河两个基地被认定为洪泽湖有机大闸蟹生产基地；2010年，洪泽湖大闸蟹获得国家质检总局地理标志产品保护认证；2012年，泗洪县被评为"全省现代渔业建设先进县"；2013年"洪泽湖大闸蟹"被评为江苏省名牌农产品；2015年9月，泗洪县被国家质量监督检验检疫总局授予"国家级出口食品农产品质量安全示范区"；洪泽湖大闸蟹2016年12月被农业部授予农产品地理标志产品，2017年9月还获得"农业部农产品地理标志示范样板"称号；2019年11月洪泽湖大闸蟹入选"中国农业品牌目录2019农产品区域公用品牌"。

2014年，泗阳县被江苏省渔业协会授予"中国洪泽湖青虾之乡"；2015年，泗洪绿康洪泽湖大闸蟹被中国台湾选定为江苏省大闸蟹输台唯一企业；2017年9月22日，泗洪县荣获"国家级出口大闸蟹质量安全示范区"称号；2019年9月18日，洪泽湖河蚬增养殖示范区成为全球首家ASC认证的淡水贝类养殖场；2021年10月，淮安洪泽湖董大生态大闸蟹有限公司获最佳生态养殖基地奖；2022年9月，中国标准化协会在洪泽区发布了《大闸蟹商品原产地品质服务电商销售标准》；2023年9月，洪泽湖区获批洪泽湖螃蟹省级现代农业产业高质量发展示范（创建）园。

二、产品品质受到赞誉

2012年10月19日，来自全国各地的食品、烹饪、渔业行业专家及水产养殖大户、水产经纪人受邀来到泗洪，对洪泽湖大闸蟹进行品鉴，专家们对活蟹进行目测评价，对清水蒸煮后的熟蟹进行了现场品尝，一致认为洪泽湖大闸蟹活体"个大、色纯、肉满、螯强"，熟蟹"色艳、膏肥、肉香、味甜"。

2003年，洪泽湖大闸蟹在上海河蟹推介会上被评为金奖和品质最佳奖；2004年又被中国渔业协会河蟹分会评为"中国十大名蟹"；2009年11月，在"第三届中国生态河蟹文化节"上再度荣获金奖；2009年，泗洪绿康水产品有限公司选送的洪泽湖大闸蟹，在江苏太仓获得中国水产品流通加工协会主办的首届中国华东杯河蟹节大赛"最佳口味奖"和"品牌最具潜力奖"2项大奖；2018年11月14日，在第十一届河蟹文化节暨2017"王宝和杯"全国河蟹大赛上，泗洪金水集团、江苏苏蟹水产养殖有限公司、泗洪县程老四水产养殖专业合作社选送参赛的大闸蟹喜获"金蟹奖"；2016年12月，盱眙龙虾、洪泽湖大闸蟹入选首届江苏十强农产品区域公用品牌，分别排名第二、第四；2021年10月，在首届"苏韵乡情·乐和杯"江苏金蟹评比活动中，泗洪县绿康洪泽湖大闸蟹股份有限公司、江苏洪鲜大闸蟹贸易有限公司参赛大闸蟹荣获金蟹奖、蟹王奖、优质口感奖等多项殊荣；2022年12月，在首届江苏品牌农产品营销促销大赛暨营销促销创意赛上，"洪泽湖大闸蟹"从30个参赛品牌中脱颖而出，荣膺十强，获得铜奖；2022年3月，洪泽湖螺蛳获得了农业农村部有机产品认证，这是全国第一本有机螺蛳认证证书；2023年"洪泽湖蒋坝螺蛳"获得"农产品地理标志"；2023年9

月，江苏洪泽湖现代农业发展集团试点的 BAP 大闸蟹项目通过认证，洪泽湖大闸蟹成为江苏首例通过 BAP 认证的大闸蟹品牌。

三、节庆文化成效显著

2005 年 8 月 18 日，"中国洪泽湖水上运动会暨中国洪泽湖旅游文化节"开幕，这是洪泽县第一个节庆。当时，大闸蟹活动还只是节庆的一小部分内容。2006 年 10 月，"第二届洪泽湖蟹王蟹后评选暨千人免费品尝大闸蟹活动"在洪泽湖举办。2015 年 5 月，"中国洪泽湖银鱼开捕仪式暨电商洽谈会"在洪泽湖东岸启动，水产品电商开始走进广大群众日常生活。2016 年，首届"京东大闸蟹节"举办，京东泗洪生鲜馆开馆，交易日均 200～300 单。2017 年，"洪泽湖大闸蟹开捕上市仪式""洪泽湖泗洪大闸蟹开捕及网上大闸蟹节"分别在洪泽、泗洪启动。是年，"中国洪泽湖放鱼节"被评为"国家级示范性渔文化节庆"。2018 年 10 月，"品甜蟹千人长桌宴暨洪泽湖渔家风情西顺河全国摄影展"启动。同年 11 月，泗洪县乡土人才助力乡村振兴，"绿康杯"水产领域"捆蟹达人"劳动技能大赛在泗洪县临淮镇举办，临淮镇 70 号选手刘草以 03 分 59 秒 88 捆好 30 只大闸蟹的好成绩刷新了比赛纪录，获得捆蟹比赛的冠军。当月，"洪泽湖国际大闸蟹节"荣获中国节庆产业年会"金手指奖"——"十大影响力节庆"。"中国·盱眙国际龙虾节"2019 年已坚持举办十九届，江苏省农业农村厅给予支持。2019 年 3 月，"洪泽螺蛳节"在洪泽湖蒋坝镇银杏广场隆重举行，已连续举办六届，江苏省农业农村厅、淮安市政府、省洪泽湖渔管办等单位给予支持指导。

四、品牌营销四通八达

2014 年，泗洪县设立"金水"牌泗洪大闸蟹直销经营店 13 个，其中北京 1 个、南京 2 个、东莞 1 个、宿迁 2 个、泗洪 3 个、西安 1 个、天津 1 个、沈阳 1 个、浙江 1 个，新增大闸蟹京东商城、天猫商城、淘宝商城、阿里巴巴等网络直销店 12 个。2016 年 10 月，"洪泽湖大闸蟹出口香港经贸合作对接会"在香港江苏会展中心成功举行。2019 年 4 月 4 日，洪泽湖大闸蟹在央视 CCTV 7《美丽中国乡村行》之《两岸乡味 美丽"蟹"逅》节目被播出。2019 年 8 月，洪泽湖渔业展团亮相第三十届香港国际美食博览会。2021 年 5 月，在第十一届中国国际现代农业博览会上，洪泽湖董大、宿迁泰进、泗洪成子湖、盱眙红胖胖等多家企业带着各自的特色农产品参展。2021 年 6 月，盱眙龙虾北京旗舰店揭牌。

2021 年 12 月，江苏省农业农村厅、江苏省人民政府港澳事务办公室和淮安市人民政府联合举办的"江苏大闸蟹推介会——淮安专场"在澳门举办，专题推介洪泽湖大闸蟹。2022 年 2 月，在全国首个航空助农平台与特色农产品推介活动现场，"洪泽湖大闸蟹"作为优质农产品区域公用品牌被视频推介。

2017 年 11 月，洪泽湖 5 项休闲渔业品牌荣膺"国家级"称号，其中洪泽湖淮安市新滩村、宿迁市穆墩岛村被评为"国家级最美渔村"；中国泗洪洪泽湖湿地国际大圆塘超级休闲垂钓邀请赛被评为"全国有影响力的休闲渔业赛事"。2019年，洪泽湖大闸蟹入选中国农业品牌目录。同时，在2019中国农业品牌百县大会上，"洪泽湖大闸蟹"荣获"中国农业品牌建设学府优秀品牌案例奖"。

2018年后，洪泽湖水产品地理标志品牌建设经验得到农业农村部的高度认可，省洪泽湖渔管办负责同志先后多次应邀在全国农产品地理标志品牌建设培训班上作典型经验交流。2021年，省洪泽湖渔管办申报的"创建洪泽湖水产品区域公共品牌建设新机制项目"获淮安市委市政府公共管理类优秀项目二等奖。2022年6月，由省洪泽湖渔管办与省洪泽湖渔业协会共同编写的《绿色打底、品牌赋能、协同推进产业高质量发展》品牌案例，入选《江苏"三高"农业品牌发展案例选编》。2022年12月，"洪泽湖大闸蟹数字展厅"正式向公众开放。2023年，洪泽湖大闸蟹获得国内大闸蟹首个BMP国际认证，同时苏北首家多功能产地仓在洪泽区建成。江苏洪鲜科技发展有限公司入选2023年中国航天科普公益赞助商，洪泽湖大闸蟹品牌被带入太空。

第三节　水产品推介与展销

省洪泽湖渔管办会同沿湖地方政府，努力发挥"好湖好水出好品"的生态优势，围绕洪泽湖大闸蟹、河蚬、青虾等特色水产品，制定推介方案，深入开展产品推介、品牌宣传，积极参加国内外大型农交会、渔博会、展销会，推动水产品远销日本、美国、俄罗斯等国家。在《人民日报》、《农民日报》、"学习强国"以及央视等多家媒体持续宣传报道"洪泽湖水产品"，不断提升"中国·洪泽湖"的品牌效应，实现了洪泽湖大闸蟹从当初"深藏闺阁"到如今"誉满天下"，洪泽区也被授予"中国蟹都"和"江苏地标美食城市"称号，"洪泽湖大闸蟹节"入选"首届中国农民丰收节"。泗洪县临淮镇被授予"中国大闸蟹之乡"称号。"洪泽湖河蚬"畅销日韩市场，深受消费者好评，被日本奥运会组委会确定为2020年东京奥运会指定产品，获得国际水产养殖管理委员会ASC认证，荣获第十八届中国国际农产品交易会"最具影响力品牌"。

2023年11月，在第二十届中国国际农产品交易会上，农业农村部张兴旺副部长专程来到洪泽湖展厅，高度评价省洪泽湖渔管办和省洪泽湖渔业协会在品牌打造、产业发展上所做的工作；在上海举办的"2023新时代鱼米之乡，江苏农产品（上海）交易会"上，洪泽湖水产品赢得了江苏省政府徐缨副省长的高度赞赏。

历年洪泽湖水产推介获奖情况见表9-1-1。

表9-1-1　历年洪泽湖渔业水产推介获奖情况统计

日期	展会名称	获奖情况	颁奖单位
2014年5月22—24日	第九届中国国际（厦门）渔博会	渔博会优秀组织奖；清水牌大闸蟹被评为金牌产品	中国国际（厦门）渔博会组委会

日期	展会名称	获奖情况	颁奖单位
2017 年 11 月 2 日	第二届中国休闲渔业高峰论坛暨品牌发布活动	3.18 中国洪泽湖放鱼节被评为国家级示范性渔文化节庆；洪泽湖淮安市新滩村、宿迁市穆墩岛村被评为国家级最美渔村；中国泗洪洪泽湖湿地国际大圆塘超级杯休闲垂钓邀请赛被评为全国有影响力的休闲渔业赛事	农业部办公厅
2018 年 6 月 3 日	2018 海峡（福州）渔业周·中国（福州）国际渔业博览会	优秀组织奖	中国（福州）国际渔业博览会组委会
2018 年	第十届湖泊休闲节国际休闲湖泊论坛	国际魅力湖泊	
2018 年		洪泽湖大闸蟹品牌强度888，品牌价值 78.63 亿元；洪泽湖河蚬的品牌强度 764，品牌价值为 1.02 亿元	中国品牌促进会
2018 年 8 月 23 日	第 21 届日本国际水产品与技术展览会	洪泽湖河蚬增养殖示范区成为全球首家 ASC 认证的淡水贝类养殖场	世界自然基金会
2022 年 12 月 19 日	首届江苏农产品营销促销大赛	"洪泽湖大闸蟹"获得铜奖	江苏省农业农村厅
2022 年 6 月		《绿色打底、品牌赋能、协同推进产业高质量发展》品牌案例，入选《江苏"二高"农业品牌发展案例选编》	江苏省农业农村厅
2023 年 9 月	江苏农业品牌精品培育计划	洪泽湖大闸蟹入选江苏精品品牌	江苏省农业农村厅、江苏省知识产权局
2023 年 11 月	2023 第十七届中国品牌节	中国洪泽湖国际大闸蟹节以 384.69 分的品牌指数，蝉联"2023 中国节庆品牌 100 强"，并荣获"中国节事卓越品牌奖"	中国品牌节组委会

第四节　水产品质量监管

一、加强渔业标准化建设

2017 年 7 月，江苏省洪泽湖渔业协会完成江苏省质量技术监督局下达的"洪泽湖河蚬、大闸蟹、青虾养殖团体标准试点"项目，并对外发布《洪泽湖网围养蟹技术规程》《洪泽湖河蚬增养殖技术规程》《洪泽湖青虾网围增养殖技术操作规程》3 项团体标准。

2018 年 10 月 19 日，省洪泽湖渔管办在南京组织省淡水水产研究所、江苏省渔业技术推广中心、南京市水产科学研究所、扬州市水产技术推广站和江苏省质量技术监督局的专家对《洪泽湖大闸蟹质量标准》与《洪泽湖河蚬质量标准》进行评审。当年 11 月，《洪泽湖大闸蟹质量标准》《洪泽湖河蚬质量标准》在洪泽湖渔业网正式对外发布。

2019 年 9 月 26 日，淮安市农业标准规范《地理标志产品　洪泽湖大闸蟹》DB3208/T115—2019 发布。

2020 年 12 月 15 日，由省洪泽湖渔管办、中科院水生生物研究所淮安研究中心、江苏省洪泽湖渔业协会起草的淮安市地方标准《洪泽湖河蚬增养殖技术规程》DB3208/T134—2020 正式发布。

针对盱眙龙虾先后制定并实施了《淡水小龙虾购销规范》行业标准、《地理标志产品盱眙龙虾》省级地方标准、《预制调理盱眙龙虾速冻加工技术规程》企业标准、《盱眙龙虾稻田综合种养技术规程》、《盱眙龙虾香米稻谷》市级地方标准、《盱眙龙虾（活体）》等16 项团体标准。

二、积极推进质量追溯

2015 年 3 月 2 日，洪泽湖水产品质量安全追溯工作会议在老子山召开。江苏省水产品质量安全中心专家参会。7 月 14—15 日，省洪泽湖渔管办和省洪泽湖渔业协会组织相关人员赴太湖及苏州相城区国家现代农业示范园，学习水产品质量安全可追溯系统建设。

2016 年 12 月底，洪泽湖大闸蟹质量安全可追溯体系建设项目完成，总投资 100 万元。省洪泽湖渔管办建立了洪泽湖追溯管理分中心 1 个、水产品质量安全追溯点 7 个、质量安全流通查询终端 7 个、追溯总面积为 11 000 亩、塘口 276 个；开展相关技术培训 380 人次。

2022 年，江苏省洪泽湖渔业协会建成洪泽湖水产可追溯平台，实现洪泽湖大闸蟹、花鲢等生态回捕产品追溯，并统一印制可追溯标签 5 万张、鱼标 10 万枚，为大水面增殖渔业发展做好准备。当年 9 月，订制 4.5 万枚洪泽湖大闸蟹蟹扣，分发给协会会员泗洪绿康、盱眙满宝、泗阳哈鲁、宿迁泰进等公司使用。

2022 年 9 月，省洪泽湖渔管办委托中科院淡水渔业研究中心，对洪泽湖水产品产地环境及投入品进行检测，全面评估洪泽湖水产品质量状况。

2023 年 7—10 月，为加强洪泽湖大闸蟹品牌追溯管理，省洪泽湖渔业协会再次定制

40 万枚大闸蟹蟹扣，分发给洪泽湖农发集团、盱眙龙虾集团、泗阳哈鲁等公司使用。

省洪泽湖渔业协会委托中科院淡水渔业研究中心，对洪泽湖大闸蟹生产基地的生产环境和投入品进行抽查，检测结果报渔政管理部门作为水产品质量联合专项检查的重要依据，并积极配合渔政部门开展地标使用专项检查。

三、不断加强技术培训与指导

沿湖渔业技术推广部门围绕当地渔业特色产业，有针对性开展渔业法律法规、安全生产、技术培训工作，发布渔业疾病防控技术指导意见，特别是每遇洪涝、干旱等极端灾害等情况，就深入渔家基地现场指导。洪泽湖渔政三大队专门成立"蟹博士"服务队对养殖塘口开展巡回指导，为水产品质量安全提供了技术支撑。2017 年 11 月，洪泽湖渔政一大队在西顺河镇"中国渔家风情园"开展渔业养殖规范化技术培训，宣贯《洪泽湖网围养蟹技术规程》团体标准。

2020 年 10 月，洪泽湖水产品地理标志建设得到了农业农村部中国绿色食品发展中心领导的现场指导。

2021 年 9 月，以"规范渔业投入品管理，促进洪泽湖渔业产业发展"为主题的"洪泽湖渔业投入品工作座谈会"召开，首次邀请养殖投入品生产销售企业参会，共同探讨洪泽湖养殖投入品管理方略。

2022 年 6 月，江苏省农村专业技术协会大闸蟹专业委员会部署在泗洪开展大闸蟹产业调研活动，重点调查苗种、病害防控、投入品使用等情况。

2022 年 8 月，由农业农村部主办的全国推进农业"三品一标"培训班在江苏淮安召开，洪泽湖水产品"三品一标"建设经验在会上被宣传推广。省洪泽湖渔管办总结编写的《实施"三品一标"提升行动，助推水产养殖业提质增效》的典型经验做法，被农业农村部发展规划司《发展规划工作动态（第 43 期）》转发推广。

2023 年 9 月 7 日，省洪泽湖渔管办和省洪泽湖渔业协会共同举办的洪泽湖农产品地理标志保护工作研讨会在淮安市洪泽区召开，中国绿色食品发展中心中绿华夏有机产品认证中心和江苏省绿色食品办公室有关专家到会培训指导。

第二章

水产品经营

第一节　水产供销机构沿革

一、鱼行

洪泽湖是淮宿地区最大的水产品生产基地。明清以来，洪泽湖盛产鱼虾，素有"日出斗金"之誉。据《泗虹合志》载"鳞之属，鲤、鲢、鲂、鳊、鲇、银鱼、虾、鳝，其类不下数百，与他处多同，而泗称富庶。秋冬之间，五方商贾聚之以牟利"。但由于生产力水平相对低下，水产品贸易一般是以物易物，常常是几市斤甚至十几市斤鱼虾才换得一市斤粮食或一尺布。大宗水产品交易主要靠鱼行和商贩，鱼行多集中在湖区以及交通便畅的港口和集镇。清末民初，洪泽湖水产品开始外销。洪泽湖水产品丰富，民国初年《清河县志》记载"而尤以鱼利为大，腌晒为腊，北输直鲁，南运苏常，值逾百万"。民国期间，半城、成河、临淮、老子山、蒋坝、高良涧等滨湖地区有大小鱼行三四十家，每年每行经营的水产品少则几万斤，多则十几万斤，每年全湖区经销总量三四百万斤，仅占捕捞量的1/5左右。洪泽湖周边市县主要集镇菜市口等商业网点集中区设有八鲜行。鱼行以代客买卖方式，收取7%～10%佣金，并采用压秤、压价、大秤进、小秤出等方式剥削渔民。

二、国营水产供销机构

中华人民共和国成立初期，为限制行户剥削，皖北人民行署规定洪泽湖区及各地鱼行佣金一律不得高于3%，并逐步减除，帮助鱼行户转为正当鱼商。1950年9月，皖北水产公司洪泽湖分公司成立，12月改称洪淮水产分公司，机构设在临淮头；1952年改称洪淮水产办事处，下设盱眙、蒋坝、湖东（高良涧）、尚嘴等水产营业所。

1954年，江苏省水产公司设立三河闸水产办事处，同年洪淮水产办事处并入。当时，水产实行自由购销政策，1955年收购量为6 774吨。1956年，中国水产供销公司江苏省洪泽湖支公司成立，下设蒋坝、高良涧、临淮、尚嘴、台口、老子山、盱眙、淮安、邳县供销站和清江门市部。对私改造后，鱼行取消，水产品主要由国营水产供销企业和合作社收购。

1977年起，水产科政企分开，公司独立，改名为洪泽县水产供销公司，同时恢复了与高涧、成河、半城、临淮、淮河、老山、蒋坝等基层水产站的隶属关系，基层站归公司核算。这时，洪泽县水产公司的管理机构设有人秘科、供销科、物资科、财务科、后勤科。1985年，该公司共有职工456人，固定资产376.78万元。

沿湖的盱眙、泗洪、泗阳等县，都在沿湖设有水产收购点以及收购船只，各点一般都有5～8个工作人员和季节性保鲜加工工人。盱眙县水产公司职工最多时有20多人，汽车两辆，收购船两条，并设立以经营水产品为主的综合门市部，并在所属乡镇设有4个水产站。

三、个体经营户与经营企业

1985年以后，水产品市场完全放开，沿湖老子山、临淮、半城、成河、高良涧、蒋坝等大小渔港成为新的鱼贸市场，滩头、渔区、河口港湾都成为交易场所。湖区有相当数量的人从事代客收购、贩运和加工。上海、杭州、苏州、无锡、常州、徐州、蚌埠、芜湖等地水产公司、菜场、宾馆饭店、罐头食品加工厂，取得洪泽湖水产部门收购证，直接在湖区收购加工水产品。

湖区以渔民、沿湖农民为主的水产品购销队伍，从小到大，逐步发展，足迹遍布大江南北，长城内外。到2000年左右，洪泽湖区的水产品有绝大部分是由以渔民、沿湖农民为主的购销大户销售出去的。2007年，因水利工程建设需要，县水产供销公司闸西小冷库被拆除。因旧城改造，国家于1959年投资兴建、几经扩建的3000吨冷库（位于大庆北路）被拆除。此后，洪泽县停止国有企业水产冷冻加工业务。至2010年，洪泽湖食品有限公司仍在从事水产品收购出口业务，当年年底，因企业改制，冷库和生产线整体出让。此后，国营水产公司由于缺乏灵活性、效率低等原因缺乏市场竞争力，盈利水平下降，逐渐退出了水产的供销舞台。

2022年，江苏省洪泽湖渔业协会注册成立淮安洪福齐天渔业发展有限公司，开办洪泽湖水鲜线下展销店，专门从事洪泽湖水产品展销活动。2023年1月29日，江苏湖秀仙食品有限公司在洪泽区西顺河成立，专门从事食品生产，水产品收购，鱼糜制品加工等业务，投资2000万元。9月25日，洪泽湖大闸蟹顺丰产地仓落户洪泽区，正式开仓发货，这是顺丰苏北首家、面积最大的大闸蟹产地仓。

第二节　各时期贸易情况

一、封建时代小农经济

洪泽湖的水产品贸易萌芽于明清时期，用捕捞的水产品以物易物，换取生活必需的粮油盐布烟等产品。清前期开始起步，取户（渔户）与客户之间的媒介——鱼行应运而生，促进了洪泽湖水产品贸易流通，取户（渔户）与客户相互依存，同时又是剥削与被剥削关系。沿湖主要乡镇均开有鱼行，抗日战争初期老子山仍有6家，临淮头有7家，半城有6家。洪泽湖的水产品市场逐步扩大，苏北、山东、河南、河北等地的鱼商穿梭于洪泽湖周边鱼市码头。洪泽湖鲜鱼、干货、腌货味道鲜美，产量高，深为各地客商钟爱。鱼行这种渔业市场形式一直延续了 200 多年。

二、新中国计划经济

新中国成立后，计划经济体制对洪泽湖水产品贸易发展发挥了特定促进作用。当时，国家逐步对水产品实行派购、调拨政策，鱼货购销由水产公司经营。1956—1985 年，洪泽湖的渔业总产量为 308 286 吨，水产公司收购总量为 158 971.1 吨，收购量占总产量的 51.6%。销售总量 46 232.55 吨，占总产量的 14.99%。20 世纪 60 年代起，洪泽湖水产品重点保证京、津、沪、穗四大城市，一般是平价或批发价供应。

"文化大革命"期间，洪泽湖水产品由洪泽县水产公司统一收购、统一调拨，由于统得过死，限制了市场流通，水产品贸易受到了影响。

党的十一届三中全会以后至 1985 年，国家对水产品实行派购和议购相结合的政策，对于增加渔民收益，调动社队和渔民生产积极性，促进水产品流通，活跃城市市场，起到了积极作用。1982 年仅大闸蟹收购就达 302 325 担。

1956—1985 年的 30 年间，洪泽湖卤鱼、干货、大闸蟹、虾仁、银鱼等产品出口远销至中国香港和日本、美国、南洋等国家和地区，出口总量为 8 305.05 吨，占总产量的 2.69%。

三、改革开放市场经济

1985 年以后，国家全面放开水产品购销，洪泽湖区鱼市场空前活跃。1996—2000 年期间，洪泽湖水产品销售总量为 590 878 吨，鲜鱼、鲜虾、大闸蟹是主要销售产品。1986—1995 年，水产品出口量为 1 423 吨，产品出口量之所以下降，主要原因是内外贸价格基本平头和有些资源减少等。但从 20 世纪 70 年代到 90 年代，大闸蟹出口量不断增大。经营收购渔船有当地的，还有来自金湖、宝应、嘉山等地食品加工企业的经营船只，上海、杭州、嘉兴、湖州、苏州、无锡、常州等大中城市的宾馆、饭店、菜场也纷纷到洪泽湖调货。洪泽湖虾仁、鱼片、鱼饼、冻银鱼、冻青虾、田螺肉等鲜活、深加工产品发往各大中城市，出口至中国香港以及日本、东南亚等国家和地区。

2014—2022 年，洪泽湖水产品出口总量为 16 445.73 吨，约是 1956 年的 356.4 倍，创汇 9 687.36 万美元，出口产品以大闸蟹、河蚬、小龙虾为主，其中，泗洪县大闸蟹出口量、出口额一枝独秀，连续 17 年位居全省县级第一。其间，由于 2015 年江苏地区出口中国香港的大闸蟹中被检出孔雀石绿违禁药物残留，大闸蟹出口于 2017 年被暂停。此后，有些企业大闸蟹产品通过借助其他省份出口商，对外出口了部分大闸蟹产品。洪泽湖水产品出口至中国香港、中国台湾以及日本、韩国、东南亚等国家和地区，产品不仅有鲜活的大闸蟹、河蚬、小龙虾等，还有冻河虾、冻鱼糜、冻大闸蟹、冻蟹肉、冻熟制大闸蟹、冻熟制龙虾、冻煮田螺肉、冻煮蚬肉等产品。尤其是洪泽湖河蚬，一直是日韩市场的风向标，占据日韩市场份额的 80%。洪泽湖周边水产企业中有出口资质的 8 家，出口打包基地 7 处。

第三节　水产品购销

洪泽湖水产品购销情况变化可分为五个阶段。

第一阶段，鱼行和自由购销同时并存。新中国成立后，渔民政治上抬头，经济上翻身。人民政府在湖区贯彻了党的方针、政策，设立了国营水产企业，为洪泽湖水产品拓开流通渠道，渔业生产逐步复苏。初期仍然流通不畅，价格低廉，渔民生产和生活仍然得不到保障，靠国家救济。为了摆脱这种困境，各级政府动员、组织渔民运销鱼货，促进商品交换。根据上级水产部门指示精神，洪泽湖国有企业和供销合作社实行"斤鱼斤粮"和"自由购销"的政策。

第二阶段，1958—1965 年，国家对部分水产品实行派购政策。随着城乡人民生活水平的不断提高，市场上对水产品的需求量日益增加，加之水产品产量出现下降趋势，为确保调拨和出口任务的完成，对水产品实行派购，由县、社、队层层下达渔业产量和交售任务。派购指标一般占产量的 80％。1959 年，中共洪泽县委在临淮公社召开全县渔业大会，曾提出"基本工分，基本口粮，基本鱼产，基本交售"的四基本口号，强调渔民要完成国家水产品交售任务。洪泽县水产公司为保护渔业资源，提出"四不收"，即：小杂鱼不收，派购外不收，沿湖农民及外县农、渔民所捕鱼货不收。这段时间，整个湖区的鱼货购销实际上由水产公司经营。1956—1960 年的 5 年里，洪泽湖的渔业总产量为 59 860 吨，水产公司收购总量为 43 122.5 吨，年平均收购量为 8 024.5 吨，收购量占总产量的 72％。之所以能获得这样高的收购率，除认真执行国家有关部门政策外，还得益于水产公司采取的一系列具体措施，如：增设收购站、组，派出大批收购船只，流动于各生产阵地随船收购，既方便渔民，又提高收购率，还推动了渔业生产的发展。对于渔民派购任务以外的鱼货实行超产超购，并给予适当奖励。

三年经济困难时期，国家对收购水产品实行奖售政策，主要奖售木材、桐油、毛竹、布匹和糖、烟、酒等生产、生活用品，以鼓励和支持渔民发展生产，交售鱼货。

第三阶段，1966—1976 年，即"文化大革命"期间，受"左"的影响，渔业社队捕捞的鱼虾，除渔民自食外，全部交售给国家，由县水产公司统一收购、统一调拨。规定任何单位或个人不得到湖区各生产单位或渔船上自行收购，有时还施以行政手段。

第四阶段，在党的十一届三中全会以后，国家对水产品实行了派购和议购相结合的政策。洪泽县根据国务院 1979 年 119 号文件精神和省政府有关规定，将本县水产品派购比例由 80％改定为 50％，其余部分由社队自行销售。在经济体制改革期间，国家对水产品购销政策进一步放宽。洪泽县按二、三、五的比例，对社队和渔民实行派购 20％、随购（超派购部分加价）30％和议购 50％。这些措施，对于增加渔民收益、调动社队和渔民生产积极性、促进水产品流通、活跃城乡市场，都起到积极的作用。

洪泽湖 1956—1985 年水产品收购情况见表 9-2-1。

表 9-2-1　洪泽湖 1956—1985 年水产品收购情况

年份	总产量	收购总量	收购占总产量（%）	备份	年份	总产量	收购总量	收购占总产量（%）	备份
1956	21 550	15 276.4	70.56		1972	8 500	4 939.45	58.11	
1957	15 380	10 379	67.48		1973	9 230	4 609.65	49.94	
1958	5 805	4 855	83.63		1974	9 550	5 473.35	57.31	
1959	11 860	7 775.3	65.56		1975	11 595	6 414.35	55.32	
1960	7 515	4 836.9	64.36		1976	13 080	6 575.7	50.27	
1961	7 555	4 963.55	65.7		1977	12 015	3 835	32.08	
1962	6 445	3 585.85	55.63		1978	11 980	4 224.7	35.26	
1963	6 860	3 059.5	44.59		1979	9 190	2 663.8	28.99	
1964	9 265	8 472.85	69.94		1980	11 467	2 849.8	24.85	
1965	8 325	4 917.6	69.07		1981	12 215	4 241.65	34.72	
1966	8 335	8 775.15	81.29		1982	12 546	3 202.95	25.53	
1967	5 500	2 185.8	39.74		1983	11 438	1 946.35	17.02	
1968	11 285	6 867.95	60.86		1984	11 961	1 507.45	12.6	
1969	8 645	5 239.6	60.61		1985	12 844	1 737.16	13.52	
1970	7 435	4 418.55	59.43		合计		158 971.1		
1971	8 825	4 606.1	52.19						

第五阶段，1985 年 3 月，中共中央、国务院发出关于放宽政策、加速发展水产业的指示后，水产品全部放开，洪泽湖区鱼市场出现活跃的局面。水产品全部放开的政策，促进了水产生产和渔业的体制改革。洪泽县水产公司按照购得进、销得出的原则，议购议销，随行就市，运用价值规律，参与市场竞争，调节市场，维护了生产者和消费者的利益。由于打破了水产公司独家经营、统购包销的局面，实行了多种经营形式、多条流通渠道，搞活了水产品销售市场，洪泽湖上不但有沿湖各县的经营收购渔船，同时有金湖、宝应、嘉山等地和食品加工企业的收购船和专业户的经营船只，他们按照价值规律和供求关系在湖上实行议购议销。

20 世纪 90 年代，大量民间资金进入渔业生产领域，洪泽湖渔业生产发展迅猛。湖区以渔民、附近农民为主的水产品购销队伍，从小到大，逐步发展，足迹遍布大江南北、长城内外。到 2000 年左右，洪泽湖区的水产品有绝大部分是由以渔民、附近农民为主的购销大户销售出去的，他们凭借辛勤的付出，实力逐步壮大，成为洪泽湖水产品流通领域的主力军。

2000 年以后，随着我国市场经济体制的不断完善，市场化分工越来越细，原先以渔民、农民为主的营销大户逐步向公司、合作社法人化过渡。2011年，各地加大对渔业的投资，成立水产基地、公司、场等，将水产、加工、销售形成一条龙，水产品不仅品位提高，数量也大幅度提升。截至2022年底，成规模的洪泽湖企业50余家，渔业专业合作社达到77家。他们通过批发、零售、网售等方式将洪泽湖水产品销往全国各大城市及海外。

　　洪泽湖的水产品除了调拨和出口部分之外，主要是在当地销售和供应城市。湖区以及县外设有销售点、品牌店。根据产品和收购、调拨情况，水产站和洪泽水产公司销售门市部常年有水产品供应，有的购销点也经常供应部分鲜货。发展到2010年左右，渔业企业、个体经营户在互联网上开设网店销售大闸蟹、水产品干货。20世纪50年代，湖区及洪泽县内外各购销站点销售量，占销售总量的15%～20%；20世纪60年代即上升到20%～25%；20世纪70年代占30%～40%；县城比例还要大，一般占60%～70%。1980年前后，当地每年节日供应鱼虾千吨以上。这些鱼货供应，不仅满足了城乡人民对水鲜产品的需要，而且对市场调节、平抑水产品价格起了很大作用。设在外地的销售点如清江水产品销售门市部，从20世纪50年代设立（至60年代末才转为淮阴水产公司），向各大城市供应洪泽湖鲜活水产品。邳县设立的门市部主要以卤货和干货供应山东人民，以减少他们的运输困难。在南京、上海、北京等一二线城市设立门市部、专卖店、旗舰店，不仅减轻了南京等城市市场负担，也满足了市民们对洪泽湖水鲜品的需求。从1956年至1985年的30年中，洪泽水产公司鱼虾产品销售总量为46232.55吨。除1962年经济困难时期销售只有489.7吨以外，其他年份都在千吨以上。1979年以后，由于经济体制改革，市场开放搞活，每年销售都在500吨以上。详情见表9-2-2、表9-2-3、表9-2-4）。

表9-2-2　洪泽湖1956—1985年水产品销售情况

单位：吨

年份	销售总量	其中分品种销售情况					
		鲜鱼	鲜虾	螃蟹	咸干鱼	虾干	虾米
1956	2214.75	1669.9	18.2	5.35	497.1	6.35	1.45
1957	1765.6	682.2	2.7	0.5	628.3	105.15	50.5
1958	3251.15	627.9	4.4		134.85	3.2	1.15
1959	1786.35	1017.15			316.15	3.85	2.1
1960	5130.45	547.4			377.75	2.35	1.95
1961	904.4	339.4			266.7	2.7	1.9
1962	489.7	263.4			100.3	13.75	2.8
1963	662.4	527.95			71.8	7.1	3.15
1964	1134.25	887.95			71.8	7.1	3.15
1965	1465.65	1216.35		6.55	4.9	86.5	4.75
1966	1421.2	1145.4	6.75	4.9	44.7	3.15	0.55

（续）

年份	销售总量	其中分品种销售情况					
		鲜鱼	鲜虾	螃蟹	咸干鱼	虾干	虾米
1967	1 066.15	565.05	8.95	19.05	66.8	1.4	1.4
1968	1 619.05						1.85
1969	1 657.55						1.65
1970	1 571.25			2.8	136.35	1.95	1.95
1971	1 999.25	1 184.05	1.05	12.15	99.8	2.85	2.5
1972	2 434.2	978.3	1.15	27.8	55.95	2.1	3.35
1973	1 664.2	1 116.45	1.85	66.55	55.4	2.4	3.55
1974	1 591.2	806.8	0.05	75.1	92.45	6.25	5.05
1975	1 786.2	900.9	0.2	138.95	88	3	3.55
1976	2 083.8	1 102.95	1.05	142.3	170.5	7.9	4.4
1977	1 374.75	623.95	3.85	20.2	220.15	21.6	6.5
1978	1 291.4	572.5	4.45	42.4	152.7	14.3	6.65
1979	657	329.5	0.15	90.15	36.8	20.65	7.9
1980	874.7	280.4	16.5	161.4	20.7	31.65	41.9
1981	985.95	383.9	3.15	219.6	35.75	25.35	24.4
1982	1 020.95	313.05	5.15	87.3	10.25	22.95	11.85
1983	853.45	291.65	8.8	27.8	4.3	87.3	19.75
1984	926.05	252.95					
1985	650.2						

表 9 - 2 - 3　洪泽湖 1996—2000 年水产品销售情况

单位：吨

年份	销售总量	其中分品种销售情况					
		鲜鱼	鲜虾	螃蟹	咸干鱼	虾干	虾米
1996	91 327	76 253	7 871	6 564	398	166	75
1997	96 466	79 199	6 548	10 069	417	161	72
1998	112 903	92 933	6 300	12 811	601	165	93
1999	134 978	111 095	6 071	17 162	677	171	102
2000	155 204	12 507	7 515	21 486	790	204	131

表 9 - 2 - 4　洪泽湖 2001—2023 年水产品销售情况

单位：吨

年份	销售总量	其中分品种销售情况					
		鲜鱼	鲜虾	螃蟹	河蚬	龙虾	虾米
2001	71982	23 500	2 115	11 012	30 100	5 210	45
2002	81 436	21 030	1 023	19 015	35 000	5 314	54
2003	85 007	35 741	2 679	17 032	25 000	4 512	43
2004	62 291	23 587	2009	16 028	15 000	5 600	67
2005	61 700	26 705	2 514	16 022	10 010	6 400	49
2006	62 079	23 500	2 010	21 238	11 200	4 203	72
2007	63 139	24 010	1 440	24 409	10 050	3 201	29
2008	66 865	23 201	1 765	26 390	10 320	5 150	39
2009	66 464	24 710	1 802	25 899	9 500	4 501	52
2010	59 266	25 124	2 390	17 982	7 400	6 320	50
2011	53 634	21 064	2 191	17 989	8 200	4 150	40
2012	55 087	23 420	3 085	20 960	4 500	3 012	110
2013	58 768	26 465	2 794	23 927	3 100	2 410	72
2014	61 603	33 812	2 754	17 003	6 550	1 399	85
2015	55 733	28 464	2 905	18 568	4 200	1 510	86
2016	52 949	26 781	2 784	20 257	2 031	1 040	56
2017	52 437	27 942	2 375	18 216	2 894	960	50
2018	64 633.63	36 210	2 840	14 462	9 985.63	1 020	116
2019	58 146.09	35 412	2 941	11 655	6 671.09	1 401	66
2020	57 981	34 350	4 150	10 425	7 800	1 210	46
2021	11 637.3	150	8.5	10 978	/	500	0.8
2022	17 573.2	220	7.6	16 894	/	451	0.6
2023	16 495.9	210	6.4	15 819	/	460	0.5

第四节　渔需物资供应

20 世纪 50 年代初，洪泽湖的渔需物资主要依靠沿湖的供销合作社经营。以后，渔业生产资料大多由洪泽县水产公司供应，各水产站兼营渔需物资业务。经营渔业生产资料的基本原则是"保本微利，方便渔民，支持生产"。当时的渔需物资主要是修船只用的木材和桐油，以及渔簖用的竹子；渔网具用的大麻、棉、麻织料的网和帆篷，用于沥水防腐蚀的烤皮等。每年洪泽县水产部门都外出采购木材 1 000～1 200 立方米，麻类 50～60 吨，桐油 45～50 吨。

20 世纪 60 年代，由于木材、毛竹资源的变化，开始试用水泥船。渔网、绳索开始用塑料、聚乙烯、聚丙烯、锦纶胶丝、维尼纶线等。篷帆用的烤皮，20 世纪五六十年代主要是从印度、越南等国进口，70 年代起以国产烤胶代替。桐油供应数量也随之减少。

20 世纪 70 年代初，洪泽县水产公司为适应渔业生产需要，在县城高良涧兴办了渔具加工厂，有职工 70 多人，生产和经营网具、网线、枪药、鱼钩等渔用物资。对于木材、毛竹、篷布、桐油等主要渔用物资的需求，一般是根据渔业社队的水产品产量和渔船的情况，分配供应。1980 年以后，国家计划供应的渔需物资缺口大，为把计划内的物资管好、用好，特别是木材、桐油、钢材等主要物资，公司与生产单位签订合同，实行鱼物挂钩、奖售、回供的供应方式。1985 年以后，在国家放宽水产品购销政策，取消派购的情况下，洪泽县水产公司积极组织木材、桐油、毛竹、药品等紧俏物资，敞开供应，取消计划分配。1990 年后，随着我国改革开放的不断深入，市场经济体制不断完善，渔需市场出现了很多乡镇企业、私营企业生产的渔网、渔需物资，市场供应由紧张向丰富转变，渔民选购渔需物资可选择空间变大。渔船由原先的木船渐渐升级为铁船，风帆网船被淘汰，后被汽柴油动力船舶取代。据不完全统计，2020 年 10 月前，洪泽湖周边经营渔需门市百余家，渔船机器设备维修的门市 40 余家，制作船舶的厂家 20 多家，生产网衣的企业有 4 家，生产地笼网、方兰小型厂 10 余家，多是渔民、农民自己在生产之余的兼职。除当地自产之外，常州柴油机厂、上海柴油机厂与当地经销商合作，泰州、安徽六安等的渔网企业也纷纷在洪泽湖周边设销售点，日本雅马哈、美国水星等舷外机企业为洪泽湖培训维修人员，极大地丰富了渔需物资供应。1965—1985 年洪泽县主要渔需物资供应情况见表 9－2－5。

以蒋坝镇为例，1988 年，全镇约有 3 500 人从事渔网具生产。1993 年，全镇从业人员 4 000 人，年产值 7 000 余万元，人均年增收 1 000 余元。1998 年，全镇 4 500 人从事渔网具生产，产值 9 000 余万元，人均年增收 1 300 余元。2007 年，产品加工逐步实现机械化，形成拉丝、织网、套管、竹架加工一条龙产业链，经纪人大户从几户发展到 60 多户，加工人员 5 000 多人。2008 年，蒋坝镇渔网具产业已发展成为江阴市以及安徽、山东等地重点原材料供应基地。2009 年，经纪人大户在全国各地设销售点，形成销售网络，使蒋坝镇成为具有全国规模的渔网具生产基地。2010 年，全镇渔网具产业规模进一步扩大，机械织网从原来的 4 家发展到 8 家，拉丝从原来的 3 家发展到 11 家，套管生产从原来的 3 家发展到 4 家，产品生产已从淡水湖泊渔网具转向海洋渔网具。2020 年 10 月，随着洪泽湖禁捕退捕政策的落实，沿湖各县退养还湖力度加大，渔需物资市场受到很大冲击，渔需需求急剧萎缩，仅剩泗洪临淮、洪泽高良涧还有为数不多个体在进行渔网、船机等物资销售。

表 9 - 2 - 5　洪泽县 1965—1985 年主要渔需物资供应情况

年份	木材 米	毛竹 支	毛篙 千克	桐油 千克	黄麻 千克	苎麻 千克	棉布 米	烤皮 千克	尼龙线 千克	尼龙丝 千克	聚乙烯 千克	塑料绳 千克	塑料浮球 只
1965	1 520	27 264	5 775	15 850	10 300	13 550	18 947	18 700	1 492.5				
1966	1 300	25 378	14 533	29 150	12 150	34 600	5 405.7	10 800	711				
1967	1 224	28 872	11 344	28 800	6 450	10 100	14 186	9 450	1 039	7	413	452.5	2 272
1968	1 216	32 570	22 036	21 800	3 450	18 300	18 311.3	17 750	1 802.5	224.5	3 432.5	1906.5	7 887
1969	690	4 880	4 279	9 950	1 350	12 000	11 647.3	13 350	5 001.5	2 244	18 132	5 094	9 915
1970	850	15 000	2 177	21 000			22 108	7 000	1 087	2 080	8 001.5	4 443.5	1 384
1971			2 140				18 810.7	16 450	590.5	677		5 940.5	12 038
1972	407	8 036	1 300				19 596.3	6 800	1 496	614	4 417	2 814.5	1 773
1973	900	6 467					16 470.67		25	2 284.5	14 670.5	3 327.5	12 561
1974	400						11 712		816.5		11 899	4 082	10 810
1975	385						8 948	5 850	716	2 325	16 643.5	4 743	15 169
1976	415						9 867			1 750	21913.5	7 200	8 412
1977	450	3 459	1 676	1 050			22 043.67			2 078	32 774	7 008.5	1 804
1978	980.7	3 450	9 054	38 193.5		1 700	11 213.3	4 050	1 224	2 211	32 709	2 710	5 815
1979	563	7 000	13 000	22 176			23 521.67	8 260	866.5	2 254	9 671	4 235	9 701
1980	741	3 083	9 056	8 250		150	15 627.67	9 100	1 639.5	2 614	19 463.5	12 549	12 088
1981	257	10 734	200	9 850		250	10 038.3	11 800	678.5	2 405.5	6 919	12 437	7 685
1982	416	1 055		23 900			11 711.67	8 200	1 184	1 555	3 816	10 728.5	10 625
1983	259	1 067	552	20 450			6 367.67	9 550	873.5	2 597.5	3 662.5	6 938.5	5 996
1984	341	2 521		17 950			3 713.3	12 650	655.5	1 352.5	2 639.5	543	2 460
1985				5 050			3 377.3	290 400	849	3 520	5 785	1 764	264

第五节　水产品出口

抗日战争时期，洪泽湖的鱼虾、莲子、芡实等，通过敌占区沪宁线各大中城市，再转往国外。1941—1946 年的几年间，仅芡实一项每年就有一两百吨作为外贸产品出口。这些土特产品的出口，为从敌占区换购枪支弹药、布匹、医药用品等大量军需物资和民用生活品提供了资金来源，对增强抗日力量和打破敌人的封锁发挥了巨大的作用。

新中国成立后，由于商品经济的发展，外交关系的扩大，洪泽湖的水产品逐步打入国际市场。洪泽县水产公司本着内、外贸易统筹兼顾的原则，合理安排水产品的出口比例，凡换汇率高、国内市场供需矛盾不大的品种，在完成国家调拨任务的前提下，积极组织出口。20 世纪 50 年代出口产品主要是卤鱼、干鱼、虾米等。1955 年起向东南亚地区出口虾米，当年出口虾米 6.15 吨。1957 年向罗马尼亚出口卤干鱼 136.6 吨，1966 年 299.4 吨，1979 年 10.25 吨。20 世纪 60 年代开始出口鲜货。1964 年，洪泽湖贝类出口日本 25.5 吨，1966 年鲜冻虾仁、银鱼销往中国香港和日本及东南亚地区，其中首次向香港出口鲜冻虾仁 29.45 吨。1968 年起又对中国香港和日本、美国等出口大闸蟹 4 000 千克。20 世纪 70 年代到 90 年代，大闸蟹出口量不断增大。洪泽县还组织过田螺肉出口，同时对中国香港和日本、东南亚等国家和地区出口的干、鲜水产品从未停止过。

1956—1995 年，洪泽湖水产品出口总量为 9 728.05 吨，其中：1956—1965 年出口量为 2 627.6 吨，1966—1975 年出口量为 4 067.7 吨，1976—1985 年出口量为 1 609.75 吨，1986—1995 年出口量为 1 423 吨。产品出口量之所以下降，主要原因是内外贸价格基本平头和有些资源减少等，1988—2010 年洪泽县水产品出口具体情况见表 9-2-6。

表 9-2-6　1988—2010 年洪泽县水产品出口一览

单位：吨、万元

年份	品种	数量	创汇
1988—1996	银鱼、冻青虾	86	350
1993—1997	熟龙虾、整肢虾	1 873	6 220
1998—2002	熟龙虾仁、整肢虾	2 212	8 136
2003	熟龙虾仁、鲴鱼片	1 570	5 237
2004	熟龙虾仁、削鱼片	1 668	5 630
2005	熟龙虾仁、鲴鱼片	1 761	5 752
2006	鲴鱼片	1 794	5 952
2007	鲴鱼片	1 053	3 920
2008	金枪鱼片	1 986	3 434
2009	金枪鱼片	5 187	10 266
2010	金枪鱼片	4 966	8 759
合计		24 156	63 656

　　20 世纪 90 年代至今，随着对外贸易的发展，洪泽湖水产品出口量呈上升趋势。1988—2010 年，仅洪泽县水产品出口总量就有 24 156 吨，创汇 63 656 万元。2014—2022 年，洪泽湖水产品出口总量 16 445.73 吨，创汇 9 687.36 万美元，其中 2008 年出口量已达 8 000 余吨。

　　为促进洪泽湖水产品出口，2007 年 3 月，省洪泽湖渔管办与淮安市出入境检验检疫局在淮安签署《共同推进洪泽湖水产品出口合作备忘录》。2013 年，宿迁出入境检验检疫局、省洪泽湖渔管办、泗洪县人民政府、宿迁市农业委员会 4 家单位共同签署《共同促进洪泽湖水产品水生动物出口工作合作备忘录》，建立了水产品质量安全监管联席会议机制，夯实了从水产品出湖到包装到运输到入市全链条监管体系。

　　2012 年，张胜宇副主任在参加 "2 012 台湾江苏周农渔产业交流会" 期间，会见了数十位台湾业内人士，重点推介了洪泽湖大闸蟹。同年 5 月 28 日，张胜宇代表省洪泽湖渔管办，与台湾大闸蟹发展协会会长陈明哲先生签订了洪泽湖大闸蟹直销台湾合作协议，明确 2012 年直销台湾的洪泽湖大闸蟹不低于 100 吨。

　　2014 年洪泽湖大闸蟹出口中国台湾，以及韩国、新加坡等国家和地区 358.8 吨，1 168 万美元。2015 年，与前一年相比，洪泽湖河蚬出口量大幅下降，降幅 56.3%，大闸蟹出口量下降 24.4%、出口额增长 10%。据宿迁海关数据统计，2015 年出境水生动物共计 236 批次，2016 年下降 59.75%，仅有 95 批次。2015 年货值为 1 009.75 万美元，次年下降 67.75%，货值 496.61 万美元。泗洪县绿康洪泽湖大闸蟹有限公司被台湾官方选定为江苏大闸蟹输台唯一企业，该公司 2015 年水产品出口总额位列全省第二，居淡水渔业出口额省内第一。2017 年，洪泽湖水产品出口 67 批次，产品有冻河虾、冻鱼糜、冻大闸蟹、冻蟹肉、冻熟制大闸蟹、冻熟制龙虾、冻煮田螺肉、冻煮蚬肉等。

　　淮安地区出口水产品情况具体见表 9-2-7。洪泽湖水产品出口情况见表 9-2-8。

表 9-2-7　淮安地区出口水产品情况汇总（2001—2013 年）

单位：吨、万美元

年份	重量（吨）	金额（万美元）
2001	1 455.539	574.311
2002	640.78	233.66
2003	2 674.381	1 011.42
2004	2 137.85	665.68
2005	2 366.699	828.08
2006	4 496.647	1 605.38
2007	1 364.87	510.93
2008	2 334.62	1 138.17
2009	6 103.53	2 264.228 5
2010	5 358.567	1 944.411 3
2011	816.558	206.503

（续）

年份	重量（吨）	金额（万美元）
2012	763.469	338.88
2013	362.954	89.651 1

资料来源：原淮安地区海关提供数据。

表 9 - 2 - 8　2014—2022 年洪泽湖水产品出口情况

单位：吨、万美元

年份	出口总量	创汇	大闸蟹		河蚬及制品		虾类		其他	
			出口量	创汇	出口量	创汇	出口量	创汇	出口量	创汇
2014	3 312.2	1 714.7	603.6	1 386.1	2 626	313.5				
2015	2 647.47	1 886.24	455.6	1 525.43	1 147.11	45.29				
2016	2 146.8	1 560	1 588.8	496.6	399.7	23.6			1 588.3	1 039.8
2017	2 978.62	1 351.03			2 100	510			801.9	712.5
2018	927.44	540.94	225.1	316.649	581.48	136.044	113.93	86.168		
2019	1 855	357	85	110	1 622	139	139	105		
2020	1 526.77	904.38	341.62	628.65	1 004.5	146.35	178.25	147.13		
2021	654.25	502.89	106.25	481.64	548	21.25				
2022	397.176	870.18	240.4	767.5	156.776	102.68				
合计	16 445.73	9 687.36	3 646.37	5 712.569	10 185.57	1 437.714	431.18	338.298	2 390.2	1 752.3

第六节　水产品出口大事记

2004 年蟹类产品出口（在此之前出入境部门统计年报把蟹类放在水产品大类里，未细分），当年出口螃蟹 3 批次、42 吨。

2007 年 3 月 30 日，省洪泽湖渔业管理委员会办公室与淮安市出入境检验检疫局在淮安签署《共同推进洪泽湖水产品出口合作备忘录》。

2008 年活大闸蟹出口增幅显著，实现了高风险下的高增长，并且出口大闸蟹规格从小蟹向大蟹转变，质量提高，货值增加。全年出口活大闸蟹 316 批 382.3 吨、货值 307 万美元，出口量为全省第一。

2008 年在活蟹出口的基础上，累计出口蟹类产品 8 批次、162 吨，主要输往韩国。

2009 年出口活大闸蟹 182 批、324.2 吨、284 万美元，继续保持全省出口总量第一，出口活蚬 169 批、3 552 吨、64 万美元；对罐头等集聚产业超前服务，共检验出口罐头 582 批、22 718 吨、1 484 万美元，出口量名列全省第二，占全省罐头出口量的 20%。

2010 年，宿迁楠景食品有限公司 8 000 亩大闸蟹养殖基地顺利通过江苏省出入境检验检疫局、江苏省海洋与渔业局、江苏省农委的联合验收，成为省级出口农产品示范基地。

2013年，宿迁出入境检验检疫局、省洪泽湖渔管办、泗洪县人民政府、宿迁市农业委员会签署《共同促进洪泽湖水产品水生动物出口工作合作备忘录》。

2014年10月16日，淮安洪泽湖大闸蟹首次出口中国香港。

2014年10月28日，"2014台湾·江苏中华蟹文化交流活动"在中国台北举行。台湾同胞认为绿康牌洪泽湖大闸蟹品质上乘。2014年11月4日，泗洪洪泽湖大闸蟹荣获"金蟹奖"和"最佳种质奖"。洪泽县江苏淮安爱食派水产有限公司建立了洪泽湖大闸蟹出口基地，拥有8 920亩的养殖水域，出口打包车间600平方米，首次发运洪泽湖大闸蟹到中国香港，实现淮安现货大闸蟹产品出口零的突破。

2014年12月14日，一批重2 000千克、货值14 400美元的乌苏里鲐经出入境检验检疫工作人员监装，顺利出口至韩国，实现了江苏省乌苏里鲐的首次出口。

2015年，洪泽爱食派水产有限公司在电子商务销售、大闸蟹出口等方面取得了很大突破。该公司与天猫、1号店、苏宁易购、国美在线、阿里巴巴等10家知名电商展开合作，并在网上开设爱食派专营店销售产品，全力打造爱食派洪泽湖大闸蟹、龙虾等特色水产品品牌。

2015年7月15日，位于盱眙县的江苏龙飞湖生态农业发展有限公司小龙虾养殖基地顺利获得出口备案资质，成为全国首家具有出口活体小龙虾资质的备案基地。

2015年10月，泗洪县被国家质量监督检验检疫总局认定为国家级泗洪县出口大闸蟹质量安全示范区。

2016年10月23日，"洪泽湖大闸蟹出口启动仪式"在洪泽举行。省洪泽湖渔管办、淮安市商务局、国检局、洪泽区委区政府等单位负责人参加启动仪式。

2017年8月，省洪泽湖渔管办、淮安市检验检疫局、淮安市农委等单位在淮安再次召开洪泽湖水产品质量安全监管联席会议。

2017年，龙虾产品首次输往马来西亚，观赏鱼首次输往非洲，洪泽湖优质大闸蟹首批恢复输港，出口量占全省95%，带动江苏大闸蟹单价提升和产值飞跃。

2023年5月30日，"海峡两岸洪泽湖大闸蟹经贸交流会"在江苏省宿迁市泗洪县临淮镇召开。台湾联合采购有限公司等五家台商代表来洪泽湖考察调研、洽谈合作，省洪泽湖渔管办、中国农村专业技术协会大闸蟹专业委员会等有关单位负责人，以及大陆大闸蟹代理商、洪泽湖大闸蟹标准化生态养殖基地渔民代表等50余人参加会议，现场签订了洪泽湖大闸蟹300吨的购销协议。

2023年9月，在中国洪泽湖大闸蟹节开幕式上，江苏洪泽湖水产品养殖有限公司获南京海关批准为出境水生动物注册登记养殖场，当年出口澳门大闸蟹30吨，标志着洪泽区可以直接开展洪泽湖大闸蟹出口业务。

第七节　水产品交易市场

泗洪　洪泽湖水产城　位于泗洪县城西南洪桥头，2008年开建，占地140亩，是集水产品交易市场、综合配套服务中心、大型物流中心、水产特色餐饮于一体的复合型商业社区，也是苏皖边界水产品集散地，总投资 3 亿元。

临淮镇大闸蟹市场　位于临淮镇中部，汴河北侧。市场兴起于 1993 年，来自洪泽湖周边的水产品在此交易。该市场年交易量 8 万吨，交易额 5 亿元；2012 年进行了扩建，占地 60 亩。

半城洪泽湖河蟹交易中心　位于半城镇东约 3 千米处，处半城重点养殖区中心地带，建于 2016 年，占地 30 余亩。

洪泽 洪泽湖水产大市场　建于 2010 年左右，以水产品展示交易为主，是集展览、商务洽谈、仓储配送、冷库、电子商务、评估、检测、加工、餐饮娱乐、商务住宅于一体的现代化、多功能大型水产集散基地。市场占地 140 亩，建筑面积 10 万平方米，总投资 3.2 亿元，拥有独立商铺 300 余套，以冷冻水产品储配销带动活、鲜、咸、干和调辅料产品交易，配套国内超大规模冷库。市场立足洪泽湖丰富的水产资源，利用快捷便利的交通和物流优势，汇集苏北高邮湖、骆马湖以及淮河流域、东部沿海水产资源，搭建了 500 千米半径的活、鲜配送通路和分销网络，产品销往全国主要城市批发市场，年销售额达 10 亿元以上。市场日均销售大闸蟹 35 吨，最高一天销售了 50 吨。

除了以上 4 个规模较大的水产品交易市场外，还有洪泽高良涧闸旁的水产一条街、老子山青牛码头、蒋坝镇水产码头、西顺河镇张福河水产码头、成河水产码头、高渡高湖嘴码头等 30 余处小型市场。但洪泽湖退捕禁捕后，这些码头市场日趋冷清，仅在大闸蟹上市季节短暂忙碌一段时间。

第三章

渔业社会组织

第一节　渔业经济社会组织发展史

　　新中国成立前，洪泽湖渔业生产关系是以生产资料私有制为基础，以渔民个体捕捞为主，渔船达 3 000 多条。封建渔业主、富渔、渔霸占有大中型渔船、网具，占据水面、滩地、港口，利用鱼行、渔帮，靠封建勒索、收取租税进行剥削渔民为生。中渔民、上中渔民占有小型或中型船只网具，靠自己劳动或轻微剥削，生活自给自足。贫渔、下中渔民全无船网或仅有小型船只网具，全靠自己劳动或出卖劳动力，收入低微，生活贫困。

　　新中国成立后，为解放和发展渔业生产力，洪泽湖渔业生产随着我国农业生产关系的变化，经历了 4 次调整，渔业经济社会组织也在相应地发生变化。

　　第一次调整，由于封建地主土地所有制严重阻碍了生产力的发展，政府颁布了《中华人民共和国土地改革法》。湖上渔业的社会主义改造极大地提高了渔民的生产积极性，解放了湖区生产力，但依然是以个体劳作为主。

　　第二次调整，1951 年，洪泽湖区渔业互助合作运动开始。到 1956 年，洪泽湖统一划归洪泽县管理，渔业已基本完成了社会主义改造。湖区全部成立了渔业生产合作社，有合作社 35 个，入社渔民 5 300 多户。这个时期，渔民协会发挥了组织渔民的重要作用，助推了渔业合作社的建立。资料记载，泗洪县 1952 年就有 60％的渔民参加协会。互助合作的道路促进了渔业生产的发展，因其适应了当时捕捞渔业生产的需要，改变了过去单干低产的状况，形成集体主义思想意识，涌现了许多生产能手和劳动模范，提高了当时的渔业产量，优越性凸显，渔民走上了致富的道路。

　　第三次调整，"人民公社化"运动进一步提高了农业公有制程度。1958 年 9 月前后全湖建成了 6 个渔业人民公社，湖区全部实行人民公社化。同时，县级层面对人民公社内部领导、运行管理、财务制度、收益分配等作了详细规定。从 1958—1967 年，由于受到"大跃进""文化大革命"和吃"大锅饭"的影响，渔业资源遭到了破坏，渔业产量大大降低，渔民收入减少，生活困难，渔业人员外流严重。

　　第四次调整，党的十一届三中全会后，经济体制改革首先在农村取得突破，全国农村开始实行以家庭联产承包为主要形式的责任制，调动了渔民的生产积极性，推动了渔业的进一步发展。当时，国家重新将渔业经营权划归个人所有，取消统购，自由买卖，广大渔民受利益驱动而生产热情高涨，渔业经济得到了快速发展。1983 年后，洪泽湖渔业由集体所有制经济向个体经济转变，渔船折旧估价卖给渔民个体户，实施承包到户，渔民也不断加大对渔船等生产资料的投入。洪泽湖养殖出现了以户承包、联产承包、以场带场承包、合同承包等形式。

1978年至21世纪初期为农业经济体制快速变革时期。1978年，实行以大包干为主要形式的生产责任制；1983年，渔业由集体所有制经济向个体经济转变，有家庭联产承包责任制、股份制改革等。承包权、收益权的明晰，生产资料的私有化彻底解决了"公地物品悲剧"。1994年，乡村集体企业产权制度改革；1996年，泗洪临淮镇群众自发成立水产交易行和经纪人协会，后来发展到数十家。

自2001年我国加入世界贸易组织（WTO）以来，我国市场化程度进一步加速提高，合作经济组织蓬勃发展，各种类型的合作经济组织迅速出现在渔业生产、流通、销售等各个环节。截至2022年底，洪泽湖有周边涉湖涉渔社会组织14家，渔业专业合作社77家。渔业生产分工进一步细化，激励机制更加健全，公平与效率越得到兼顾。2000年以后，涉湖涉渔社会组织在洪泽湖经济和社会发展中作用凸显，尤其是随着改革开放的不断深入、市场经济不断完善和政府机构改革的不断推进，洪泽湖涉湖涉渔的社团组织应运而生。

第二节　淮安洪泽湖河蚬协会

淮安洪泽湖河蚬协会于2008年1月18日登记成立，是由从事河蚬生产、经营、加工以及科研、推广等相关事业单位、社会团体和个人自愿组成的行业性社会团体，业务主管单位是省洪泽湖渔管办，2022年3月11日公告注销，资产捐赠给江苏省洪泽湖渔业协会，其会员自愿加入江苏省洪泽湖渔业协会。

一、宗旨与职能

遵守宪法、法律、法规和国家政策，遵守社会道德风尚，维护行业利益，保护生产者权益，反映会员的意愿和要求，协助政府搞好行业管理，规范行业行为，协调会员间关系，充当会员与政府的桥梁纽带，为会员提供技术培训和咨询，促进洪泽湖河蚬产业稳定、健康、可持续发展。

二、会员情况

协会由省洪泽湖渔管办主导，沿湖河蚬企业牵头发起成立，会员主要为沿湖河蚬生产、加工、捕捞企业，部分捕捞小组长作为个人会员加入协会。首届会长由时任省洪泽湖渔管办副主任孙家云担任，副会长单位共有11家企业。

三、主要工作

一是发挥行业组织独特作用，协助省洪泽湖渔管办加强河蚬产业指导与管理，牵头制定并严格执行《洪泽湖河蚬协会行业自律公约》；二是积极推介洪泽湖河蚬品牌，组织河蚬相关企业参加各类渔业博览会等全国性展会，组织会员代表赴韩国、日本等地开展学习和考察活动；三是组织开展洪泽湖河蚬资源情况调查，提出河蚬资源保护和开发利用规划；四是牵头有关科研部门开展河蚬增养殖技术、河蚬加工等科学研究，积极推进网围套养河蚬试验。

2022年3月11日，协会第三届五次会员（代表）大会研究了河蚬产业发展及河蚬协会现状，与会代表一致同意，注销协会，将名下所有资产无偿捐赠给江苏省洪泽湖渔业协会。

第三节　江苏省洪泽湖渔业协会

江苏省洪泽湖渔业协会成立于2014年8月12日，经江苏省民政厅登记注册，由江苏润通食品有限公司、江苏洪泽湖大闸蟹产业集团公司、宿迁泰进食品有限公司、盱眙恒旭科技有限公司、江苏省泗洪县金水集团、宿迁楠景水产食品有限公司等六家单位发起，目的是搭建渔业生产、经营、加工和流通等领域交流合作平台，宣传和推介洪泽湖水产品，抱团应对国内外市场竞争形势，为渔业经营主体提供技术、信息、经济支持，保护渔业从业者的合法权益，促进洪泽湖渔业产业绿色高质量发展，为淮安、宿迁两市经济社会发展作出积极贡献。2017年9月，响应国家政策，协会与行政部门脱钩，法人不再由行政领导兼任。脱钩后，协会业务受江苏省民政厅、省洪泽湖渔管办等单位监督管理。

一、协会宗旨

遵守宪法、法律、法规和国家政策，遵守社会道德风尚，以科技兴湖为目标，以市场运行为导向，以品牌塑造为抓手，围绕渔业增效、渔民增收、渔区增绿，团结和组织湖区水产品养殖、经营、加工、流通等单位，整合、宣传和推介洪泽湖优质水产品，维护会员合法权益，共同打造"中国·洪泽湖"区域公用品牌，促进渔业产业健康可持续发展。

二、运营情况

目前协会以渔业生产、经营、加工和流通企业、渔业合作组织、地方政府渔业主管部门、渔业技术推广部门为主，其中国家级龙头企业1家、省级龙头企业4家；重点开展渔业品牌推介、行业标准制定、渔业经济服务、水产品质量安全管理等工作；积极协助省洪泽湖渔业主管部门开展渔业资源调查、限额捕捞、增殖放流、渔业数据统计等项目实施；持有"洪泽湖大闸蟹""洪泽湖河蚬""洪泽湖青虾"农产品地理标志登记证书，编制并发布了洪泽湖团体标准，牵头推介洪泽湖渔业品牌。2022年，"斗金洪泽湖""洪泽湖鲜""淮水有渔"等商标先后获批。

三、会员情况

省洪泽湖渔业协会副会长以上20人，总会员数62人。2017年9月，江苏省行业协会商会脱钩改革，协会进行脱钩改选，会长由张玉斌同志担任。2023年，协会发展会员单位数达到83家。

第四节　沿湖地方涉湖涉渔协会

2000年后，涉湖涉渔社会组织在洪泽湖经济和社会发展中作用凸显，越来越受到地方政府、企业、渔民的关注，尤其是随着改革开放的不断深入、市场经济体制的不断完善和政府机构改革的不断推进，管理部门职能转变后，洪泽湖涉湖涉渔的社团组织应运而生。截至2022年底，洪泽湖周边登记在册并充分运作的涉湖涉渔社会团体有15家，如江苏省洪泽湖渔业协会、江苏省盱眙龙虾协会、淮安农业品牌协会、洪泽区洪泽湖大闸蟹协会、泗洪县渔业协会、泗洪县康源养殖科技协会等。这些行业协会分布在养殖、捕捞、销售、服务等诸多行业，协助开展渔业执法管理，参与产业规划制定，组织渔业品牌打造、水产品营销推广，充分发挥起政府与企业、渔民间"桥梁"和"纽带"作用，得到了社会各界的广泛认可。

一、江苏省盱眙龙虾协会

2004年6月经江苏省民政厅批准成立，江苏省盱眙龙虾协会是我国唯一一个省级龙虾行业社团。目前拥有1 000余家团体会员，会员及加盟单位覆盖全国20多个省（自治区、直辖市）。美国、澳大利亚、瑞典、马来西亚等20多个国家和地区也有该会会员经营的盱眙龙虾餐饮企业。

协会经过近20年发展，已具备雄厚实力和独特的运作模式。该会已与国家相关行业社团、国内有关省（自治区、直辖市）同行业重点社团和企业建立了紧密型合作关系，与国内数十个著名产业性节庆活动建立起正常的联系与交流。该协会现为中国渔业协会副会长单位、中国品牌建设促进会常务理事单位，是中国烹饪协会等多个国家级行业协会的重要组成单位。中国渔业协会淡水龙虾分会设在江苏省盱眙县。

二、洪泽区洪泽湖大闸蟹协会

成立于2005年，为独立的社会法人团体，业务主管单位为洪泽区农业农村局，共有会员1 000多人，遍布洪泽区及洪泽湖周边地区。协会宗旨是引领河蟹养殖户养出更大、更优的洪泽湖大闸蟹。2015年，洪泽区洪泽湖大闸蟹协会被评为AAA级社会组织。

协会自成立以来，特别是2013年"洪泽湖大闸蟹"被评为江苏省名牌农产品以来，通过实施更加科学的管理制度，采用"龙头企业＋农户"的生产模式，实施生态、健康、科学的生产管理，落实《洪泽湖大闸蟹养殖规范》，执行《洪泽湖大闸蟹质量标准》，逐步实现了统一供应苗种和饲料、统一提供技术服务、统一生产标准、统一产品品牌的格局，大闸蟹质量安全意识普遍提升。协会还着力推进洪泽湖大闸蟹标准化养殖工程的实施，积极开展无公害水产品、有机水产品基地建设，年产优质洪泽湖大闸蟹近 7 千吨。

三、泗洪康源河蟹科技养殖协会

成立于 2018 年 8 月，会员由临淮镇渔业企业、渔民合作社、养殖户组成，致力于服务地方渔业经济、促进产品销售、扩大出口贸易、打造养殖交流平台、促进渔民增收致富。该协会先后与中国渔业协会、江苏省淡水水产研究所、江苏海洋大学、扬州大学等科研院校结成技术支援单位，定期请以上院校专家教授，为会员开展苗种繁育、养殖技术、疾病防控、水质管理、投入品使用培训和实地现场教学指导。同时，根据大闸蟹养殖的不同阶段需要，协会组织会员远赴金湖、建湖、兴化、高邮、射阳、阳澄湖、太湖等地学习交流，以开阔眼界、取长补短。

四、泗洪县渔业协会

成立于 2010 年 2 月 9 日，主要开展渔业调查，协助政府部门抓好渔业品牌创建工作，向会员提供咨询服务，协调会员单位渔业生产和销售。2016 年注册"泗洪大闸蟹"品牌商标，2020 年泗洪大闸蟹入选江苏农业品牌目录。

10

第十篇　渔业科技与教育

第一章

水产科技管理

随着渔业的发展，科技管理工作越来越得到重视。1987 年之前，渔业主管部门的工作重点是发展水产品生产，内部未单设科技管理机构，渔业科技管理方面工作较少，主要由市县两级渔业主管部门生产科兼管，水产科研试验和技术推广普及工作主要由市、县水产站（所）承担。1987 年，淮阴市水产局和淮阴市洪泽湖综合开发管理局合署办公后，内部机构设置科教科。此后，历次渔业主管部门变动，科教科（处）均作为主要综合处室予以设置，行使渔业科技发展规划编制、科技项目计划管理和组织实施、成果管理、技术推广和培训管理、水产技术推广体系建设等工作职责。

20 世纪 70 年代末至 80 年代末，渔业科技计划管理工作较少，主要承担省水产局和市科委下达的少量试验、推广计划项目的管理工作。20 世纪 90 年代以来，随着国家和省渔业科技投入不断增加，尤其是 1998 年以来省水产三项更新工程、渔业科技入户、苏北农业科技成果转化等项目的组织实施，渔业科技计划管理工作不断得到加强。渔业科教管理主要围绕国家、省、市各级各类渔业科技项目计划和申报指南要求，组织开展项目编制、审核、申报；根据项目下达部门对项目管理的要求，组织开展项目实施、检查评估、验收结题等管理工作。据不完全统计，"九五"至"十一五"期间，沿湖渔业科教部门共承担省级部门下达的各类水产科技项目 62 项，获得补助资金2 429 万元，其中：1998—2009 年共承担省级部门下达的"水产三项工程"项目 40 项，获得补助资金 1 215 万元；2000—2002 年承担省级部门下达的"江苏省现代渔业（淮安）科技示范园"项目 3 项，获得补助资金 300 万元；2003—2008 年承担省级部门下达的"苏北农业（水产）科技成果转化推广"项目 9 项，获得补助资金 125 万元；2006—2010 年省级部门下达的"渔业科技入户"项目 6 项，获得补助资金 685 万元；2008—2010 年承担部、省级新型农民培训和基层农技人员培训等项目 4 项，获得补助资金 104 万元。1999—2009 年承担市下达的"农业（水产）科技发展计划"等项目 30余项，获得补助资金 44.8 万元。

2004 年省洪泽湖渔管办资环科单列，负责资源环保、养殖管理、渔业生产、技术研究与推广等工作，积极开展沿湖涉湖涉渔养殖、增殖技术研究与推广，每年组织相关专家与技术人员到沿湖周边开展技术培训与指导工作，极大地推动了湖区水产养殖技术的普及与提高。

第二章

水产科学研究与教育

第一节　水产教育

一、水产学校

1958年，淮阴水产专科学校在原洪泽县高良涧设立，招收两个班学生，教师由省市调配。1959年更名为江苏省洪泽水产学校，学制三年。1959年和1960年，该校两年继续招生，共有教职员工40余人，拥有200余亩水面的水产养殖试验场。三年经济困难时期，学校于1962年停办；共毕业9个班，400余名学生。

二、职业教育

泗洪县水产职业班创建于1984年，由县文教局和县多种经营局合办，第一届在城头中学举办，毕业48人。1986年迁到城河中学举办，毕业学生98人，三届共毕业学生238人。1994年，中央农业广播学校在泗洪县培训淡水养鱼专业学员12名。1997年泗洪县人事局和水产局联合招生30名，送到苏州蚕桑专科学校学习三年，毕业获大专文凭。

1982年，泗洪县半城中学增设渔业技术职业班，学制两年。联合国援建项目为学校援建教学用试验鱼池3个，计17亩水面。至1984年底，共毕业学生80人。泗洪县在城头中学增加一个水产专业班，培养渔业技术人员42人。盱眙县在上海水产学院支持下，1982—1984年，办了3期渔业技术人员培训班，受训人员达300多人次。

三、淮农水产班

1984年，江苏省淮阴农业学校（2003年更名为淮安生物工程高等职业学校）增设水产班（中专），当年夏季招生40名，学制3年，至2001年共招生18届，毕业学生606人；后因生源不足，水产班停办。淮农水产班培养了一大批水产技术人才，为当地水产事业发展提供了重要的水产技术骨干。

第二节 水产科研机构

一、洪泽县水产科学研究所

江苏省水产厅于 1956 年成立洪泽湖渔业指导站。

1960 年 12 月 25 日，洪泽县水产科学研究所首次成立，共有 9 名职工，先后有技术人员 4 名，附设 100 亩水面的水产试验场。该所于 1962 年秋被撤销。

1975 年，由洪泽县水产局抽调 5 名技术干部，以原水产养殖试验场为基础，于同年 9 月 16 日重新成立洪泽县水产科学研究所。1990 年和 1997 年，在原来洪泽县水产科学研究所的基础上，又分别增挂了洪泽县水产技术推广服务站和洪泽县水产病害防治中心两块牌子。2006 年，洪泽县水产病害防治中心被撤销，又增挂了洪泽县水生动物疫病预防控制中心牌子。

洪泽县水产科学研究所自成立以来，主要负责全县水产养殖新品种、新技术引进、示范应用和推广工作，为新中国成立初期洪泽湖渔业生产、资源监测、增殖渔业等方面作出了积极贡献。

二、淮安市水产技术指导站

淮安市水产技术指导站成立于 1976 年，1980 年 4 月 19 日与淮安市水产科学研究所两块牌子、一套班子。单位成立以来，一直致力于水产新品种、新技术引进、试验、示范、推广及水产实用技术的开发；拥有试验基地 300 亩，工厂化养鱼设施 3 000 平方米；先后多次获省、市政府科技进步奖，其中：《兴淮鲫制种养殖试验和性状研究及生产性示范》获淮安市科技进步一等奖；《史氏鲟南移孵化、苗种培育及养成技术研究》获省政府科技进步三等奖、淮安市科技进步一等奖、淮安市"十五"期间重大科技创新成果奖；《克氏螯虾苗种规模化繁育》获江苏省海洋与渔业局 2008—2010 年度科技成果创新奖二等奖；《克氏原螯虾养殖关键技术集成推广》2010 年获农业部丰收奖二等奖；拥有《生态型工厂化循环水鱼类养殖系统》《生态型工厂化鱼类养殖系统》《黄颡鱼起捕抬网》《水处理新材料及其制作方法》等多项专利。

三、洪泽县水产学会

为了把水产科技人员及水产工作者组织起来，推动群众性水产科学技术研究活动，洪泽县水产学会 1984 年 3 月成立，共有会员 45 人；设理事长、副理事长、秘书长。会员的组成，除洪泽县水产系统的工程师、助理工程师、技术员外，还包括洪泽县所属乡镇的渔业技术人员及湖区半城中学水产职业班的教师。学会分养殖、加工、捕捞资源三个专业组。

四、淮安市水产学会

淮安市水产学会成立于 1993 年，是淮安市水产科技工作者自愿组成、具有公益性的科技社团组织。学会充分发挥桥梁和纽带作用，致力于水产科学技术的普及和推广，促进水产科学技术人才的成长和提高，促进水产科学技术与水产经济的结合，为淮安地区水产现代化作出了积极贡献；2022年有正式注册会员156个，其中单位会员13个、个人会员153个。

第三节　涉湖渔业科研项目及成果

一、洪泽湖水产资源综合调查

1960年，在中国科学院长江水产研究所、江苏省水产科学研究所的主持下，洪泽湖水产资源综合调查队成立，协作单位有中国科学院南京地理与湖泊研究所、南京师范学院生物系、地理系、南京大学生物系、华东水利学院（现河海大学）水文系、上海水产学院、省气象局、洪泽水产学校、洪泽县气象站。该次调查有9个单位共177人参加，洪泽县水产科学研究所后来派人参加了该项调查。该次调查主要对湖区的水域环境、水生生物、鱼类及渔业生产等方面作了研究，并着重对银鱼的增殖作了专题调查。1973—1974年，中国科学院南京地理与湖泊研究所进行了洪泽湖渔业资源调查。调查结果表明，洪泽湖共有鱼类81种，分属15科；浮游植物5门90属，以绿藻占绝对优势；浮游动物64属，以原生动物占优势；底栖软体动物数量丰富，平均每平方米密度为28个，估计全湖底栖软体动物的总生物量达17吨以上。而由于水位抬高，水生维管束植物生长受到限制，资源量显著减少，直接影响了草上产卵鱼类的繁殖生长和洪泽湖渔业资源的增殖。这次调查为洪泽县水产科学研究所之后开展的银鱼测报工作奠定了基础。实测资料表明，大银鱼在5月5日之后的10天内体重成倍的增长，为将1974年银鱼的开捕期推迟到5月20日提供了依据，使银鱼产量由历史上较高的1973年的120吨上升到295吨。1975年银鱼开捕期推迟到5月15日，银鱼产量猛增到670吨。以后，每年的预测预报，使银鱼产量相对稳定，对合理利用银鱼资源、提高产量起了一定的作用。自1978年开始一直延续至2020年禁捕退捕前。

二、淮河草鱼、青鱼、鲢、鳙产卵场调查

该项目是中科院南京地理与湖泊研究所与洪泽县水产科学研究所1976—1977年的协作项目。经过对蚌埠闸上下游草鱼、青鱼、鲢、鳙、鳊产卵场分布规模及变迁情况的调查，对淮河入洪泽湖河口地段的鱼卵、鱼苗的品种、数量及发育情况的测定，表明家鱼产卵场依然存在，特别是蚌埠闸下形成了新的产卵场。该项目建议对亲鱼较为集中的蚌埠闸下、老铁桥下和信家湾（王咀子）三处主要产卵场规定明确的禁捕期，以保护亲鱼的正常生殖活动。

三、洪泽湖定居鱼类产卵场调查

根据淮革计〔1977〕125号文件要求，该课题由淮阴地区科委下达给洪泽县水产科学

研究所。课题是 1978 年省里建议的课题，该调查最终提出了四项建议：一是保护现有的定居鱼类产卵场，建立常年繁殖保护区和严格执行禁捕期；二是积极改革破坏资源严重的渔具渔法，放大网目；三是大量种植水草，改善鱼类产卵环境和开创新的产卵场；四是投放鲤鱼夏花，以补充湖区后备资源。

四、洪泽湖渔业自然资源调查和区划调查

该课题是根据 1980 年 4 月全国渔业自然资源调查和渔业区划会议精神，由省水产局直接下达，由洪泽县水产科学研究所单独承担，野外调查工作于 1981 年 9 月至 1982 年 12 月完成，主要对洪泽湖的自然概况、浮游生物、鱼类、虾类、蟹类、水化学、底栖生物、水生维管束植物、人工放流的效益及渔具渔法等作了全面的综合调查。调查期间共采集鱼类标本 84 种，分属 16 科（1960 年和 1973 年两次渔业资源调查上记载过的有 17 种鱼该次未采到，洪泽湖鱼类仍在 100 种以上），采集底栖动物标本 39 种，其中软体动物 26 种、环节动物 3 种、节肢动物 10 种；采集浮游动物 32 种；浮游植物 7 门 98 属；水生维管束植物 30 种，分属于 2 门 18 科 24 属；对湖水的化学性质做了 15 项化学因子测定，各项水化学因子均符合国家渔业水质标准，适宜鱼类生长。调查组还对洪泽湖现有 5 部 16 类 61 种渔具渔法作了评价，并建议改革一些落后的渔具渔法，放大网具的网目，控制塑料籪的数量，淘汰不合格的渔具渔法。该调查为编制江苏省渔业区划提供了第一手资料，同时撰写了 13 篇专题调查报告。综合调查报告在中华人民共和国水利部治理淮河委员会举办的沿淮河 4 省水产资源调查经验交流会上交流，得到了与会者的一致好评，湖中各项元素的周年平均值见表 10 - 2 - 1。

表 10 - 2 - 1　各项元素的周年平均值

序号	名称	周年平均值	序号	名称	周年平均值
1	pH	8.05	9	总碱度	6.5 度
2	溶解氧	8.61 毫克/升	10	氨氮	0.083 毫克/升
3	钙	25.62 毫克/升	11	硝酸盐氮	0.318 毫克/升
4	镁	11.18 毫克/升	12	亚硝酸盐氮	0.025 毫克/升
5	氯化物	13.99 毫克/升	13	总磷	0.074 毫克/升
6	硫盐酸	15.18 毫克/升	14	硅酸盐	10 毫克/升
7	有机物耗氧量	2.87 毫克/升	15	总铁	0.047 毫克/升
8	总硬度	6.14 度			

五、中华绒螯蟹人工育苗及提高成活率的生产性试验

该项目于 1985 年由淮阴市科委下达，承担单位是淮阴市水产技术指导站，协作单位是中科院南京地理与湖泊研究所和洪泽县水产科学研究所。项目在洪泽县水产科学研究所兴建了螃蟹育苗池 40 平方米，海水存储池 200 平方米。在各参试单位的共同努力下，试

验达到预期效果，40 平方米育苗池共获得大眼幼体 8.8 千克，蟹苗育成幼蟹成活率高达 90%。

1997 年，泗洪县洪泽湖开发总公司与江苏省农科院土肥所，共同投资兴建了人工海水河蟹育苗场，进行中华绒螯蟹海水繁育试验。试验获得成功，蟹苗成活率提高一倍以上，生产成本大幅度下降，解决了蟹苗繁育方面的难题。

六、洪泽湖流水养鱼试验

1985 年，该项目是在淮阴市洪泽湖开发规划小组建议下，由淮阴市科委下达给淮阴市水产局、洪泽县水产局和水利局的科研项目。该项目从 1985 年 4 月 10 日开始，至 11 月 19 日结束。项目经市科委组织验收鉴定，获淮阴市科研成果四等奖。

七、围网养鱼种试验

20 世纪 70 年代，泗洪县半城公社安河大队渔民，投资 7 000 元，在洪泽湖湖区浅水地带的小明塘实施围网养鱼 135 亩。1985 年，洪泽县洪泽湖渔业生产管理委员会在临淮乡的王沙、老子山镇的贾滩浅水地各围 26 亩水面进行了围网养鱼种试验。从 7 月 12 日开始投放，到 12 月 30 日测捕结束，经过 140 天的生长试验，共生产鱼种 5 876.5 千克，成鱼 500 千克。经县科委验收鉴定，试验获洪泽县科技成果二等奖。

2022 年，洪泽湖蓄水范围线内围网养殖面积 13.02 万亩，省管水域范围内围网养殖面积 10.49 万亩。

八、网箱养殖试验

1979 年，洪泽湖渔业生产管理委员会在渔区和港湾河道多种水体进行了网箱养殖鱼种试验。高涧闸外、临淮乡湖面、盱眙淮河大桥下、蒋坝、三河公社等处都是网箱养鱼的试验点，它们取得了不同程度的成功。高涧闸外由于受流速和风浪的影响，效果不理想，但也积累了实践经验，为以后开展网箱养鱼提供了宝贵资料。

2007 年，省洪泽湖渔管办在泗阳县卢集桂嘴南成子湖水域，进行了浮动式网箱养殖斑点叉尾鲫试验，为现代化网箱养殖提供了示范。

九、洪泽湖螺蚬资源调查

该项目于 1990—1991 年开展。该项目的实施，探明了洪泽湖螺蚬的储量分布及各个季节的数量变化，并在《水产养殖》1994 年第 6 期发表了《洪泽湖螺蚬资源调查报告》。

十、洪泽湖贝类资源调查

2010—2022 年，省洪泽湖渔管办每年均进行贝类资源调查，种类主要包括河蚬、河蚌、螺类。调查内容主要为贝类的资源现状，包括河蚬分布、单位面积资源量、单位面积的数量、年龄特征、规格特征、空壳率等指标。调查方法主要采用渔船划耙捕捞收集标本，测量体长、体宽、体高、体重、年龄和空壳情况。

调查结果显示：全湖贝类物种组成以河蚬为主，其次为螺类。河蚬占比高的区域主要集中在淮河入湖口以西和半城附近水域，而螺类则出现在临淮、刘咀以西和卢集以北水域。从河蚬资源年龄结构看，1龄以下和1～2龄的河蚬群体为主要资源群体。1～2龄河蚬群体主要分布在湖区中部水域，2～3龄及3龄以上河蚬群体则集中出现在临淮和刘咀以西水域。全湖范围内，螺类资源密度高值出现在河蚬保护区、穆墩岛以及高渡附近水域，湖区中部、南部和西部水域螺类资源密度相对较少。河蚌资源高密度分布区出现在三河附近水域，资源量高值则在蒋坝、刘咀以西、半城附近水域，高渡和肖河附近也有零星分布。

十一、银鱼资源调查

2005—2020年，省洪泽湖渔管办每年5月份和8月份，各开展1次银鱼资源调查。调查内容包括银鱼资源分布、种群结构、年龄结构、长度组成及其渔获量和渔获率等。

十二、湿生植物调查

2019年始，省洪泽湖渔管办委托曲阜师范大学开展洪泽湖湿生植物调查。2019年7月至2021年5月，曲阜师范大学开展了春、夏、秋三季调查，发现湿生植物319种，隶属68科、193属。其中，蕨类植物4科5属6种、裸子植物1科2属3种、被子植物63科186属310种。

洪泽湖水生植物群落类型有：湿地或挺水植物群落，如芦苇群落、狭叶香蒲群落、菰群落、酸模叶蓼群落、头状随莎草＋高秆莎草群落、旋鳞莎草＋白鳞莎草群落及莲群落；浮叶植物群落，如芡实群落、荇菜群落；漂浮植物群落，如水鳖群落、喜旱莲子草群落、槐叶萍群落、满江红群落、紫萍＋浮萍群落；沉水植物群落，如竹叶眼子菜群落、苦草群落、金鱼藻群落、黑藻群落、菹草群落、篦齿眼子菜群落等。

调查发现，洪泽湖湿地内外来入侵植物有35种，洪泽湖湿生或水生植物被列入《国家二级重点保护野生植物名录》的有2种，即野大豆、水蕨。江苏省地理分布新记录植物4种，分别为断节莎、竹节菜、细匍匐茎水葱和疣果飘拂草。2023年3月15日，人民日报客户端等媒体登载了洪泽湖发现国家重点保护植物的信息。

1983—2024年渔业科技项目获奖和专利情况如表10-2-2所示。

表10-2-2　1983—2024年渔业科技项目获奖和专利情况

项目	承担单位	获奖时间	获奖奖项	获奖等次
家鱼提早人工繁殖技术	淮阴市水产站参与	1983年	江苏省重要科技成果	三等奖
改革池塘育种制度	淮阴市水产局、淮阴市水产技术指导站	1983年	淮阴市政府科技进步	三等奖

（续）

项目	承担单位	获奖时间	获奖奖项	获奖等次
缩短周期养鱼法	淮阴市水产局、淮阴市水产技术指导站参与	1985年	农业部农牧渔业科技进步、江苏省重要科技成果、江苏省水产技术改进	三等奖二等奖一等奖
连片鱼池6 000亩亩产400千克技术推广	洪泽县水产局	1989年	江苏省水产技术改进	三等奖
螃蟹增养殖技术	泗洪临淮乡水产养殖场、盱眙洪山乡水产开发公司参与	1989年	江苏省政府科技进步	四等奖
低洼圩区麦鱼轮作技术开发应用	泗洪洪泽湖综合开发管理局	1990年	江苏省水产技术改进	三等奖
围栏养蟹	淮阴市水产局等	1992年	农业部科技进步	三等奖
兴淮鲫制种养殖试验和性状研究及生产性示范	淮阴市水产科学研究所、水产技术指导站	1994年	淮阴市科技进步、江苏省政府科技进步	一等奖、四等奖
综合强化法培育一龄草鱼种推广应用	泗阳县水产技术指导站	1994年	科学技术进步奖	四等奖
池塘模式化增养技术	淮阴市淮安水产技术推广站参与	1995年	农业部"丰收奖"	一等奖
池塘鱼鳖混养技术示范	淮阴市水产科学研究所、水产技术指导站、金湖县水产局参与	1996年	江苏省水产科技进步	一等奖
大面积稻田养殖高产高效技术推广	淮阴市水产局、楚州区水产技术推广站参与	1998年	江苏省第二届农业技术推广	二等奖
淮安市农业防减灾研究与对策（水产篇）	淮阴市水产局	1999年	江苏省政府科技进步	二等奖
罗氏沼虾高产高效养殖	盱眙县水产技术指导站	2000年	淮阴市政府科技进步	二等奖
方正银鲫原种繁育	洪泽水产良种场	2000年	淮阴市科学技术进步	三等奖
史氏鲟受精卵南移孵化、苗种培育和推广养殖技术	淮安市水产科学研究所、淮安市水产技术指导站	2002年	江苏省政府科技进步、淮安市政府科技进步	三等奖
异育银鲫扩繁	洪泽县水产局	2002年	江苏省水产科技进步	三等奖
青虾池塘主养技术	淮阴市水产局参与	2003年	江苏省科技推广	三等奖

（续）

项目	承担单位	获奖时间	获奖奖项	获奖等次
异育银鲫池塘主（混）养技术	淮阴市水产局参与	2003 年	江苏省科技推广	二等奖
异育银鲫亲本引进及良种扩繁与推广	洪泽水产良种场	2003 年	江苏省海洋与渔业科技进步	三等奖
斑点叉尾鮰产业化开发	洪泽水产良种场	2005 年	淮安市科学技术进步	三等奖
史氏鲟受精卵南移孵化、苗种培育和推广养殖技术	淮安市水产科学研究所、淮安水产技术指导站	2006 年	淮安市"十五"期间重大科技创新成果奖	一等奖
克氏原螯虾苗种规模化繁育技术	淮安市水产技术指导站	2006 年	江苏省海洋与渔业局科技创新成果奖	二等奖
斑点叉尾鮰人工繁殖与养殖技术推广	洪泽水产良种场	2006 年	淮安市科学技术进步奖	二等奖
洪泽湖"抑藻净水"养殖效果研究项目	江苏省洪泽湖渔业管理委员会办公室	2009 年	中共淮安市委 淮安市人民政府 2009 年度创新创优优秀项目	入围奖
淡水小龙虾规模化高效养殖技术研究	泗阳县水产技术指导	2009 年	宿迁市科技进步奖	二等奖
黄颡鱼优质高效规模化繁养技术研究与示范推广	淮安市水产技术指导站	2010 年	江苏省科学技术奖	三等奖
克氏原螯虾养殖关键技术集成推广	淮安市水产技术指导站	2010 年	全国农牧渔业丰收奖	二等奖
四大家鱼等主要养殖品种原（良）种亲本选育与更新	洪泽水产良种场参与	2010 年	农业部全国农牧渔业丰收奖 江苏省海洋与渔业科技创新奖	二等奖
黄颡鱼优质高效规模化繁育技术研究与示范推广	淮安市水产技术指导站	2011 年	中国商联合会科学技术奖	一等奖
利用多级生物系统对淡水养殖池塘环境的修复	洪泽水产良种场参与	2011 年	中国水产科学研究院科技进步奖无锡市科技进步	二等奖
利用多级生物系统对淡水养殖池塘环境的修复	洪泽水产良种场参与	2013 年	江苏省海洋与渔业科技创新奖（2013 年）	二等奖

（续）

项目	承担单位	获奖时间	获奖奖项	获奖等次
建立洪泽湖流域生态环境保护协调新机制	江苏省洪泽湖渔业管理委员会办公室	2015 年	中共淮安市委　淮安市人民政府 2015 年度创新创优优秀项目	三等奖
洪泽湖渔业资源保护与管理系统	江苏省洪泽湖渔业管理委员会办公室	2017 年	江苏省测绘地理信息科技进步奖	三等奖
洪泽湖抑藻控草净水研究与示范项目	江苏省洪泽湖渔业管理委员会办公室	2017 年	淮安市科学技术进步	三等奖
洪泽湖信息化管理系统建设与示范项目	洪泽湖信息化管理系统建设与示范项目	2017 年	智慧江苏建设重点工程	省信息化试点工程
洪泽湖渔业信息一体化服务平台	江苏省洪泽湖渔业管理委员会办公室	2017 年	中共淮安市委　淮安市人民政府 2017 年度创新创优优秀项目	三等奖
泥鳅养殖技术示范与推广	泗阳县水产技术指导	2017 年	第四届江苏海洋与渔业技术创新奖	二等奖
洪泽湖水体遥感监测及生态修复	淮阴师范学院、中科院地理湖泊研究所、江苏省洪泽湖渔业管理委员会办公室	2018 年	中国商业联合会科学技术奖	一等奖
洪泽湖渔业水域生态环境保护与监测机制建设	江苏省洪泽湖渔业管理委员会办公室	2018 年	中共淮安市委　淮安市人民政府 2018 年度创新创优优秀项目	三等奖
洪泽湖信息化管理系统建设与示范项目	江苏省洪泽湖渔业管理委员会办公室	2019 年	全国智慧渔业突出贡献奖	智慧渔业突出贡献奖
洪泽湖信息化管理系统建设与示范项目	江苏省洪泽湖渔业管理委员会办公室	2019 年	2019 年数字淮安优秀实践成果	2019 年数字淮安优秀实践成果
创建洪泽湖水产品区域公共品牌建设新机制	江苏省洪泽湖渔业管理委员会办公室	2020 年	中共淮安市委淮安市人民政府 2020 年度创新创优优秀项目	二等奖
一种大水面增殖放流水产苗种快速高效运输投放船	江苏省洪泽湖渔业管理委员会办公室；淮阴师范学院	2021 年	实用新型专利	
洪泽湖退捕渔民转产转业的现状、问题及对策研究	江苏省洪泽湖渔业管理委员会办公室	2021 年	2021 年度全省乡村振兴软科学课题研究成果奖	优秀成果奖
一种淡水贝类资源调查专用艇耙	江苏省洪泽湖渔业管理委员会办公室；淮阴师范学院	2022 年	实用新型专利	

（续）

项目	承担单位	获奖时间	获奖奖项	获奖等次
大口黑鲈"优鲈"系列新品种及配套技术推广应用	泗阳县双高水产科技有限公司 南京帅丰饲料有限公司	2022年	2019—2021年度全国农牧渔业丰收奖	一等奖
乌苏里拟鲿高效养殖生长与性别调控技术集成与示范	淮安市五河口水产科技有限公司	2022年	中国商业联合会科学技术奖	三等奖
创新执法监管联动机制 守牢禁捕底线 夯实试点基础	江苏省洪泽湖渔业管理委员会办公室	2023年	江苏省农业农村厅2022年度高质量发展创新创优项目	三等奖
一种大小面增殖放流水产苗种快速高速运输投放船	江苏省洪泽湖渔业管理委员会办公室，淮阴师范学院	2024年		发明专利
一种淡水贝类资源调查专用艇耙	江苏省洪泽湖渔业管理委员会办公室，淮阴师范学院	2024年		发明专利

第四节 新品种引进和新技术示范推广

一、池塘养殖技术推广

1957年，开展鲤鱼孵化，获鱼苗40亿尾。1958年，在淮河下游的洪泽湖入口处建成淮河鱼种场，在淮河张弶网，捕捞天然鱼苗放入内塘养殖。

1962年，淮河鱼种场人工繁殖鲢、鳙鱼苗获得成功；1963年，草鱼人工繁殖成功；1973年，人工授精繁殖青鱼鱼苗获得成功。自此，四大家鱼繁殖全部取得成功。

1973年，洪泽县水产局委托淮河鱼种场，举办了第一期内塘养鱼技术培训班。此后，洪泽县水产局每年都要举办各种形式的养鱼学习班。仅1982年至1985年间，就举办各种形式的养鱼技术培训班100多期，接受培训人员达4 000多人次。

20世纪70年代末至90年代初，水产主管部门和技术推广单位通过组织洪泽湖综合开发"雄鹰杯"竞赛以及参加省局组织的"范蠡杯""丰收杯"竞赛等生产竞赛活动，积极推广池塘主、混、套养特种水产品技术、健康生态养殖技术、无公害标准化养殖技术等，池塘养殖产量和效益水平不断提高。

二、推广淡水无核珍珠的培育技术

1969年，洪泽湖区开始引进河蚌育珠技术。到1971年，全湖各渔业社队形成各自育珠专业队伍。洪泽县淮河鱼种场于1972年开始河蚌育珠试验，并为淮河渔业公社培训育珠能手 60 余人。在进行育珠生产的同时，为了增殖湖区三角帆蚌资源，自 1980 年以后，洪泽县水产部门重点抓渔业公社的三角帆蚌人工繁殖试验。到 1982 年止，在 5 个主要渔业公社建成三角帆蚌育苗池 200 多平方米，培育了一批优质蚌苗。

三、河蟹增养殖

20 世纪 60 年代末至 70 年代初，洪泽湖先后开展河蟹苗放流增殖试验。蟹苗放流增殖效果非常显著，洪泽湖 1981 年放流蟹苗 5 422.5 千克，1982 年产蟹 2 551 吨，占当年淮阴地区河蟹产量 3 611 吨的 80.2%；占江苏省河蟹产量 11 498 吨的 25.2%。

1985 年，淮阴市水产技术指导站、洪泽县水产局共同投资 18 万元，在中科院南京地理与湖泊研究所参与下，利用人工运储海水进行河蟹育苗试验，并获得成功。40 平方米育苗池，培育河蟹大眼幼体 7 千克，其中一个池 10 平方米出河蟹大眼幼体 4.9 千克。这在河蟹人繁初始阶段，是一项了不起的成果，当时的《新华日报》《淮阴日报》都作了报道。

1985 年以后，由于河蟹资源的不断变化，河蟹捕捞产量锐减，各地开始探索河蟹人工养殖技术。洪泽县水产科学研究所及有关渔业乡镇，相继开展河蟹暂养试验。1985 年 4 月，盱眙县淮河乡渔民在池塘中放养一些幼蟹，不定期投喂饵料，到 10 月收获成蟹 56.5 千克。

1989 年泗洪县成河乡在穆墩北圩开展网围养蟹试验，并连续三年参加市鱼池双高竞赛均取得好成绩。1989 年，泗洪县获淮阴市水产科技一等奖。

1999 年，淮阴市水产局与中科院南京地理与湖泊研究所合作，承担了省科技局下达的河蟹颤抖病综合防治技术研究课题。通过大量的调查研究、对疫区病蟹的解剖与病理研究，以及综合有关科研部门、大学对河蟹颤抖病发病因子研究成果等，提出了彻底清塘、种植水草改善生态环境、科学投饵和控制放养密度等关键技术。从此，河蟹发病率显著下降，河蟹规格与质量明显提高。

2001 年以来，由于河蟹养殖的大面积发展、常规养殖的经济效益逐步下滑、优质大规格河蟹市场走俏等原因，为了适应市场需求，各地调整养殖结构，改变养殖模式，大力试验示范和推广河蟹种草投螺生态养殖技术，河蟹与青虾、小龙虾、鳜等套养技术，微孔增氧技术，微生态制剂调水技术，标准化无公害养殖技术等，推动河蟹养殖由"大养蟹"向"养大蟹、养好蟹"转变，河蟹规格品质和养殖效益不断提高。

四、塑料控温大棚培育河蟹早繁苗

1996—1998 年，泗洪县开展"塑料控温大棚培育河蟹早繁苗"试验取得了成功，获江苏省水产局"渔业科技二等奖"，获宿迁市人民政府"科技进步二等奖"。

五、异育银鲫养殖及良种繁育

1984 年，淮阴市水产养殖场从江苏省淡水水产研究所引进异育银鲫试养。1997 年，洪泽县水产良种场从方正县双凤水库引进 1 000 千克异育银鲫和 100 尾雄性方正银鲫，1998 年 3 月从江西兴国引进兴国红鲤。1998 年，省水产局下拨 20 万元给淮阴市水产局，让其承担省异育银鲫推广项目。该项目在洪泽推广 1 万亩，亩产 40～70 千克。同年 8 月 24 日省水产局批复同意在洪泽县鱼种场建设省级洪泽方正银鲫兴国红鲤良种场。该场建成后，年产方正银鲫亲鱼 6 万尾、兴国红鲤鱼种 10 万尾，总规模 440 亩，总投资 208 万元。除省局逐年拨款 50 万元外，其余由市县配套和鱼种场自筹。2000 年市水产局在全市组织实施异育银鲫推广项目，洪泽县主养 5 000 亩、混养 2 万亩。2001 年，异育银鲫良种池塘主养模式亩均产量 608 千克，异育银鲫占 60.9%，亩均产值 3 957 元，利润 1 114 元；混养模式亩均产量 562 千克，异育银鲫占 34%，亩均产值 3 263 元，利润 899 元。2003 年 1 月，洪泽水产局承担的《异育银鲫良种扩繁与推广》项目通过省局验收。同年，淮安市林牧渔业局组织实施《异育银鲫池塘（主）混养技术》获江苏省水产技术推广二等奖。2006 年，洪泽水产良种场被确认为国家级良种场。2007 年至 2009 年，洪泽水产良种场承担农业部渔业物种资源保护项目——《方正银鲫、兴国红鲤引进、保存及选育》。此后，该场每年为社会提供异育银鲫亲本（方正银鲫、兴国红鲤）及鱼种 1 亿多尾。

六、水下坝水上网的网围模式

1988 年，泗洪县临淮乡采取"水下坝，水上网"的网围模式进行养鱼试验，解决了过水性湖泊水位变幅大的矛盾，创造了过水性湖泊网围养鱼的新方法。

七、特色水产养殖精深加工示范与推广应用

2009 年至 2010 年，泗洪县承担《江苏省科技富民强县（特色水产养殖精深加工示范与推广应用)》项目，取得了成功，并通过江苏省科技厅的验收。

八、斑点叉尾鮰引繁养殖

斑点叉尾鮰原产于美国，20 世纪 90 年代初湖北等地引进养殖。1993 年，淮阴市水产技术指导站先后从湖北嘉鱼县水产研究所引进斑点叉尾鮰鱼种。"九五"期末，随着美欧对斑点叉尾鮰鱼片需求增加，当地水产品加工企业（海隆公司、润通公司等）开展斑点叉尾鮰鱼加工出口，从而带动洪泽县斑点叉尾鮰养殖业快速发展。2002 年，洪泽县水产局承担省水产三项更新工程项目《斑点叉尾鮰鱼产业化》；2003 年，洪泽县水产良种场承担省水产三项更新工程项目《斑点叉尾鮰苗种规模化繁育技术开发》；2004 年，淮安市水产技术指导站主持，江苏海隆国际贸易有限公司、洪泽县、淮阴区水产技术推广站作为合作单位，承担江苏省海洋与渔业局下达的省水产三项更新工程项目《斑点叉尾鮰产业化链式开发》，省级投入专项资金 90 万元。项目从鮰鱼的亲本引进选育—人工繁殖—鱼种培育—无公害养殖与产品检测—鱼制品加工出口，实行全程质量控制，形成产业链式开发。2006 年，洪泽县西顺河镇养殖面积超过 5 000 亩。

九、翘嘴红鲌规模化繁殖与养殖推广

自 2003 年春季开始，淮安市水产研究所在 1994 年翘嘴鲌人工繁殖取得成功的基础上，将

298

本地野生翘嘴鲌、翘嘴红鲌相继引入池塘进行驯化养殖，培育成亲鱼。2005年春季，该所开展人工繁殖，取得成功。至2009年，淮安市形成10万尾翘嘴鲌大规格苗种、50万尾翘嘴红鲌大规格苗种的生产供应能力，并连续多年为洪泽湖翘嘴红鲌放流和人工养殖提供鱼种。

十、洪泽湖流域乌苏里拟鲿驯化养殖及保种培育

乌苏里拟鲿，属鲶形目，鲿科，拟鲿属鱼类，它分布较广，洪泽湖流域也有分布。2004年起，淮安市水产研究所着手开发该品种，先从黑龙江引进乌苏里拟鲿，2005年春又从洪泽湖收购到乌苏里拟鲿31尾，2006年春季将培育成熟的乌苏里拟鲿亲鱼配对催产获得子一代鱼苗近1万尾，至2008年已有成熟乌苏里拟鲿亲鱼1 200组，已具备了作为新兴养殖品种开发利用的种质基础。当年，该研究所成功繁育乌苏里拟鲿鱼苗100万尾，创当年全国最大繁苗量。

十一、克氏原螯虾（龙虾）苗种繁育及养殖

1999年，洪泽县水产局投资30万元，由水产技术人员牵头，在东双沟乡开展龙虾人工养殖试验。2000年，盱眙县水产局承担了江苏省水产三项更新工程项目，在维桥水产养殖场利用100亩水产养殖塘口，开展龙虾养殖及龙虾苗种人工繁育试验。2001年起，盱眙龙虾节连年成功举办，推动了龙虾人工养殖的快速发展。2002—2003年，盱眙县畜牧水产局、盱眙县食品公司等单位先后承担江苏省水产三项更新工程项目——《克氏原螯虾大规模生态养殖综合配套技术推广》《克氏螯虾生产与加工标准化技术体系建立和产业化开发》。2006年，淮安市畜牧水产局组织实施龙虾人工养殖试验示范工程；同年4月13日举办全市龙虾养殖技术培训班；5月26日举办全市龙虾养殖技术研讨会；8月30日举办全市龙虾养殖试验示范现场观摩会；当年即在盱眙、洪泽等县市级龙虾养殖试验示范点，探索形成了池塘主养、鱼虾蟹混养、柴滩地增养殖和水生蔬菜龙虾轮作等龙虾养殖模式。2007年，盱眙县继续加大龙虾养殖技术示范推广力度，组织实施龙虾养殖示范推广"515"工程，即：建立龙虾养殖示范点50个，示范总面积1万亩，新增养殖面积5万亩。2007年2月28日，淮安市畜牧水产局举办"中国淮安克氏原螯虾技术论坛"。2008年，盱眙县建立龙虾养殖示范点80个，其中龙虾苗种繁育点5个、柴滩地增养殖点8个、网围养殖点8个、鱼虾菜轮作点2个。2009年6月7—9日，全省"克氏原螯虾产业发展推进会"在盱眙召开。2010年5月18—19日，江苏省海洋与渔业局在盱眙举办"全国克氏原螯虾产业研讨会"，农业部渔业局副局长陈德毅、全国水产技术推广总站副站长王德芬等到会。据不完全统计，2000年以来，水产技术部门及有关单位先后举办各级各类龙虾养殖技术培训班百余期，受训2万多人次。

十二、湖滩地克氏螯虾网围高产养殖技术试验示范

2008年8月至2010年10月，省洪泽湖渔管办承担实施江苏省水产三项更新工程项目《湖滩地克氏螯虾网围高产养殖技术试验示范项目》。该项目建成970亩养殖示范区围网，其中：780亩成虾养殖示范区亩产商品克氏螯虾126.5千克，190亩苗种繁育示范区

亩产幼虾 31.9 千克。养殖试验区两年共实现利润 170.2 万元。该项目建成 10 060 亩克氏螯虾生产基地，科技人员分别在韩桥、西顺河、中扬、临淮、管镇、高渡、老子山举办养殖技术培训 7 次，共培训 1 152 人次。在推广方面，滩地围网高产养殖克氏螯虾示范现场会召开，沿湖周边水产技术推广部门、养殖公司（场）等单位的技术、管理人员以及养殖渔民等 220 人参加。该项目示范推广 10 060 亩，实现产值 805 万元。

十三、洪泽湖抑藻控草净水研究与示范

2012—2016 年，省洪泽湖渔管办实施了《洪泽湖抑藻控草净水生物操控技术研究与示范》项目，旨在通过放养滤食性的鱼类和养殖草食性鱼类，控制藻类生长速度和抑制沉水植物的过量生长，以降低水体富营养化程度，并建立洪泽湖水质保育技术。项目充分利用民间资金，试验推广养殖面积 35 588 亩，取得显著的社会、经济和生态效益。

十四、洪泽湖河蚬生态采苗与网箱吊养技术的研究与示范

2016 年 3 月至 2018 年 12 月，省洪泽湖渔管办承担了《洪泽湖河蚬生态采苗与网箱吊养技术的研究与示范》项目。项目实施期间，在洪泽湖高渡水域建立河蚬湖泊吊养技术示范区 3 000 亩；建立一套河蚬天然采苗技术和河蚬网箱吊养技术；形成相关技术标准《洪泽湖河蚬增养殖技术规程》和《洪泽湖河蚬网箱养殖技术操作规范》2 项；在 CSCD 库中文核心期刊《基因组学与应用生物学》发表文章《洪泽湖河蚬繁殖高峰期的生物学研究》；在水产类中文核心期刊《科学养鱼》发表文章《河蚬竹筏吊养技术要点》；论文《The complete mitochondrial genome of the two kinds of Corbicula fluminea（Blackand Yellow）》发表于 Mitochondrial DNA Part B Resources；获批实用新型专利《河蚬吊养竹筏》1 项；申请发明专利《一种新型河蚬竹筏吊养法》1 项。2020 年 7 月通过江苏省农业农村厅的验收。

十五、洪泽湖河蚬资源增殖与管理技术示范

2017 年 4 月至 2019 年 12 月，省洪泽湖渔管办和中科院水生生物研究所淮安研究中心联合承担了《洪泽湖河蚬资源增殖与管理技术示范》项目。项目实施期间建成 2 个河蚬增殖与可持续渔业管理示范区，面积共 2 万亩。在示范基础上推广洪泽湖河蚬资源增殖与可持续渔业管理技术，推广面积 10.5 万亩；通过单位补充量产量模型（YPR），评估不同管理方案（例如改变最小起捕规格，延长或者缩短禁捕时间，改变开发率等）下种群的数量变动，得到较优的备选方案，并形成河蚬的增殖与可持续渔业管理技术规范 1 项；共举办技术培训班 9 场次，培训 500 多人次。2020 年 7 月通过江苏省农业农村厅的验收。2020 年 12 月，省洪泽湖渔管办制订了 1 项淮安市地方标准——《洪泽湖河蚬增养殖技术规程》（DB 3208/T 134—2020）。

十六、洪泽湖银鱼繁殖的环境需求和资源增殖技术研究与示范

2018 年 4 月至 2020 年 12 月，省洪泽湖渔管办和中科院水生生物研究所淮安研究中

心联合承担了《洪泽湖银鱼繁殖的环境需求和资源增殖技术研究与示范》项目。项目实施期间，洪泽湖银鱼国家级水产种质资源保护区放流了大银鱼受精卵两批次，共计 5 000 万粒（2019 年 1 月 8 日 2 200 万粒，2019 年 12 月 31 日 2 800 万粒）；形成《洪泽湖大银鱼和太湖新银鱼的生长、死亡参数及资源利用状况》和《洪泽湖大银鱼和太湖新银鱼的繁殖生物学研究报告》2 份研究报告；形成洪泽湖银鱼增殖技术规范 1 项，规定了洪泽湖水域银鱼增殖放流水体的环境条件、受精卵和鱼苗放流（种质来源、质量要求、计数、运输、投放）、增殖管理、资源监测、捕捞以及增殖效益评价等技术要点；先后举办 3 场银鱼增养殖技术培训，累计培训 237 人次。2022 年 2 月通过江苏省农业农村厅的验收。

十七、新品种引进养殖

据不完全统计，1978 年以来，淮安市水产研究所等单位先后从外地引进水产养殖优新品种 40 多种，其中几种罗非鱼、日本大阪鲫（白鲫）、几种散鳞镜鲤、革胡子鲶、呆鲤等品种当时在本地曾得到推广养殖，后因种种原因逐步淘汰；异育银鲫目前还是水产养殖的重要品种；方正鲫、兴国红鲤由洪泽水产良种场引进后一直保种繁育，为社会提供异育银鲫的制种亲本；有些引进品种经试养后，因多种原因未能得到推广养殖，1978—2021年水产养殖新品种引进情况如表 10-2-3 所示。

表 10-2-3　1978—2021 年水产养殖新品种引进情况

品种	引种时间	引种来源	引种单位
尼罗罗非鱼	1978 年	扬州市水产养殖场	原清江市水产养殖场
日本大阪鲫（白鲫）	1980 年	江苏省淡水水产研究所	原清江市水产养殖场
散鳞镜鲤	1980 年	江苏省淡水水产研究所	原清江市水产养殖场
呆鲤	1981 年	湖南	洪泽县水产研究所
莫桑比克罗非鱼	1981 年	扬州市水产养殖场	泗阳县史集水产养殖场
荷元鲤	1981 年	镇江市水产养殖场	泗阳县水产技术指导站
福寿鱼	1983 年	扬州市水产养殖场	原淮阴市水产养殖场
埃及塘虱鱼	1983 年	安徽	泗阳县水产技术指导站
异育银鲫	1984 年	江苏省淡水水产研究所	原淮阴市水产养殖场
革胡子鲶	1984 年	无锡淡水渔业研究中心	淮阴市水产技术指导站
淇河鲫	1986 年	上海水产大学	淮阴市水产科学研究所
奥利亚罗非鱼	1986 年	无锡淡水渔业研究中心	原淮阴市水产养殖场
云斑鮰	1987 年	湖北嘉鱼县水产研究所	淮阴市水产科学研究所
美国斑点叉尾鮰	1988 年	湖北嘉鱼县水产研究所	淮阴市水产科学研究所
日本大阪鲫	1988 年	苏州市水产养殖场	泗阳县水产技术指导站
德国镜鲤	1989 年	北京市水产良种场	淮阴市水产科学研究所

（续）

品种	引种时间	引种来源	引种单位
淡水白鲳	1990 年	新沂市水产养殖场	泗阳县水产技术指导站
牛蛙	1991 年	徐州市水产养殖场	泗阳县水产技术指导站
乌克兰镜鲤	1991 年	南京市水产良种场	淮阴市水产科学研究所
林蛙	1992 年	黑龙江水产养殖场	泗阳县水产技术指导站
建鲤	1994 年	无锡淡水渔业研究中心	淮阴市水产科学研究所
巴西龟	1996 年	上海	淮阴市水产科学研究所
罗氏沼虾	1997 年	苏州	淮阴市水产科学研究所
淡水白鲳	1997 年	徐州	淮阴市水产科学研究所
方正银鲫	1997 年	方正县双凤水库	洪泽县水产良种场
兴国红鲤	1998 年	江西兴国红鲤良种场	洪泽县水产良种场
淡水石斑鱼	1998 年	上海奉贤	淮阴市水产科学研究所
彩虹鲷	1998 年	上海奉贤	淮阴市水产科学研究所
吉富罗非鱼	1998 年	青岛	淮阴市水产科学研究所
史氏鲟	1998 年	黑龙江	淮阴市水产科学研究所
巴西七彩龟	1998 年	上海	淮阴市水产科学研究所
鲟鳇杂交鱼	1999 年	黑龙江抚远	淮阴市水产科学研究所
达氏鳇	2000 年	黑龙江抚远	淮阴市水产科学研究所
俄罗斯鲟	2000 年	北京	淮阴市水产科学研究所
小体鲟	2000 年	北京	淮阴市水产科学研究所
暗纹东方鲀	2000 年	镇江	淮阴市水产科学研究所
七彩神仙鱼	2000 年	上海	淮阴市水产科学研究所
锦鲤	2000 年	天津换新水产良种场	淮阴市水产科学研究所
红白花鲫	2000 年	天津换新水产良种场	淮阴市水产科学研究所
蓝花鲫	2000 年	天津换新水产良种场	淮阴市水产科学研究所
美国鳄龟	2000 年	上海	洪泽县水产良种场
杂交条纹鲈	2001 年	广东番禺	淮安市水产科学研究所
罗氏沼虾	2001 年	苏州	鑫源特种水产开发公司
南美北对虾	2001 年	厦门	淮安市水产科学研究所
丁鱥	2002 年	新疆	淮安市水产科学研究所
美国匙吻鲟	2002 年	湖北	淮安市水产科学研究所
香鱼	2002 年	福建	淮安市水产科学研究所
翘嘴红鲌	2004 年	浙江湖州	淮安市水产科学研究所

（续）

品种	引种时间	引种来源	引种单位
河鲈	2004 年	新疆	淮安市水产科学研究所
太阳鱼	2004 年	浙江省	泗阳县水产技术指导站
克氏原螯虾	2005 年	南京市	泗阳县水产技术指导站
乌苏里拟鲿（鮰）	2005 年	黑龙江抚远	淮安市水产科学研究所
鸭绿江斑鳜	2007 年	辽宁丹东	淮安市水产科学研究所
异育银鲫"中科 3 号"	2008 年	中科院水生生物研究所	洪泽县水产良种场
赤眼鳟	2014 年	泰兴市水产养殖场	淮安市五河口水产科技有限公司
长吻鮠	2016 年	四川省眉山市东坡区彭氏特种水产种苗场	淮安市五河口水产科技有限公司
异育银鲫"中科 5 号"	2017 年	中科院水生生物研究所	洪泽区水产良种场
太湖 1 号青虾	2017 年	南京坤泰水产养殖有限公司	江苏正丰水产科技有限公司
美洲鲥鱼（美洲西鲱）	2018 年	苏州市	洪泽区水产良种场
拉氏鱥（柳根鱼）	2019 年	辽宁省辽阳市	洪泽区水产良种场
新品种大口黑鲈"优鲈 3 号"	2019 年	中国水产科学研究院珠江水科所 南京帅丰饲料有限公司	泗阳县双高水产科技有限公司
美国鲈鱼原种	2020 年	中国水产科学研究院淡水渔业研究中心 南京市水产科学研究所	泗阳县双高水产科技有限公司
锦鲤	2021 年	江苏省淡水水产研究所	淮安市五河口水产科技有限公司
黄金鲫	2021 年	吉林、长江水产研究所	洪泽区水产良种场
太湖 2 号青虾	2021 年	南京坤泰水产养殖有限公司	泗阳县水产技术指导站

十八、围网养殖技术推广

沿湖渔业技术推广部门围绕当地渔业特色产业，有针对性开展渔业法律法规、安全生产、技术培训工作，发布渔业疾病防控技术指导意见，特别是每遇洪涝、干旱等极端灾害情况，就深入水产养殖基地现场指导。一是转变经营理念。彻底改变了渔民长期以来"水面靠圈、苗种靠买、饲料靠捕、数量（养殖面积、放养量）靠多、养殖靠天、销售靠来"的经营埋念；二是优化养殖模式。"低密度、大水体、养大蟹、无公害"的养殖模式得到普遍应用，逐步实现了"粗放型—精养型—生态健康型""大养蟹—养大蟹—养好蟹"的转变。三是改变生产方式。大力推广围网、网箱、网围套网箱、网围套网围相结合、苗种和成鱼相配套养殖等模式，通过分级养殖降低生产成本，化解风险。积极推广轮牧式养殖方式、鱼蟹轮作、蟹草轮作、鱼蟹混养等新型养殖方式。四是改善养殖结构。在稳定网围养殖中河蟹养殖比例的同时，适当增加一些其他名特优新品种的养殖，形成"只养蟹—鱼蟹混养—水草、鱼、蟹共养"的品种格局。走河蟹健康养殖之路，实行生态养蟹、健康养蟹，改精养为混养，改密养为稀养，注重养殖水体的水草管理，改善河蟹生长的生态环境，实行科学的生态养殖方式，在提高河蟹的品质上下功夫，为市场提供优质的大规格河蟹，通过高品质获得高价格以增加收入。影响力较大的水产科技推广活动有：

2009年2月，省洪泽湖渔管办成立由该单位水产技术人员组成的洪泽湖"五个一"技术服务小组，通过"科技入湖""科技联姻""一对一""专家湖区行"等形式，深入湖区、走进船头，开展形式多样的技术指导；围绕"五个一"要求，每位成员每年开展一次业务培训，挂钩一个水产企业或联系一个水产大户或扶持一个技术低收入户，总结一个生产典型，发表一篇文章或撰写一篇调研报告。2009—2019年，每年在湖区开展渔业技术培训5次以上。2020年至2022年，受疫情影响未开展技术培训。

2009年11月23日，省洪泽湖渔管办组织并承办的"中国湖泊渔业发展论坛"在淮安成功举办，中国科学院水生生物研究所曹文宣院士、中共中央候补委员、中国农业科学研究院翟虎渠院长、江苏省人民政府杨根平副秘书长、淮安市委刘永忠书记、江苏省海洋与渔业局唐庆宁局长、丁承轩副局长、中国科学院南京分院谷孝鸿副院长等领导和专家参加。会议通过了由省洪泽湖渔管办副主任张胜宇研究员撰写的《中国湖泊渔业发展宣言》。

2010年，省洪泽湖渔管办与淮阴师范学院开展校地合作，就洪泽湖涉湖涉渔课题立项开展研究，由省洪泽湖渔管办提供科研经费30万元，重点围绕10个项目开展研究，围绕项目实施与管理签订了相关协议。2012年，项目通过组织的专家验收，取得的科研成果部分填补了洪泽湖渔业研究的空白。

2010年，洪泽湖渔政三大队专门成立了"蟹博士"服务队，对养殖塘口开展巡回指导，为水产品质量安全提供了技术支撑。

2017年11月，洪泽湖渔政一大队在西顺河镇"中国渔家风情园"开展渔业养殖规范化技术培训，宣贯《洪泽湖网围养蟹技术规程》团体标准。

2018年11月、12月，省洪泽湖渔管办分别在洪泽老子山、泗阳高渡、泗洪龙集连续举办三场洪泽湖大闸蟹养殖、洪泽湖河蚬增养殖技术培训班，参训人员近400人。

2019年7月，省洪泽湖渔管办渔政三大队联合泗洪县人民法院、临淮镇人民政府、泗洪县康源河蟹科技养殖协会，共同举办法律巡讲及养殖技术培训班。培训班吸引了来自泗洪县康源河蟹科技养殖协会会员、临淮镇及周边乡镇的捕捞养殖户代表等100余人参加。

2019年11月1—2日，江苏省水产学会、江苏省海洋湖沼学会2019年联合学术年会在江苏淮安召开，会议由江苏省水产学会和江苏省海洋湖沼学会联合主办，淮阴师范学院、省洪泽湖渔管办承办，中国科学院南京地理与湖泊研究所、河海大学、江苏省淡水水产研究所、江苏省渔业技术推广中心、南京大学、南京师范大学协办。会议邀请知名专家、学者作学术报告。省洪泽湖渔管办副主任张胜宇研究员作了《洪泽湖渔业资源与环境保护现状、存在问题与对策》主题报告，500余人参加会议。

2019年10月、11月、12月，洪泽湖渔政一、三、五大队分别在养殖渔民集中区开展养殖技术培训，并邀请中科院水生生物研究所专家、渔业推广技术人员、地方土专家开展大闸蟹、河蚬养殖、捕捞技术培训，组织养殖户现场签订了《水产品质量安全承诺书》。

2020年1月3日至4日，省洪泽湖渔管办在洪泽区老子山镇和泗阳县高渡镇，先后举办2场洪泽湖水产品养殖质量安全技术培训，科技处、渔政二大队和渔政四大队人员，以及养殖渔民130余人参加了培训。

2020年9月11日，省洪泽湖渔管办在宿迁市泗洪县召开洪泽湖渔业养殖投入品管理培训会，100余名沿湖养殖户参加会议。

2021年3月27日，省洪泽湖渔业协会在泗洪县组织召开洪泽湖渔业投入品培训会议，沿湖200余名渔业从业人员参加培训。

此后，受新冠病毒疫情影响，不适宜组织集体性活动。另因禁捕退捕退养等政策因素，渔民转产转业上岸，省洪泽湖渔管办组织的技术培训活动逐步减少。

渔业科技园区

第一节　洪泽现代渔业科技园区

2008年，洪泽县水产良种场被江苏省科技厅批准为首批江苏省现代农业科技园——洪泽现代渔业科技园区。

洪泽县水产良种场始建于1985年，位于洪泽湖东北岸，淮河入海水道枢纽二河闸西侧，全场占地面积1 660亩，养殖水面880亩，拥有总资产1 600多万元，有年产10亿尾鱼苗能力的人繁设施一套，工厂化温室3 680平方米、日光能温室600平方米、综合科技楼1 800平方米，现为国家级水产良种场、省级方正银鲫和兴国红鲤良种场、中国科学院水生生物研究所洪泽水产良种繁育中心、国家大宗淡水鱼类产业技术体系——异育银鲫"中科3号"良种繁育基地、江苏省洪泽湖增养殖科学试验场和洪泽湖放流苗种基地、江苏省科普教育示范基地、江苏省洪泽湖淡水鱼疾病防治公共技术服务中心、江苏省渔业科技成果转化基地、淮安市水产良种繁育工程技术研究中心、淮安市淡水鱼疾病防治服务平台。

多年来，洪泽水产良种场先后承担部、省、市水产科技项目20多项，重点开展省级和国家级良种场建设，方正银鲫、兴国红鲤、斑点叉尾鮰和"中科3号"异育银鲫引进、选育、生产和推广，每年为社会提供水产优良鱼苗5亿余尾，为全市及洪泽湖区渔业发展作出了重要贡献；先后获得淮安市科技进步奖二等奖1项、三等奖2项，农业农村部全国农牧渔业丰收二等奖1项、中国水产科学研究院科技进步二等奖1项、江苏省海洋与渔业科技创新二等奖1项；2007年被中国科协、财政部授予全国科普惠农兴村先进单位。

第二节　淮安市现代渔业科技示范园

淮安市现代渔业科技示范园，是江苏省海洋与渔业局首批命名的四家现代渔业园区之一，由淮安市农业农村局（原淮安市农业委员会）在原淮阴市水产科技示范园拆迁的基础上投资兴建，委托淮安市水产技术指导站运行管理。园区核心区域面积206.5亩，总投资6 810万元。主要建设内容包括：水产新品种引进和遗传育种、新型水产养殖模式研究、观光休闲渔业建设、科普教育和科技服务等四个部分。园区将现代生态技术、绿色能源技术、数字信息技术引入水产养殖业，建成省内领先、国内一流的融生态、高效、节能、环保为一体的渔业高科技示范基地，园区还兴建鱼病医院、科技超市及渔需物资门市，邀请省内外知名水产病害专家定期坐诊，为周边渔农民提供免费鱼病诊疗服务，成为集渔业生产、科学研究、科普教育、旅游餐饮、娱乐休闲于一体的多功能现代渔业生态园区和农业旅游示范点。园区先后获评淮安市科普教育基地、江苏省科普教育基地、全国休闲渔业示范基地、江苏省优势种苗中心、江苏省省级良种繁育场等荣誉称号。

2023 年底，该园区交由淮安农科园管理运营。

第三节　淮安天参水产科技园区

淮安天参水产科技园区，2006 年由国家级农业产业化重点龙头企业、江苏省首批农业科技型企业——江苏天参农牧水产有限公司规划建设，先后投资 1 600 万元。园区位于洪泽县西顺河镇境内，占地 2 300 亩，主要从事鱼类和虾蟹类养殖技术试验示范推广，已被江苏省科技厅授予江苏省科技成果转化基地。

2010 年该园区与中国科学院水生生物研究所合作，成立曹文宣院士工作站，2011 年成立淮安市饲料研究工程技术中心和淮安市企业技术研究中心，还与中国水产科学院南海水产研究所、南京农业大学、苏州大学等高校开展多种形式的产学研合作。

第四节　泗洪现代渔业产业园

泗洪现代渔业产业园又称泗洪金水集团，成立于 1998 年，有下属企业 15 个，水产养殖面积 29 平方千米，资产总值 1.67 亿元，职工 120 人，水产专业工程技术人员 55 名，中级以上职称 10 人。2000 年，该园区被列为江苏省 30 家重点农业产业化经营龙头企业之一。

1999—2009 年，该园区连续十年获省农业产业化经营龙头企业综合优秀奖和成长型龙头企业奖。2009 年、2010 年、2011 年，园区销售收入分别为 5.86 亿元、5.93 亿元和6.2 亿元，年均实现利税 6 000 万元以上。

进入 21 世纪，该园区集淡水水产品养殖、加工、销售、出口贸易为一体，主要产品有金水牌大闸蟹、甲鱼、小龙虾、黄颡鱼等，兼营洪泽湖地方特色水产品。2003—2008年，连续 6 年参加江苏省在香港举办的江苏优质大闸蟹推介会，多次获"金奖"；建设泗洪洪泽湖水产城，建成 8 万平方米现代高效环保型水产品市场，配置网络交易平台。2009年，该园区通过 ISO 9 000 质量体系认证。2011 年 7 月，养殖基地被认定为江苏省现代渔业产业园；同年 12 月，被国家农业部等认定为农业产业化国家重点龙头企业。

第五节　盱眙县国家现代农业产业园

盱眙国家现代农业产业园于 2020 年 4 月获批创建，园区规划面积 32.9 万亩，涉及淮河镇、管仲镇、鲍集镇、盱城街道、穆店镇、马坝镇 6 个镇街 31 个村居 9.5 万人口，园区以"稻虾共生"为主导产业，按照"一带二核三区"进行布局规划。"一带"是以 G344 为主的稻虾共生产业带；"二核"是指沿湖大道 10 万亩稻虾共生核心区和马坝镇现代农业科技示范核心区，"三区"是指明祖陵三生融合共建区、龙虾小镇服务区和绿色食品产业园加工区。2022 年 1 月，该园成功通过第四批国家现代农业产业园认定。

第十一篇　渔业文化

第一章

渔文化发展历史

第一节　古代渔文化

　　洪泽湖区域的鱼类活动最早可以追溯至距今大约 1 200～1 400 万年，相当于地质年代上的新生代晚第三纪中新世。1952—1982 年，泗洪县松林庄、双沟、戚嘴、下草湾等地陆续发现鱼类化石 2 科 6 种，其中鲤科有白鲢、草鱼、鲤、鳡、鲴，鲍科有黄颡鱼。1954 年发现的距今约四五万年前的泗洪县下草湾人，就"靠打猎、采集、捕鱼来维持生活"，这也是目前为止洪泽湖区所见最早的原始人类捕鱼活动；1951—1958 年发掘的青莲岗遗址（在今淮安市淮安区宋集），距今约 6 000 年，该遗址发现有骨镖、陶网坠等捕鱼工具，为复原当时青莲岗人的原始捕鱼活动提供了最为直接的实物依据。种种迹象表明，洪泽湖区人类在新石器时代已经开始使用骨镖、渔网等工具进行捕鱼了。这无疑极大地提高了捕获量，应该说是洪泽湖区渔业发展史上的巨大进步。此外，在 1977 年秋，下草湾地区还发现不少非海相瓣鳃类化石。这些情况表明，洪泽湖区在当时气候温湿、植物繁茂、动物麇集、鱼类成群。随着人类历史的演进、社会经济的发展，捕鱼技能更加成熟，捕鱼工具也愈加先进，洪泽湖区渔业活动越来越频繁。

　　春秋战国时期，就有居民在洪泽湖地区垦殖渔猎。先秦时期，洪泽湖地区就出产美鱼，捕鱼是当地居民重要的生活来源之一。两汉时期，人们对鱼类的认识进一步深化，养鱼业普遍开展，捕鱼技术迅速提高。汉人普遍嗜鱼，鱼是饮食结构的重要组成部分。据文献记载，汉末三国时期淮河和黄河中均出产鳣鱼，其肉黄肥硕，做成鱼鲊，骨软可啖，甚为时人所重，是《魏武四时食制》中的名贵食品。此时期，渔业因在全国生产发展较快，而成为社会经济的重要生产门类。魏晋南北朝时期，洪泽湖地区出产鳣、鮸等名贵鱼种，人们对鱼的体格形态、生活习性、产地、肉质、加工、食用方式等均有比较全面、成熟的认知。唐宋时期，洪泽湖地区的重要鱼种有淮白鱼和朱衣鲋，其中淮白鱼已成为著名的贡品。宋人杨万里在《初食淮白鱼》中写道："淮白须将淮水煮，江南水煮正相违。"此时期，洪泽湖地区鱼市较多，贸易较为兴盛，鱼已经成为最为普遍和重要的商品种类之一。洪泽湖区的鱼产品加工技术也已非常考究，主要方法有丁、糟、鲊等。明清时期，洪泽湖水面不断扩大并最终完全形成，为渔业生产的发展提供了得天独厚的自然环境条件，渔业的发展也有了新的突破，周边地区的百姓几乎世代以捕鱼为生。渔业贸易亦颇为兴盛，不仅有就地交换，供当地消费；还通过长距离运输贸易，远销他方，涉及地域范围十分广泛，贸易额亦非常大，史称"水生菱蒲芡实，洪湖巨浸，芦苇实繁，而尤以鱼利为大"。明初，洪泽湖地区设立了 8 个专为征收渔课的河泊所，占到了南直隶河泊所总数的 12.7%，并建立和完善了一套严密的渔政制度。

第二节　近现代渔文化

民国时期，由于战乱纷争，水利设施欠缺失修，洪泽湖较多受到严重的水涝干旱灾害，给渔民的水上生活带来诸多困扰，加之各种封建势力以及滩主、帮主、行主的层层盘剥，渔民生产生活均受到重大影响，洪泽湖渔业呈持续下降趋势。此时的渔业虽然萎缩，但捕捞方式和技术亦能够有所进步，渔具和捕捞的方法已较为全面，基本形成了 8 类数十种渔具。20 世纪 40 年代，滨湖一带零星出现利用沟塘从事养鱼的情况。洪泽湖的渔船既小又破。渔民们世代以船为家，绝大多数是连家渔船，生产力水平低下。

新中国成立后，渔业的发展进入一个崭新的历史时期。经营体制历经"渔改"，从传统鱼行逐步发展为供销合作社，再到国营水产公司统一经营，如今演变为"公司化、合作社"经营模式，龙头企业的带动推动了渔业生产跨越式发展。渔业生产方式也随着经济发展不断变化，从以往捕捞为主，发展到"以养为主，养捕结合"，再到近年来洪泽湖全面禁捕退捕，人们从单纯的生产"鱼"演变为通过"渔"来追求文化的享受和精神的满足。地域文化、水文化、渔文化更加交融汇聚，浓郁的渔家风格在传承和发展。2021 年，洪泽湖渔文化普查发现各类资料 57 份，其中相关的渔史 18 份、渔业景观和工程 13 份、渔业生产方式 7 份，渔俗 5 份、诗歌 4 份、渔规 10 份。

消费文化发展强劲。洪泽湖水产品质量得到了消费者的广泛认可，特色品种和名特优新品种更被热捧，先后涌现出洪泽湖大闸蟹、盱眙龙虾、洪泽湖河蚬、蒋坝螺蛳、洪泽湖青虾等一批叫得响的渔业品牌，成为人们津津乐道的美食标志。水产品消费由洪泽湖不断向全国乃至全世界扩展，产品远销日本、韩国、美国等国家和地区。洪泽湖花鲢头、鱼圆、鱼饼、五香鳜鱼等水产品深加工预制菜的出现，极大满足了人们消费多元化和个性化需求。

休闲渔业取得大发展。泗洪洪泽湖国际大圆塘垂钓成为商业化运作最为成功的休闲渔业项目。西顺河渔家风情园、最美渔村新滩村、穆墩岛村给人们带来渔文化全新体验，让渔家乐与休闲渔业、餐饮业、民宿实现完美结合。3.18 洪泽湖放鱼节、洪泽湖大闸蟹开捕节、捆蟹达人大赛、蟹王蟹后争霸赛、渔民水上运动会、蒋坝螺蛳节等都是渔文化应用于休闲渔业的成功范例，渔事体验、湖风美景、渔村渔家、饮食祭祀等活动散发独特魅力，成为促进洪泽湖渔业经济发展和渔民增收的新亮点。

渔文化内涵更加丰富。洪泽湖渔文化经过长达数千年的历史积淀，已经充分展现出其独特的渔家魅力、地域特色和人文情怀。"九牛二虎一只鸡"的传说"大禹锁镇无支祁"的传说"洪泽湖渔民婚嫁礼仪""洪泽湖渔鼓""洪泽湖渔具制作和使用技艺""老子山"的传说"安淮寺庙会""朱坝活鱼锅贴烹饪技艺""蒋坝酸汤鱼圆烹饪技艺"等多项被列入国家级、省级非物质文化遗产名录。双沟醉猿、临淮湿地、老子圣地、龟山遗迹、蒋坝河工、古堰大堤、巾帼挂帅等文化在洪泽湖荟萃，赋予了洪泽湖渔文化浓郁深厚的民族特色和地域风俗。

第二章

渔业文化遗产

第一节　洪泽湖渔鼓舞

洪泽湖渔鼓舞是洪泽湖流域唯一的民间舞蹈形式，距今有800多年历史。它伴随洪泽湖的形成而诞生，由最初的湖上渔民迷信活动，逐渐演变成祭祀、节庆活动。经过艺术工作者挖掘、整理，洪泽湖渔鼓舞成了一种舞台舞蹈艺术，鼎盛于清末民初，泗阳沿湖乡镇曾涌现较多的渔鼓艺人。

洪泽湖渔鼓舞是洪泽湖文化中最为独特的文艺表演形式，有着浓厚的渔家风味，在洪泽湖地区有着深厚的群众基础和广泛的活动范围，一直延续到当代。

渔鼓在作为渔民娱乐工具之前，是湖区神头（神汉）为渔民烧纸还愿或神坛会祈祷时伴奏所用的。古时湖上迷信活动比较讲究，规模也大，在科学不发达的旧社会，加上交通不方便、信息不灵通，封建迷信活动是渔民生活中的一件大事。在跳神表演时，左手端着鼓，右手扶竹键敲打，神头在挂满神像或驱鬼符的神坛上，口里念念有词、喃喃吟咏，似唱非唱，似说非说，如歌如泣，表演者及其几个人伴奏的渔鼓班子，多是坐着又念又唱，或打圆场，有时屈一足为"商羊腿"，加上几面渔鼓的敲打声，哼呀唱呀浑然一片。"嚷神咒"和"念佛记"就是其中主要曲调，这种以鼓伴奏而吟唱的腔调就是早期渔鼓舞的雏形，因当时敲的渔鼓总由一串"咚咚"的叠音组成，故渔民又称之为"咚咚腔""娘娘腔"。

洪泽湖渔鼓舞的前身是流行于北方的太平鼓。明末清初，太平鼓被北方逃荒的难民带入洪泽湖流域，当时只是作为乞讨时说唱伴奏的工具。清康熙十九年后，随着大洪泽湖的形成，渔鼓又作为渔民用于祭祀活动、大（代）王会、家谱会等集体迷信活动时跳神者手中的伴奏工具，并在鼓面增加了大红鲤鱼的图案，寓意岁岁平安、年年有余，形成了最初的渔鼓。

渔鼓舞在民间传承发展的主要方式是家族继承制，由长辈向晚辈手传口授。传承者在生活实践中不断演变，在后期渔鼓舞的表演中吸收了渔歌、肘子鼓以及快板说唱、泗州戏等歌舞曲艺门类，使得渔鼓舞的表演形式和唱腔得到了全面升华，进而不断走向成熟。这时，它不仅摒弃了种种封建迷信的东西，而且演变成大型舞台、广场的演出形式。同时，这一表演形式随着时代的发展和高科技的融入，也在不断拓展和延伸。如今，泗阳湖区艺人时常表演的舞鱼、舞蟹、舞虾等简练而实际的节目，就是在渔鼓舞的基础上所进行的创新和发展。

第二节　洪泽湖传统木船制造技艺

洪泽湖地区自古河流纵横，有淮水、泗水、濉水、汴水等较多水系，水上交通极为发达，从而促进了区域造船业的发展。洪泽湖传统木船制造是极具洪泽湖水域特色的产物，是湖区人民千百年来制造木船工艺的结晶。

洪泽湖地区有着悠久的渔业史与造船史。目前发现的洪泽湖最早的渔船是盱眙县范家岗新石器遗址中遗存的独木舟。据《洪泽湖志》382 页载："旧有沟通淮，今在治南，隆庆（1163 年）以来，淮水贯其中，渔船大小百余只……"

明嘉靖时《漕运通志》中记载："淮安卫旗军人数 2 225 人，船数 223 只，泗州卫旗军人数 3 041 人，船数 304 只。"民国时有船 3 000 多条，抗日战争时期，湖区的捕捞船只已发展到 4 000 余条。到 1985 年底，全湖区共有船只 10 754 条，其中洪泽县 9 895 条、盱眙县 207 条、泗洪县 450 条、泗阳县 202 条，总吨位达 5.3 万多吨。《洪泽湖志》第 383 页第一二节记载，这些船舶均为洪泽湖周边的木工制造。

洪泽湖船舶种类繁多，其中主要有驳船、粮划子、小划子、大网船、运输船、钩划子、簖溜子、两头忙、枪溜子、鸭溜子、钩船、跳鱼船等。它们特征显著，即"方头平底"，船底浅而宽，吃水浅，船行平稳，能抗风浪，适宜湖泊及内河作业。行船中有风时可扬帆利用自然风力行驶；无风力时，也可借助人力航行。

从清代至 20 世纪 70 年代前，制造木质船舶对于洪泽湖周边沿线的木工来说是一项普及型的手艺。制造木质船舶必备材料：木料（以杉木为主，配备适当的桑树或刺槐树料，船体骨架需要坚硬木质才牢固，舱板用料需要质轻、耐腐、不变形的木料）、船钉（以铲钉为主，枣核钉、爬头钉、扁叶钉、蚂蟥锔为辅）、石灰、桐油和麻丝等。

木质船的制造程序为：①钉船底；②上大梁；③上脚站；④上大站；⑤上大拉；⑥上骨口；⑦上前、后档浪；⑧铺船头、梢；⑨练船、油船；⑩打船楼；⑪配桅杆、舵等附属件。

洪泽湖木质船舶不仅是历代漕运的重要工具，而且在渔业和农业生产等方面都起到了不可估量的作用。洪泽湖木船制造技艺具有较高的历史文化价值和地域特色，其中的各项制造工艺融合了力学、数学、几何学等科学知识，是洪泽湖地区劳动人民智慧的结晶，极具民俗文化研究价值。

第三节　"九牛二虎一只鸡"

"九牛二虎一只鸡"的传说，是淮安市第一批市级非物质文化遗产代表性项目名录民间文学类中的项目。关于传说的来历，可谓众说纷纭。有专家推断，该故事是从《青牛斗妖龙》的故事中演绎而来，后经人们口口相传，逐渐成为脍炙人口的民间文学。自黄河改道进入淮河以后，洪泽湖的水患不断，洪泽湖周边的百姓都将水患的祸根归为妖龙所为，于是从明代中期在洪泽湖地区出现了青牛斗妖龙的传说。到了清代，该传说发展为"九牛二虎一只鸡"。

铁牛最早是清朝加固洪泽湖大堤时，镇湖水用的。有传闻说，里面的铁牛夜间还常常跑到田里偷吃老百姓的庄稼，后来人们打断了它的双角，还有小偷偷了铁牛肚子里的金心银胆，最后不再能行动。现在在洪泽湖还可以看见重约 2 500 千克，刻有楷书阳文的铁牛。

"九牛二虎一只鸡"的传说运用了象征的手法，老子山和牛、虎、鸡等象征正义的力量，妖龙则象征水患和邪恶的力量。这一正义战胜邪恶的故事，是广大人民群众智慧的结晶，反映了洪泽湖湖区百姓的良好愿望。多年以来，该传说一直鼓舞着洪泽湖地区人民，给了人们不畏洪水、战胜水患的决心和信心。"九牛二虎一只鸡"的传说丰富了我国民间文学的宝库，对研究洪泽湖的历史和文化有着重要的参考价值。

第四节　洪泽湖渔具制作技艺

烟波浩渺的洪泽湖，是我国的第四大淡水湖，水产品丰富，自古就有"日出斗金"之说。独特的地理环境孕育了独特的洪泽湖文化，洪泽湖渔具制作技艺，便是洪泽湖文化的重要内容之一。

一、历史发展

渔业生产劳作在洪泽湖地区有着悠久的历史，在洪泽三河镇塘埂村西周遗址中发现有距今 3 000 多年的陶质渔网坠。徐州汉画石像中已有表现罩鱼的场景。《清河县志》《淮安府志》均有关于洪泽湖渔业产业的记载，其中明代关于富陵湖（即现洪泽湖域内）有这样的叙述"旧有沟通淮，今在治南，隆庆（公元 1567～1572 年）以来，淮水贯其中，渔船大小百只，每岁纳科以备鱼油翎膘之税，科税甚微，而湖利十倍……"《重修泗州志》（乾隆戊申）卷五·物产载："鳞之属鲤、鲢、鲂、鳊、鲇、鲫、银鱼、虾、鳝，其类不下百数，与他处多同，而泗称蕃庶，秋冬间，五方商贾蟻以牟利，银鱼甚美，岁以入贡，虾鲫泗产尤繁，佳于诸郡。"

二、内容特点

洪泽湖渔具渔法种类繁多，主要包括网类——拖网类 10 种，围网类 2 种，刺网类 5 种，敷网类 4 种，掩网类 4 种，抄网类 3 种，张网类 1 种，地拉网类 3 种；钩类—空钩类 3 种，饵钩类 6 种，卡钩类 3 种；另有箔箔类 7 种，笼篮类 7 种，搐把类 4 种，投刺类 4 种，杂项类 4 种，船具类 10 种。

箔渔具类有：芦柴箔、竹箔、网箔、虾箔。制作箔的工具为篾刀。制作箔的材料有：竹子、芦柴、麻线（绳）。制作箔的方法是将竹子或芦柴用麻线（绳）编织成围栅状。箔具捕鱼是通过在渔区将箔排列成"迷魂阵"，用木桩固定，导致鱼最后游入围栅中进到不能出的死口（俗称死胡同）而被捕捉。

罾渔具类有：过河罾、大罾、刮罾、虾罾。制作罾的工具为织梭、篾刀。制作罾的材料为竹子、织网线。制作小罾的方法是将织成的网衣用竹子将四角撑起，装上网脚，按上提杆。制作大罾则是将织成的网衣用绳扣四角，装上网脚，固定在河的两边；下罾和提罾均用摇滚卷绳和放绳。罾具捕鱼要选择水流平缓区域下罾，因此捕鱼法是靠对游入罾的鱼起罾捕获，所以用罾具捕鱼要勤下勤起（渔民称之为"勤罾"）。

三、文化价值

如今，在洪泽湖博物馆陈列展品中，可以见到专项的传统渔具陈列展示。馆内还藏有清代"渔家乐"册页12幅，其中主要描绘了湖区渔民捕鱼和使用各类渔具的场景，有部分渔具现已罕见。另还藏有清代铜质"渔夫乐鼓"人物雕塑，塑一老翁，怀抱大鱼，一老妇手摇乐鼓，刻画出一派捕鱼归来的喜悦景象。

各种渔具的制作和使用都有着独特要求和技艺，汇集了千百年来渔民的生产生活经验和智慧，具有很高的实用价值、科学价值和文化价值。

第五节　洪泽湖民俗文化门缨、天钱制作技艺

张贴门缨、天钱的风俗在北宋时已经开始流行。宋人陈元靓《岁时广记》卷五引《皇朝岁时杂记》云："元旦以鸦青纸或青绢剪四十九幅，围一大幡，或以家长年戴之，或贴于门楣。"民间还传说姜子牙的妻子被封为穷神，姜子牙怕她出去祸害人，命她出门"见破而回"。人们为了躲避穷神，便用彩纸剪成流苏状，伪为破纸贴于门户，一般是大门贴五张，窗户贴一张，门楣贴三张。

洪泽湖畔门缨、天钱图案设计既有通俗的"福、禄、寿、喜、财"等传统内容，更有承载与湖有关的地域文化特色作品。如在传统的"古乐钱""长寿纹"等纹底子上，刻一跳跃的鱼为主图案，配饰的文字有"年年有余""鱼跃龙门""丰收有余"等，也有刻一帆船为主图案，文字为"一帆风顺""满载而归""风平浪静"等，还有刻一劳动孩童为主图案，文字为"劳动光荣""丰衣足食""勤劳致富"等。这些作品的形式和内容在传统的基础上又具有了鲜明的地方特色。

休闲渔业

省洪泽湖渔管办与沿湖政府深入挖掘"中国·洪泽湖"深厚的品牌文化内涵，加快推进渔业产业经济与文化交融、渔业生产与文旅休闲结合，依托大湖魅力，将渔区变景区，不断拓展产区功能，持续发展具有洪泽湖特色的休闲渔业观光旅游，并将之打造成渔农民增收致富的重要产业。

第一节　沿湖涉渔景点

一、水釜城

古城占地面积为 755 亩，总投资为 3.2 亿元，一期以古典建筑园林为主要特色，主要的建筑有南北各一座牌坊，18 段建筑群。贯穿其中的还有 42 座桥梁和 15 座小岛。整体的建筑仿照宋朝的建筑手法。注重将人工美与自然美进行非常完美的融合，予物于景，予景于物，无论是亭台楼阁，飞檐翘角，还是小桥流水，都布局得错落有致，疏密有间，看起来更是移步移景，美轮美奂。水釜城依水而建，因水得名，景区水面面积约占到整个景区的 2/3，达到 503.3 亩，共由四条水系组成，每一条水系都有新鲜的活水供应源，构成了小循环、大循环、内循环、外循环四条完整的循环水系。他们就像新鲜的血液一样，让整个水釜城充满了活力与朝气，无处不散发着江南水乡的韵味与气息；二期以生态休闲为主，保留了原始状态的芦苇荡湿地，还建有古代十种捕鱼项目区、青少年体验项目区，另还有一些高档休闲会所等。

二、渔人湾风景区

坐落在美丽的洪泽湖湖畔，占地面积 126.3 亩，总投资 4 000 万元。整个景区主要由私人会所、艄公驿站、银沙湖岸、洪韵舞榭、老船渔港、渔人码头这一湾六景组成。这里不仅仅是集旅游观光、水上运动、休闲娱乐等多功能于一体的自然观光带，更是洪泽湖沿岸，面向长三角地区的一道亮丽风景线。

景区分为南北两部分，总长 1 500 米，其中南段主要有竹楼区、木屋别墅区、船型舞台区、浮动码头、沙滩、休闲垂钓区和广场观景石等建筑，集休闲、美食、娱乐于一体；北段则有 3 座休闲长廊、3 座戏台、3 座浮动码头。300 米长的水上木平台和相关配套设施，渔人湾成为洪泽湖休闲的新亮点，为大湖之旅增光添色。

三、国蟹园

位于西顺河镇南侧，紧邻洪泽湖，景色秀丽。项目突出涉渔休闲主题，将传统渔业与服务业相结合，规范生产经营、管理活动，形成集休闲、垂钓、观光、美食、水族观赏等于一体的综合性渔业基地。景区占地1 909亩，一期投资1.2亿元，于2013年启动建设，已建成生态休闲区、美食娱乐区、科普教育区、养生度假区四个功能分区。

四、蒋坝老街

1939年前，镇区内呈"丁"字形的狭长街道，皆铺设青条石路面（今为水泥路面），长达两华里。市房均系古式平瓦房（今仍能偶见），间杂二层楼，闹市区集中于鱼市口，商、行分布有别；大坝子（淮宁路南侧船闸以北）一带系粮行、饭铺。正街是商业区，隆顺巷以北为牙行（泛指经政府部门批准领取营业执照从事营业的）设区。茶楼酒肆分布在船塘两侧，粮商骈集，素有"小南京"之称，居方圆百里的集镇之冠。

五、最美渔村

1. 新滩村

其地理位置特殊，有2 000亩天然荷花荡、1 200亩天然芦苇荡，野生资源丰富，具有发展生态旅游的天然优势。在老子山镇的支持下，目前新滩村已经建成水上游客接待中心、荷花荡景区、水上购物一条街、芦苇迷宫等，带领村民走上了生态旅游致富路。

2. 穆墩岛村

是洪泽湖上唯一的岛屿，地理位置独特。它宛若一颗璀璨的生态"明珠"，镶嵌在湖中，充满了魅力。岛上大片的荷花塘、芦苇荡，是避暑休闲的好去处。岛上资源十分丰富，盛产青花藕、鸡头米、莲子、莲心、菱角秧、荷叶茶、咸鸭蛋等各类特产。穆墩岛相传还是宋代抗辽名将、巾帼英雄穆桂英屯兵点将之处，文化底蕴十分深厚。这里还留有穆桂英点将台，以及穆桂英训练水军时用的望台等。

六、渔家风情园

位于洪泽区西顺河镇张福河村，曾是一个传统的小渔村。在景色秀丽的洪泽湖北岸，一条流淌着许多美丽传说的张福河环抱着这座不足千人的自然村落。这里渔文化特色远近闻名，其中罱鱼、渔民花棍、渔鼓舞、龙舟表演历史悠久。村里举办"端午节龙舟赛""迎中秋歌会""千人长桌宴"等渔民文艺娱乐活动，还修建了渔文化展览馆。游芦苇迷宫、赏野生荷花带、免费采摘野生菱角、尝渔家菜、做渔家事，体验渔家生活，共庆丰收时节，让游客流连忘返，沉醉在渔家风情之中。

七、洪泽湖博物馆

2004年起设立，有1 600平方米以上的固定场所。博物馆主要有：大湖洪泽、天下粮仓、耕湖牧渔、灿烂文化、风流今朝 5 个陈列展厅、1 个机动展厅；共有洪泽湖地域特色藏品 3 000 余件。该馆用图文和实物向观众展示洪泽湖区的水文化、渔文化、楚文化，再现洪泽湖区域和淮河中下游的风土人情、生产劳作、民间文化；有非遗剪纸展、布艺展、微型农具展、船模展等非遗系列专题展。非遗系列之"刘兆湘船模展"，展出二十余件船模作品，其中包括洪泽湖木质轮船、运输驳船、捕鱼大网船、跳渔船、钩船、老鸦船（鸬鹚船）、枪溜船、下簖船、旋网船等多种捕鱼船船模。

八、老子山温泉

老子山镇位于洪泽区西南，地处淮河与洪泽湖的交会处，水路交通便捷，陆路距宁宿徐公路仅二十多千米。至南京只需 2 小时的车程。老子山镇因中国道教始祖老子在此炼丹普救民疾而得名，是全国唯一以老子命名的乡镇，也是江苏百家名镇之一。镇区总面积 300 平方千米，其中水面 270 多平方千米。老子山镇自古物华天宝、人杰地灵，是人文荟萃之乡。南宋末期大画家龚开即生于境内龟山。清代有举人、秀才 10 余人。唐宋时期韦应物、杨万里、王安石、苏轼、苏辙、秦少游等历史文化名人曾游历于此，留下许多脍炙人口的诗篇。老子山镇有名胜古迹 40 余处。"水母井""仙人洞""凤凰墩""安淮寺""大王庙"等古迹经逐年修复，已初具规模。

老子山温泉一号是华东地区最好的养生温泉，配有大型温泉养生洗浴中心，由室内室外两部分组成，露天浴场共拥有 31 个各类温泉泡池，可同时容纳 1 000 多人洗浴，包括中药区、能源区、花香区、茶酒区、理疗区、鱼疗区、地热区。

九、成子湖旅游度假区

位于泗阳县城南部、洪泽湖北岸，面积约 10.14 平方千米，区内生态环境优美，拥有森林、湖泊、湿地、温泉、休闲渔业、休闲农业等自然旅游资源，以及古石花县遗址、新时期时代遗址、报墩岛、龙眼滩等人文旅游资源；建有一湖六湾（即六嘴、新庄嘴、桂嘴、曾嘴、周岗嘴、高湖嘴、曹嘴）、八景（即大湖风光、四季花海、五彩稻田、水上森林、渔舟唱晚、石花浮镜、苇海探奇、鸟语天堂）；拥有小街渔村、T 型台、环岛自行车、生态渔港、万亩荷花荡等生态旅游项目。

十、泗洪洪泽湖湿地

洪泽湖湿地公园，国家 AAAA 级旅游景区、中国十大生态休闲基地。洪泽湖湿地国家级自然保护区是江苏省最大的淡水湿地自然保护区，在全国内陆淡水湿地中排第 11 位，华东地区第 2 位；已建成多媒体展示馆、湿地生态博物馆、古泗州文化博物馆、湿地水族馆、湿地景观立体电影演示厅、荷花大观园、千荷园、鱼类繁育中心、水车体验区、垂钓中心、湿地芦苇迷宫、精品荷花池、主题文化墙等旅游景点，建有水上网球场、沙滩排球场、高尔夫练习场、水上运动中心等健身运动项目；配套建设了金水山庄度假村、游客服务中心、湿地管护中心等服务设施。

十一、临淮观日

临淮头，位于洪泽湖西岸，一个伸向湖中的美丽半岛，三面临水，古时为临淮郡志。三国时，东吴大夫鲁肃出生于此。抗日战争、解放战争时期，为洪泽湖管理局、洪泽区人民政府所在地，后成为水产养殖基地。近年来，临淮镇政府建设临淮观日台、还原"鲁肃故里"，打造森林温泉小镇，结合地方民俗，建设以"温泉养生""渔家风情"为主题的乡村民宿等，是洪泽湖观日的最佳地点。

十二、洪泽湖大圆塘垂钓中心

坐落于泗洪县渔家风情小镇临淮，占地 1 200 余亩，总投资约 6 亿元，是集"专业垂钓赛事＋体验式旅游＋商业展会＋休闲度假＋研学拓展"等于一体的中国首批生态垂钓休闲旅游目的地。该中心由大圆塘体育发展（泗洪）有限公司负责运营及建设，一期包括大圆塘、文鳐塔、比赛服务中心、广场舞台等；二期包括"天圆地方"黑坑塘、巨物池、标准竞技池、室内垂钓馆、渔趣池、裁判员培训中心，以及国内唯一一个中国垂钓文化博物馆，同时配套建设停车场、房车露营地等设施；三期包括风情商业街、第二停车场等项目。自建成以来，该中心荣获了中国国际休闲垂钓示范基地、全国有影响力的休闲渔业赛事、"苏韵乡情"乡村休闲体育赛事基地、"宿有千香"十佳主题创意农园等荣誉称号。该中心拥有目前世界上最大的、最多可容纳 2 500 人同塘竞技的淡水圆形钓场——国际大圆塘，每年组织 30 场以上的专业休闲垂钓比赛。因赛事规模大、奖金高、影响范围广，该中心被誉为"钓鱼人实现梦想的地方"。

十三、穆墩岛景区

穆墩岛位于泗洪县半城镇境内，面积 1.96 平方千米，是洪泽湖中最大的岛屿，相传是宋代抗辽名将穆桂英屯兵点将之所，千百年来，虽历经数次特大洪水，穆墩岛却神奇地水涨岛涨，始终安然无恙。该岛四面环水，冬暖夏凉，气候独特，景色秀美，有湖色与轻舟相伴，是亲近自然、放飞心情的理想之所，令人心驰神往、流连忘返。穆墩岛景区包括入口区、渔家餐饮服务区、渔家住宿服务区、渔家捕鱼体验区、会议度假区、湿地植物展示区、湿地野生鸟类栖息区、湿地鸟类养殖展示区等八大区域。

第二节　旅游线路

一、洪泽区：悠享湖畔春光，漫游诗画田园

湖畔水韵，名山古刹，踏春赏花。线路以大湖风光联结名山古刹、乡村美景，展现了美好的自然遗存、乡村风光。

（1）洪泽湖古堰景区——阅湖农场——醉美三千米——蒋坝老街——蒋坝小院——宿：云沧海民宿——三河闸——快活岭水杉林——湿地花田——头河村——天鹅湾温泉。

（2）洪泽湖博物馆——洪泽湖古堰——洪泽湖国蟹园度假区——洪泽湖水釜城风景区——渔人湾风景区——洪泽湖欢乐园——大湖夕照。

观大湖风光，赏古遗神韵，沐天体温泉，品湖鲜美食，成人生幸事。

（3）古渔市——渔人湾——洪泽湖大堤——省级老子山温泉旅游度假区——青牛码头——老子山湖鲜船菜。

（4）洪泽湖博物馆——游览洪泽湖古堰——洪泽湖国蟹园度假区——洪泽湖风光——老子山风景区、龟山风景区、安淮寺——老子山温泉——秀水湾慢生活主题园。

二、盱眙县：赏花踏青之旅

青山环绕，绿水相依，迎着春风，徜徉在烂漫的樱花林，漫步在梦幻二月兰花海，与灼灼其华的桃花"同框"，入住酒庄品葡萄美酒。

（1）盱眙都梁公园——明祖陵景区——新华社区——怡亨酒庄。

历史文化游，集吴韵楚风于一身，悠悠古史，人文厚积，激昂处指点江山。

（2）明祖陵——古泗州遗址——老北头历史文化街区——历史文化博物馆——大云山汉王陵博物馆——盱眙县博物馆。

山在城中立，水在城边绕。淮山胜境，恰似人间仙境若蓬瀛。

（3）铁山寺国家森林公园——第一山国家森林公园——天泉湖旅游度假区——圣海天鹅湖——地质博物馆——淮河风光带。

盱眙龙虾赏心悦目，出自大湖美物，品后唇齿留香，引无数"虾迷"趋之。

龙虾博物馆——龙虾节广场——新世纪美食街——金谷园酒店——於氏龙虾——红胖胖龙虾——香江国际大酒店——希望大酒店——金陵山庄。

三、泗洪县：红色革命遗址 生态驿路

（1）古徐阁景区——淮北抗日民主根据地纪念馆——文化艺术中心——大王庄党性教育基地——洪泽湖湿地温泉度假村（食宿）——洪泽湖湿地景区——观鸟园。

（2）双沟酒文化旅游区——洪泽湖湿地景区（食宿）——洪泽湖湿地景区——临淮渔家风情古镇——大王庄党性教育基地。

古徐风韵，文化经典，大湖自然生态，孤霞鹭燕苍木成翠，犹入圣境。

四、跨县域路线

（1）宿迁泗洪洪泽湖湿地景区——泗阳成子湖旅游度假区——洋河酒厂文化旅游区——雪枫公园——宿北大战纪念馆——三台山国家森林公园——宿豫区新庄镇朱瓦村乡村旅游。

绿植覆盖，湖水清澈，鱼鲜味美，每一次呼吸都是享受，远离城市的喧嚣烦扰，拥抱湖水与自由，尽情享受自然带来的宁静舒适。

（2）第一天：上午，参观中国第一座以湖泊命名的博物馆——洪泽湖博物馆、洪泽渔

业科普教育体验基地（国家级洪泽湖水产良种繁育中心），游洪泽·湖湾，洪泽湖古堰、洪泽湖碑，周桥大塘游览区。中午，品湖鲜——洪泽朱坝活鱼锅贴，购洪泽生态湖鲜农副产品。下午，览洪泽湖水上风光、信坝水利文化主题区。晚，住县城区（上海故事钱码岛庄园、洪泽湖旅游度假村、洪泽湖国际大酒店，天鹅湖宾馆，洪泽电力宾馆等）。

第二天：上午，参观中国中草药健康产业园、三水生态园、三河闸国家级水利旅游风景区。中午，游蒋坝古艺老街、品蒋坝传统美食。下午，赴老子山游览龟山风景名胜区、老子山安淮寺，品渔家船菜、购洪泽湖鲜生态水产品、沐老子山温泉。晚，住老子山温泉度假区（老子山温泉山庄、淮上明珠温泉度假村、江苏省体育局运动康复基地等）。

第四章

渔业特色美食

　　洪泽湖，渔业资源丰富。千百年来，依傍着"日出斗金"的大湖，具有浓郁渔家特色的船帮宴声名远播。湖水煮湖鱼。丰富的鱼虾资源，成就了洪泽湖独特的饮食文化。选料鲜活，制作精细，食材特色与民俗民风在岁月里形成的默契，孕育了现今的一道道大湖风味。渔家人将这份大自然的赐予，凝聚在餐桌美味之中招待友人。

一、洪泽湖大闸蟹

　　洪泽湖大闸蟹的品种是中华绒螯蟹，具有个体硕大、壳青肚白、肢体肥大、肉质细嫩的特点，是不可多得的鲜美佳肴。正宗的洪泽湖大闸蟹具有青背、白肚、黄毛、金爪四个特点，雄蟹脂白如玉，雌蟹脂黄如金，在螃蟹家族中出类拔萃，驰名中外，尤其是其背壳上有一个相对规则的"H"形图，更成为洪泽湖大闸蟹的特有标志。大闸蟹清蒸最佳，能保留其原汁原味。今人将大闸蟹美食不断发扬光大，蟹黄豆腐是洪泽湖人传统的家常菜；蟹黄汤包，皮薄汤鲜，唇齿留香；爆炒香辣蟹，最是膏满肉质肥美，辣味爽口太过瘾。

二、活鱼锅贴

　　洪泽湖的渔家人更习惯将其称为"小鱼锅塌"，是洪泽湖渔民在长期的湖上生活实践中，在众多的因湖而宜的饮食习惯中创造出来的一种独特的名肴。相传，幼年时期的明太祖朱元璋，在灾荒年月逃难来到淮水边，将同样大的孩子们的收获物凑在一起，在锅里煮小鱼，锅边贴讨来的杂面和米面和成的饼，遂成"小鱼锅塌"。"活鱼锅贴"虽然做法简单，但吃起来却脆香鲜嫩，后逐渐成为湖上渔家的家常菜。正宗的活鱼锅贴，鱼是小杂鱼，通常体长一二寸，锅是铁锅，急火烧之容易快熟，面和得较稀，贴在锅边总要往下坠，就塌下来了，熟后上薄下厚，故叫"锅塌"。随着时代的发展，"活鱼锅贴"也逐渐有了不同的口味和制作方式，除了锅边贴饼外，还有摊饼，也有用芝麻、葱花、萝卜丝，或改用玉米面、高粱面做的不同口味的饼。吃饼一定要蘸上红烧的洪泽特有手法制作的小鱼鱼汤，让饼吃进嘴里既有饼脆香的口感，也有鱼汤的鲜味，让人吃上一口停不下来，永生难忘。

三、盱眙龙虾

　　克氏原螯虾，又叫红螯虾或者淡水小龙虾，原产美国南部，20世纪30年代才流入我

322

国境内，依靠强大的繁殖能力，在中国的河湖草泽里野蛮生长。无污染的淮河、洪泽湖浅滩，水深 40～80 厘米，底质松软，有适量水草，既能提供充足的氧气和丰富的食物，还便于龙虾藏身、活动、繁衍生息。得益于优良的水环境，盱眙龙虾呈现"三白两多"，即腹白、腮白、肉白、黄多、肉多，拥有丰富的蛋白质和极低的脂肪含量。现在已有十三香龙虾、蒜泥龙虾、泡菜龙虾……各式口味，2018 年 9 月 10 日，"盱眙小龙虾"被评为江苏十大经典名菜。

四、蒋坝螺蛳

来自洪泽湖的螺蛳膘肥体美，肉质鲜嫩，且几乎不裹挟泥沙，烹调前只需稍作清洗即可。洗尽外壳上的青苔和泥垢，简单用清水浸养个把小时，再剪去尾部，便可下锅。炒螺蛳有两条要领：一是猛火快炒，二是佐料要足。大火热油，待油烧得起了油烟时，先入生姜，再倒螺蛳，急火快炒，猪油、姜末、老醋、红糖、料酒、酱油、味精依次而下，哗啦啦、哗啦啦的声音传得老远，蜂拥而起的香气满屋四溢。上桌前，再撒入几段青翠的小葱，色泽清亮，着实勾人食欲。"明前螺，赛过鹅"，洪泽湖蒋坝螺蛳个个体大壳薄、肥满圆润，口感绝佳。如今，蒋坝人已研发出蒜泥、香辣、酱香、蛋黄、泡椒、咸肉等 26 种口味，其中蒜泥、香辣、酱香螺蛳最受广大游客欢迎。早在周代，人们就将螺蛳和春天的韭菜搭配在一起烹制为美食了。洪泽湖盛产青螺，其肉质味甘性寒，而韭菜又有暖脏腑、祛里寒之效。两者同烹为洪泽湖传统乡土名菜。

五、蒋坝鱼圆

蒋坝鱼圆制作工艺独特，一般要经过选、削、刮、剔、漂、敲、掺、搅、挤、煮等 10 道工序。每一个步骤都环环相扣，每一道工序都是经验的积累。食材必须选用当地产的白鱼或青鱼，用刀背将鱼肉敲成泥。鱼肉糊做好后，需要兑水。兑水多少全凭经验，多则散，少则老。鱼肉糊搅拌均匀后，再由师傅用手将其挤压成椭圆形鱼圆。鱼圆下入冷水锅中，温火慢煮，不能开水翻滚。如果水快开了，加点冷水阻之，反复多次，直至煮熟为止。最后将鱼圆盛入配上葱花、胡椒、猪油、麻油、香醋等调料的酸汤中。这样细嫩爽滑、白如脂玉的鱼圆便可登堂入席。正所谓"箸夹弯两端，吮吸分腴膜"的独特技艺。

传说乾隆下江南，因大雨滂沱而在蒋坝歇脚。当地一名叫作"芙蓉"的美女，用白鱼为乾隆制作了鱼圆。只见一碗鱼圆如珍珠般剔透，半沉半浮于汤中，而汤碗四周点缀着一圈洁白无瑕的荷叶，乾隆先品称赞，再尝大赞。问起菜名，答曰：芙蓉踏雪。龙颜大悦，从此蒋坝鱼圆名声大作。

蒋坝酸汤鱼圆 2000 年 7 月被评为"江苏风味乡土名菜"，2016 年 5 月获得了"江苏省乡村美食大赛银牌菜奖"。

六、砂锅鱼头豆腐汤

砂锅鱼头豆腐汤，是一款大众化汤肴，尤其适合冬季食用。其制作方法很简单：用嫩豆腐 500 克，配洪泽湖花鲢鱼头 500 克，置于砂锅中，加入白糖、食盐、生姜、老酒等适量佐料，用文火煲 30 分钟即可食用。此菜汤浓肉酥，味道鲜美，食之补脑益寿。

常喝砂锅鱼头豆腐汤之所以能健脑，关键在于洪泽湖花鲢鱼头和嫩豆腐均为高蛋白、低脂肪、高维生素食品。两者均含有丰富的健脑物质——卵磷脂，该物质被机体代谢后能分解出胆碱，最后合成乙酰胆碱。乙酰胆碱是神经元之间传递信息的一种最主要的"神经递质"，可增强记忆、思维和分析能力。

七、红烧鳗鱼

鳗鱼又称白鳝，富含丰富的优质蛋白和人体必需的各种氨基酸，肉质鲜嫩，老少皆宜。用热水汆烫后，抹去表面黏液，之后浅刀切段，保证鱼骨相连。菜籽油、猪油葱姜爆香，文火将鱼表面煎至微黄，老抽、生抽炒出酱香味，料酒啤酒去腥提鲜，盐、白糖、胡椒粉调味……中火慢炖半小时后，异香扑鼻。在厨师刀光炉火的淬炼下，鳗鱼状若卧龙，味觉层次多元，焕发出无与伦比的鲜香，娇嫩白皙的鱼肉掩映在醇厚爽滑的胶原蛋白里，酱汁的包裹更衬托出鱼肉的鲜美，半遮半掩，令人垂涎。

八、软兜长鱼

软兜长鱼是洪泽湖鳝鱼席中最具代表性的传统名菜。该菜色泽乌亮，纯嫩爽口，香气浓郁，鲜美绝伦，有"软兜长鱼透骨鲜"之美誉。关于"软兜"，据说古法汆制长鱼，是将活长鱼用蓝布袱兜扎，放入带有葱、姜、盐、醋的沸水锅内，汆至鱼身蜷曲，鱼口张开时捞出，取其脊肉烹制。成菜后鱼肉十分醇嫩，用筷子夹起，两端一垂，犹如小孩胸前的兜肚带；食时又可以用汤匙兜住。

清光绪十年，两江总督左宗棠视察云梯关淮河水患，驻淮安府，知府特地请厨师做了一道软兜长鱼供左大人品尝。在左宗棠的推荐下，软兜长鱼作为淮安府的贡品之一，进京恭贺慈禧 70 大寿。其实，国宴原来拟定的头道热菜是与其并称"淮炒双峰"的另一名肴"白袍虾仁"。相比软兜长鱼，白袍虾仁的颜色、口味更容易令人接受。原来，淮扬菜对食材十分讲究，烹制白袍虾仁和软兜长鱼的食材，都是由扬州运去北京。但当运送食材的卡车赶到北京时，从高邮湖捕捞的青虾已是奄奄一息，而鳝鱼依旧活蹦乱跳。淮扬菜最讲究的就是取材的鲜活，于是，由鳝鱼烹制成的"软兜长鱼"便作为新中国首次国宴的第一道正餐热菜被捧上了餐桌。

第五章

洪泽湖大闸蟹文化

第一节　自古皆言淮蟹好

世界上的蟹有 5 000 多种，中国有 1 000 多种。蟹尽管很多，但是大家公认的，最有经济价值、最具文化内涵，最为好吃的还是产于长江的中华绒螯蟹。这种蟹是中国独有的。

中国的大闸蟹产地很广，北到辽河，南到闽江，都有大闸蟹，其中最好的产蟹地是长三角地区，长三角地区又以江苏的最好。江苏南部地区以阳澄湖为代表，历史上称为"吴蟹"，它的特点是青背、白肚、金爪、黄毛；北部地区以洪泽湖为代表，历史上称为"淮蟹"，淮蟹主要是指在长江以北至淮河两岸一带（相当于今江苏和安徽二省江淮之间的广阔地带）出产的螃蟹，洪泽湖作为淮河流域最大的调蓄水库，自然成为"淮蟹"的代表了。它的特点是个大、螯肥、肉香。所以，以洪泽湖蟹为代表的淮蟹，与以阳澄湖蟹为代表的吴蟹，是中华绒螯蟹的南北双雄，两大极品。

北宋诗人张耒在《寄蔡彦规兼谢惠酥梨二首》云："寄我远传千里意，憾君不举百分杯。西来新味饶乡思，淮蟹湖鱼几日回。"这是文献中最早对淮蟹的记述和吟咏。张耒为今淮安籍诗人，他在洛阳秋高气爽之时，对家乡的淮蟹、湖鱼格外思念，盼望早日能吃到故乡的美味。洛阳一带就盛产洛蟹，但张耒还是牵挂着家乡的淮蟹，说明在他看来，淮蟹要比洛蟹鲜美珍贵。南宋时，高似孙在其蟹学专著《蟹略》中专门开列"淮蟹"条目，自此以后，淮蟹就为历代文人墨客经常提及和吟咏。

据文献记载，淮蟹具有如下三个显著特点。其一，出产数量众多。淮蟹出产之多，是受到过历史上诸多文人墨客的感慨与赞叹的，"淮上多蟹"几乎成了人们的共识。傅肱在《蟹谱》中云："旁蟹盛育于济郓，商人辇负，轨迹相继，所聚之多，不减于江淮，吴烦远贡哉？"这个记载通过与江淮地区的对比，旨在突出今山东一带螃蟹产量之多，但言下之意是江淮地区出产螃蟹更多。宋代僧人释道潜在《淮上》诗中云："日出岸沙多细穴，白虾青蟹走无穷。""走无穷"虽是夸张修饰之词，但却道出了淮蟹之多之盛的基本情况。淮蟹之多，有时竟然会发生蟹灾。南宋陈遭在《与奉使袁大著论救荒书》云："某，淮人也，淮乡之民情利害知之甚熟，十余年来若水若旱若鼠与蟹之为灾，率无丰岁。"蟹灾与水灾、旱灾、鼠灾并列，且连续十余年成灾，致使岁无丰收，表明灾情之严重，危害之剧烈。明清时期，沿洪泽湖周边地区均盛产蟹，如吴昆田等《光绪丙子清河县志》卷二疆域载：境内"水族滋生，美者鮰、魴、鲈、鳜、黄瓜、白小、蟹……洪泽中多有之。"叶长扬等撰《乾隆淮安府志》卷二十四物产云：蟹，"淮产最多"。徐钟令撰《民国淮阴志征访稿》卷二物产云："蟹，新秋洪泽产之""以上通邑各川均产之，洪泽最多。"

其二，淮蟹品质优良。北宋诗人张耒《思淮亭记》云："长鱼美蟹、茭蒲葭苇之利，沾及数百里。""美蟹"说明蟹的品质好，受人青睐。他又在《寄文刚求蟹》云："遥知涟水蟹，九月已经霜。筐实黄金重，螯肥白玉香。尘埃离故国，诗酒寄他乡。苦乏西来使，何缘至洛阳？"这就更具体地道出了淮蟹的特色，即匡实、螯肥、肉香、味美，"是中国螃蟹的极品之一"。淮蟹的鲜美与珍贵，在古代是有口皆碑的。元人戴元表《君莫夸少年一首赠余光远》云："停航待淮蟹，醇甘逮僮宵。"南宋方岳《次韵客飨鲈蟹》云："江鲈淮蟹不论钱，肯到湖边明月船。玉鲙雪螯新煮酒，桂花香后菊花前。"元人方回《癸未至节以病晚起走笔戏书纪事排闷十首》之一云："云无可书者，泥屦隔墙声。小市局虚肆，荒庖绝美烹。流涎淮蟹紫，入梦海柑楨。"另据北宋徐积《节孝集》记载，山阳人赵少师致仕后，年近八十返乡，乡里父老争相进献天下美食，其中之一便是淮蟹，"二三父老，奉卮酒，进湖鱼、淮蟹，洞庭之橘，杂以脆甘，尽东南之美。"淮蟹是天下难得的美味，在古代曾作为重要的贡品进献给皇帝享用的。民国《安徽通志稿·物产考》云："蟹，皖地处处有之……昔曾以之进贡。"

其三，蟹市比较兴盛。唐人唐彦谦《蟹》诗云："湖田十月清霜堕，晚稻初香蟹如虎。板罾拖网取赛多，篗篓挑将水边货。纵横连爪一尺长，秀凝铁色含湖光。蟛蜞石蟹已曾食，使我一见惊非常。买之最厌黄髯老，偿价十钱尚嫌少。漫夸丰味过蜻蛉，尖脐犹胜团脐好。充盘煮熟堆琳琅，橙膏酱渫调堪尝。一斗劈开红玉满，双螯啰出琼酥香。岸头沽得泥封酒，细嚼频斟弗停手。西风张翰苦思鲈，如斯丰味能知否？物之可爱尤可憎，尝闻取刺于青蝇。无肠公子故称美，弗使当道禁横行。"清人顾禄在《清嘉录》中曾说："湖蟹乘潮上簎，渔者捕得之，担入城市，居人买以相馈贶，或宴客佐酒。"这些记载道出了中国古代螃蟹买卖的基本原因。宋人杜子民在《扬州》诗中云："人穿鱼蟹市，路入斗牛天。"勾勒出了蟹市人来人往、熙熙攘攘的繁盛景象。据地方志记载，明清时期洪泽湖周边地区的水产市场很多，蟹是其中主要的商品之一，蟹的销售也十分火爆。时至20世纪，著名作家周作人在《吃蟹》一文中曾回忆道："腌蟹到时候满街满店，有俯拾皆是之慨，说是某一季的民众副食物也不为过，腌蟹通称淮蟹。"这一则表明淮蟹的销售地域范围很广，二则透露出销量也很大，是普通百姓的家常食物。

如今的洪泽湖，是中国著名的第四大淡水湖。在正常水位下，水域面积达2 069平方千米，再加之湖底浅平，湖中有浅滩台地，岸坡平缓，光照充足，水质较好，水生植物、浮游动物以及鱼虾螺蛳等食饵极其丰富，因此成为苏北地区得天独厚的养殖螃蟹的大牧场。

第二节　好湖好水出好蟹

洪泽湖有"湖八鲜"，分别是大闸蟹、甲鱼、鳜、白鱼、银鱼、青虾、鮰、鳗。而洪泽湖大闸蟹从古至今始终牢牢占据着"八鲜"之首的位置。

洪泽湖大闸蟹之所以好，其中最为重要的原因是宜人的气候条件、广阔的水面资源、丰富的饵料来源、清新的水质环境、适合的湖床底质。

中国有一条南北气候中轴线秦岭淮河一线，江淮地区正是介于这条中轴线的交汇处，洪泽湖就在这个中轴线的东端。洪泽湖大闸蟹品质好的原因就在于这里地势平缓、河流纵横、湖泊棋布、气温适宜、水草丰茂、气候不冷不热、不湿不燥，最适合大闸蟹生长。洪泽湖作为淮河中下游的调蓄库，南水北调东线工程的重要组成，水体调进调出已然常态，保持流动的活水，不仅可以保持清新的水质，带来更多的饵料，而且可以锻炼大闸蟹的体格，再加上泥沙富集的湖底底质，自然成就了洪泽湖大闸蟹"最干净蟹"的好名声。

刘万新、钱仓水著的《识蟹、咏蟹、食蟹》一书中记载："洪泽湖的蟹历来被誉为蟹中之冠""洪泽湖区的螃蟹以个大、匡实、螯肥、肉香而出名"。

洪泽湖大闸蟹有八大特点：一是青背，蟹壳呈青灰色，平滑而有光泽，能给人以青春的美感。二是白肚，蟹腹面晶莹洁白，源自沙砾底质不断地洗刷。三是黄毛，脚毛长而黄，根根挺拔呈现出体格的健美。四是金爪，蟹爪金黄坚挺有力，放在玻璃上能八足挺立，双螯腾空如戟。五是个大，湖泊的野生蟹公蟹最大体重可达 1 斤以上，母蟹最大体重可达 8 两*以上。据历史记载，清代的时候，洪泽湖的一只大蟹达两斤多重，这是有据可依的最重的大闸蟹。2022 年洪泽湖出产的"蟹王"达到一斤三两五。六是匡实，是指蟹较肥，肉饱满充实，拿在手中有沉重感，公蟹膏色如玉，蟹黄呈鸭蛋黄颜色，色泽如金。七是螯肥，蟹螯肉洁白如玉，鲜美无二。八是肉香，香气四溢，无以复加。

早在隋炀帝的时候，开辟运河下扬州，相传一个目的是去看琼花，另一个目的就是到江苏来吃大闸蟹。他是"洪泽湖"的命名人，当然吃的是洪泽湖大闸蟹了。从隋唐至今，江苏的大闸蟹，包括洪泽湖的大闸蟹就一直很有名，是朝廷的"贡蟹"。

明朝时洪泽湖大闸蟹就是朝廷的贡品。相传明太祖朱元璋幼时非常喜食洪泽湖大闸蟹，常与小伙伴下湖捉蟹解馋，后来入主京城，每至中秋、重阳，淮安府官员必挑选极品大蟹敬贡投其所好，一时京城王公贵族啖蟹之风盛行。

新中国成立初期洪泽湖大闸蟹就出口国外。北京人民大会堂曾多次直接来洪泽调拨大闸蟹，洪泽县水产公司至今仍保存着当年的一些调拨资料。1974 年洪泽湖大闸蟹出口量达 375.3 吨。

1958 年 9 月 21 日，时任国家副主席刘少奇携夫人王光美来洪泽湖视察，在三河闸管理处下榻并品尝了洪泽湖大闸蟹。据时任洪泽县委书记朱文远同志回忆，刘少奇等人对洪泽湖大闸蟹之美味赞赏有加。

1996 年，泗洪县临淮镇被国家经贸委授予"中国螃蟹之乡"称号，同年 10 月 18 日，临淮镇举办了"中国·泗洪首届螃蟹节"。

2009 年，在上海召开的第三届中国文化生态旅游暨旅游品牌国际化高峰论坛上，洪泽湖区域被亚太旅游联合会、中国渔业协会、中国烹饪协会联合授予"中国蟹都"称号。

---

　　* 两：1 两＝50 克。

2009 年秋，洪泽湖大闸蟹护卫国旗访问美国白宫；走进中南海慰问共和国老将军；探访国旗班慰问三军仪仗队；进入世博慰问世博会官员及建筑工人；并在"欢乐中国行"中闪亮登场，向世人淋漓尽致地展现了其大家闺秀之风范。

第三节　酱糟醉烹总相宜

洪泽湖大闸蟹是一种美食，这一点中国古人早就有所认识。在长期吃洪泽湖大闸蟹的过程中，古人摸索出种种吃法，可谓"敲骨剥髓"，令人叫绝，堪称中外饮食文化史上的一朵奇葩。

1. 蟹酱

蟹酱就是文献中记载的蟹胥，其制作方法东汉郑玄在《周礼注》中云："取蟹藏之，使骨肉解之，胥胥然也。""必先脯干其肉，乃后莝之，杂以粱曲及盐，渍以美酒，涂置瓶中，百日则成矣。"就是将蟹肉晒干，然后捣碎，以酿酒用的曲和盐拌匀，浸渍美酒，装进小口大腹的容器，以泥封口，储藏起来，过百天即可食用。这种蟹酱制作方法简单实用，而且还可长期保存，是古人必备的调味品之一。到宋代后，蟹酱的制作又增加了诸如茴香、花椒、水姜、胡椒、葱、醋等十种配料，且缩短了时间，蟹酱就更有风味了。

2. 酱蟹

酱蟹的制作，目前见于最早的是元代无名氏的《居家必用事类全集》，其云："团脐百枚，洗净，控干，逐个脐内填满盐，用线缚定，仰叠入瓷器中。法酱二斤，研浑椒一两，好酒一斗，拌酱、椒匀浇浸，令过蟹一指，酒少再添，密封泥固。冬，二十日可食。"这个记载文字虽少，但已把酱蟹制作的流程、用料、方法、注意事项等都说得十分清楚了。值得注意的是，酱蟹的制作宜选用"团脐"，即雌蟹，避免雌、雄混杂，这样效果更好，且可久置不沙（即松散乏味）。

3. 腌蟹

腌制食品在中国无论是古代还是今天都很普遍，如腌菜、腌肉、腌鱼、腌蒜等，腌蟹即为其中的一种。最早记载腌蟹的当为北魏贾思勰的《齐民要术》，该书记载了两种腌蟹方法，其一："九月内取母蟹，得则水中勿令伤损及死者一宿，腹中净。先煮薄糖著活蟹于冷糖瓮中，一宿著蓼汤和白盐特须极咸。待令瓮盛半汁，取糖中蟹内著盐蓼汁中便死。泥封二十日出之，举蟹脐著姜末，还复脐如初。内著坩瓮中百个各一器，以前盐蓼汁浇之令没，密封勿令漏气便成矣。特忌风，风则坏而不美也。"其二："直煮盐蓼汤瓮盛，诣河所得蟹，则内盐汁里，满便泥封。虽不及前味，亦好值风如前法。食时下姜末，调黄盎盛姜酢。"第一则记载详细地说明了腌蟹的全过程、材料的选用与配置及注意事项，如时间方面：就有三个关键点，九月、一宿、二十日；选料方面：母蟹、糖、蓼汤、白盐、姜末；注意事项：活蟹、存于水中不能超过一宿、盐蓼汁须极咸、蓼宜少、密封勿令漏气等。第二则记载的是简化后的腌制方法，制作非常简单，但风味还是不错的。腌蟹受到了历代食家的好评，唐人孟诜《食疗本草》云："（大闸蟹）以盐渍之，自有佳味。"宋人陶弼《三山亭》咏唱道："玉版淡鱼千片白，金膏盐蟹一团红"，此处咸蟹即腌蟹。腌蟹制作简单，味道又很好，下饭不错，下酒更棒，甚至超过了鲜蟹的鲜美。腌蟹唯一的缺点是样子不好看，似乎难登大雅之堂，所以周作人在《吃蟹》一文中说："腌蟹缺点是那相貌不好，俨然是一只死蟹，就是拆作一胖一胖的，也还是那灰青的颜色。"

4. 蜜蟹（糖蟹）

蜜蟹（糖蟹）的吃法，在古代颇为流行，曾被列为皇家贡品。宋代沈括说："大业中，吴郡贡蜜蟹二千头，蜜拥剑四瓮。又何胤嗜糖蟹。大底南人嗜咸，北人嗜甘，鱼蟹加糖蜜，盖便於北俗也。"何胤是南朝人，既是学者也曾做过太守，尤嗜糖蟹，几乎每餐皆备，宋人傅肱称之为"侈味"。隋炀帝时今苏南一带进贡的蜜蟹达2 000只，小蜜蟹（蜜拥剑）4瓮，数量是非常庞大的。《新唐书》卷39沧州景城郡条记载，该地特产便是糖蟹，有"糖蟹鳢鲊户十二万四千二十四，口八十二万五千七百五"，出现了制作糖蟹的专业户。《新唐书·地理志》云："淮南道扬州广陵郡贡糖蟹"，又《蟹略》卷3引黄太史蟹诗云："谁知扬州贡，此物真绝伦。"这说明淮蟹也是制作成糖蟹而作为朝廷贡品的，而且品质极佳。糖蟹作为美食，受到了历代诗人的称赞，陆游《醉中歌》云："白鹅作鲊天下无，浔阳糖蟹径尺余。"苏舜卿《小酌》云："霜柑糖蟹新醅美，醉觉人生万事非。"韩驹《谢江州送糖蟹》云："故人书札访林泉，郭索相随到酒边。未擘团脐先一笑，二螯能覆两觥船。"

5. 糟蟹

糟渍法是中国食品加工保藏的传统方法之一。据钱仓水先生研究，古代糟蟹的方法是：先将大闸蟹洗净，让风吹干或用布拭干。蟹用雌蟹，不用雄蟹，切记雌雄相杂，即使仅用一只雄蟹也必沙无疑。一罐装三十只为宜，罐底铺糟，入罐之前，每只蟹的脐内再入糟一撮，一层糟一层蟹。装满之后再加半斤盐、半碗酒、半碗醋。最后封好罐口，糟后七日便可食用，可以保存一年仍不沙不坏。在中国古代，糟蟹既是贡品，也是馈赠亲朋好友的首选食品，历代食家无不对其大加歌咏。如宋曹勋《送新酒糟蟹与贾之奇》："小酢银槽新拨醅，带糟郭索佐樽罍。一时送上天台友，助对梅花人举杯。"宋王十朋《糟蟹荐杯》："曲生有理何曾浊，公子无肠却最佳。罗馔宁同富儿饮，带糟聊慰老饕怀。"杨万里《糟蟹》："横行湖海浪生花，糟粕招邀到酒家。酥片满螯凝作玉，金穰镕腹未成沙。"陆游《糟蟹》："旧交髯簿久相忘，公了相从独味长。醉死糟丘终不悔，看来端的是无肠。"

6. 醉蟹

关于醉蟹的制作，宋傅肱《蟹谱》、元无名氏《居家必用事类全集》、明高濂《遵生八笺》、清曾懿《中馈录》等文献皆有记载，其间详略各异，方法或繁或简，用料、要求等亦不尽相同，凡此种种，皆反映出历代食家勇于探索的精神。这里引录《蟹谱》中的记载，以窥醉蟹制作之一般情况。其云："酒蟹，须十二月间作。于酒瓮间撇清酒，不得进糟，和盐浸蟹，一宿即取出。于厣中去其粪秒，重实椒盐讫，叠净器中。取前所浸盐酒，更入少新撇者，同煎一沸，以别器盛之。隔宿候冷，倾蟹中，须令满。"可见醉蟹的制作在时间、程序、选蟹、用料、容器等方面均有严格要求。醉蟹甲壳变软，蟹肉色白如玉，清香扑鼻，脂膏紫硬，风味绝佳，南宋高似孙盛赞云："西风送冷出湖田，一梦酣春落酒泉。介甲尽为香玉软，脂膏犹作紫霞坚。魂迷杨柳滩头月，身老松花瓮里天。不是无肠贪曲蘖，要将风味与人传。"醉蟹如此珍贵，故而成为古人馈赠的佳品，清人厉鹗《张龙威送醉蟹》云："无复爬沙样，风味付厨娘。纤手红椒擘，绣匡只合糟。"清人施闰章《伟长索醉蟹，自云老饕，发书一笑》云："小饮终惭客兴豪，故乡昨日寄霜螯。知君旧是江南客，不厌相呼作老饕"。

7. 烹蟹

烹蟹顾名思即是取鲜活之蟹而烹之，其烹法有二：煮和蒸。古今文献对烹蟹方法多有记载，如明人顾元庆《云林逸事》云："用生姜、紫苏、橘皮、盐同煮，才大沸便翻，再大沸透便啖。凡煮蟹，旋煮旋啖则佳，以一人为率，只可煮两只，啖已，再煮。捣橙醋供。"这则记载对煮蟹方法和吃蟹方法都作了很好的说明。对于蒸蟹法，清人顾仲《养小录》云："活蟹入锅，未免炮烙之惨。宜以淡酒入盆，略加水及椒盐、白糖、姜、葱汁、菊叶汁，搅匀。入蟹，令其饮，醉不动，方取入锅……置蟹蒸之，味足。"那么煮蟹和蒸蟹到底哪种可口呢？这主要因各人的嗜好和口感的不同而有所差异。如清代美食家袁枚主张煮，《随园食单》云："最好以淡盐汤煮熟……煮者味虽全，而失之于太淡。"另一位美食家李渔则主张蒸，《闲情偶寄·蟹》云："蒸而熟之，不失真味。"总之不论是煮是蒸，味道都是非常鲜美的。烹蟹是最常用、最快捷、最主要的一种食蟹方法，同时也是最能吃出大闸蟹营养、鲜美和情趣的吃法。时至今日，依然如此。

总之，无论何种食法，都是难得的美食，诚如李时珍所云："凡蟹生烹、盐藏、糟枚、酒浸、酱汁浸，皆为佳品。"

第六章

文化节庆

　　洪泽湖优秀传统渔文化源远流长、博大精深，是历代洪泽湖渔民智慧的结晶，是洪泽湖人生生不息的思想财富和精神食粮。历经沧桑洗礼，洪泽湖保留了许多值得传承和保护的文化节庆活动。随着社会文明发展，文化节庆传承保护日益受到重视。洪泽湖渔文化的原真性、唯一性、不可替代性等特点，决定了如将之融入文旅开发中，会极具经济价值和社会价值。

第一节　中国洪泽湖国际大闸蟹节

　　洪泽湖国际大闸蟹节创始于 2005 年，由国家有关部委、江苏省水利厅、环保厅、海洋与渔业局和洪泽县人民政府共同主办，是融文化、体育、科技、旅游、美食、经贸于一体的省级大型节庆活动。中国洪泽湖国际大闸蟹节浓缩了深厚的楚风汉韵，体现着浓郁的洪泽湖风情，展示出洪泽湖人民精神昂扬的时代风貌，有利于促进洪泽湖的社会、经济、文化的建设和发展。经过多年的认真培育和精心打造，中国洪泽湖国际大闸蟹节已成为国内外具有重要影响力的节庆活动，品牌价值 180.26 亿元，并入选全国 100 个丰收节庆特色活动。

　　2005 年 8 月，洪泽县举办首届洪泽湖水上运动会暨旅游文化节，其创意来源于美丽大湖，来自于渔家生活，可以说因水而生，因水而兴。全国五大淡水湖区 1500 多名渔家儿女齐聚洪泽湖边，享受着属于自己的盛大节日，开全国性渔民水上运动会先河。纵观此后的 19 届节庆，充分借鉴首届节庆的成功经验，依托大湖，彰显水韵，节庆搭台，文旅唱戏，商贸融合，硕果累累。

　　2014 年 10 月 18 日，2014 中国洪泽湖大闸蟹节——名江名湖螃蟹趣味运动会在江苏洪泽县举行，来自全国各地的螃蟹养殖户用螃蟹参加了"螃蟹赛跑""螃蟹攀爬""螃蟹空翻"等项目的比赛。

第二节　中国·泗洪洪泽湖螃蟹节

　　泗洪洪泽湖螃蟹节从 1996 年开始举办以来，由当初旨在推动水产业发展的单一主题，演变成为集经贸招商、旅游推介、文化交流于一体的综合性盛会，从此拉开了"走水路，奔小康"发展蟹文化的序幕。

泗洪通过举办洪泽湖螃蟹节，强力宣传泗洪螃蟹的产业地位和发展成就，让"世界螃蟹看中国，中国螃蟹看江苏，江苏螃蟹看泗洪"的美誉度大幅提升，"让泗洪螃蟹纵横江淮，叫板阳澄湖大闸蟹"。节庆效应极大推动了泗洪旅游业的起步和发展。以"渔家美食节"为特色的美食文化声名鹊起，形成了"渔家美食一条街"；以"洪泽湖湿地公园"为特色，吸引中外游客"游大湖湿地，做深呼吸"；以"蟹王蟹后争霸赛"为民族风格的"螃蟹大舞台"，推动了泗洪"由大养蟹，向养大蟹、养好蟹"方向的转变；以"中国洪泽湖水产大市场"为载体，打造"苏皖边界商贸物流城市"，拉动城市化建设。第十一届中国·泗洪洪泽湖螃蟹节，省洪泽湖渔管办参与承办，时任主任王欣、副主任张胜宇参加活动。当年，该节获评人民网"2012最受关注十大节会"之一。泗洪因此获得"中国螃蟹之乡""中国有机蟹养殖示范县""中国水产百强县"等称号。

第三节　3.18中国洪泽湖放鱼节

"3.18中国洪泽湖放鱼节"为省洪泽湖渔管办独立创办。2011年3月18日，该节首届举办。其后每年的3月18日，该节成为了由政府主导、部门主办、社会各界为主体的大型公益活动，是洪泽湖区域独具特色的渔业文化品牌。

"3.18中国洪泽湖放鱼节"不仅提升了全社会关爱、关心洪泽湖的生态环保意识，搭建了洪泽湖与外界交流合作的平台，也使得洪泽湖渔业资源得到了有效的增殖保护，对养护渔业资源、净化水体环境、提升生态文明和弘扬渔业文化都具有重要推动作用，得到了各级领导的高度评价和社会各界的广泛赞誉。2017年，该节被原农业部授予"国家级示范性渔业文化节庆"称号。

第四节　盱眙龙虾节

"盱眙龙虾节"是江苏省盱眙县人民政府自2000年7月成功举办"中国龙年盱眙龙虾节"后，每年定期举办的传统节日。该节日时间为每年6月12日。盱眙龙虾节迄今已举办了二十三届，是中国著名的品牌节庆。2005年，"中国龙虾节"以其独特魅力，从全国5 000多个节庆活动中脱颖而出，被国际节庆协会评选为"IFEA中国最具发展潜力的十大节庆活动"，成为江苏唯一获此殊荣的节庆活动；被第三届中国会展（节事）财富论坛评为"中国节庆50强"，并雄居前列。

盱眙县秉持"办节为媒、产业为要、发展为本"的办节主旨，突出地方特色，贴近时代潮流，让盱眙龙虾产业与龙虾节庆相互促进、相得益彰。该节设置了大型文艺晚会、万人龙虾宴美食周、"盱眙龙虾"烹饪大赛等群众参与度高的经典活动，还安排了龙虾音乐剧、狮斗足球挑战赛、寻味盱眙自驾游等特色活动，为亿万虾迷们呈现美食盛宴、文化盛事，成为推动地方社会、经济高质量发展的重要抓手。

第五节　蒋坝螺蛳节

自 2018 年以来，蒋坝螺蛳节每年 3 月举行，已连续举办多届，获评"全省十佳丰收节庆特色活动"。蒋坝螺蛳节由洪泽区蒋坝镇牵头主办，省洪泽湖渔管办作为指导单位参加活动，省、市有关部门和洪泽区领导受邀参加。

活动期间，游客不仅能品尝到极具地方特色的蒋坝鱼圆、蒋坝螺蛳等湖鲜美味，还能泡温泉、赏花田、看表演。为策应蒋坝螺蛳节，地方有时也会陆续举办湿地花田露营、蒋坝院子玩音乐、百里画廊蒋坝段迷你马拉松、河工文化研学游、银杏广场美食展、萨克斯音乐会等子活动。

第六节　老子山庙会

老子山庙会也称安淮寺传统庙会，始于宋天禧年间，每年农历四月初八举办，是融民间群众性集会、文化、商贸交流活动于一体的大型庙会。"文化大革命"期间，庙会停办。1994 年农历四月初八，老子山镇首次举行安淮寺佛像开光庆典暨庙会活动。庙会吸引老子山镇居民和湖上渔船民数千人参加祭祀和商贸活动。庙会活动还吸引盱眙县部分乡镇农民到老子山参观。至今，老子山镇每年均举办庙会活动，带动湖区渔民文化和商贸、旅游业的发展。

第七节　老子山风筝节

老子山风筝放飞历史悠久。放风筝不仅是娱乐游戏方式，还是渔船民测定风向的简易方法。明万历年间，老子山渔商贸易发达，时为淮安府 23 个重镇之一。当时，老子山北山建起大王庙，成为渔民风筝艺术节的固定场所。民间艺人制作"鱼""蟹""蝴蝶""龙""蜈蚣"等风筝参加比赛，比赛场地设在镇区南山坡。经评委会对每件作品从立意、造型、高度、稳定性等四个方面评议打分，最终确定一二三等奖若干名。此后风筝节每年举办一次，吸引洪泽、盱眙、泗洪、淮安等地游人加入，影响广，参赛者多，参赛作品多样。2010 年，风筝节参赛作品在 200 件以上，参赛选手中既有 80 多岁的老人，也有少年儿童。每年风筝艺术节活动经费均采取镇财政拨一点、村（居）集体拿一点、参赛者出一点等办法筹集，每次在 2 万元以上。渔民风筝节成为文化搭台经贸唱戏的重要节目，吸引游客超万人，实现直接经济效益逾 30 万元。

第八节　洪泽湖水上运动会

1989 年 9 月，老子山镇举办首届渔民水上运动会。运动项目和渔民生产生活有关，主要有水上太极、织网、爬桅杆、撒网捕鱼、水上舞龙等。《人民日报》、《新华日报》、江苏电视台、江苏人民广播电台、《淮阴日报》等新闻单位报道水运会盛况。1990年，老子山镇举办第二届渔民水上运动会，此后停办。

2005年，洪泽县人民政府把老子山镇渔民水上运动会升格为洪泽湖水上运动会。是年8月18日，首届中国洪泽湖水上运动会暨水文化节举办。开幕式"情醉洪泽湖"演出的节目大多与水有关，如击鼓升帆、渔民撒网、千人竞渡、汽艇巡游、鼓乐丰年等。运动会竞赛项目设有水上篮球、水上拔河、过浮桥、织网、爬桅杆、赛龙舟等，全县12个镇代表队参赛。是日晚，举行"相约洪泽湖"大型广场文艺晚会，邀请省内外众多艺术家和歌手与县内文艺爱好者同台献艺。闭幕式演出与省电视台合作，围绕情满洪泽湖、激情水运会展开，充满水文化特色。水运会得到原国家体育总局社会体育中心和原江苏省农委、水利厅、体育局、海洋与渔业局、旅游局等部门的支持。至2010年，洪泽县共举办6届洪泽湖水上运动会暨水文化旅游节。其间，还邀请中国四大淡水湖龙舟队到洪泽湖参加龙舟竞赛。

第九节　洪泽湖罩鱼大赛

2007年8月，洪泽县首次举办"建设杯"趣味罩鱼大赛，湖区渔民组成12支代表队共120多人参赛，观众数千人。罩鱼是洪泽湖区传统的捕鱼技法之一。罩，捕鱼用的竹器，圆筒形，上小下大，无顶无底。20世纪50年代后，多用铁丝编织。罩鱼一般在水深不到罩顶的浅水区进行。2008年后，每年举办1~2次罩鱼大赛。该项活动还吸引了不少外国留学生参加。至2010年，共举办6次罩鱼大赛。《人民日报》海外版、中央电视台及全国31家电视台和各主流媒体都作了报道。

第十节　泗洪"捆蟹达人"技能大赛

泗洪临淮镇每年举办一场泗洪县水产领域"捆蟹达人"劳动技能大赛，上演了速度与激情的比拼。大赛由临淮镇政府、泗洪县绿康洪泽湖大闸蟹有限公司承办，已连续举办了4届。2018年，参加的队伍有十四支，近百人参与比赛。临淮镇70号选手刘草以03分59秒88捆好30只螃蟹的好成绩刷新了比赛纪录，获得此次捆蟹比赛的冠军。

第七章

渔民风俗

洪泽湖上的渔民，与岸上居民虽咫尺之隔，但地域特征鲜明，风俗习惯有的与陆上相似；有的截然不同，比陆上更加丰富多彩。

第一节　生产习俗

一、交船头

新排的船只在正式使用前，举行下水仪式，称"交船头"。亲朋好友前来致贺，是渔家一大喜事。是时，船上贴对联、插彩旗，大船披挂红绸花球。桅杆上悬挂筛子，筛子里置一面镜子，以示乘风破浪，逢凶化吉。新船下水时，锣鼓鞭炮齐鸣，司仪领唱喜庆歌曲。新船试航归港后，主家宴请亲友，并备盘庆祝。用米粉做成色彩鲜艳的食品，点上香烛供在舱里，求吉利。如"定胜糕"："定定心神"；鲤：大吉大利；百合：百年好合；糖元宝：恭喜发财。此外还有"云片糕"取"平步青云"之意。

二、汛前宴

每当渔汛来临前，渔户备好渔具后，各船户主和捕鱼主要劳力在一起聚餐，各家端出最好的菜，拿出最好的酒，大家一起分享美食。同时分析鱼情，商讨生产计划，交流作业方法。为预祝丰收，彼此交杯换盏，一醉方休。

三、捕鱼

每年初下簖时，要在下簖的地方燃放鞭炮，烧大纸。有的还买猪肉或猪头"烧神符"。

四、满载会

渔家春汛前要做"满载会"。船上扯起白脚旗，船老大穿起长袍、马褂，上香参拜"龙王"，童子（神汉）拉长声音高喊"满载而归"。

第二节　饮　食　俗

渔民饮食多以面食为主。山东籍渔民爱吃死面饼、锅饼（即锅贴饼），夏天爱吃单饼、神仙鱼（饭锅头蒸鱼）、鱼烧稀饭。丰收季节，他们生活花样更多。如鲜鱼下面条、鲫鱼烧稀饭、野鸭子烧干饭，以及红烧鱼、糖醋鱼、清炖鱼、鱼杂、鱼脍、鱼片等。

靠山吃山，靠水吃水。渔家终日穿行于洪泽湖中，平日饮食的菜肴以鱼为主，便创制了共同的吃鱼法。渔民一条鱼三口就可以吃净；更有甚者，一条齐全的小鱼进口，随着嘴的蠕动，一眨眼就可以将鱼肉咂绝，一根一根的鱼刺从嘴角顺出。对吃鱼的种类及其部位很有讲究，他们总结出吃鱼的顺口溜有"春鲫夏鲤秋鳜冬鳊""冬吃头，夏吃尾，春秋两季吃划水""鲢子头，鲤鱼腰，青鱼尾巴耍大刀"等。

"湖水煮湖鱼"，是渔民一种传统而又简单的吃鱼方法。往昔，每当渔家来客，马上就从湖里捕来鲜活的鱼，去掉鳞、鳃并洗净，剖肚后不需再洗，用鱼肚里的油在锅里炒一下，从湖里舀来水，除了盐以外什么佐料也不用，只要从湖里捞一点红楂草放入鱼锅内。据说，这种草可以去腥怪味，煮出来的鱼肉嫩、汤白、味鲜。倘若加上姜、葱等各种佐料，则口味更佳。白汤鱼在洪泽湖上已成为众人喜爱的美味。

渔民就餐方式也特别，船舱大者尚有桌凳入席而坐。小船者，冬在餐舱内，夏在船头上，席地而食。芦花浅水，任其所为，甚为乐趣。常有"渔民爱吃不爱穿，不论菜多少，每餐必有酒"之说。

渔家待客热情，当客人到湖上后，第一脚踏上哪家船头，不管你走过几条船，必须在第一次踏上船的船主家吃饭，他们全家都会感到高兴。否则，该船船主会生气，认为你瞧不起他，别的船户也不愿留你就餐。

渔家筵席，上席、下席区分不以桌缝为标准（陆上以桌缝两侧为上席和二席，其他则为下席），而是以左为上（即靠锅灶的一边为上），右为二席，其他则为下席（或以舵杆为标准，左为上，右次之，其他为下席），一般总是让德高望重之人或者亲友中的长辈，年龄较大之人坐上席。

喜筵一般在酒过三巡之后，由执壶人（一般由主家选派）提出敬酒。开始喝"四排盅"，即第一次先请上席两人喝一对酒，谓"元宝酒"，其后二席两人也同样喝一对酒，依次类推。每两人喝一对酒，称"第一排盅"。第二次，由上席两人和二席两人共同端盅，喝四个酒，谓"事事（四四）如意"。下席四人亦照例进行，称"第二排盅"。第三次由六人同端盅子喝六个酒，谓"禄禄（六六）大顺"，称"第三排酒"。第四次八人或十人同端盅子，喝九个酒，谓"久久（九九）长寿"酒，称第四排酒。以上四排盅，以其酒令词语之吉利，表示客人对主家的庆贺和感谢，称之为还东家"酒礼"。

"四排盅"喝完后，由主家出面"烫酒"。"烫酒"亦叫"下大盅"（陆上称"陪酒"或者叫"敬酒"），即由主家手捧托盘，自备一壶酒，两只大酒盅和一双筷子放在盘子中，自斟大盅之酒，逐个在被"烫酒"人面前连饮数盅，被敬之客也必须用大盅连饮与主人所饮相同之盅数，以下都照例轮饮。若在"烫酒"之前，席间有人提出"一烫一百烫"的要求，则须全席之人一齐端盅，按照主人所饮之盅数如数喝完为止。

喜筵上菜数量，逢双不逢单。八碗、十碗、十二碗皆可。上鱼时，鱼头固定对准上席（首席），鱼头和鱼尾所对之客都必须喝酒。吃鱼也先由上席动筷，但必须说出"吃鱼令"。

"吃鱼令"词是："冬吃头，夏吃尾，春秋两季吃划水（"划水"即鱼腹下的鳍）"。若不会说，可请人代说，若都不会说"吃鱼令"，则不能吃鱼。

会亲、婚筵皆兴双请双带席分男女，客无孤单。丧筵上菜逢单不逢双，不喝"四排酒"，亦无"下大盅"之例。但孝子除在席间向亲朋好友磕头"谢吊外"，还必须头顶托盘，斟满三盅酒，跪在丧主桌前敬酒，丧主喝完三盅酒后，孝子方可退下。总之，耗时长，酒量大，俗套多，是渔家筵席三大特点。

第三节　婚　嫁　俗

渔民婚俗与陆上有所不同。过大礼时，新娘服饰要有大红棉袄和贴身红裤子，称之为装新衣，即使夏季也是如此。带新娘时，要备双刀肉（猪肉）15斤，其中前腿7斤，后腿8斤，俗称"离娘肉"，或谓前拉后拽，母女难分之情。同时还必须带一只公鸡（称长命鸡）、两条鲤鱼。渔民带新娘时间为吉日早晨，取蒸蒸日上之意，以象征与日同升。

带新娘的船只由男方安排，有的扎轿子，用红布蓬幕，船上放筛镜，用红绫子扎成划子或4个彩球挂于船上；有的扎成葫芦型，也有扎成人像的，新郎随船同行，称"迎亲"。轿船到女方家船旁，女方家鞭炮齐鸣，男方经再三邀请后方能在女方船头红被落座。此时，新娘梳妆打扮，称"上装"，全福人口唱"上装令"。更衣后，新娘头顶"蒙头红"与新郎对座，女方用衣襟盖在男方的腿上，男方再用自己的长襟盖在女方的腿上，称"连礼（理）"，意"襟连襟，结同心"。新郎、新娘同吃"长寿面"后，拜别女方父母，各打一把伞，在鞭炮声中起锚开船。全福人口唱"上船令"。新娘出发后，不能再回头察看娘家，否则将来会有被休之日。

如亲家双方的船只靠近，则称"过船"。就是把新娘子接到男家喜船边，把彩船靠近，搭上披着一块红布的跳板，由两个童女搀着新娘，由新郎前引，在鞭炮、管乐声中徐徐登上喜船。在司仪的安排下，新郎、新娘落伞。新娘吃"开口糕"，喝"开口茶"，与新郎一起喝"同心酒"后，在摆满香烛果品的船头拜天、拜水、拜公婆长者。阅视一下喜房后，一起回娘家吃早饭，回拜女方父母。中午之前再一同回喜船。新娘自此像自家人一样，帮助操办喜事，摆午餐席，但不到桌上陪酒。一个月内新娘不回娘家船（即回门），也不串船（串门子），恪守喜舱一个月。当晚，男方设宴款待女方父母及前来贺喜的客人。传统的规矩很多。如男女亲家分桌而坐，叫"亲家双打鱼"。打鱼就是在吃鱼时，亲家把鱼划上最大的一根刺拣出来，叫"打鱼"。过船时准备的一对大红鱼（鲤鱼）和一尺整公鸡端上主客席。鱼和鸡的嘴里衔上葱，表示龙凤呈祥，生儿育女聪明智慧。一般是坐在上席的人领着大家品酒吃菜，在开席、动筷、举杯和新郎新娘敬酒时，客人都要推选一位会说喜话的人，边吃边饮边道喜，或唱口令助兴。见什么唱什么。常见的有"桌子令""手巾令""筷子令""酒壶令""酒令""鱼令""茶令"等。满船上下，酒菜醇香，喜气洋洋。渔民结婚，从带新娘、新娘回门、会亲均在一天内完成。

第四节　家　堂　会

家堂会亦称"叙家谱"。多由氏族长门（即老堂）领头。会前由长门派人与散居各地同族联络，并确定做会日期、地点。族户得知后，必须于会前携带家中供奉的所有神像赶到做会地点，等候安排事宜。各户所带来之神像先存放于画匠店里，叫作"回娘家"。会期到来之际，全族人集体到画匠店里"请神"，赴神棚就座（棚即道场），神像无论职位高低，皆按新老顺序排列。新在前，老在后，依次类推，老堂神排列最后。

神棚（即道场）布置十分讲究，用彩纸凿花挂满神像两侧，称为"排头"。大的道场有 24 层"排头"。"排头"两侧须挂上吊子，中间贴上各路纸剪的神像和宇宙图案，前面摆上供桌，桌上放的祭品有：小猪、猪头、公鸡等物。香炉中焚烧名贵檀香，然后有小童子数人上妆扮演各路神仙，手持羊皮鼓，边敲边舞，谓之"跳神"，每天由数个小童子轮换上场。

规模最大的"跳神"叫"五班出相"，历时五天五夜，中间片刻不歇。"跳神"的内容有：第一天跳"张将军之死"，由扮演张将军、张妻、张妹等人物出场。第二天跳"刘文龙赶考"，由扮演刘文龙、刘妻（肖氏），刘的表弟宋元宗出场。第三天跳"灶君"，由扮演灶君神张万仓、张妻葛丁香、张的小妾王顺香等人物出场。第四天跳"魏徵斩老龙""唐王游地府"，由扮演魏徵、唐王、牛头夜叉、五阎王等出场。第五天跳"家亲出相"，演唱内容为"有儿子怎样，无儿子怎样"。

童子一般跳三遍神后即向主家讨喜钱，并还常表演"划刀子"（即：用刀子自划胸脯，使之鲜血淋淋）、"衔红秤砣"（即用嘴衔火盆中烧热的秤砣）、"摸油锅中铜币"（即用火将油锅中食油煮沸，将铜币数枚倒入油锅中，再用手将铜币从沸油中摸出）等节目，令目睹者心惊肉跳，而表演者却口中念念有词，镇定自若。

"家堂会"必须有坛主主持，请"水童子"2～10 人，历时数日，香火不绝，聚众百计，耗资甚巨。费用由族户按贫富分摊，富者多出。"家堂会"一般订出四字或五字以上下代班谱，也可以订字（号），供下代起名字用。规定每隔十年进行一次，称为一"小敬"，可在船舱内举行。隔二十年举行一次，称为一"中敬"，中敬在船头上举行。隔三十年举行一次，称为一"大敬"，"大敬"则须搭"神棚"、摆"道场"。无论"小敬""中敬""大敬"，家堂会敬的都是各路神仙，而不是敬自己的祖宗。

第五节　岁　时　俗

一、端鼓闹新春

每年腊月二十，渔民就忙着准备过春节。特别是从二十四祭灶开始，就不出湖捕鱼了，中青年们开始排演自己的传统节目"端鼓腔"。从送灶以后，他们每天有演出。春节时，化妆表演比平时更加隆重，除了羊皮鼓以外，还配有锣鼓乐器伴奏，各演出小组有时还交替表演不同的节目。从腊月二十四一直演唱到大年初一，渔民又叫"端鼓迎春"。

二、童子接财神

按照渔家习惯，辞旧迎新，祈求在新的一年里取得更大的丰收。大年初一天亮之前，各家下好饺子，船头升一盆火，童男子举起一个火把边摇边唱，全家人在舱里舱外跟着道好，预兆新的一年鱼虾大丰收。

三、贴春联

渔家贴春联也很讲究，有桅联、头联、橹联、舱联等，内容和形式各不相同。"招财进宝""黄金万两"各四个字拼成一个字，仿若船形或状似宝塔，象征摇钱树或聚宝盆。船头临水正面贴一个大"福"字，福字两角头披上一副长长的呈"八"字形的对联。联纸和福字的对角线差不多长，有"船行八面风，福如长流水"的寓意。

四、忌讳与讨吉俗

渔家是船底无根水上漂，多灾多难。他们总是希望船头兴旺，鱼虾丰收。为了图个吉利，说话时不用忌讳语言，总要找些吉利的词语代替。

方言"帆"因其与"翻"音同，渔家一直都叫"篷"不叫"帆"。即使船在风暴中翻沉了，也不叫翻船，而说是"失风"。吃鱼时，盘子里的鱼吃了半边，不能讲翻身，因为"翻"意味翻船。习惯说"调个樯"。鱼的头尾中段不能随便吃，老大吃鱼头，掌舵吃鱼尾，看风的吃中段。

过去船上都用木桶打水或沐浴，但桶不称桶，而叫盆。或"量子"。因为"桶"和"通"在洪泽湖区字中读音相似。船撞坏了叫"通"，网破了叫"通"，两人同一被窝睡觉，也只说"同被、捣腿"，而不能说"通腿"。

在船上吃饭时，不能说"盛饭"，一般讲"装饭"，成河一带叫"勺饭"。因为"盛""沉"同音。吃完饭，筷子不能搁在碗口上，"搁"意搁浅，属不祥之兆。盖舱板不叫"盖起来"，要叫"满起来"。船舱货已卸完，不叫"空了"，而叫"满了"。

船上人特别禁忌"浮死"，他们相信福、寿、喜三个字，因为辛勤劳动所希望的就是幸福、长寿、快乐。

在渔船头不能小便，认为这是对神不敬的行为。又认为，在船头小便吓走了鱼、虾，对生产不利。

渔家除了节日，平时一般不买肉杀鸡，因为买肉杀鸡，往往是斋菩萨活动，家中有不吉之事才斋菩萨，平时一日三餐鱼为主菜。这与他们经常在洪泽湖中捕捞，没有时间上街买菜有关。

渔家船上有两块跳板，搁在船头当中的跳板叫"龙门张"，男的上下船可走，女的只能在侧面一跳板上行走。

因渔船后棚放有菩萨像（俗称老爷像），女人只能从左右两侧进舱，不能冲着"老爷"走。新娘不满月不能上人家的船。迷信认为新娘脚是火脚（烧脚），走错船要起火。如走错，要放爆竹表示解晦气。妇女在船头上，夏天也不能穿短裤，而要穿长裤，表示规规矩矩。男人吃饭，女人不能上桌，如女的人多，可单独开一桌。

妇女经期不准到船头，若上岸，必须从侧面走。产妇不能用手推人家的船，更不能从船头走过。否则，必须给人家船披红插花。即扯红布挂船头，插金银花。怀孕主妇忌讳插手红白喜丧事。忌讳在娘家生孩子，风闻那样会得罪神灵，招致娘家式微。

渔民忌夏天有马郎和鲤鱼跳上船，认为不吉利。鲤鱼又称龙鱼，马郎是红眼，鱼死不闭眼，网干也无钱。

第六节　信　仰　俗

一、信奉河神

渔民信奉的河神名目繁多。昔日渔民所崇拜和畏惧的鬼神多达数百种，普通家庭船上都要供奉14～17尊神像，主要有大王庙中的"七公神""四大将军""南潮神""江潮神""素神""桅神"等。

七公神、大王神、肖公、晏公、鱼王三娘、邀鱼大师、赶鱼童子和耿七公统称为七公神，其中大王爷、耿七是渔民最崇拜之神。沿洪泽湖高良涧、蒋坝、老子山均建有大王庙，蒋坝建有七公庙。

二、大王庙

亦称大王老爷，是渔民心目中的依托和主宰之神。渔民在生产生活中，或在遭遇自然灾害侵袭时，把大王神看成是唯一的保护神。认为大王爷能调风使雨、降雨灭火，能破坚冰，能为迷船引航等。因此，每年端午、中秋、除夕等节日，对大王神都有祭祀。尤其是九月十七日大王神生日，要举办庙会，祭祀更为隆重。有高跷、花船、花鼓等民间节目演出，有时还唱三天三夜大戏，费用多由渔民筹集。除此以外，渔民盖房子、结婚、生孩子及新年首次出船等，都忘不了给大王爷一份祭祀。洪泽湖来往船商，在靠近老子山时，即大放鞭炮，而且必进庙焚香宰鸡，叩头礼拜。住僧和尚领到香火钞，就足够维持生活。遇到大的船只，还捧出绿箔请船主化缘。

渔民把水蛇当作大王神化身，在行船途中遇见过河过湖水蛇，无论巨细，都认为是大王神出外巡游，总是竭力将其捞起（尊称"请上船"），然后送进大王庙特制的神龛内，继之烧香磕拜方算定心。若有水蛇入龛后骚动乱窜，不能安寝，即被当作异物。

渔民有时也在水上举行庙会，有众多的船帮并排联结，中间搭成銮架摆上香坛，成为庄严肃穆的道场。庙会由坛主在水边使法念咒，聚拢许多水蛇。这些游来的水蛇被看作是前来赴会的各地大王神化身。坛主捧盘在水边等候，水蛇一到，即窜入盘中盘卧，然后罩上玻璃罩送上香坛供奉。各地大王神（水蛇）到齐后，仍由坛主使法念咒，央求大王爷"换袍"，玻璃罩中水蛇即刻由黄皮变成红皮。不变色者，即被认为是假冒分子，当即驱逐出坛。祭祀完毕后，所有水蛇皆被放归入湖。其实"聚蛇"和"换袍"之伎，无外乎是坛主使的遮眼魔术罢了。

各地对大王爷的来历传说不一，姓名亦不尽相同。老子山大王庙中的大王爷，陆上人传说姓谢名绪，是宋代抗金英雄阵亡后受封。水上渔民则说是唐朝时，苏州阊门一家有四兄弟，老四任压粮官，有年压粮去京，船经黄河夜遭暴风雨，压粮官起身护粮落水而死，粮船至京后，有人将压粮官风雨夜护粮淹死之事报告了皇上，皇上即封他为"黄河佛祖金龙四大王"。

耿七公名遇德，东平郡（今山东东平）人，在兄弟中排行第七。宋仁宗时，耿遇德任通判时，为官清廉，品性忠实，曾设灯导航。后来他弃官隐居高邮，并皈依佛法，吃斋诵经。他禅座前置盏长明灯，灯火通宵不熄。耿遇德去世后，葬于湖畔。宋帝为表彰其宦绩，封为"康泽侯"，并就地建庙。传说，耿七公死后为神，殿前的神灯依旧不灭，祀之者，不论风高雪漫，浪涛呼啸，湖上行舟自有灵光相接，不致迷失方向，更不会舟没人亡，干旱时还能及时下雨。蒋坝七公庙，又名耿七公祠，建于康熙年间，道光二十二年（公元1842年）重修。

三、四大将军

四大将军皆为大王神座下臣神。其来历为：

张将军，名秀荣，宿迁小河口小营巷人。时有其妹将嫁，张为妹去淮城（即淮安）买嫁妆，误访贼船遇害。贼船有四人，即白寡妇、二子白龙白虎和一女素珍。白氏三人用酒将张灌醉掀入水中淹死，白素珍抢救未成。破案后，贼船被锯成两截，分置于河道两岸示众。白龙、白虎被处砸死，白寡妇被处以头顶挖洞点天灯，白素珍免罪。张秀荣死后，阴魂到黄河，佛祖金龙四大王即封其为将军。

杨将军，名叫杨宝小四郎，自幼父母双亡，随叔婶生活。一日其叔从外面买回几个桃子，他拿吃了一个，遭其婶毒打落水淹死，阴魂到金龙四大王跟前被封为将军。

九龙将军，名叫陈九龙，出生于某员外之家，青年时学做生意，后入邪门嫖娼弄光本钱，向其父谎报遭遇劫匪荡产，又索资排一大船运输。一日去码头娘娘庙敬香，见娘娘神模样俊俏，便口出戏言："你若不是木雕的，我就娶你做二房"。娘娘被触怒，拔根簪子往河中一摔，变成一根木柱，拦住了他的大船回路，陈九龙即用大锤猛力砸柱，第二锤即砸在自己头顶上，脑裂而死。陈九龙死后阴魂又回到娘娘神跟前央求复活，娘娘神说："你的肉体已毁，复活无望，就封你做金龙四大王手下第三神吧"。

柳将军，来历待考。据传也是某朝管理河事小官死后受封。

南潮神，全称为"刘府上天王"。此神由太湖传入，洪泽湖渔民普遍供奉。祭祀礼为猪爪子、鸡蛋、千张子（百叶）。

江潮神，亦称"过船巷东岳神"。传说清朝时期，有香客30余人去茅山敬香，中途受阻，在瓜洲雇船改去镇江金山寺。船至金山脚下被旋流卷沉，香客全部遇难。后金山寺法师将死难香客全部封为江湖神。祭祀江潮神用火腿子、豆腐干、香烛、纸马等物。

素神，共10位。主神为北极真武大帝，其他则为黄龙真人、太乙真人、文殊广法僧人、达摩老祖、关公、二郎神、华佗、齐天大圣、火德星君。供奉素神的祭礼有：大糕、蔬菜、饯食等品。渔民逢排船、生孩子、结婚等重大喜庆之事，对以上所列诸神都要祭祀。

桅神，传说清朝有个管理三河坝子的水利小官，人家尊称李大老爷。有一年堵三河决口时，李大老爷亲自参加，不幸被激流卷走淹死。李大老爷死后阴灵经常在三河口显现，渔民为敬重和纪念他，就尊称他为桅神。祭祀桅神礼品比较简单，奉上猪爪子烧炷香即可。

第八章

古今诗文

夕次盱眙县

唐·韦应物

落帆逗淮镇，停舫临孤驿。

浩浩风起波，冥冥日沈夕。

人归山郭暗，雁下芦洲白。

独夜忆秦关，听钟未眠客。

夜泊淮阴

唐·项斯

夜入楚家烟，烟中人未眠。

望来淮岸尽，坐到酒楼前。

灯影半临水，筝声多在船。

乘流向东去，别此易经年。

韩信庙

唐·刘禹锡

将略兵机命世雄，苍黄钟室叹良弓。

遂令后代登坛者，每一寻思怕立功。

初食淮白

宋·杨万里

淮白须将淮水煮，江南水煮正相违。

霜吹柳叶落都尽，鱼吃雪花方解肥。

醉卧糟丘名不恶，下来盐豉味全非。

馋人且莫供羊酪，更买银刀三尺围。

盱眙郡楼

宋·吴陵

风物凄凉天地秋，凭高不尽古今愁。
关河北望三千里，淮泗东来第一州。
日暮边声传画角，早寒霜气袭重裘。
干戈澒洞何时静，王粲长吟独倚楼。

晚泊龟山

宋·苏舜钦

南湾晚泊一徘徊，小径山间佛寺开。
石势向人森剑戟，滩光和月泻琼瑰。
每伤道路销时序，但屈心情入酒杯。
夜籁不喧群动息，长吟聊以寄余哀。

龟　山

宋·苏轼

我生飘荡去何求，再过龟山岁五周。
身行万里半天下，僧卧一庵初白头。
地隔中原劳北望，潮连沧海欲东游。
元嘉旧事无人记，故垒摧颓今在不？

寄文刚求蟹

宋·张耒

遥知涟水蟹，九月已经霜。
匡实黄金重，螯肥白玉香。
尘埃离故国，诗酒寄他乡。
苦乏西来使，何缘至洛阳。

寄路倅洪泽阻水（其一）

宋·徐积

黄金宫阙紫瑶关，鸂鶒思陪玉笋班。
仙仗好教凫舄去，客槎却在斗牛间。
有为义对霜涛涌，无敌诗同铁阵间。
谁报京师群弟子，先生更隐鬓毛斑。

寄路倅洪泽阻水（其二）

宋·徐积

莫教容易过龟山，多少人心愿复还。
更有南城黄绶客，但吟西户绿杨间。
才经浊汴无澄浪，且趁清淮洗醉颜。
安得就公歌一曲，缓吟迟步夕阳湾。

龟山水母庙

明·郑真

青山如伏龟，巨石压清浪。
岗峦相起伏，隐隐城郭状。
忆惟南渡余，金戈严保障。
封疆南北分，放歌一凄怆。
铁锁锢支祈，禹功千载上。
吁嗟水母称，谁能辨诬谤。

游归云洞

明·李鹏举

洞口梅花春始开，上人高唱一追陪。
饮余穿竹乱云里，歌罢登山落日隈。
淮泗风光俱荏苒，寝陵王气故崔嵬。
暮归转切忧时念，调鼎能无羡尔才。

过玉环山

明·汪广洋

神女去云远，名山依旧存。
佩环空寂寞，岩壑阅晨昏。
云木深藏庙，淮流直到门。
无因停桂楫，和露把兰尊。

渡淮即事

清·程恩泽

汝颍沙涡竞短长，还收睢泗五文章。
遂磨洪泽而东镜，似筑深江以外墙。

天际数峰眉妩翠，中流一画墨痕苍。
即看歌舞雄都会，何处风云古战场？

过高堰舟桥

明·沈柿

蜿蜒金堤百里长，汉家天子重宣防。
垂杨路满行人少，惟有蝉声噪夕阳。

富陵湖市

清·汤调鼎

汉武秦皇久劫灰，那知湖市见蓬莱，
三山恍惚生鳌背，百雉分明绕鹿胎，
水墨云中林壑翠，霏微烟里画图开，
地邻咫尺神仙岛，金掌何须接露台。

洪泽渔歌

清·汤濩

魏武当年此置屯，为今渔户长儿孙。
三秋水缩罾成市，五月湖深蛤满林。
中酒不妨眠萩浦，和歌何必敲雍门。
一舟荡漾蓑衣老，不听惊林五夜猿。

过泗州故城

清·戚玾

旧迹名犹在，城根尚蜿蜒。
路碑残月日，屋瓦旧人烟。
祷雨留神树，耕田得古船。
秋风吟苦客，吹泪夕阳边。

泛洪泽湖偶咏

清·爱新觉罗·玄烨

积水空明浸太虚，轻船闲泛进徐徐。
菰芦绝岸柴门小，终岁生涯业捕鱼。

巡视水灾

清·爱新觉罗·玄烨

淮扬罹水灾，流波常浩浩。龙舰偶经过，一望类洲岛。
田亩尽沉沦，舍户半倾倒。茕茕赤子民，栖栖卧深潦。
对之心恻然，无策施襁褓。夹岸罗黔黎，跽陈尽耆老。
谘取不厌频，利弊细探讨。饥寒或有由，良惭奉苍颢。
古人念一夫，何况睹枯槁。凛凛夜不寐，忧勤恕如捣。
亟图浚治功，拯救须及早。会当复故业，咸令东怀保。

天妃闸

清·吴廷桢

断堰锁崔嵬，奔流下石隈。
势吞淮甸尽，声撼海门开。
水气晴吹雨，天风夕送雷。
扣舷惊绝险，谁是济川才？

洪泽湖

清·曹若曾

大泽界淮涡，奔流顷刻过。
混茫逐碧落，浩瀚敌黄河。
有日云皆雨，无风水亦波。
谁堪支砥柱，淮浦免蛟鼍。

偕洪稚存望洪泽湖有感

清·黄景仁

涛声入耳心所向，与君同家楚江上。
比年渴走尘埃间，见此洪流亦神丧。
湖宽一面青障开，立久万仞高寒来。
水风吹衣日落去，石气荡魄云飘回。
远天暗惨湖变色，雁飞不渡鸣何哀。
沉沦九鼎自太古，苍茫哪见蟾珠吐。
浪静似响鲛人机，风便欲递冯夷鼓。
此时倒影动楼阁，咫尺已畏风雷作。
前驱青兕淮神过，长波冰岩大鱼跃。
得观如此将毋归，回头半湖森雨脚。

347

大陆浮沉且未休，吾侪身世将安托。
歌声如哭何处歌，沿山半州纯浸波。
庚辰奚仲不在世，呜呼奈汝歌者何。

过洪泽湖

陈毅

扁舟飞跃趁晴空，斜抹湖天夕阳红。
夜渡浅沙惊宿鸟，晓行柳岸雪花骢。

平定洪泽湖

张爱萍

洪泽水怪乱水天，奋起龙泉捣龙潭。
红旗漫展万众勇，白帆云扬千樯舷。
寒江捣海斩妖孽，长风劈浪扫敌顽。
旸乌红天炀红泊，渔歌满湖鱼满船。

老君遗踪

卜开初

老子曾经筑玉坛，熊熊烈火炼金丹。
青牛西去留灵迹，紫气东升上翠峦。
芳草连天环白水，斜阳一抹照青山。
纵情寻觅仙人洞，把酒临风带笑看。

咏洪泽湖

尚云

气爽天高水最清，湖滨幽处树通明。
波光夕照丹山美，鱼满归舟乐晚晴。

一剪梅·赞洪泽湖

杨笑风

淮海天成五彩图，水上芙蕖，水下游鱼。
一年四季景奇殊，凫鸟呱呱，汽艇嘟嘟。
双闸一堤锁玉湖，旱也根除，涝也无虞。
皖苏鲁豫得宽余，喜了村姑，乐了农夫。

参 考 文 献

《洪泽湖渔业史》编写组.洪泽湖渔业史［M］.南京：江苏科学技术出版社，1990.

《洪泽湖志》编纂委员会.洪泽湖志［M］.北京：方志出版社，2003.

高俊峰，蒋志刚，等.中国五大淡水湖保护与发展［M］.北京：科学出版社，2012.

郭明珠，等.中国有个洪泽湖［M］.南京：河海大学出版社，2022.

韩爱民，杨广利，等.洪泽湖富营养化和生态状况调查与评价［J］.环境监测管理与技术，2002，14
（6）：18－20.

淮安市旅游局.走遍淮安：淮安导游词精选［M］.北京：中国旅游出版社.2008.

淮安市政协文史委，洪泽县政协.百里文化长廊：洪泽湖大堤［M］.北京：中国文史出版社.2011.

淮阴市地方志编纂委员会.淮阴市志［M］.上海：上海社会科学院出版社.1995.

黄建成.洪泽湖水上治安存在的问题、原因及对策［J］.江苏公安专科学校学报，1995（5）.

李颖，洪泽湖水质演变趋势与驱动因素［D］.重庆：西南大学，2021：25－40.

刘祥.鱼类趣谈［M］.北京：东方出版社，1999.

钱仓水.说蟹［M］.上海：上海文化出版社，2007.

钱仓水.中华蟹史［M］.桂林：广西师范大学出版社.2019.

申太颂，乔之林，王兴元.依法治理、合理用湖、统一管湖：关于洪泽湖渔政管理工作的思考［J］.中
国水产，1999（1）.

孙坚，汤道言，等.洪泽湖渔业史［M］.南京：江苏科学技术出版社，1990.

王明生.蟹舞天下：中国洪泽湖国际大闸蟹节十五年记［M］.苏州：古吴轩出版社.2022.

夏宝国，裴安年，等.千秋诗文洪泽湖［M］.北京：中国文史出版社，2011.

尤玉柱，等.双沟醉猿［M］.北京：文物出版社.2002.

张胜宇，洪泽湖渔文化的前世今生［J］.中国水产2022（8）.

张胜宇.说古论今淮白鱼［J］.水产养殖，2022（7）.

中国人民政治协商会议洪泽县委员会、洪泽县洪泽湖历史文化研究会、洪泽县文化广电新闻出版局，洪
泽湖大堤石刻遗存［M］.北京：中国文史出版社，2016.

朱松泉，窦鸿身，等.洪泽湖［M］.北京：中国科学技术大学出版社，1993.

朱松泉，窦鸿身，等.中国湖泊系列研究之三洪泽湖——水资源和水生生物资源［M］.合肥：中国科学
技术大学出版社，1993.

附　　录

省政府关于对洪泽湖渔业实行省统一管理的批复

苏政复〔2000〕214 号

省海洋与渔业局：

省水产局《关于洪泽湖渔业由省统一管理的请示》（苏渔人〔2000〕09 号）收悉。经研究，现作如下批复：

一、考虑洪泽湖周边淮阴、宿迁市行政区划调整的实际情况，为切实加强洪泽湖渔业管理，根据《中华人民共和国渔业法》的有关规定，省政府决定对洪泽湖渔业由省统一管理。

二、成立省洪泽湖渔业管理委员会，其主要职责是按照省渔业主管部门部署，制定洪泽湖区的渔业资源开发利用规划；监督检查湖区渔业法律法规的执行情况；制定湖区渔业资源增殖保护措施；协调处理本湖区渔业管理中的有关重大问题和矛盾，洪泽湖渔业管理委员会由省渔业主管部门 1 名负责人兼任主任。

三、省洪泽湖渔业管理委员会下设办公室，同时成立省洪泽湖渔政监督支队，与渔管会办公室实行两块牌子、一套班子，为渔管会的日常办事机构和渔业行政执法机构，直属省渔业主管部门领导。省洪泽湖渔管会办公室的具体机构设置和人员编制，由你局报省编制委员会批准；所需事业经费、开办经费由省财政厅审核安排。

四、省洪泽湖渔业管理委员会办公室（渔政监督支队）正常开展工作后，即对洪泽湖渔业实行统一管理，沿湖市、县不再行使对湖区渔业管理的职责。市县原有的渔政管理人员，省渔管会办公室择优录用一部分，其余由所在市、县自行安排、安置；市、县原有渔政管理机构的债权债务也自行承担。在省洪泽湖渔管会办公室正式成立以前，可以委托沿湖市、县渔政管理机构进行湖区渔政管理，做好过渡工作。

五、沿湖市、县政府要从大局出发，积极支持对洪泽湖渔业实行省统一管理工作，对渔管会办公室（渔政监督支队）组建过程中的基建征地等工作，工作人员及其家属的户口迁入，家属子女入学、就业等，要给予优惠照顾。

特此批复，请抓紧实施。

二〇〇〇年十一月二十一日

中国湖泊渔业发展宣言

2009·洪泽湖

2009 年 11 月 23 日，中国部分重要湖泊管理部门及相关科研单位的代表相聚在美丽的洪泽湖畔，在科学发展观的引领下，围绕新时期如何发展湖泊渔业展开充分讨论，并达成广泛共识，共同发表《中国湖泊渔业发展宣言》。

我们深刻体知：

1. 湖泊是宝贵的国土资源和人类以及众多生物赖以生存和发展最亲密的自然资源之一，也是经济社会可持续发展的重要基础，承担着水文调节、经济服务、生态承载和文化传承等重要功能。

2. 湖泊是相对敏感的生态系统，受自然、历史与人为因素的共同影响，普遍呈现出环境容量减小，水质明显下降，生物多样性显著降低的状况。生态系统的结构和功能受到不同程度的影响。

3. 鱼类是湖泊生态系统中重要的生态因子之一，也是食物链的关键组成环节，在促进湖泊物质流和能量流的循环中发挥着积极作用，科学地发展湖泊渔业有利于湖泊生态环境的保护和改善。

4. 科学发展湖泊渔业对保障市场供给、食品安全、改善民生、繁荣经济都有着不可替代的作用，直接影响着湖泊自身的生态安全，关系到沿湖周边渔民的生产和生活。

5. 保护湖泊，建立以资源环境承载能力为基础、以遵循自然规律为准则、以科学发展为目标的资源节约型、环境友好型社会，促进人、湖、渔的和谐发展是我们共同追求的目标。

我们积极倡导：

6. 合理布局湖泊渔业区域，优化湖泊生态系统结构，提高湖泊生态系统的自我净化、自我平衡能力，实现水域环境的良性循环。

7. 支持一切旨在保护湖泊资源和生态环境的举措，建立水产种质资源保护区，保护和增殖渔业资源，采用科学方法对湖泊进行生态修复，加快和促进湖泊内营养物质的转移，建立和完善具有高效自净能力的湖泊生态系统。

8. 通过发展生态、观光、特色、休闲、文化渔业等，延长湖泊渔业产业链，拓展湖泊渔业发展空间，使湖泊渔业实现从资源掠夺、数量扩张型向生态环保、可持续发展方式转变，提高产业效益和水平。

9. 依法加强渔政管理，认真保护好湖泊水域的环境，积极维护渔业生产秩序，科学控制渔业生产总量，促进湖泊渔业资源得到有效保护和科学增殖。

10. 以水环境的保护为前提，积极发展基于生态系统完整性的"适应性渔业"，合理开发和利用湖泊生物资源，推广生态渔业模式，减少外源性营养物质的输入，实现湖泊渔业生态效益、经济效益和社会效益的动态平衡，促进湖泊渔业产业的可持续发展。

我们强力呼吁：

11. 各级政府和社会各界要进一步增强湖泊保护的意识，提高对湖泊地位和价值的认识，依靠科技进步，发展循环经济、绿色经济，高度重视湖泊水环境治理，强化湖泊的生态文明建设。

12. 不断健全和完善湖泊保护的法律法规体系，严格规范开发行为，明确政府及有关部门、企业、公众保护湖泊的权利、职责、义务和法律责任，健全法律监督、行政监督、公众监督和舆论监督机制，实现综合性管理，严格责任考核与追究制度。

13. 加强对湖泊水环境质量及水生态系统的监测，建立数据库，积极开展对湖泊科学的研究，制定湖泊综合保护开发规划，加强对跨行政区域、跨部门的湖泊综合管理体制的研究，密切不同行业湖泊管理部门之间的协调配合。

14. 严格控制入湖点源和面源污染，积极推广生态农业，努力营造湖岸景观，改善环境质量，保持湖泊生态平衡。

15. 建立生态补偿和生态水位预警预报机制，保障生态用水安全，建立湖泊健康生态标准，严格控制影响湖泊关键性生态指标的涉湖开发项目。

16. 在注重湖泊生态系统恢复和重建的同时，高度重视依湖而居、以渔为生渔民的生产与生活，妥善解决民生问题。积极构建湖泊渔业经济发展支撑体系，建立和完善以公共财政为导向的多元化投入机制，加强新渔区建设，发展现代渔业，出台扶持政策，有计划实现渔民转产转业。

我们郑重承诺：

17. 遵循自然、经济和社会规律，牢固树立"人与湖泊和谐相处"的科学理念，正确处理保护与开发的关系，在保护、恢复和改善湖泊生态系统的前提下，科学发展湖泊渔业，让湖泊休养生息。

18. 主动担负起湖泊保护的重要职责，并采取必要的技术、行政、经济和法律手段，确保湖泊水环境保护措施的贯彻落实。

19. 加强彼此间的互动和经验交流，共同承担起保护湖泊的重要责任，发展负责任渔业；推进湖泊渔业的国际交流活动，不断提高湖泊渔业管理水平。

20. 履行并监督《宣言》的贯彻执行，以期充分发挥本《宣言》在促进湖泊渔业发展、保护生态环境、实现湖泊渔业发展与环境保护"双赢"的纲领作用。

湖泊生态系统的质量是发展湖泊渔业的基础，我们共同感恩湖泊、珍视湖泊、善待湖泊，正确对待和支持湖泊渔业，充分发挥渔业在湖泊生态系统中担负的独特作用。

（本宣言由省洪泽湖渔管办起草，在 2009 年洪泽湖·中国湖泊渔业发展论坛上，由参加会议的全体代表一致通过）

江苏省洪泽湖封湖禁渔通告

（2016 年版）

为了保护、增殖和科学利用洪泽湖渔业资源，保护洪泽湖渔业生态环境，维护湖区渔业生产秩序，根据《中华人民共和国渔业法》和《江苏省渔业管理条例》等法律法规规定，决定对洪泽湖实行封湖禁渔。现通告如下：

一、时间和范围：封湖禁渔期为每年 2 月 1 日 0 时起至 6 月 30 日 24 时止。

封湖禁渔范围为洪泽湖水域，包括成子湖、圣山湖及与洪泽湖相连的湖荡、湖湾、湿地，入湖河道以河口两岸连线向湖外延伸 1 千米处为界。其中：淮河以淮河大桥、溧河洼以朱台子、徐洪河以顾勒大桥、怀洪新河以双沟大桥、中扬水域以老挡浪堤为界，二河、三河分别以二河闸和三河闸为界。

二、螺蛳、河蚬、河蚌全年禁捕。根据湖区资源恢复状况确需捕捞的，由江苏省洪泽湖渔业管理委员会办公室决定并公告，依法许可其在特定时间、特定水域对特定品种进行捕捞；在批准设立的螺蛳、河蚬、河蚌增养殖试验区（含围网套养）内捕捞螺蛳、河蚬、河蚌的，须经江苏省洪泽湖渔业管理委员会办公室依法许可。

三、拖网渔船春季捕捞限扳网，禁止使用稠扳网和兜网。封湖禁渔期内，除特许捕捞外，禁止任何单位和个人捕捞水生动植物，禁止销售非法捕捞的渔获物，所有渔船、渔具应撤出捕捞水域。

四、禁止电鱼、毒鱼（禽）、炸鱼。禁止使用鱼鹰、多层拦网、闸口套网、机吸螺蚬、地笼网、大箍网、密眼网簖、长江漂流刺网、密目刺网等破坏渔业资源的渔具、渔法从事捕捞。

允许使用的渔具、渔法，其作业时间、网目尺寸等应当符合下列规定：

1. 7 月 1 日 0 时起至翌年 1 月 31 日 24 时止，许可使用渔簖、丝网、方兰、虾笼、虾罾、虾墩、钩、卡、花兰等渔具从事捕捞和捞割水草。其中：渔簖限 4 个袋头，行帘长度不超过 200 米，行帘部分网目不小于 5 厘米，取鱼部分网目不小于 3 厘米，簖基不得随意移动，禁止 2 塘及 2 塘以上渔簖连接张设；丝网每证限 50 条，高度不大于 1.2 米，网目不小于 3 厘米，总长度不超过 1000 米；方兰、虾笼每证限 500 只。

2. 8 月 9 日 6 时起至翌年 1 月 31 日 24 时止，许可使用拖虾网从事捕捞。

3. 8 月 9 日 6 时起至 12 月 31 日 12 时止，许可秋季银鱼、毛刀鱼捕捞和使用兜网从事捕捞。其中：兜网取鱼部分稠网长度不超过 1.5 米，网目不小于 1 厘米。

4. 10 月 1 日 6 时起至翌年 1 月 31 日 24 时止，许可拖网渔船使用网目大于 5 厘米的江网、连网、丝套网从事捕捞。

5. 经许可从事螺蛳、河蚬、河蚌捕捞的，螺蛳捕捞每船限三口网，禁止使用拖虾网捕捞；河蚬捕捞实行捕捞限额制度，限使用划耙捕捞，每船不超过 2 把耙具，耙齿间距不小于 1.2 厘米；河蚌捕捞限使用划耙捕捞，每船不超过 2 把耙具，耙齿间距不小于 10 厘米。

五、依法设立的洪泽湖禁渔区、水产种质资源保护区和渔业湿地管护区等的管理，按照法律法规和有关规定执行。

六、在洪泽湖从事捕捞的单位和个人应当依法在规定的时间内办理捕捞许可手续，缴纳渔业资源增殖保护费，按照捕捞许可证关于作业类型、场所、时限、渔具数量和捕捞限额的规定进行捕捞。

七、在洪泽湖从事捕捞的单位和个人，应当遵守渔业法律法规和本通告。违法从事捕捞的，由江苏省洪泽湖渔政监督支队依法处以没收渔获物和违法所得、罚款、没收渔具、吊销捕捞许可证、没收渔船等处罚，责令赔偿渔业资源损失。涉嫌构成犯罪的，移送司法机关依法追究刑事责任。

八、对执行封湖禁渔规定成绩突出和举报渔业违法违规行为有功的单位和个人，给予奖励。

九、本通告自发布之日起施行。

江苏省洪泽湖渔业管理规定

（2015年修订版）

第一章　总　则

第一条　为了加强洪泽湖渔业资源的保护、增殖和合理开发利用，维护湖区渔业秩序，保障渔业生产者和经营者的合法权益，促进湖区渔业持续健康发展，根据《中华人民共和国渔业法》《江苏省渔业管理条例》等法律法规，结合洪泽湖渔业管理实际，制定本规定。

第二条　在洪泽湖水域从事渔业生产作业活动的单位和个人，应当遵守本规定。

第三条　江苏省洪泽湖渔业管理委员会办公室（江苏省洪泽湖渔政监督支队）在江苏省海洋与渔业局的领导下，依法对洪泽湖渔业实施监督管理。

第四条　洪泽湖渔业管理范围为洪泽湖水域，包括成子湖、圣山湖，以及所有与洪泽湖相连的湖荡、湖湾、湿地。河道以河口两岸连线向湖外延伸1千米处为界，其中：淮河以淮河大桥、溧河洼以朱台子、徐洪河以顾勒大桥、怀洪新河以双沟大桥为界，二河、三河分别以二河闸和三河闸为界。

第二章　渔业资源的增殖与保护

第五条　江苏省洪泽湖渔业管理委员会办公室负责洪泽湖水域渔业资源的增殖保护，组织渔业资源增殖放流。

鼓励企业、社会团体和个人在湖区积极发展环境友好的增殖渔业。

第六条　根据洪泽湖水域特点和渔业资源保护需要，加强增殖和保护设施建设，建立水产种质资源保护区、渔业湿地管护区等各类保护区域。

第七条　洪泽湖渔业水域实行封湖禁渔制度，科学设定禁渔期和禁渔区。根据洪泽湖渔业资源状况的变化，适时调整禁渔期和禁渔区。

严格执行封湖禁渔制度。未经许可，任何单位和个人不得在禁渔区和禁渔期内从事渔业生产作业活动。

第八条　在洪泽湖水域从事捕捞、养殖等渔业生产作业的单位和个人，应当依法缴纳渔业资源增殖保护费。渔业资源增殖保护费按照省物价部门批准的标准，由江苏省洪泽湖渔业管理委员会办公室负责征收。

第九条　禁止电鱼、毒鱼、炸鱼；禁止制造、销售和使用地笼网、大簖网、密眼网簖、长江漂流刺网、密目刺网等禁用的渔具。禁止从事生产作业的渔船携带禁用渔具进入湖区。

第十条　禁止捕杀国家级和省级保护的水生野生动物。因特殊需要在洪泽湖捕捉水生野生动物的，应当依法经水生野生动物行政主管部门许可。

第十一条　禁止围湖造田。沿湖滩涂未取得相关行政主管部门许可的，不得围垦。

第十二条　湖区渔业污染事故的调查、处理，按照《中华人民共和国水污染防治法》和渔业污染事故调查、处理的有关规定执行。

第十三条　沿湖地方人民政府应当采取措施，保护和改善洪泽湖水域的渔业生态环境。规划和建设涉及洪泽湖渔业水域的，应当征求江苏省洪泽湖渔业管理委员会办公室的意见。

第十四条　洪泽湖渔业养殖水域禁止采砂作业。

在洪泽湖进行爆破、勘探、疏航等水工作业的，作业单位应当事先与江苏省洪泽湖渔业管理委员会办公室协商，并采取措施，防止或者减少对渔业资源的损害，降低对湖区渔民生产生活的影响；造成渔业资源和渔业生产者损失的，应当依法赔偿。

第三章　养殖业

第十五条　在洪泽湖渔业养殖规划范围内，从事渔业养殖生产的单位和个人，应当申请养殖权许可，办理《水域滩涂养殖证》（以下简称《养殖证》）。

《养殖证》是养殖权人取得特定水域养殖权从事渔业养殖生产的法律凭证。发放《养殖证》的具体程序和要求，按照国家和省渔业行政主管部门的相关规定实施。

第十六条　从事渔业养殖生产的单位和个人申请养殖权许可，可以由江苏省洪泽湖渔业管理委员会办公室受理，经省海洋与渔业局审核并报省人民政府批准后，核发《养殖证》，成为养殖权人。

第十七条　洪泽湖渔业水域养殖总面积实行零增长，每户核准养殖面积不超过100亩。除科研需要等特殊原因，洪泽湖渔业养殖不再新增养殖权许可。

养殖面积超过前款规定的，应当采取措施逐步清理。

养殖权许可，应当优先安排洪泽湖当地的专业渔民。

符合规定条件但因历史原因未取得《养殖证》的单位和个人，应当及时补办许可手续。

第十八条　未取得《养殖证》从事渔业养殖生产的单位和个人，由江苏省洪泽湖渔政监督支队责令拆除养殖设施。逾期不拆除的，代为拆除，拆除费用由违法者承担。

第十九条　《养殖证》实行延展制度。江苏省洪泽湖渔业管理委员会办公室依据委托负责办理延展手续，每年延展1次，具体延展时间另行公告。逾期未申请延展的，视为放弃养殖权。

第二十条　依法取得的养殖权，以抵押、转让、出租等方式流转的，应当办理《养殖证》变更、注销等手续。

有下列情形之一的，养殖权不得流转：

（一）《江苏省渔业管理条例》第十三条第一款规定的情形；

（二）农民专业合作经济组织流转其养殖权，未按照《中华人民共和国农民专业合作

《社法》的规定经成员大会决议同意流转的；

（三）有违法行为尚未处理终结的；

（四）有权属争议的；

（五）养殖证到期未申请续期或者申请续期未获批准的；

（六）临时养殖权；

（七）法律、法规规定的其他情形。

第二十一条　从事湖区养殖生产应当自觉保护洪泽湖水域生态环境，科学确定养殖模式，推广使用无公害生态水产养殖技术，鼓励发展文化多元的休闲渔业。

严禁使用含有毒、有害物质的饵料、饲料和禁用药物等投入品。严禁使用电力清塘和药物清塘。

第二十二条　取得《养殖证》的水域、滩涂受法律保护，任何单位和个人不得侵占或破坏。因规划调整、国家和地方建设使用已经取得养殖证的水域、滩涂，应当按照规定对养殖权人给予补偿。

第二十三条　从事养殖生产不得影响渔业资源的繁殖保护，应当遵守水利、交通、环保等法律法规。

第四章　捕捞业

第二十四条　洪泽湖渔业捕捞生产实行捕捞许可制度。在洪泽湖渔业水域从事捕捞生产的单位和个人，应当向江苏省洪泽湖渔政监督支队申请捕捞许可证，禁止无证捕捞。

捕捞许可证实行年审制度。

捕捞许可证不得买卖、出租和以其他形式转让，不得涂改伪造、变造。

第二十五条　具备下列条件的，颁发捕捞许可证：

（一）有合法有效的渔业船舶检验证书；

（二）有合法有效的渔业船舶登记证书；

（三）符合国务院渔业行政主管部门规定的其他条件。

捕捞许可证由江苏省洪泽湖渔政监督支队发放。捕捞强度实行捕捞证总数和渔船主机总功率负增长制度。

第二十六条　渔簖在洪泽湖属限制性渔具，每证渔簖限 4 个袋头，行帘长度不超过 200 米，行帘部分网目不小于 5 厘米，取鱼部分网目不小于 3 厘米，簖基不得随意移动，禁止 2 塘及 2 塘以上渔簖连接张设。

第二十七条　洪泽湖渔业捕捞许可证分为以下四类发放：

（一）内陆渔业捕捞许可证，适用于在洪泽湖水域从事捕捞作业的沿湖渔业乡（镇）、村专业渔民；

（二）临时渔业捕捞许可证，适用于有历史习惯在洪泽湖水域从事捕捞作业的沿湖渔业乡（镇）、村兼业渔民和沿湖市、县（区）的非湖区专业渔民；

（三）专项（特许）渔业捕捞许可证，适用于在洪泽湖水域从事河蚬、河蚌、螺蛳等特许捕捞活动；

（四）捕捞辅助船许可证，适用于在洪泽湖水域从事收购及其他渔业捕捞辅助活动。

第二十八条　在洪泽湖从事捕捞作业的单位和个人，应当按照捕捞许可证载明的作业类型、场所、时限、渔具数量和捕捞限额进行作业，严格遵守《江苏省洪泽湖封湖禁渔通告》。

第二十九条　禁止捕捞经济鱼类的幼体。在捕捞的渔获物中，同种幼体比例不得超过 20％。

第五章　其　他

第三十条　沿湖各级渔政渔港监督管理机构应当积极配合江苏省洪泽湖渔政监督支队做好湖区渔政管理工作。

在江苏省洪泽湖渔政监督支队的指导下，沿湖渔业乡镇及养殖密集区可以建立群众性护渔组织，开展护渔管理工作。

第三十一条　对违反渔业法律法规和本规定的单位和个人，由江苏省洪泽湖渔政监督支队按照有关法律、法规，视情节轻重分别给予警告、罚款、赔偿渔业资源损失、没收渔具、没收渔船、吊销渔业许可证等处罚；对阻碍渔政人员依法执行公务、抗拒管理、扰乱湖区治安等严重违法行为，构成犯罪的，移送司法机关依法追究刑事责任。

第三十二条　江苏省洪泽湖渔政监督支队的渔政执法人员应当依法履职。有玩忽职守、滥用职权、徇私舞弊等行为的，依法给予当事人行政处分；构成犯罪的，依法追究其刑事责任。

第三十三条　对执行本规定表现突出、成绩显著的单位和个人，给予表彰和奖励。

第三十四条　本规定由江苏省海洋与渔业局解释。

第三十五条　本规定自公布之日起 30 日后施行。

江苏省洪泽湖保护条例

（2022 年 3 月 31 日江苏省第十三届人民代表大会常务委员会第二十九次会议通过）

第一章　总　则

第一条　为了加强洪泽湖保护，促进资源科学利用，保障防洪、供水、生态安全，根据《中华人民共和国水法》《中华人民共和国防洪法》《中华人民共和国水污染防治法》等有关法律、行政法规，结合本省实际，制定本条例。

第二条　在本省洪泽湖集水汇水区域内开展洪泽湖保护以及从事各类生产生活、开发建设等活动，应当遵守本条例。

洪泽湖周边滞洪区、自然保护区、大运河文化带的管理按照有关法律、法规和国家、省有关规定执行。

第三条　洪泽湖保护应当坚持生态优先、绿色发展，遵循科学规划、系统治理、统筹兼顾、协同共治的原则。

第四条　省人民政府和相关设区的市、县（区）人民政府（以下统称相关县级以上地方人民政府）应当将洪泽湖保护工作纳入国民经济和社会发展规划，将洪泽湖保护经费列入本级政府财政预算，落实调整经济结构、优化产业布局、推动绿色发展、促进生态安全的责任。

相关乡镇人民政府、街道办事处应当按照规定的职责，做好本辖区内洪泽湖保护的有关工作。

洪泽湖各级河湖长按照各自职责做好洪泽湖保护的相关工作。

第五条　省人民政府设立的洪泽湖管理委员会统筹协调洪泽湖保护工作，拟定相关政策措施，确定治理目标和考核指标，督促检查重要工作的落实。

相关设区的市、县（区）人民政府设立的洪泽湖保护综合协调机制统筹协调、指导监督本行政区域内的洪泽湖保护工作。

第六条　省人民政府水行政主管部门是洪泽湖的主管部门，承担省洪泽湖管理委员会的日常工作。经批准设立的省洪泽湖水利工程管理机构，按照规定的职责做好洪泽湖保护相关工作。

相关设区的市、县（区）人民政府水行政主管部门是本行政区域洪泽湖的主管部门，承担同级洪泽湖保护综合协调机制的日常工作。

相关县级以上地方人民政府发展改革委、工业和信息化、公安、财政、自然资源、生态环境、住房城乡建设、交通运输、农业农村、文化和旅游、林业等相关部门按照职责分工，做好洪泽湖保护有关工作。

第七条 相关县级以上地方人民政府应当支持和引导金融组织和社会资本参与洪泽湖保护。

第八条 鼓励和支持开展洪泽湖集水汇水区域防洪排涝、污染防治、生态修复、绿色发展的科学研究与技术开发、成果转化与应用。

第九条 相关县级以上地方人民政府应当加强洪泽湖保护宣传教育工作，引导公众参与洪泽湖保护。鼓励依法开展生态环境公益诉讼等活动。

第十条 相关县级以上地方人民代表大会常务委员会通过听取和审议本级人民政府专项工作报告、组织执法检查等方式，加强对洪泽湖保护工作的监督。

第十一条 对保护洪泽湖成绩显著的单位和个人，按照国家和省有关规定给予表彰、奖励。

第二章　规划与管控

第十二条 省人民政府水行政主管部门应当会同省发展改革委、自然资源、生态环境、住房城乡建设、交通运输、农业农村、林业等有关部门，依据流域综合规划、流域水生态环境保护规划、省国民经济和社会发展规划、国土空间规划等，编制洪泽湖保护规划，报省人民政府批准后实施。

洪泽湖保护规划的内容应当包括功能定位、保护目标、保护范围、防洪除涝要求、供水保障要求以及措施、水域岸线功能分类保护要求、种植养殖区域以及面积控制目标、水生态保护与修复措施、退圩（渔）还湖措施等。

涉及洪泽湖的交通、湿地、林业、自然保护区、生态环境保护、旅游、养殖水域滩涂等专项规划应当与洪泽湖保护规划相衔接。

经批准的洪泽湖保护规划是洪泽湖保护的依据，任何组织和个人不得违反洪泽湖保护规划从事开发利用活动。

第十三条 相关设区的市、县（区）国土空间规划应当体现洪泽湖保护范围和水域岸线功能分类保护要求。

洪泽湖集水汇水区域生态保护红线划定、永久基本农田划定、城镇开发边界划定，应当服从防洪总体安排，预留防洪设施建设空间。

第十四条 相关设区的市、县（区）人民政府应当依据洪泽湖保护规划，组织划定本行政区域内洪泽湖具体保护范围，设置界桩、标识牌，并向社会公告。

第十五条 相关设区的市、县（区）人民政府应当依据洪泽湖保护规划以及省洪泽湖管理委员会确定的洪泽湖治理目标和考核指标，制定实施计划，并将实施计划完成情况纳入对本级人民政府有关部门和下一级人民政府及其负责人考核评价的内容。

第十六条 洪泽湖保护范围内禁止下列行为：

（一）弃置废弃船只，擅自弃置清淤弃土；

（二）围湖造地、圈圩种植、圈圩养殖；

（三）新设除城乡生活污水集中处理设施排污口以外的排污口；

（四）设置住家船、餐饮船；

（五）新建、扩建宾馆饭店，开发建设房地产，或者违法建设其他设施；

（六）在洪泽湖迎水侧水域、湖洲、滩地上种植阻碍行洪的林木和高秆作物；

（七）其他缩小水域面积、侵占水域岸线、危害防洪安全、影响河势稳定、破坏水生态和水环境的行为。

洪泽湖保护范围内已有的耕地和永久基本农田应当依法逐步退出。对已有的圈圩，不得加高、加宽圩堤和垫高土地地面，不得新建、扩建硬质道路、涵闸、泵站、房屋等设施；已经列入洪泽湖退圩还湖规划和实施方案的，在退出前不得转作他用。

第十七条　相关县级以上地方人民政府应当调整洪泽湖集水汇水区域产业结构，优化产业布局，推进清洁生产和资源循环利用，促进绿色发展。产业结构和布局应当与生态系统、资源环境承载能力相适应。

相关县级以上地方人民政府应当开展洪泽湖集水汇水区域工业污染整治，淘汰不符合产业政策的落后产能。

第十八条　相关县级以上地方人民政府应当采取措施，推进洪泽湖堤防、滞洪区、主要出入湖河道整治，提高洪涝灾害防御工程标准，加强水工程联合调度，建立与经济社会发展相适应的防洪减灾工程体系，提升洪涝灾害整体防御能力。

第十九条　洪泽湖集水汇水区域内圩区的建设和治理应当符合防洪要求，合理控制圩区标准，统筹安排圩区外排水河道规模，严格控制联圩并圩。禁止在洪泽湖蓄水范围内开展圩区建设。

省人民政府水行政主管部门应当按照规定的权限开展洪泽湖洪水调度，相关设区的市、县（区）人民政府应当采取相应措施，落实滞洪区滞洪和超标准洪水应对的有关要求。

第二十条　确需在洪泽湖保护范围和入湖河道管理范围内建设跨河（湖）、穿河（湖）、临河（湖）、穿堤的建筑物、构筑物等工程设施的，其工程建设方案以及工程位置和界限应当经相关县级以上地方人民政府水行政主管部门或者流域管理机构按照权限批准。

在洪泽湖保护范围内开展水上旅游、水上运动等活动，应当符合洪泽湖保护规划，不得影响防洪安全、工程安全、生态安全和公共安全，有关部门在批准前应当征求相关设区的市人民政府水行政主管部门意见。

第二十一条　洪泽湖保护范围内实施网格化管理。省洪泽湖水利工程管理机构负责网格化管理机制运行的具体协调、指导和考核。

第二十二条　相关县级以上地方人民政府应当加强洪泽湖集水汇水区域内河湖公共空间治理，维护河湖公共空间的完整性。相关县级以上地方人民政府可以根据本地实际情况制定公共空间治理的具体办法。

第二十三条　相关县级以上地方人民政府水行政、自然资源、生态环境主管部门应当根据职责分工，对洪泽湖和入湖河道的水位、水量、水质、水生态、开发利用状况、地下水资源等进行动态监测，建立健全监测体系。

省人民政府水行政主管部门应当会同省有关部门每两年对洪泽湖保护状况进行评估，并向社会公布评估结果。

第三章　资源保护与利用

第二十四条　洪泽湖水资源配置与调度应当统筹本地水源与引江水源,协调省外调水与省内用水,优先满足城乡居民生活用水,保障基本生态用水,兼顾农业、工业用水以及航运等需要。

省人民政府水行政主管部门按照国家有关规定统一调度洪泽湖水资源,组织编制年度水量调度计划,明确相关河段流量水量、水位管控要求,分解下达到相关设区的市、县(区)人民政府;制定洪泽湖抗旱应急水量调度方案,发布洪泽湖干旱预警信息。

第二十五条　相关县级以上地方人民政府应当依法加强洪泽湖饮用水水源地、南水北调输水通道保护,组织开展应急水源地建设。

第二十六条　省人民政府水行政主管部门应当会同省有关部门确定洪泽湖生态水位并向社会公布。

省人民政府水行政主管部门应当建立洪泽湖生态水位监测预警机制,组织制定生态水位保障实施方案。洪泽湖水位接近生态水位时,省人民政府水行政主管部门应当采取补水、限制取水等措施。

第二十七条　相关县级以上地方人民政府应当按照洪泽湖以及入湖河道水域岸线功能区用途管制、节约集约利用的要求,开展河湖水域岸线综合整治,优化整合生产岸线、整治提升生活岸线、保护修复生态岸线,依法清退不符合功能区用途管制要求的项目。

第二十八条　洪泽湖采砂管理实行相关县级以上地方人民政府行政首长负责制。省人民政府应当依法确定洪泽湖禁止采砂区和禁止采砂期,并予以公告。

洪泽湖入湖河道禁止采砂区和禁止采砂期由相关县级以上地方人民政府依法确定并公告。

第二十九条　相关县级以上地方人民政府可以按照国家有关规定,结合河湖和航道的清淤疏浚、综合治理等,建立疏浚砂综合利用机制,促进疏浚砂综合利用。河湖和航道的清淤疏浚、综合治理工程涉及疏浚砂综合利用的,应当在项目实施方案中明确疏浚砂处置方案。

第三十条　相关县级以上地方人民政府应当在洪泽湖集水汇水区域重要典型生态系统的完整分布区、生态环境敏感区、珍贵野生动植物天然集中分布区和重要栖息地、重要自然遗迹分布区等区域,依法设立自然保护区、自然公园等自然保护地,加强自然保护地的保护和管理,维护生态功能和生物多样性。

第三十一条　省人民政府农业农村主管部门应当会同省有关部门组织开展洪泽湖水生生物资源监测,加强水产种质资源保护区管理。相关县级以上地方人民政府及其农业农村等主管部门应当加强水生生物资源保护,采取水生生物增殖放流等措施,维护水生生物多样性。

第三十二条　相关县级以上地方人民政府、农业农村主管部门应当依据洪泽湖保护规划,编制洪泽湖养殖水域滩涂规划,划定禁养区、限养区和养殖区,报同级人民政府同意后公布并实施。

禁养区内的养殖应当依法退出；限养区内的养殖应当按照规划严格控制规模；养殖区的布局应当满足水域功能区的要求，兼顾近岸水域水生生物栖息地保护与恢复。

第三十三条　省人民政府、农业农村主管部门应当依法确定洪泽湖禁止捕捞和限制捕捞的渔业资源区域、种类、期限。

洪泽湖水产种质资源保护区禁止生产性捕捞和垂钓。

第三十四条　相关县级以上地方人民政府及其有关部门应当保护洪泽湖集水汇水区域历史文化遗存，合理规划和建设水工遗址展示点、水文化展览馆、水情教育基地等设施，继承和弘扬大运河、洪泽湖历史文化。

第四章　水污染防治

第三十五条　相关设区的市、县（区）、乡镇人民政府对本行政区域内的水环境质量负责，应当加大洪泽湖集水汇水区域的水污染防治力度，推进城市内涝治理，合理规划建设城乡生活污水集中处理设施及配套管网，并保障其正常运行，预防、控制和减少水环境污染。

第三十六条　洪泽湖集水汇水区域实行重点水污染物排放总量控制制度。相关设区的市、县（区）人民政府应当根据省人民政府下达的总量控制指标，制定洪泽湖水污染物排放总量削减和控制计划，并分解下达实施。

省人民政府可以根据洪泽湖水生态环境保护的需要，对国家水污染物排放标准中未作规定的项目制定地方水污染物排放标准，对国家水污染物排放标准已作规定的项目制定严于国家水污染物排放标准的地方水污染物排放标准。地方水污染物排放标准应当报国务院生态环境主管部门备案。

第三十七条　洪泽湖主要入湖河道实行行政区界上下游、左右岸水体断面水质交接责任制。入湖河道水质未达标的，由相关县级以上地方人民政府制定整治方案并限期整改；未按期整改到位的，生态环境主管部门应当报经有批准权的人民政府批准后，责令排污单位采取限制生产、停止生产等措施，减少水污染物排放。

相关设区的市、县（区）人民政府应当组织开展洪泽湖入湖河道排污口核查整治，明确责任主体，实施分类管理，依法予以处理。

第三十八条　在洪泽湖集水汇水区域内，新建、改建、扩建排放水污染物的生产项目，应当符合《中华人民共和国水污染防治法》《淮河流域水污染防治暂行条例》《江苏省水污染防治条例》等法律、法规和国家、省产业政策。

在洪泽湖集水汇水区域内，禁止和严格限制的产业、产品名录，按照国家有关规定执行。省人民政府可以根据洪泽湖水生态环境保护的需要，增加严格限制新建的生产项目类别。

第三十九条　相关县级以上地方人民政府及其有关部门应当指导农业生产者科学合理使用化肥和农药，加强对洪泽湖周边圩区农田灌溉退水的治理和水质监控，因地制宜采取建设生物拦截带、生态沟渠、径流集蓄与再利用设施等措施，推进农田灌溉水循环利用，控制地表径流农业污染。

洪泽湖集水汇水区域畜禽养殖应当严格遵守国家和省关于禁养区的规定。依法设置的畜禽养殖场（小区）应当对畜禽粪便、污水进行无害化处理，因地制宜开展综合利用；达到省定规模的养殖场（小区）应当配套建设相应的畜禽粪污处理利用设施，并确保其正常运转。

洪泽湖集水汇水区域从事水产养殖的单位和个人，应当科学使用饵料、药物，开展养殖池塘标准化改造，促进养殖尾水达标排放或者循环利用。

第四十条　无船名船号、无船舶证书、无船籍港的船舶和住家船、餐饮船不得进入洪泽湖保护范围。

在洪泽湖和入湖河道航行、停泊、作业的船舶应当根据船舶种类、吨位、功率和配员等，配备相适应的生活污水收集处理设施以及废油、残油、垃圾和其他有害物质的存储容器，并正常使用。

第四十一条　禁止在洪泽湖保护范围和入湖河道管理范围内倾倒、填埋、堆放、弃置、处理固体废物。

相关县级以上地方人民政府应当加强对跨区域固体废物污染环境的联防联控。

第四十二条　相关县级以上地方人民政府应当与相邻省份、本省相邻区域同级人民政府建立洪泽湖水污染防治跨区域协作机制，共同预防和治理水污染、保护水环境。

生态环境主管部门应当将跨省断面纳入水环境监测网络，建立与相邻省份同级人民政府有关部门的联动工作机制，加强水环境信息交流和共享，依法开展生态环境监测、执法、应急处置等合作，共同处理跨省突发水环境事件以及水污染纠纷，协调解决重大水环境问题。

第五章　水生态修复

第四十三条　相关县级以上地方人民政府应当依据国土空间生态保护和修复规划，按照山水林田湖草系统治理的要求，坚持自然恢复为主、自然恢复与人工修复相结合的原则，组织开展退圩（渔）还湖、水域岸线生态修复、清淤疏浚、水系连通、入湖河道综合治理、水生态涵养区建设、水土流失防治等，恢复、修复河湖功能。

第四十四条　相关县（区）人民政府应当依据省人民政府批准的洪泽湖退圩（渔）还湖规划，编制实施方案，落实年度计划。

退圩（渔）还湖需要堆放弃土的，应当符合洪泽湖退圩（渔）还湖规划的要求，兼顾防洪调蓄、生态保护与科学利用。退圩（渔）还湖完成后，根据实际情况重新划定洪泽湖保护范围。

相关县级以上地方人民政府在安排年度建设用地指标时，对退圩（渔）还湖涉及的水利工程建设用地应当优先予以支持。相关县（区）人民政府应当将土地整治等形成的新增耕地，优先用于退圩（渔）还湖需要调整的耕地和永久基本农田的调整补划。省人民政府自然资源主管部门应当加强洪泽湖退圩（渔）还湖涉及用地的协调、指导工作。

相关设区的市、县（区）人民政府实施退圩（渔）还湖时，应当采取切合当地实际的政策措施，依法保护有关组织和个人的合法权益。

第四十五条　相关县级以上地方人民政府应当依据洪泽湖保护规划，在确保防洪、供水安全的前提下，因地制宜开展洪泽湖水域岸线生态修复，建设生态型护岸，保护洪泽湖滩地，改善水生动植物赖以生存的生态环境。

第四十六条　相关县级以上地方人民政府应当采取河道清淤、岸坡防护、截污纳管、生态湿地过滤、排污口整治等多种措施，开展入湖河道综合治理，保证入湖河道水质达标。

第四十七条　相关县级以上地方人民政府可以将生态功能突出的区域划定为水生态涵养区，实行严格保护。

相关县（区）人民政府应当加强洪泽湖和入湖河道水生植物的管理，科学利用、合理收割芦苇、蒲草等水生植物。

第四十八条　相关县级以上地方人民政府水行政主管部门应当根据洪泽湖集水汇水区域河湖水网水系特点，实施河湖水系连通工程，逐步恢复河湖自然连通能力；加强防洪、供水、生态综合调度，促进水体互联互通、活水畅流。

第四十九条　相关县级以上地方人民政府水行政主管部门应当定期开展河湖淤积监测，根据需要进行清淤疏浚，实施淤泥无害化、减量化处置，推动无污染淤泥的综合利用。

第五十条　省人民政府应当将洪泽湖生态空间管控区域纳入重点生态功能区转移支付范围，并加大财政转移支付力度。

鼓励洪泽湖集水汇水区域内上下游、左右岸地方人民政府之间开展生态保护补偿。鼓励社会资金建立市场化运作的洪泽湖生态保护补偿基金。鼓励洪泽湖集水汇水区域相关主体之间采取自愿协商等方式开展生态保护补偿。

第六章　法律责任

第五十一条　违反本条例规定，法律、法规已有处罚规定的，从其规定。

第五十二条　违反本条例规定，相关县级以上地方人民政府、有关部门、乡镇人民政府、街道办事处及其工作人员玩忽职守、滥用职权、徇私舞弊的，对直接负责的主管人员和其他直接责任人员依法给予处分；构成犯罪的，依法追究刑事责任。

第五十三条　违反本条例第十六条第一款第一项规定，在洪泽湖保护范围内弃置废弃船只的，由相关县（区）人民政府指定的部门责令违法者限期清除；逾期不清除的，代为清除，所需费用由违法者承担；违法者无法确定的，组织清除。

违反本条例第十六条第一款第一项规定，在洪泽湖保护范围内擅自弃置清淤弃土的，由相关县级以上地方人民政府水行政主管部门责令停止违法行为，限期清除，可以处一万元以上五万元以下罚款；逾期不清除的，代为清除，所需费用由违法者承担。

违反本条例第十六条第一款第四项规定，在洪泽湖保护范围内设置住家船、餐饮船的，由相关县（区）人民政府指定的部门责令限期拖离或者拆除，逾期不拖离的，予以拖离；不能拖离或者逾期不拆除的，代为拆除，所需费用由违法者承担，可以处五千元以上二万元以下罚款。

第五十四条　因污染洪泽湖环境、破坏生态造成他人损害的，侵权人应当依法承担侵权责任。

违反规定造成洪泽湖生态环境损害的，国家规定的机关或者法律规定的组织依法有权请求侵权人承担修复责任、赔偿损失和有关费用。

第五十五条　相关县级以上地方人民政府应当建立洪泽湖联合执法机制，组织有关部门对洪泽湖跨行政区域、生态敏感区域和违法案件高发区域以及重大违法案件，依法开展联合执法。有条件的地方经依法批准，可以建立综合行政执法制度，相对集中洪泽湖管理保护行政处罚权。

相关县级以上地方人民政府有关部门应当依照本条例规定和职责分工，对洪泽湖保护活动进行监督检查，依法查处各类违法行为；发现涉嫌犯罪的，应当移送司法机关。司法机关对有关部门移送的涉嫌犯罪案件，应当按照国家和省有关规定处理。

第五十六条　对洪泽湖保护工作不力、问题突出、督查检查发现问题整治不力、群众反映集中的地区，省洪泽湖管理委员会和省人民政府有关部门可以约谈相关设区的市、县（区）人民政府及其有关部门主要负责人，要求其采取措施及时整改。

第七章　附　则

第五十七条　本条例所称洪泽湖集水汇水区域，是指淮安市、宿迁市行政区域内废黄河以南、洪泽湖大堤以西、盱眙山脉分水岭以北、苏皖省界以东的区域。

本条例所称相关设区的市、县（区），是指淮安市、宿迁市，淮安市淮阴区、洪泽区、盱眙县，宿迁市宿城区、泗阳县、泗洪县。

本条例所称洪泽湖保护范围，是指洪泽湖设计洪水位以下的湖泊水体（包括淮河洪山头以下至老子山的干流）、湖盆、湖洲、湖滩、湖心岛屿、湖水出入口、堤防及其护堤地。其中，无堤防段根据洪泽湖设计洪水位确定；有堤防段以背水坡堤脚外五十米为界（有顺堤河的，以顺堤河为界），城镇段堤防背水坡堤脚外不小于五米。

本条例所称入湖河道，是指洪泽湖集水汇水区域内的高桥河、维桥河、池河、淮河干流、团结河、怀洪新河、新汴河、老汴河、新濉河、老濉河、濉河、徐洪河、安东河、西民便河、古山河、五河、肖河、马化河、朱成洼河、成子河、高松河、黄码河、淮泗河、赵公河、老场沟、杨场沟、张福河。

第五十八条　本条例自 2022 年 5 月 1 日起施行。

洪泽湖渔业省管以来大事记

1.2000 年 11 月 21 日，江苏省政府印发了《省政府关于对洪泽湖渔业实行省统一管理的批复》（苏政复〔2000〕214 号），决定成立江苏省洪泽湖渔业管理委员会，下设办公室；同时成立省洪泽湖渔政监督支队，对洪泽湖渔业实行统一管理。

2.2001 年 2 月 8—9 日，江苏省洪泽湖渔业管理委员会成立大会暨第一次全体委员会在南京友好大厦成功召开。大会通报了《江苏省洪泽湖渔业管理暂行规定》《江苏省洪泽湖网围养殖管理暂行规定》《江苏省洪泽湖过渡期间渔业管理意见》《江苏省洪泽湖渔业资源增殖保护费征收使用暂行办法》。

3.2001 年 3 月 10 日 6 时至 5 月 31 日 6 时，为洪泽湖封湖禁渔期。

4.2001 年 5 月 28 日，省物价局、省财政厅联合下达苏价农函〔2001〕97 号、苏财综〔2001〕81 号文件，核定了洪泽湖渔业资源增殖保护费征收标准。

5.2001 年 6 月，由于干旱少雨，洪泽湖水位急剧下降至 10.56 米，网围养殖损失巨大，达 4 亿元。

6.2001 年 9 月 11 日，"洪泽湖非法网围上诉案"得到法院公正判决。

7.2001 年 11 月，省洪泽湖渔管办与洪泽县水产良种场合作建立"江苏省洪泽湖增养殖科学试验场""洪泽湖放流苗种基地"。

8.2001 年 12 月，洪泽湖全面取缔机吸螺蚬船。

9.2002 年 2 月 23 日，江苏省洪泽湖渔业管理委员会第二次全体委员会议在淮安召开，时任江苏省海洋与渔业局局长李国平讲话。会议确定将原 80 天的封湖禁渔期延长至 3 月 1 日—5 月 31 日，为期 90 天。

10.2002 年 4 月 27 日，省洪泽湖渔管办办公楼奠基仪式在淮安市淮阴区黄河花园隆重举行，时任江苏省海洋与渔业局局长李国平出席仪式。

11.2001—2002 年间，省洪泽湖渔管办共进行了 6 次大规模人工增殖放流，共投放青鱼、鲫鱼、鳊鱼、鲤鱼、鲢鱼、大口胭脂鱼等鱼种 6.5 万千克，投放鲤鱼、草鱼等夏花 8320 万尾、幼蟹 216 万只、河蚬 50 吨，累计投入资金 91 万元。

12.2002 年，洪泽湖共签发捕捞证 3342 本，签发养殖证 4156 本，洪泽湖渔业生产步入了持证生产的法治化轨道。

13.2003 年 1 月 18—19 日，江苏省洪泽湖渔业管理委员会第三次全体委员会议在淮安召开。会议审议通过了《关于 2003 年湖区管理工作的总体安排和打算》《2003 年江苏省洪泽湖封湖禁渔通告》。

14.2003 年 1 月 18 日，省洪泽湖渔管办办公楼落成。

15. 2003 年 6 月 7 日，省洪泽湖渔管办依法对 637 亩无证网围实施了强制拆除。

16. 2004 年 2 月 1 日，江苏省洪泽湖渔业管理委员会第四次全体委员会议在宿迁召开。

17. 2004 年 7 月 18 日，淮河有大量污水进入洪泽湖，污染团 4 亿立方米，污染带达 133 千米，渔业经济损失 3500 万元。

18. 2004 年度，省洪泽湖渔管办成立洪泽湖人工放流工作领导小组，首次吸收湖区重点县渔业主管部门参加；共实施 4 次放流，投放鱼种 7 万千克、蟹苗 500 千克、夏花 1611 万尾，投入资金 80 万元。首次开展了冬放，鱼种成活率显著提高。

19. 2005 年 2 月 1 日，江苏省洪泽湖渔业管理委员会第五次全体委员会在淮安召开。

20. 2006 年省洪泽湖渔管办出台《洪泽湖增殖放流技术规范》和《洪泽湖增殖放流工作规范》。

21. 2006 年 2 月 16 日，江苏省洪泽湖渔业管理委员会第六次全体委员会议在宿迁召开。

22. 2006 年 3 月 14 日，经江苏省海洋与渔业局同意，省洪泽湖渔管办对河蚬、螺蛳实行限时、限量、限区域、限规格捕捞。

23. 2006 年 9 月 21 日，根据江苏省物价局、省财政局文件精神，洪泽湖部分渔业资源增殖保护费明确标准。

24. 2006 年 11 月 13 日，为积极做好养殖证换发工作，省洪泽湖渔管办决定全面启动洪泽湖渔业水域养殖水面核查工作。

25. 2006 年，立足洪泽湖资源状况和自然承载力，为优化渔业增长方式，省洪泽湖渔管办提出并实施养殖、捕捞两个"零增长"，随着渔业减量提质系列工作开展，该办于 2010 年研判提出养殖捕捞两个"负增长"。

26. 2007 年 2 月 28 日，江苏省洪泽湖渔业管理委员会第七次全体委员会在淮安召开，首次提出"水清、鱼多、民富"的工作目标。

27. 2007 年 2 月 13 日，《江苏省洪泽湖封湖禁渔规定》颁布，封湖禁渔期定于 3 月 1 日至 6 月 1 日。

28. 2007 年 3 月 12 日，省洪泽湖渔管办首次公布《洪泽湖人工增殖放流社会资金筹集与管理办法》，引入社会资金参与洪泽湖人工增殖放流工作。

29. 2007 年 4 月 9 日，经原江苏省海洋与渔业局同意，洪泽湖建立鱼类、河蚬、水草三个常年禁渔区。

30. 2007 年 5 月 8 日，为加强洪泽湖渔业管理，原江苏省海洋与渔业局废止了已实施五年的《江苏省洪泽湖渔业管理暂行规定》，并结合洪泽湖渔业实际施行了《江苏省洪泽湖渔业管理规定》。

31. 2008 年 1 月 14 日，省洪泽湖渔管办联合淮宿两市环境保护局，开展了"洪泽湖沿湖涉污单位环境整治百日行动"。

32. 2008 年 1 月 18 日，省洪泽湖渔业管理委员会第八次全体委员会议在淮安召开。省洪泽湖渔管办联合淮安市公安局、宿迁市公安局，举行了洪泽湖平安渔区合作共建签字仪式。

33.2008 年 1 月 28 日，经省发展改革委批准，洪泽湖渔业湿地管护区项目开工建设。以此项目为支撑，建成渔政三大队、四大队执法基地。

34.2008 年 5 月 7 日，为进一步提高洪泽湖渔业管理水平，省洪泽湖渔管办成立江苏省洪泽湖渔业发展专家顾问组，中国农业科学院院长、研究员翟虎渠任组长。

35.2008 年 6 月 5 日，农业部副部长牛盾一行来洪泽湖视察。

36.2008 年 6 月 18 日，省洪泽湖渔管办首次聘请 30 名渔业水域环境义务监督员，共同保护洪泽湖渔业生态环境。

37.2008 年 6 月 26 日，《江苏省洪泽湖渔业捕捞许可证管理规定（试行）》出台。

38.2008 年 7 月 25 日，按照原江苏省海洋与渔业局规定，洪泽湖水域机动渔船数量和主机功率指标冻结，时间截至 2009 年 12 月 31 日。

39.2008 年 10 月 24 日，省洪泽湖渔管办印发《关于促进洪泽湖河蟹产业发展的意见》，旨在进一步发挥洪泽湖生态优势，推广渔业生态养殖技术。

40.2008 年 10 月 28 日，省洪泽湖渔管办首次举办洪泽湖大闸蟹"蟹王、蟹后"大赛，旨在扩大洪泽湖蟹业的规模效应和市场影响力。

41.2008 年 11 月 28 日，省洪泽湖渔管办首次开展洪泽湖"抑藻净水"项目试验，建设 10000 亩抑藻净水网围养殖示范基地和 50000 平方米"抑藻净水"网箱养殖示范基地。

42.2008 年 12 月 9 日，省洪泽湖渔管办举办"洪泽湖渔业资源与环境保护论坛暨洪泽湖渔业资源与环境科学研究站揭牌仪式"。

43.2009 年 6 月 6 日，农业部总畜牧师于康震、省政府副秘书长杨根平、省海洋与渔业局局长唐庆宁和淮安市委书记刘永忠参加省洪泽湖渔管办组织的"长江下游水生生物增殖放流洪泽湖同步放流点放流活动"。

44.2009 年 11 月 23 日，省洪泽湖渔管办在淮安组织并承办"中国湖泊渔业发展论坛"，中国科学院院士曹文宣参加会议。会上通过了由时任省洪泽湖渔管办副主任张胜宇撰写的《中国湖泊渔业发展宣言》。

45.2010 年 1 月 26 日，省洪泽湖渔管办制定印发《关于进一步发展洪泽湖休闲渔业的意见》。

46.2010 年 1 月 29 日，江苏省洪泽湖渔业管理委员会第九次全体委员会议在盱眙召开。

47.2010 年 12 月 12 日，省洪泽湖渔管办组织开展"洪泽湖养蟹能手"评选活动，该活动已连续举办 3 年。

48.2010 年 12 月 19 日，省洪泽湖渔管办委托淮阴师范学院，围绕洪泽湖资源环保、产业发展等 10 个项目开展研究，并与淮阴师范学院联合制定了《科技合作研究项目管理办法》。

49.2011 年 2 月 25 日，省洪泽湖渔管办首次将每年 3 月 18 日设定为"放鱼节"，印发《洪泽湖放鱼节活动工作意见》。3 月 18 日，首届"中国·洪泽湖放鱼节"正式启动，

50.2011 年 4 月 12 日，省洪泽湖渔管办联合淮宿两市环保局等有关部门，签订了

《洪泽湖水环境保护合作备忘录》，并开展沿湖涉污企业联合大检查，旨在从源头上监控洪泽湖周边工业点源污染。该项活动连续开展9年。

51.2011年6月24日，《江苏省洪泽湖渔业养殖规划（2010—2020年）》正式印发实施。

52.2011年7月12日，省洪泽湖渔管办承办由农业部主办的"一江五湖"渔业资源修复洪泽湖同步增殖放流活动。

53.2011年8月26日，省洪泽湖渔管办被评为"全国水生生物资源养护工作先进集体"。

54.2011年12月20日，江苏省洪泽湖渔业管理委员会第十次全体委员会议在宿迁召开。

55.2013年1月8日，江苏省首例因使用地笼网捕捞水产品构成犯罪被追究刑事责任案件，在泗洪县人民法院被宣判。

56.2013年2月1日，洪泽湖开始封湖禁渔，首次将封湖禁渔期调整为4个半月，至6月15日6时结束。洪泽湖螺蛳实行全年禁捕。

57.2013年3月1日，省洪泽湖渔管办、宿迁市国检局、宿迁市农委和泗洪县人民政府四方联席会议第一次会议在泗洪召开，旨在进一步落实《共同促进洪泽湖水产品水生动物出口工作合作备忘录》。

58.2013年5月6日，江苏省副省长徐鸣一行深入洪泽湖视察防汛工作，实地察看了洪泽湖周边拆圩清障现场，对湖区管理工作作出重要指示。

59.2013年10月2—5日，第五届全国优质农产品（北京）展销周在北京全国农业展览馆举行，省洪泽湖渔管办首次组团参展。

60.2013年10月11日，江苏省洪泽湖渔业管理委员会、中共宿迁市委政法委员会、宿迁市法制宣传教育领导小组办公室在泗洪县联合召开洪泽湖区（宿迁片）"六五"普法巡讲工作动员会，全面启动洪泽湖区"六五"普法巡讲工作。

61.2013年12月23日，省洪泽湖渔管办连续五年承担农业部增殖放流效果评估项目均获农业部评估通过。

62.2014年1月6日，江苏省水利、公安、海事、渔政等多部门在洪泽湖开展联合打击非法采砂专项行动。

63.2014年1月10日，江苏省洪泽湖渔业管理委员会第十一次全体委员会议在淮安召开。

64.2014年4月18日，中国洪泽湖渔业产业联盟在淮安组建，并召开成立大会。

65.2014年5月13日，省洪泽湖渔管办被淮安市委市政府表彰为"2013年度法治建设目标考核先进单位"。

66.2014年7月24日，江苏省洪泽湖渔政监督支队新建的50吨级"中国渔政32263"渔政船入列。

67.2014年8月12日，江苏省洪泽湖渔业协会在淮安正式成立，并于当天召开江苏省洪泽湖渔业协会第一届会员代表大会。

68.2014 年 8 月 22 日，"中国泗阳·成子湖地区青虾产业发展研讨会"隆重举行。省洪泽湖渔管办应邀参加会议，张胜宇副主任作了题为《洪泽湖青虾水产种质资源及其保护》的主旨发言。

69.2015 年 1 月 7 日，泗洪县洪泽湖湿地垂钓中心和江苏省洪泽湖国蟹园有限公司被评为全国休闲渔业示范基地。

70.2015 年 3 月 31 日，江苏省洪泽湖渔业协会申报的"洪泽湖河蚬"顺利通过专家评审，并获批首批"农产品地理标志产品"。此后，"洪泽湖大闸蟹"和"洪泽湖青虾"先后获批。

71.2015 年 5 月 23 日上午，由省洪泽湖渔管办主办、洪泽县水产局协办的 2015 中国洪泽湖银鱼开捕仪式暨电商洽谈会，在洪泽湖东畔的洪泽县渔人湾码头举行。

72.2015 年 6 月 26 日，洪泽湖东部洪泽水域增殖放流夏花暂养区正式建成。

73.2015 年 11 月 27 日，江苏省洪泽湖渔政监督支队渔政一大队被农业部授予"2015 年渔业文明执法窗口单位"称号。

74.2015 年 12 月，洪泽湖区渔政信息化管理系统正式建成使用。

75.2016 年 1 月 8 日，江苏省洪泽湖渔管会第十二次全体委员会议在宿迁召开。

76.2016 年 6 月 8 日，泗洪洪泽湖湿地"富园"杯休闲垂钓比赛在湿地国际垂钓中心举行。泗洪县获评"中国休闲垂钓之乡"。

77.2016 年 10 月 21 日，省洪泽湖渔管办"大湖家园展览馆"获批"省级机关法治文化建设示范点"。

78.2016 年 10 月 21 日，省洪泽湖渔管办被江苏省委宣传部、省委省级机关工委、省司法厅联合表彰为"2011—2015 年省级机关普法工作先进单位"；洪泽湖区"入百村、进万户"普法巡讲工作获得项目创新奖。

79.2016 年 11 月 14 日，省洪泽湖渔管办获得"2011—2015 年度淮安全市普法工作先进集体"称号。

80.2017 年 7 月 1 日上午，洪泽湖开捕仪式隆重举行。随着淮安市副市长肖进方一声鸣锣宣布开捕，数十艘渔船在一片激奋人心的鼓乐彩烟中浩浩荡荡驶向湖心。

81.2017 年 6 月 24—26 日，第 63 届美国夏季特色食品展览会（Summer Fancy Food Show）在美国纽约会展中心隆重举办，"中国·洪泽湖"水产品品牌荣登展会精彩亮相。

82.2017 年 7 月 12 日，洪泽湖渔业资源保护与管理系统项目通过专家组竣工验收。

83.2017 年 8 月 16—18 日，省洪泽湖渔管办牵头淮安、宿迁市农委、出入境检验检疫局、食药环侦支队，签订《洪泽湖水产品质量监管备忘录》，并首次开展为期 3 天的洪泽湖水产品质量检查活动。

84.2017 年 11 月 2 日，"第二届中国休闲渔业高峰论坛暨休闲渔业品牌发布活动"在厦门开幕。"3.18 中国·洪泽湖放鱼节"被评为"国家级示范性渔业文化节庆"；"洪泽湖·淮安市新滩村"和"洪泽湖·宿迁市穆墩岛村"被评为"国家级最美渔村"；"中国泗洪洪泽湖湿地国际大圆塘超级杯休闲垂钓邀请赛"被评为"全国有影响力的休闲渔业赛事"；"淮安市洪泽湖渔家风情园"被评为"全国休闲渔业示范基地"。

85.2017 年 9 月 21 日，由江苏省洪泽湖渔政监督支队、淮安市检察院联合共建的全省首家环境资源司法修复基地——淮安市环境资源司法修复基地，落户洪泽湖，并在洪泽湖古堰渔文化生态保护区正式揭牌。

86.2017 年 12 月 22 日，洪泽湖渔政管理指挥中心开工建设。

87.2018 年 1 月 25 日上午，江苏省洪泽湖渔业管理委员会第十三次全体委员会议在淮安市召开。

88.2018 年 1 月 31 日下午，省洪泽湖渔管办首次在淮安市人民政府新闻发布厅召开"2018 年洪泽湖封湖禁渔"新闻发布会。

89.2018 年 2 月 27 日下午，农业部渔业渔政局江河湖海限捕禁捕区域划定调研座谈会在淮安盱眙召开，农业部渔业渔政局副局长韩旭参加会议。

90.2018 年 2 月 28 日经农业部推荐，"洪泽湖大闸蟹"国家级农产品地理标志产品登录央视 CCTV4《源味中国》记录片。

91.2018 年 9 月 8 日，"CCTV7 首届中国农民丰收节特别节目暨第十三届中国洪泽湖国际大闸蟹节"在洪泽湖古堰景区渔人湾盛大开幕。

92.2018 年 10 月 26 日，洪泽湖休闲渔业工作会议在洪泽隆重召开。

93.2018 年 11 月 7 日，洪泽湖国际大闸蟹节荣获 2018 中国节庆产业金手指奖"十大影响力节庆"。

94.2018 年 12 月 19 日，省洪泽湖渔管办应邀参加全国农产品地理标志品牌建设培训班，并就洪泽湖水产品地理标志建设与管理工作作典型发言。

95.2018 年，省洪泽湖渔管办建成集执法记录、保护区管护、车船艇定位、资源环保管理、质量安全追溯、电视电话传输、基地监控、雷达扫描、行政办公等 9 大功能于一体的"洪泽湖渔政管理指挥中心"。

96.2019 年 3 月 22 日，省洪泽湖渔管办邓毅军同志当选"江苏首届十大河湖卫士"。

97.2019 年 5 月 23 日，江苏省洪泽湖渔政监督支队被授予"全国渔业执法工作先进集体"称号。

98.2019 年 5 月 28—30 日，在农业农村部举办的《国务院办公厅关于加强长江水生生物保护工作的意见》《长江流域重点水域禁捕和建立补偿制度实施方案》宣贯培训班上，省洪泽湖渔管办作了题为《推进渔业绿色发展 谱写新时代洪泽湖资源与环境保护新篇章》的典型发言。

99.2019 年 6 月 26—27 日，"地理标志农产品保护工程启动仪式暨全国农产品地理标志培训班"在眉山举行，省洪泽湖渔管办应邀参加活动并在会上作典型发言。

100.2019 年，在第 21 届日本国际水产品与技术展览会上，ASC 水产养殖管理委员会商业总监 Esther Luiten 将 ASC 认证证书正式颁发给洪泽湖宿迁泰进食品有限公司，洪泽湖河蚬增养殖示范区成为全球首家 ASC 认证的淡水贝类养殖场。

111."2019 年全国水生生物资源养护信息系统培训班"在四川成都召开，省洪泽湖渔管办作了关于内陆湖泊水生生物增殖放流工作的典型交流发言。

112. 省洪泽湖渔管办获"2016—2018 年度江苏省文明单位"称号。

113.2019 年 12 月 6 日，在浙江大学 CARD 中国农业品牌研究中心、浙江大学城乡创意发展研究中心、浙江永续农业品牌研究院联合主办的"2019 中国农业品牌百县大会"上，"洪泽湖大闸蟹"成功荣获"中国农业品牌建设学府奖优秀品牌案例"。

114.2019 年 12 月 11 日，在"首届江苏省十强农产品区域公用品牌大赛"的决赛中，"洪泽湖大闸蟹"成功入选江苏十强区域公用品牌，并斩获网络人气奖。

115.2020 年 1 月 14 日，中国农产品市场协会公布 2019 农产品区域公用品牌价值评估和影响力指数结果，洪泽湖大闸蟹区域公用品牌价值 154.28 亿元，影响力指数 78.325。

116.2020 年 2 月 20 日，江苏省洪泽湖渔政监督支队报送的《裴××等 7 人使用电鱼方法进行捕捞案》《晁××、刘×使用禁用的渔具进行捕捞案》等 2 件案卷，被农业农村部渔业渔政管理局评为"全国渔业行政执法优秀案卷"。

117.2020 年 7 月 18 日，农业农村部渔业渔政管理局副局长韩旭莅临洪泽湖调研渔政管理工作。

118.2020 年 8 月 26—27 日，省政府副省长赵世勇率队赴洪泽湖开展调研座谈，推进洪泽湖禁捕退捕工作。

119.2020 年 10 月 23 日，中国绿色食品发展中心主任张华荣、标识管理处处长何庆等一行莅临洪泽湖调研指导农产品地理标志工作。

120.2020 年 11 月 6—8 日，"洪泽湖大闸蟹"区域公用品牌被评委会授予第四届中国国际现代渔业暨渔业科技博览会"金奖"。

121.2021 年 1 月 12 日，江苏省洪泽湖渔政监督支队报送的《罗××在饮用水源地一级保护区从事渔业捕捞案》，成功入选"2020 年全国渔业行政执法案卷评查优秀案卷"。

122.2021 年 1 月 13 日，江苏省洪泽湖渔政监督支队报送的《周某侨等 3 人违法使用禁用渔具捕捞案》，成功入选首届江苏省"十佳行政处罚案卷"。

123.2021 年 1 月 22 日，省洪泽湖渔管办工会被江苏省省直机关工会工作委员会评定为"模范职工之家"。

124.2021 年 6 月 3 日，江苏省洪泽湖渔政监督支队报送的《高××等人洪泽湖非法捕捞螺蛳案》，入选江苏省高级人民法院"2020 年度环境资源典型案例"。

125.2021 年 7 月，《洪泽湖（省管渔业水域）养殖水域滩涂规划（2020—2030 年）》印发实施。

126.2022 年 1 月 7 日，江苏省洪泽湖渔政监督支队组织开展专项执法行动，依法对洪泽湖桂嘴水域骈某某 1950 亩非法网围实施强制拆除。

127.2022 年 1 月，省洪泽湖渔管办被授予"2019—2021 年度江苏省文明单位"称号。

128.2022 年 2 月 26 日，全国首个航空助农平台与特色农产品推介中心在京启动，"洪泽湖大闸蟹"作为优质农产品区域公用品牌在活动现场进行了视频推介。

129.2022 年 3 月 1 日，省洪泽湖渔政监督支队联合洪泽区建设银行，为 79 户退捕渔民办理水产养殖惠农贷款 3400 万元。

130.2022 年 3 月 8 日，农业农村部渔业渔政管理局局长刘新中、部长江流域渔政监督管理办公室董金和副主任一行，赴洪泽湖开展湖泊生态渔业发展专题调研，指导大水面生态渔业试点工作。

131.2022 年 4 月 29 日，省洪泽湖渔管办联合淮安市盱眙县、洪泽区政府和有关部门，举办了《江苏省洪泽湖保护条例》宣贯现场会，并与盱眙县人民法院共同为"洪泽湖流域环境资源法庭巡回审判点"揭牌。

132.2022 年 6 月 1 日，洪泽湖大水面生态渔业试点工作联合专班第一次会议在淮安召开。

133.2022 年 6 月，由省洪泽湖渔管办与省洪泽湖渔业协会共同编写的《绿色打底、品牌赋能、协同推进产业高质量发展》品牌案例，入选《江苏"三高"农业品牌发展案例选编》。

134.2022 年 6 月 17 日，在泗洪水域近岸裸露的滩涂上发现国家二级保护动物——中国淡水蛏，密度高的区域达每平方米 60 只左右。

135.2022 年 7 月 7 日，省洪泽湖渔管办《实施"三品一标"提升行动，助推水产养殖业提质增效》的典型经验做法，被农业农村部发展规划司《发展规划工作动态（第 43 期）》转发推广。

136.2022 年 8 月 30 日，由农业农村部主办的全国推进农业"三品一标"培训班在江苏淮安举办，洪泽湖水产品"三品一标"建设经验在会上被宣传推广。

137.2022 年 9 月 23 日，"洪泽湖大闸蟹"作为全国农业生产"三品一标"展示的代表，受邀参加在成都天府农博园举办的"2022 年中国农民丰收节全国主场活动"。

138.2022 年 11 月 8 日，"空中渔政"无人机正式入列江苏省洪泽湖渔政监督支队，助力查处涉嫌违法捕捞案件。

139.2022 年 12 月 19 日，"洪泽湖大闸蟹"获首届江苏品牌农产品营销促销大赛暨营销促销创意赛铜奖。

140.2023 年 1 月 1 日，针对洪泽湖"三无船舶""大马力快艇"非法捕捞猖獗势头，省洪泽湖渔管办分别向淮安、宿迁两市党政主要领导报送了《开展洪泽湖"三无船舶""大马力快艇"源头治理刻不容缓》的专报，两市主要领导分别批示，要求积极采取措施，坚决遏制洪泽湖"三无船舶""大马力快艇"发展势头，沿湖地方政府高度重视。

141.2023 年 2 月 21 日，淮安市邱华康副市长召集沿湖县区政府及市公安、交通、水利、农业农村、市场监督等部门，召开洪泽湖"三无船舶""大马力快艇"源头治理座谈会。会上，省洪泽湖渔管办展示的"三无船舶""大马力快艇"非法捕捞的实拍场景，引起与会人员的强烈反响。

142.2023 年 2 月 11 日，省农业农村厅季辉厅长、张建军副厅长在淮安市委史志军书记、邱华康副市长的陪同下，现场考察洪泽湖东部湿地保护区核心区养殖情况，并就养殖退出工作召开座谈会。

143.2023 年 2 月 15 日，江苏省洪泽湖渔业协会二届六次会员代表大会暨洪泽湖渔业产业发展论坛在淮安举行。

144.2023 年 3 月 2 日，"大美洪泽湖，天下淮扬菜"品牌宣传推介活动在南京举办，省洪泽湖渔管办作了主旨发言。

145.2023 年 3 月 1 日，受农业农村部渔业渔政局有关部门委托，省洪泽湖渔管办牵头起草了《大水面增殖渔业管理办法》，并于 3 月底上报。

146.2023 年 3 月 10 日，省洪泽湖渔管办"江苏洪泽湖湿生植物调查和标本制作及湿生植物图鉴编纂"项目评审验收会在淮安召开。调查显示，洪泽湖在蓄水范围线内有湿生植物 319 种，隶属 68 科、193 属，其中：被列入《国家重点保护野生植物名录》的植物有国家二级保护植物水蕨和野大豆；江苏省地理分布新记录植物 4 种，分别为断节莎、竹节菜、细匍匐茎水葱和疣果飘拂草。

147.2023 年 3 月 15 日，"感蟹有你，裕建老子山"乡村振兴主题活动启动，旨在通过开展形式多样的就业帮扶、信贷支持、养殖科技服务等系列活动，进一步提升为民服务的能力和水平。

148.2023 年 3 月 18 日，第十三届 3.18 中国洪泽湖放鱼节暨"进百村、入万户"普法宣传启动仪式在泗洪县临淮渔港举办。

149.2023 年 3 月 24 日，泗洪县"大马力快艇"非法捕捞整治联合执法行动在临淮、龙集同步启动。

150.2023 年 3 月 25 日，第六届"洪泽（蒋坝）螺蛳节"在洪泽湖畔千年古镇蒋坝开幕。

151.2023 年 3 月 26 日，由省洪泽湖渔管办等单位联合主办的淮安市第八届青少年水利与气象科普知识大赛团体决赛和颁奖仪式在淮安市电视台演播大厅成功举办。

152.2023 年 3 月中旬开始，与省内其他湖泊类似，洪泽湖部分水域发现大量死鱼现象，省洪泽湖渔管办及时组织专家深入湖区调研，分析死鱼原因，形成调研报告报淮宿两市政府；科学应对网络舆情，组织人员实施打捞，1 月后死鱼现象渐止。

153.2023 年 3 月 30 日，淮安市交通运输局、淮安市公安局、淮安市农业农村局、淮安市水利局、淮安市市场监督管理局和省洪泽湖渔管办联合印发了《关于开展淮安市洪泽湖及入湖河道"三无大马力船舶"专项整治的通告》。

154.2023 年 6 月 8 日，洪泽湖"大马力快艇"综合整治成果展暨"中国渔政亮剑2023"罚没物品集中销毁现场会在淮安市盱眙县举办，省农业农村厅王玉华副厅长出席活动并讲话；淮安市人民政府邱华康副市长参加。活动现场集中拆解了"三无船舶"280艘，其中 100 马力以上"三无""大马力快艇"48 艘；集中销毁了地笼网、三层刺网、电捕器材等各类违法渔具近 2 万件。

155.2023 年 6 月 9 日，省洪泽湖渔管办与两市公检法在盱眙召开专题协调会。会议通过了由省洪泽湖渔管办牵头制定的《关于办理洪泽湖非法捕捞水产品刑事案件暨行刑衔接工作的会议纪要》，并就"大马力快艇"非法捕捞入刑标准、涉案"大马力快艇"没收、专门性问题认（鉴）定等事项达成共识。

156.2023 年 6 月 10 日，省洪泽湖渔管办分别在宿迁市泗洪县、淮安市洪泽县建设了2 处洪泽湖水生生物增殖放流平台。

157.2023 年 9 月 5 日，"海峡两岸大闸蟹产业沙龙活动"在中国螃蟹之乡——泗洪临淮镇举办。

158.2023 年 9 月 7 日，洪泽湖农产品地理标志保护工作研讨会在淮安市洪泽区召开，旨在更好普及地标建设、使用和管理等相关知识，凝聚保护洪泽湖地理标志产品的广泛共识。会议邀请了中国农产品绿色发展中心专家作专题讲座。

159.2023 年 9 月，洪泽湖大闸蟹顺丰产地仓正式开仓发货，这是顺丰苏北首家、面积最大的大闸蟹产地仓。

160.2023 年 9 月，"洪泽湖大闸蟹"入选江苏农业品牌精品培育名单。

161.2023 年 9 月 28 日，2023"苏韵乡情"乡村休闲旅游农业（淮安）专场推介暨第十八届中国洪泽湖大闸蟹节开幕式在洪泽湖阅湖湾拉开帷幕。同日，2023 年中国洪泽湖大闸蟹产业高质量发展大会在洪泽召开。

162.2023 年 10 月，省洪泽湖渔管办被国家机关事务管理局、中共中央直属机关事务管理局、国家发展和改革委员会、财政部联合授予"节约型机关"称号。

163.2023 年 10 月 12 日，第六届中国（淮安）国际食品博览会暨金秋经贸洽谈会盛大举行。会上举办了江苏首例 BAP 认证大闸蟹品牌"洪泽湖大闸蟹"优选活动。

164.2023 年 11 月 9 日，第二十届中国国际农产品交易会在山东省青岛市举行。农业农村部副部长张兴旺亲临洪泽湖展区，了解洪泽湖品牌成长路径，听取洪泽湖渔业发展情况汇报。

165.2023 年 11 月 14 日，省洪泽湖渔管办张胜宇主任应邀到湖北荆州参加"全国大水面生态渔业发展大会"并作典型交流发言。

165. 省洪泽湖渔管办报送的《沈某美使用禁用的渔具进行捕捞案》被农业农村部办公厅表彰为"2023 年全国渔政执法案卷评查优秀案卷"。该案卷同时被江苏省委全面依法治省委员会办公室表彰为"优秀行政执法案卷"。

166.2023 年 11 月 17 日，"2023 新时代鱼米之乡·江苏农产品（上海）交易会"在上海国际农展中心举行。江苏省政府副省长徐缨、省农业农村厅厅长季辉、淮安市副市长邱华康等省市领导来到洪泽湖展厅视察。

167.2023 年 12 月 23 日，由省洪泽湖渔管办牵头起草的江苏省地方标准《水产种质资源保护区建设与管理标准》，通过了江苏省市场监督管理局组织的专家审查。

洪泽湖渔业省管后工作图片集锦

▲ 2008年6月5日，时任农业部副部长牛盾（左一）在洪泽区老船塘码头视察洪泽湖并给在场的江苏省洪泽湖渔管办渔政人员讲话。时任中共淮安市委书记刘永忠、时任江苏省海洋与渔业局长唐庆宁、时任农业部渔业渔政局局长李新华、时任江苏省海洋与渔业局副局长沈毅（自左二向右依次）等领导陪同视察。

▲ 2022年5月6日，农业农村部原副部长国务院参事于康震（前排左二）在洪泽湖渔人湾码头听取省洪泽湖渔管办介绍洪泽湖渔业管理工作，中共淮安市委副书记赵正兰（前排左三）、淮安市副市长邱华康（前排左四）、江苏省农业农村厅副厅长孙翔（左二）、洪泽区区长张灏等陪同。

▲ 2023 年 11 月 9 日，农业农村部党组成员、副部长张兴旺（前中）、江苏省农业农村厅曹丽虹副厅长（左二）在山东青岛莅临第二十届中国农产品交易会洪泽湖渔业展厅。

▲ 2020 年 8 月 26 日，时任江苏省副省长赵世勇（右二）视察洪泽湖禁捕退捕工作，时任江苏省农业农村厅副厅长张建军（右三）、省渔业执法监督中心主任王新勇（右一）、时任省洪泽湖渔管办主任刘学杰（右四）等陪同。

▲ 2019 年 12 月 12 日，在江苏省首届十强农产品公用品牌评选会上，时任江苏省政府副省长马欣（右二）参观洪泽湖大闸蟹路演并给予高度评价。

◀ 2023 年 11 月 17 日，时任江苏省副省长徐缨（左一）莅临上海国际农展中心"2023新时代鱼米之乡·江苏农产品（上海）交易会"洪泽湖大闸蟹展位。

▲ 2012 年 9 月 28 日，时任中国科学院水生生物研究所所长、中国科学院院士赵进东（中）调研指导洪泽湖渔业管理工作，时任淮安市副市长陆长苏（右一）、时任省洪泽湖渔管办主任王欣（左一）陪同。

▲ 2022 年 3 月 8 日，农业农村部渔业渔政管理局局长刘新中到洪泽湖调研禁捕退捕情况，时任江苏省农业农村厅副厅长张建军（左一）、省洪泽湖渔管办主任张胜宇（右一）陪同。

▲ 2023 年 2 月 11 日，江苏省农业农村厅厅长季辉（左一）视察洪泽湖退养还湖工作，时任淮安市市长史志军（前排左三）、时任江苏省农业农村厅副厅长张建军（右一）、时任洪泽区委书记张冲林（后排中间）等陪同。

▲ 2023 年 10 月 12 日，中共淮安市委书记史志军（前排右二）、淮安市副市长王向红（前排左一）等莅临"第六届中国（淮安）国际食品博览会暨金秋经贸洽谈会"洪泽湖渔业展厅。

▲ 2023 年 9 月 15 日，江苏省农业农村厅副厅长王玉华（前排左二）参加第九届中国广州渔业博览会上期间莅临"中国·洪泽湖"展厅考察指导，省洪泽湖渔管办主任张胜宇（前排右二）、时任江苏省渔业技术推广中心主任张朝晖（前排右一）等陪同。

▲ 2020 年 8 月 27 日，时任江苏省副省长赵世勇（前排左二）组织召开洪泽湖禁捕退捕工作座谈会。

▲ 2011年6月6日，"一江五湖"渔业资源增殖放流活动在洪泽湖举行同步专场，时任农业部总畜牧师于康震（左图前排右六）、时任江苏省政府副秘书长杨根平（右图前排左二）、时任省海洋与渔业局局长唐庆宁（左图前排左一）等参加活动。

▲ 2009年11月23日，"中国湖泊渔业论坛"在淮安举办，时任第十六届中央委员会候补委员、中国农业科学院原院长翟虎渠，时任江苏省政府副秘书长杨根平，时任中共淮安市委书记刘永忠，时任江苏省海洋与渔业局副局长丁承轩，中国科学院水生生物研究所曹文宣院士等参加活动。

▲ 2011年3月8日，"首届（2011年）中国·洪泽湖3.18放鱼节活动"在洪泽湖渔人湾码头隆重举办。

▲ 2021 年 9 月 29 日，"中国国际洪泽湖大闸蟹节"在洪泽区隆重开幕，中共淮安市委副书记赵正兰（中）、江苏省农业农村厅副厅长朱新华（右三）参加活动。

▲ 2018 年 6 月 12 日，第十九届中国·盱眙（金诚）国际龙虾节在"中国龙虾之都"盱眙正式开幕。

▲ 2023 年 3 月 25 日，第六届洪泽（蒋坝）螺蛳节在洪泽湖畔千年古镇蒋坝开幕。

▲ 2023 年 3 月 2 日晚，"大美洪泽湖，天下淮扬菜——'缘味国宴'品鉴晚宴"洪泽湖渔产品等宣传推介活动在南京万达嘉年华举办，来自社会各界 200 余人参加本次活动。

▲ 2009 年 10 月 29 日，"中国·泗洪洪泽湖螃蟹节"的重要组成"蟹王蟹后争霸赛暨中国螃蟹市场开锣仪式"在"中国螃蟹之乡"泗洪县临淮镇拉开帷幕。

▲ 2023 年 4 月 30 日，中国泗洪洪泽湖国际大圆塘百万超级杯休闲垂钓大赛开赛，共计 1 180 名运动员同场竞技，争夺冠军百万元大奖。图为洪泽湖国际大圆塘千人垂钓盛况。

▲ 2010 年 5 月 5 日，"洪泽湖渔业资源与环境保护宣传周启动仪式"在洪泽湖大堤上隆重举行，时任江苏省海洋与渔业局副局长丁承轩（右七）、时任淮安市副市长朱毅民（右八）、时任宿迁市副市长许士键（右六）参加活动。

▲ 2022年6月6日，"全国放鱼日暨'进百村、入万户'法治宣传启动仪式"在泗洪县临淮镇举办。

▲ 2019年6月26日，农业农村部渔业渔政管理局在南京召开了"限额捕捞管理制度集中调研座谈会"，省洪泽湖渔管办作了洪泽湖银鱼、河蚬限额捕捞管理典型交流汇报。

▲ 2017年8月16日，"洪泽湖水产品质量安全联合检查启动仪式"在省洪泽湖渔管办举行，沿湖淮安、宿迁检验检疫局、农业农村局、公安局等部门负责人参加活动。

▲ 2008年1月18日，"洪泽湖渔业环境保护方案签字暨联合执法检查启动仪式"在淮安举行，时任江苏省海洋与渔业局副局长夏前宝（主席台中）参加活动，以此拉开"鱼水情——洪泽湖水环境保护行动"序幕。

▲ 2008年1月18日，江苏省洪泽湖渔业管理委员会第八次全体委员会议召开，江苏省洪泽湖渔业管理委员会办公室原主任、时任江苏省海洋与渔业局外经办主任沈国华（左）宣读表彰决定。

▲ 2023年3月31日，"中国渔政亮剑行动工作动员会"在省洪泽湖渔管办召开，全办渔政人员参加会议。

▲ 2020 年 12 月 4 日，盱眙人民法院洪泽湖流域环境资源法庭在洪泽湖畔对高某等 13 人非法捕捞螺蛳案件进行公开开庭审理。

▲ 2019 年 1 月 30 日，省洪泽湖渔管办在淮安市新闻发布中心召开"洪泽湖封湖禁渔新闻发布会"（左）。2020 年 9 月 30 日，省洪泽湖渔管办在淮安市政府新闻发布中心召开"洪泽湖禁捕退捕联合执法新闻发布会"（右）。

王玉华副厅长　　　　　　　　　　　　　　　　邱华康副市长

▲2023年6月8日，"洪泽湖封湖禁渔成果展暨罚没物资销毁现场会"在盱眙召开，江苏省
农业农村厅副厅长王玉华、淮安市副市长邱华康参加活动。

▲ 自 2021 年 12 月始，多部门联合整治洪泽湖"三无大马力快艇"非法捕捞活动现场。

▲ 2019 年 5 月 23 日，江苏省洪泽湖渔政监督支队被评为"全国渔业执法先进集体"，时任支队长刘学杰（前排左三）接受颁奖。

▲ 2020 年 11 月 18 日，时任江苏省洪泽湖渔管办二级调研员张胜宇在淮安就洪泽湖生态保护工作接受采访。

▲ 2018 年 5 月 14 日，省洪泽湖渔管办被授予"省级机关法治文化建设示范点"（左）。省洪泽湖渔管办开展"凝心聚魂弘毅行"主题党日活动场景（右）。

◀ 2011 年 10 月 17 日，洪泽湖大闸蟹在苏州太仓举办的首届中国"华东杯"河蟹节中斩获"金奖"和"最佳口感奖"。

▲ 2014 年 11 月 24 日，省洪泽湖渔管办与淮安检验检疫局在淮安签订《共同推进洪泽湖大闸蟹出口备忘录》。时任淮安出入境检验检疫局局长唐政（左四）和时任省洪泽湖渔管办主任王欣（中）等参加。

▲ 2012 年 5 月 28 日，"2012 台湾江苏周农渔产业交流会"期间，省洪泽湖渔管办（右）与台湾大闸蟹发展协会签订洪泽湖大闸蟹直销台湾合作协议。

▲ 2023 年 5 月 30 日，海峡两岸洪泽湖大闸蟹经贸交流会在泗洪县临淮镇召开。台湾五家企业代表蔡明勋先生（前排右一）和泗洪渔业协会孙永军会长（前排左一）签订了洪泽湖大闸蟹 300 吨、价值 1000 万美元的购销合作协议。

▲ 2017 年 11 月 2 日，"第二届中国休闲渔业高峰论坛暨全国休闲渔业品牌发布活动"在厦门举办，"中国·洪泽湖 3.18 放鱼节"（左四）被评定"国家级示范性渔业文化节庆"。

▲ 2023 年 2 月 20 日，江苏省洪泽湖渔业协会二届六次会员代表大会暨洪泽湖渔业产业发展论坛在淮安举办，来自洪泽湖周边的渔业企业代表参加会议。

▲ 洪泽湖"蟹博士"志愿者服务队在洪泽湖临淮水域的志愿服务场景。

▲ 2013 年 12 月 23 日，第五届全国优质农产品展销周在北京举办，"'中国红'特色的洪泽湖渔业展厅"迎来八方宾朋。

▲ 2014 年开始，洪泽湖非法采砂现象愈演愈烈，图片为洪泽湖非法采砂场景。

▲ 2018 年 12 月，洪泽湖渔政管理指挥中心建成并投入使用（左），2022 年 6 月，无人机正式列装洪泽湖执法（右），极大地提升了洪泽湖渔政管理信息化、智能化水平。

▲ 2015 年以后，先后投入使用的洪泽湖国家级水产种质资源保护区界标。

▲ 2014 年 10 月 18 日，2014 中国洪泽湖大闸蟹节——名江名湖螃蟹趣味运动会在江苏洪泽县
举行，来自全国各地的螃蟹养殖户用螃蟹参加了"螃蟹赛跑""螃蟹攀爬""螃蟹空翻"
等项目的比赛。

▲ 2022 年 12 月，位于泗洪县临淮和洪泽区渔人湾的社会放流点先后建成并投入使用。

▲洪泽湖退捕渔船集中存放和拆解现场。

▲定期监测确保对水生生物资源动态掌握（左）。洪泽湖国家二级重点保护水生野生动物——中国淡水蛏（右）。

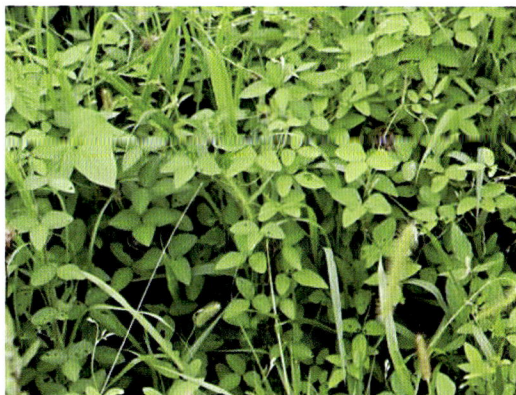

▲2019年，洪泽湖湿生植物普查发现国家二级保护野生植物——水蕨（左）和野大豆（右）。